Sacher

Kooperation zwischen Schule und Eltern - nötig, machbar, erfolgreich!

Werner Sacher

Kooperation zwischen Schule und Eltern - nötig, machbar, erfolgreich!

Grundlagen, Forschungsstand und praktische Gestaltung

3., vollständig überarbeitete Auflage

Verlag Julius Klinkhardt
Bad Heilbrunn • 2022

k

Der Titel bis zur 2. Auflage lautete „Elternarbeit als Erziehungs- und Bildungspartnerschaft. Grundlagen und Gestaltungsvorschläge für alle Schularten“

Dieser Titel wurde in das Programm des Verlages mittels eines Peer-Review-Verfahrens aufgenommen. Für weitere Informationen siehe www.klinkhardt.de.

Bibliografische Information der Deutschen Nationalbibliothek
Die Deutsche Nationalbibliothek verzeichnet diese Publikation in der Deutschen Nationalbibliografie; detaillierte bibliografische Daten sind im Internet abrufbar über http://dnb.d-nb.de.

Bildnachweis Coverfoto: © HultonArchive - istockphoto.com.
Druck und Bindung: Friedrich Pustet, Regensburg.
Printed in Germany 2022.
Gedruckt auf chlorfrei gebleichtem alterungsbeständigem Papier.

ISBN 978-3-7815-5929-5 digital

ISBN 978-3-7815-2490-3 print

Inhalt

Vorwort

Die Corona-Pandemie zeigte überdeutlich, dass Schule ohne das Engagement der Eltern nicht funktionieren kann, aber ebenso, dass Familien in unserer Gesellschaft ohne geordneten Schul- und Unterrichtsbetrieb rasch in Belastungssituationen geraten, die nur noch schwer zu bewältigen sind. Die Kooperation beider Seiten ist eine Win-Win-Situation für Eltern und Lehrkräfte, vor allen Dingen aber für die Kinder und Jugendlichen. Das Thema dieses Buches, das nun in dritter Auflage erscheint, ist die erfolgreiche Gestaltung dieser Kooperation.

Bei der Neuauflage war das in den letzten Jahren sich wandelnde Verständnis der Beziehung zwischen Schule und Eltern zu berücksichtigen. Zunehmend werden Eltern und Lehrkräfte als gleichwertige und gleichberechtigte Partner in der Erziehungs- und Bildungsarbeit gesehen. Zum Teil finden aber auch idealistisch überhöhte Vorstellungen von einer Erziehungs- und Bildungspartnerschaft Verbreitung, denen die Praxis nicht gerecht werden kann. In einer Gegenbewegung wird neuerdings das Partnerschaftskonzept als solches kritisiert und verworfen. In diesem Dissens galt es, sich zu positionieren.

Die Corona-Pandemie gab Anlass, sich mit den verbleibenden Möglichkeiten und den besonderen Herausforderungen der Kooperation zwischen Schule und Eltern in Zeiten des Distance-Learning und Homeschooling auseinanderzusetzen.

Ferner wurde das den Ausführungen zugrunde liegende theoretische Modell weiterentwickelt und die systemische Perspektive präziser ausgearbeitet. Beides ermöglichte einen stringenteren Aufbau des Buches.

Bezüge auf die Fachdiskussion und die einschlägige Forschung sind im Rahmen des Möglichen aktualisiert. Nach wie vor nicht entbehrt werden konnte der Rückgriff auf zwei ältere eigene Untersuchungen:

- die repräsentative Befragung, die im Sommer 2004 an 574 bayerischen Grund-, Haupt- und Realschulen und Gymnasien durchgeführt wurde und 1710 Eltern, 535 Elternbeiräte, 570 Lehrkräfte und 535 Schulleiter erfasste (zitiert als „Repräsentativ-Befragung von 2004“)[1], sowie
- die Begleituntersuchung zum 2006/2007 laufenden Modellprojekt „Vertrauen in Partnerschaft II“ an elf bayerischen Schulen (je zwei Grundschulen, Volksschulen, Förderzentren, Realschulen, und Gymnasien sowie einer Wirtschaftsschule), an der 1147 Eltern, 177 Lehrkräfte und 1183 Schülerinnen und Schüler beteiligt waren (zitiert als „Begleituntersuchung 2006/2007“ oder „Modellprojekt 2006/2007“).[2]

1 Vgl. dazu Sacher 2004 und Sacher 2005. Weitere Auswertungen zu Spezialaspekten wurden publiziert in Sacher 2006 a u. Sacher 2006 b.

2 Vgl. dazu Sacher 2007.

Da vergleichbar detaillierte Daten aus aktuelleren Studien bislang nicht vorliegen, darf man aus diesen Untersuchungen zumindest Trends ablesen, die mit einer gewissen Wahrscheinlichkeit auch die gegenwärtigen Verhältnisse widerspiegeln. Sofern nichts Anderes angegeben ist, beziehen sich Ausführungen, die auf sie Bezug nehmen, auf gesonderte Auswertungen.

Neumarkt in der Oberpfalz, im November 2021

Werner Sacher

1 Kooperation zwischen Schule und Eltern: nötig und erfolgreich

1.1 Familie und Bildungserfolg

1.1.1 Stand der Forschung

Sowohl Eltern als auch Lehrkräfte befinden sich zu großen Teilen in beruflich und privat angespannten Situationen, die ihre Bereitschaft, sich unnötige weitere Belastungen aufzubürden, stark beschränken. Eine über das amtlich vorgeschriebene Maß an Kontakten hinausgehende engere Kooperation mit der Schule ihrer Kinder gehört für viele zu solchen Zusatzbelastungen ohne Mehrwert.

Diese Einschätzung ist jedoch völlig falsch: Seit mehr als einem halben Jahrhundert ergaben Untersuchungen immer wieder, dass Schülerleistungen doppelt so stark durch den Einfluss der Familie bedingt sind wie durch Schule, Unterricht und Lehrkräfte.[1] Und es ist auch nicht so, dass der Einfluss der Familie bei älteren Schülerinnen und Schülern geringer ist als bei jüngeren: Er zeigte sich bei Fünfzehnjährigen (OECD 2001, S. 356 f.) ebenso stark wie bei Vor- und Grundschulkindern (Tietze u. a. 2005; NUBBEK 2013). Dabei ist allerdings festzuhalten, dass der Einfluss der Familien sowohl förderlich als auch hinderlich und schädlich sein kann.

Daraus folgt, dass die Schule schwerlich optimalen Bildungserfolg erzielen kann, wenn sie nicht das Potenzial der Familien nutzt, indem sie intensiv mit ihnen kooperiert. Diese Kooperation muss jedoch bei einem Teil der Familien mit einer Verbesserung der Lebensbedingungen und mit einer Stärkung der Erziehungskompetenz einhergehen, damit sie Gewinn bringend mit der Schule kooperieren können. Dazu bedarf es in erster Linie einer geeigneten Familien- und Sozialpolitik. Nur zur Stärkung der Erziehungskompetenz kann auch die Schule durch Elternbildungsmaßnahmen einiges beitragen.

1.1.2 Widerlegt durch die Hattie-Studie?

Ergebnisse der Metaanalysen des Neuseeländers John Hattie scheinen darauf hinzudeuten, dass der Einfluss von Eltern und Familien auf den Schulerfolg der Kinder bisher überschätzt wurde. Aus 52.637 einzelnen Studien, in welchen Daten von 236 Millionen Schülern enthalten sind, ermittelte Hattie fünf große Bündel von Faktoren, welche Schulleistungen beeinflussen:

1 Dave 1963; Coleman et al. 1966; Plowden-Report 1967; Jencks 1972; Neuenschwander 2009, S. 154; Neuenschwander 2010, S. 24

Tabelle 1: Einflüsse auf Schulleistungen (Hattie 2013, S. 22)

Faktorenbündel	**Effektstärke d**
Lehrperson	0,49
Curricula	0,45
Unterrichten	0,42
Lernende	0,40
Elternhaus	0,31
Schule	0,23

Wie unschwer zu erkennen ist, rangieren Faktoren des Elternhauses hier an vorletzter Stelle. Für die richtige Einordnung dieses erst einmal irritierenden Befundes ist neben manchen diskussionsbedürftigen Untersuchungs- und Auswertungsmethoden[2] ein Hinweise Hatties in einer früheren Publikation (Hattie 2003, S. 1 f.) entscheidend: Dort führt er zunächst aus, Schulleistungen seien zu 50% durch die Person der Schülerinnen und Schüler bedingt, zu 30% durch Lehrkräfte und zu jeweils 5% bis 10% durch die Schule und Schulleiter sowie ebenfalls zu 5% bis 10% durch häusliche Einflüsse. Doch er betont anschließend sogleich, dass „... die größeren Effekte des Elternhauses ... schon in den Eigenschaften des Schülers enthalten" sind (Hattie 2003, S. 2; Übersetzung des Autors). D. h. neben den von Hattie erfassten unmittelbaren Einflüssen des Elternhauses sind auch dessen beträchtliche indirekte Einflüsse zu berücksichtigen, z. B. diejenigen auf die Motivation und Konzentration der Kinder, auf ihr Selbstkonzept und vieles andere mehr, was zum Schulerfolg beiträgt. Die Summe der direkten und indirekten Einflüsse des Elternhauses liegt dann wohl durchaus in der Größenordnung der Ergebnisse früherer Studien, so dass der Forschungsstand nicht als widerlegt anzusehen ist.

1.2 Wirkungen der Kooperation von Schule und Eltern

Dass die enge Kooperation zwischen Schule und Eltern sich im Bildungserfolg der Kinder auszahlt, ist bis hierher nur eine – wenn auch begründete – Vermutung und Hoffnung, die sich aus dem Einflusspotenzial der Familien ableitet. Der Einfluss von „Elternarbeit" – wenn wir den traditionellen Begriff für diese Kooperation zunächst einmal noch verwenden wollen – ist ja nicht gleichbedeutend mit dem Einfluss der Eltern und Familien. Doch die internationale Forschung hat sich in einer Vielzahl von Studien auch mit der Frage befasst, ob und in welchem Maße „Elternarbeit" zum Schul- und Bildungserfolg von Kindern und Jugendlichen beiträgt.

2 Im Einzelnen vgl. dazu die Ausführungen der zweiten Auflage dieses Buches in Sacher 2014a, S. 14.

1.2.1 Probleme der Forschung

Uneinheitliches Verständnis des Untersuchungsgegenstandes

Der internationale Forschungsstand ist schon allein deshalb sehr unübersichtlich und teilweise sogar widersprüchlich, weil den vorliegenden Studien kein einheitliches Verständnis des Untersuchungsgegenstandes zu Grunde liegt. So wird die Kooperation zwischen Schule und Eltern im angloamerikanischen Sprachraum als parent involvement bzw. parental involvement, als parent bzw. parental support, parent participation, parent engagement, parenting, family involvement, famlily engagement, family school partnership, partnership in education oder auch als school famlily community partnership bezeichnet. Eine vergleichbare Vielfalt findet sich in deutschsprachigen Publikationen: Elternarbeit, Elternpädagogik, Elternbildung, Familienbildung, Elternförderung, Eltern-Coaching, Elternberatung, Elterneinbeziehung, Elternmitwirkung, Elternmitbestimmung, Elternpartizipation, Elternkommunikation, Eltern-Kooperation, Erziehungspartnerschaft, Bildungspartnerschaft, Erziehungs- und Bildungspartnerschaft (Stange 2012, S. 13).

Dazu kommt, dass auch erhebliche Uneinigkeit besteht, woran der Erfolg der Kooperation zwischen Schule und Eltern gemessen werden soll. Manchen gilt sie schon als erfolgreich, wenn es gelingt, die Besuchshäufigkeit von Klassenelternabenden, Elternsprechtagen, Sprechstunden, Schulfesten und Schulfeiern zu verbessern. Manche fordern darüber hinaus einen nachweisbaren Nutzen der Kontakte und anderer Kooperationsmaßnahmen. Dieser wiederum kann unterschiedlich definiert werden. Liegt er schon vor, wenn dadurch gute Beziehungen zwischen Schule und Eltern gesichert sind? Muss es außerdem auch positive Auswirkungen auf den Schulerfolg der Kinder und Jugendlichen geben? Oder sollten sich auch Erziehungserfolge und eine positive Persönlichkeitsentwicklung zeigen? Selbst wenn die Erfolgskriterien präzise definiert sind, fehlt es häufig an objektiven Verfahren, mit denen gemessen werden kann, ob und in welchem Maße sie erfüllt sind. Mache Studien begnügen sich mit simplen Befragungen, andere legen Schulnoten zugrunde und wieder andere arbeiten mit standardisierten Tests.

Unterschiedlich anspruchsvolle Forschungsmethoden

Viele Studien sind Korrelationsstudien, d. h. sie untersuchen letztlich nur, in welchem Ausmaß gute Schulleistungen, Erziehungserfolge und positive Persönlichkeitsentwicklung zusammen mit intensiver Kooperation von Schule und Eltern vorkommen.

Ein solches gleichzeitiges Auftreten beweist aber noch keineswegs den Erfolg der Kooperation. Ein Zusammenhang zwischen guten Leistungen von Schülerinnen und Schülern und intensiver Beteiligung ihrer Eltern an den Kooperationsinitiativen der Schule könnte z. B. auch dadurch bedingt sein, dass sich besser situierte und „bildungsnähere" Eltern stärker engagieren, deren Kinder aufgrund ihrer privilegierten Situation ohnehin überdurchschnittliche Leistungen erzielen. Die guten Leistungen würden sich dann nicht der Kooperation zwischen Schule und Eltern, sondern der Schichtzugehörigkeit verdanken. Weiter ist denkbar, dass schulisches Engagement von Eltern nicht die Ursache, sondern die Folge guter Schulleistungen ist: Eltern tüchtigerer Schülerinnen und Schüler treten häufiger in der Schule in Erscheinung, machen mehr Hilfsangebote, sind zahlreicher in Gremien vertreten usw., während Eltern schwächerer Schülerinnen und Schüler den Kontakt mit der Schule meiden, weil sie fürchten, mit unangenehmen Nachrichten oder gar mit Vorwürfen konfrontiert zu werden. Auch in diesem Fall wäre es verfehlt zu schließen, schulisches Engagement der Eltern zahle sich in besseren Leistungen ihrer Kinder aus.

Sogar eine gegenteilige Beziehung ist vorstellbar: Nicht selten nehmen Eltern erst dann Kontakt mit der Schule und den Lehrkräften auf, wenn es Verhaltens- und Leistungsprobleme gibt. Das kann dazu führen, dass in manchen Studien stärkeres schulisches Engagement der Eltern mit schlechten Leistungen der Kinder korreliert. Aber wenn man daraus den Schluss zöge, das Engagement der Eltern sei kontraproduktiv und führe zu Verschlechterungen der Schulleistung, würde man wiederum Ursache und Wirkung verwechseln.

Um Kausalzusammenhänge aufzudecken, braucht es letztendlich experimentelle Studien. Für solche Untersuchungen müssen entweder zufällig gebildete oder besser noch hinsichtlich aller relevanten Merkmale gleich zusammengesetzte Versuchs- und Kontrollgruppen gebildet werden. Sodann muss in der Versuchsgruppe eine Intervention zur Verstärkung des Elternengagements stattfinden. Wenn man nach einiger Zeit in beiden Gruppen bestimmte Effekte, z. B. Schulleistungen, misst und vergleicht, kann man Rückschlüsse ziehen, in welchem Ausmaß die stattgefundene Intervention diese Effekte herbeiführte – vorausgesetzt, dass Vorkehrungen getroffen wurden, andere Einflüsse auf diese Effekte zu kontrollieren oder auszuschalten.

Selbst bei solchen experimentellen Versuchsanordnungen bleiben aber noch drei Probleme bestehen:

- Auch in den Kontrollgruppen engagieren sich viele Eltern auf irgendeine Weise für die Schulbildung ihrer Kinder. Deshalb erreicht man niemals vollständig den für eine experimentelle Versuchsanordnung benötigten Fall, dass es in der Versuchsgruppe ein durch die Intervention ausgelöstes Elternengagement gibt, während Eltern in der Kontrollgruppe in keiner Weise engagiert sind. Somit kann man auch die Effekte des ausgelösten Engagements nicht zuverlässig bestimmen.
- Auswirkungen in den Versuchsgruppen sind häufig auch auf einen gewissen Neuigkeitseffekt der Interventionen zurückzuführen.

– Das in den Versuchsgruppen per Intervention gezielt herbeigeführte Elternengagement ist etwas anderes als ein spontanes Elternengagement, das nicht erst angestoßen werden muss, und es hat vermutlich auch andere Effekte.

Ein weiteres Problem ist, dass die Ergebnisse der meisten Studien zunächst nur gültig sind für bestimmte Ethnien, Bevölkerungsgruppen und Sozialschichten sowie für Eltern einzelner Schularten und Altersgruppen. Inwieweit sie verallgemeinert werden dürfen, bleibt meist unklar. Insbesondere die Gültigkeit für Minoritäten, Migranten und Bildungsferne ist oft nicht belegt.

1.2.2 Übersicht über die Forschungsergebnisse

Experimentelle und quasiexperimentelle Studien

Die vorliegenden experimentellen Studien sind an einer Hand abzuzählen: Hewison & Tizard (1980), Rodick & Henggeler (1980), Tizard et al. (1982); Fantuzzo et al. (1995); und Starkey & Klein (2000) konnten eine positive Auswirkung der Kooperation zwischen Schule und Eltern auf Schulleistungen nachweisen, Moon & Callahan (2001) hingegen fanden keinen Zusammenhang. Bei allen diesen Studien zielte die Kooperation unmittelbar auf eine Unterstützung der Familien und ihrer Erziehungspraxis.

Quasiexperimentelle Studien haben ein etwas geringeres Gewicht. Dies sind Studien, bei welchen die Versuchs- und Kontrollgruppen nicht zufällig gebildet oder kontrolliert zusammengesetzt werden, sondern bei denen man auf bereits bestehende Gruppen zurückgreift – etwa ganze Schulen oder Schulklassen. Acht der zwölf Untersuchungen konnten Erfolge der Interventionen nachweisen[3], jeweils zwei fanden keinen[4] oder sogar einen negativen[5] Effekt. Die Mehrzahl der Studien wurde in der Vorschule und in der Primarstufe durchgeführt. Die Interventionen schlossen in den meisten Fällen Erziehungstrainings für Eltern ein.

Interventions-, Längsschnitt- und Evaluationsstudien

Gewöhnliche Längsschnittuntersuchungen, Interventions- und Evaluationsstudien, welche Erfolge durch wiederholte Messungen zu ermitteln suchen, aber darauf verzichten, Kontrollgruppen zu bilden oder wenigstens das anfängliche Leistungs- oder Verhaltensniveau der Schülerinnen und Schüler zu berücksichtigen, gibt es zuhauf. Aber sie sind sämtlich ohne Beweiskraft für den Erfolg der Kooperation zwischen Schule und Eltern. Es kann ja auch sein, dass Eltern ihr Engagement für die Bildung ihrer Kinder verstärken, wenn sich ihre Leistungen und ihr Verhalten verbessern. D. h. bessere Leistungen können ebenso gut die Ursache wie die Folge von Elternengagement sein.

---

3 Rillero & Helgeson 1995; Shaver & Walls 1998; Hampton et al. 1998; Faires et al. 2000; Van Voorhis 2001; Van Voorhis 2003; Graue et al. 2004

4 Balli et al. 1998; Desimone et al. 2000

5 Tamayo 1992; Kiesner 1997

Einfache korrelative Querschnittsuntersuchungen
Das gilt erst recht für die im internationalen Raum (wenn auch nicht in Deutschland) schon fast unabsehbare Fülle von Querschnittsuntersuchungen zur Kooperation zwischen Schule und Eltern, bei denen ebenfalls meistens unklar bleibt, ob Kooperation zwischen Schule und Eltern zum Schulerfolg und zur positiven Entwicklung der Kinder und Jugendlichen beiträgt oder ob Eltern erfolgreicher und sich positiv entwickelnder Schülerinnen und Schüler mehr kooperieren.

Korrelative Studien mit Kontrollvariablen
Bedingte Aussagekraft haben Studien, die zwar nicht mit Versuchs- und Kontrollgruppen arbeiten, aber zumindest die Ausgangsleistung der Kinder und Jugendlichen und manchmal auch einige Variablen des familiären Hintergrundes kontrollieren.
Die meisten dieser Studien belegen positive Zusammenhänge zwischen dem Elternengagement für Schule und Bildung und den Leistungen der Schülerinnen und Schüler.[6] Besonders die Aspirationen und Erwartungen der Eltern stehen offenbar in einer engen Beziehung zu den Leistungen der Schülerinnen und Schüler. Neuenschwander u. a. (2007) konnten zeigen, dass Elternerwartungen ein wichtiger Mediator zwischen Effekten der Schichtzugehörigkeit und Schulerfolg sind. D. h. besonders dann, wenn besser situierte und bildungsnähere Eltern hohe Erwartungen an ihre Kinder haben, sind diese auch erfolgreicher.
In unserer Repräsentativ-Befragung von 2004 (Sacher 2004; Sacher 2005) konnten wir keine oder (in der Grundschule) allenfalls sehr schwache Zusammenhänge der Atmosphäre zwischen Schule und Eltern mit den (in Noten ausgedrückten) Leistungen der Schülerinnen und Schüler finden. Ebenso gingen häufigere Kontakte zwischen Eltern und Lehrkräften nur in einem sehr geringen Maße mit besseren Schulleistungen einher, wobei es keinen Unterschied ausmachte, ob die Initiative zu solchen Kontakten von den Eltern oder von den Lehrkräften ausging. Auch der Zusammenhang zwischen der Kooperation von Eltern und Lehrkräften und der Disziplin und den Leistungen der Schülerinnen und Schüler ist Neuenschwander u. a. (2004) zufolge sehr schwach. Das Schaffen einer guten Atmosphäre, die Pflege intensiver Kontakte und selbst die Kooperation von Eltern und Lehrkräften trägt demnach nicht ohne weiteres zum Schulerfolg der Kinder bei. Damit auch Schülerinnen und Schülerinnen von der Kooperation ihrer Eltern und Lehrkräfte profitieren, bedarf es offenbar zusätzlicher Maßnahmen.

6 So z. B. Keith et al. 1993 ; Keith & Lichtman 1994; Singh et al. 1995; Trivette & Anderson 1995; Ho Sui-Chu & Willms 1996; George & Kaplan 1998; Izzo et al. 1999; McNeal 1999; Simon 2000; Simon 2001; Shumow & Miller 2001; Neuenschwander et al. 2004; Neuenschwander et al. 2007; Topor et al. 2010; Lara et al. 2019.

Izzo et al. (1999) fanden, dass Elternengagement, welches sich im Verhalten der Eltern zuhause zeigte, in einem engeren Zusammenhang mit den Leistungen der Kinder steht, als Elternengagement, das sich in schulischen Aktivitäten niederschlug. Nach Shumow & Miller (2001) korreliert häusliches Elternengagement mit positiven Einstellungen der Kinder zur Schule, schulisches Elternengagement hingegen mit ihren Noten. Catsambis (2001) fand auf der Sekundarstufe keinen positiven Zusammenhang zwischen dem Schulerfolg der Kinder und dem Elternengagement in den von Epstein (1995) unterschiedenen sechs Bereichen Informationsaustausch, Elternbildung und Elterntraining, häuslicher Lernunterstützung, Hilfeleistungen in der Schule, Mitbestimmung und Mitwirkung in Gremien und Zusammenarbeit mit Gemeinde und Region. Auch Singh et al. (1995) konnten bei Achtklässlern lediglich für die Erwartungen der Eltern einen positiven Zusammenhang mit den Leistungen nachweisen, nicht aber für andere Arten ihres Engagements, insbesondere nicht für solche, die mit Präsenz in der Schule verbunden waren. Domina (2005) fand bei Primarschülern nach Berücksichtigung ihres sozialen Hintergrundes und ihrer Anfangsleistungen keinen Zusammenhang zwischen Leistungsverbesserungen der Kinder und der Häufigkeit von Eltern-Lehrer-Gesprächen, Hausaufgabenkontrolle und -hilfe der Eltern, Hilfeleistungen von Eltern in der Schule und Mitarbeit von Eltern in Elterngremien. Aber er konnte zeigen, dass alle diese Weisen des Elternengagements in einem positiven Zusammenhang mit günstigem schulbezogenen Verhalten der Kinder standen.

Meta-Analysen

Beachtung verdient eine Reihe von Meta-Analysen, welche jeweils eine größere Anzahl von Einzelstudien zusammenfassen und auf diese Weise gemeinsame Ergebnistrends herausarbeiten. Beweiskraft für kausale Wirkungszusammenhänge haben allerdings auch Meta-Analysen nur dann, wenn sie ausschließlich experimentelle Studien oder allenfalls noch quasiexperimentelle Studien einbeziehen – eine Anforderung, welcher keine der bisher vorliegenden Meta-Analysen genügt. Doch mit Rücksicht auf die große Menge der in ihnen verarbeiteten Daten und die Vielfalt der zugrunde liegenden Einzelstudien sollten Ergebnisse von Meta-Analysen zumindest für die Hypothesenbildung genutzt werden.

Von den uns vorliegenden Meta-Analysen[7] kommen alle – mit einer Ausnahme (White et al. 1992) – zu dem Ergebnis, dass ein positiver Zusammenhang

7 Graue et al. 1983 auf der Basis von 29 Studien; White et al. 1992 auf der Basis von 172 Studien; Fan & Chen 2001 auf der Basis von 25 Studien; Mattingly et al. 2002 auf der Basis von 41 Studien; Jeynes 2005 auf der Basis von 41 Studien; Nye et. al. 2006 auf der Basis von 19 Studien (die allerdings methodisch sehr sorgfältig ausgewählt wurden); Jeynes 2007 auf der Basis von 52 Studien; Jeynes 2011 auf der Basis der 41 Studien von Jeynes 2005 und der 52 Studien von 2007 sowie von 20 weiteren Studien; Hill & Tyson 2009 auf der Basis von 50 Studien.

zwischen dem Engagement von Eltern für die Bildung ihrer Kinder und deren Schulleistungen besteht. Jeynes (2011) stellt einen solchen positiven Zusammenhang gleichermaßen für die Primar- und Sekundarstufe, für Schülerinnen und Schüler und für die verschiedenen untersuchten Nationalitäten sowie für die Mehrheitsbevölkerung und für Minoritäten fest und sieht ihn bei allen Arten des Elternengagements gegeben. Die größten positiven Effekte auf Schulleistungen haben nach Fan & Chen (2001) und Jeynes (2005/2007/2011) die Erwartungen der Eltern. Elternengagement hingegen, welches mit Präsenz in der Schule verbunden ist (Kontakte mit Lehrkräften, Besuch von Veranstaltungen, Mitarbeit in Elterngremien), hängt nur in sehr geringem Maße mit Schulleistungen zusammen. Ungünstige sozioökonomische Verhältnisse können Effekte der Kooperation zwischen Schule und Eltern beeinträchtigen, machen sie aber nicht völlig zunichte. Nach Hill & Tyson (2009) kommt der Organisation einer bildungsfreundlichen häuslichen Umgebung durch die Eltern besondere Bedeutung zu.

1.2.3 Haupttrends in den Befunden

Dass sich bei unterschiedlichem Verständnis und unterschiedlicher Gestaltung der Kooperation zwischen Schule und Eltern sowie bei unterschiedlichen Kriterien für ihren Erfolg eine sehr heterogene Forschungslage ergibt, ist zu erwarten. Dass sowohl positive als auch negative Effekte nachgewiesen werden und sich manchmal auch überhaupt kein Erfolg zeigt, heißt nicht – wie Betz (2015, S. 7 u. 52) urteilt –, dass die empirische Basis für die Zusammenarbeit zwischen Bildungseinrichtungen und Eltern „nicht belastbar" ist, d. h. überhaupt keine Aussage über ihre Auswirkung auf den Bildungserfolg der Kinder ermöglicht. Unterschiedliche Ergebnisse enthalten auch die Chance, Konzepte und Maßnahmen der Kooperation zu erkennen, die erfolgversprechender sind als andere.

Auch der weitere Einwand von Betz, die diversen internationalen Studien zum Effekt von Schule-Eltern-Kooperation seien vermutlich wegen der teilweise völlig anderen Bildungssysteme nicht auf deutsche Verhältnisse übertragbar (Betz 2015, S. 8), muss – zumindest in dieser pauschalen Form – zurückgewiesen werden. Würde man ihn uneingeschränkt gelten lassen, müsste man die allermeisten Ergebnisse der weltweiten Bildungsforschung als irrelevant ansehen und selbst die deutschlandweite Geltung nationaler Studien mit Rücksicht auf den Bildungsföderalismus bezweifeln. Es ist die Besonderheit aller sozialwissenschaftlichen Forschung, dass sie einerseits immer nur für bestimmte Rahmenbedingungen Geltung beanspruchen kann und darum weiß, dass sie permanent historisch überholt wird, andererseits aber doch auch allgemeinere Orientierungskoordinaten liefern will.

Als einigermaßen gesicherte Trends der Forschungslage lassen sich erkennen:

- Der bloße Austausch von Informationen, der Besuch von Sprechstunden und Schulveranstaltungen durch Eltern, das Erbringen von diversen Hilfeleistungen für die Schule, Unterrichtshospitationen und das Nutzen von Mitbestimmungsmöglichkeiten wirken sich unmittelbar kaum auf Schülerleistungen aus, verbessern aber Vertrauen und Wertschätzung der Eltern für Schule und Lehrkräfte – Einstellungen, welche zumindest Anlass zur Hoffnung geben, dass es dadurch schließlich auch zu vermehrten Lernbemühungen der Kinder und zu besseren Lernerfolgen kommt.

– Leistungsverbesserungen der Schülerinnen und Schüler zeigen sich vor allem dann, wenn Eltern das häusliche Lernen ihrer Kinder unterstützen, indem sie in den Familien eine anregende Lernumgebung organisieren, hohe Erwartungen zum Ausdruck bringen und einen günstigen Erziehungsstil praktizieren, der klare Regeln und das Gewähren freier Entfaltung in Einklang bringt. (Im Einzelnen dazu vgl. Kapitel 6, Abschnitt 6.2.) Unmittelbare Hilfe beim häuslichen Lernen der Kinder (Hausaufgaben!) ist längerfristig im Allgemeinen kontraproduktiv. Diese Effekte sind stärker, wenn Eltern für ihre häusliche Unterstützung geeignete Bildungsangebote erhalten. Solche werden dann am besten angenommen und am wirkungsvollsten umgesetzt, wenn die Eltern sich als gleichwertige Partner behandelt fühlen.
– Alle Kooperation mit der Schule trägt nur dann zum Bildungserfolg bei, wenn Eltern davon überzeugt sind, dadurch einen wichtigen Beitrag zum Bildungserfolg ihrer Kinder leisten zu können.
– Die Kooperation zwischen Schule und Eltern hat auch vielfältige Auswirkungen auf Einstellungen und Verhaltensweisen der Schülerinnen und Schüler, die längerfristig auch ihre Leistungsentwicklung begünstigen sollten: Sie verbessern ihr Selbstkonzept und ihr Sozialverhalten, ihre Einstellungen zur Schule und zu den einzelnen Fächern sowie ihre Beziehungen zu Lehrkräften und Mitschülern, ihre Lernmotivation und Aufmerksamkeit sowie ihre Hausaufgabenpraxis. Es gibt weniger Unterrichtsstörungen und weniger Absenzen der Schüler, oft auch weniger Gewalt- und Drogenprobleme.
– Schließlich wirkt die Kooperation mit Eltern auch auf Schule und Lehrkräfte zurück: Häufig kommt es ganz allgemein zu einer positiveren Stimmung im Kollegium, zu günstigeren Meinungen über manche Eltern und Familien und zu höheren Erwartungen an deren Kinder.

Welche Bedeutung einer richtig konzipierten Kooperation zwischen Schule und Eltern insgesamt zukommt, führt ein Befund von Werf u. a. (2001, S. 460 f.) vor Augen: Danach wirkt sich diese Kooperation positiver auf Schulleistungen aus als die Evaluation von Unterricht und Schule und der Einsatz spezieller Lehr- und Lernmaterialien. Übertroffen wird ihre Wirkung nur noch durch den Effekt gezielter Personalentwicklung, die aber weitaus am teuersten ist, während die Schule-Eltern-Kooperation nur geringe Kosten verursacht.

2 Ein Modell für die Kooperation zwischen Schule und Eltern

2.1 Elternarbeit als obsoletes Konzept

Das traditionelle Konzept von Elternarbeit passt nicht mehr in unsere Zeit. Schon der Begriff „Elternarbeit" ist suspekt. Es sind offensichtlich nicht die Eltern, von deren „Arbeit" hier die Rede ist. Vielmehr ist die „Arbeit" gemeint, welche Lehrkräfte sich mit Eltern machen. Die schulische Seite ist aktiv, Eltern sind Objekte der Bearbeitung und bleiben passiv. Maßnahmen und Initiativen der Elternarbeit gehen in der Regel von der Schule und von den Lehrkräften aus. Sie informieren Eltern, machen ihnen Angebote und erteilen ihnen Ratschläge, erwarten aber kaum von ihnen, dass sie Initiative ergreifen und Anregungen geben. D. h. Elternarbeit bezeichnet eine Beziehung zwischen Aktiven und Passiven und damit zwischen Ungleichen.
Zudem steht „Elternarbeit" in einem Netz bedenklicher Konnotationen mit Sozialarbeit, Seniorenarbeit, Asylantenarbeit, Vertriebenenarbeit, Migrantenarbeit, Integrationsarbeit, Täterarbeit, Opferarbeit, Resozialisierungsarbeit, Straffälligenarbeit, Drogenarbeit, Randgruppenarbeit, Behindertenarbeit usw. – Konnotationen, welche allesamt nahelegen, auch Eltern als eine Problemgruppe anzusehen, die besonderer professioneller Betreuung bedarf.
Kooperation zwischen Eltern und Lehrkräften setzt ein Verhältnis voraus, in dem Lehrkräfte und Eltern einander als Partner auf gleicher Augenhöhe respektieren. In Anlehnung an die im englisch-amerikanischen Sprachraum verwendeten Begriffe „school family partnership" bzw. „school, family and community partnership" sollte man statt von „Elternarbeit" besser von Bildungs- und Erziehungspartnerschaft zwischen Eltern und Lehrkräften sprechen. Ein solches partnerschaftliches Verständnis ist nicht nur ein Erfordernis politischer Korrektheit, sondern – wie durch Forschungsarbeiten gut belegt ist[1] – auch Bedingung ihres nachhaltigen Erfolges.
Allerdings ist im Zusammenhang mit dieser sich allmählich auch im deutschen Sprachraum durchsetzenden Begrifflichkeit eindringlich in Erinnerung zu bringen, was Partnerschaft in der ureigentlichen Bedeutung ist: Im allgemeinen Sprachgebrauch sehen wir Partnerschaft zwischen Personen oder Institutionen als gegeben an, wenn sie gemeinsame Ziele verfolgen[2]. Gleicher sozialer Status der Partner

---

1 Vgl. u. a. Wang et al. 1995; Cotton & Wikelund 2000; Rubenstein & Wodatch 2000; Smrekar et al. 2001; Wherry 2003; Australian Government 2006; Bull et al. 2008.

2 Partner sind „Personen oder Institutionen, die gemeinsam ein Ziel verfolgen" (Herkunftswörterbuch der deutschen Sprache, bereitgestellt durch das Digitale Wörterbuch der deutschen Sprache: https://www.dwds.de/wb/Augenhöhe (25.09.2021). Ebenso Wiktionary, Schlagwort „Partner": https://de.wiktionary.org/wiki/Partner (27.09.2021).

oder gleiche professionelle Kompetenzen sind keine notwendigen Merkmale. Auch die häufig beschworene gleiche Augenhöhe darf nicht missverstanden werden. Im Grunde geht es in der Bildungs- und Erziehungspartnerschaft um die Forderung gegenseitigen Respekts, die aus dem demokratischen Gleichheitsideal folgt.
Leider findet man inzwischen manchmal ein zu anspruchsvolles Verständnis von Bildungs- und Erziehungspartnerschaft, das weit über den Grundsinn von Partnerschaft hinausgeht und sie manchmal nachgerade zu einer innigen egalitären Gefühlsgemeinschaft hochstilisiert. Das wiederum gab Anlass zu einer Fundamentalkritik am Partnerschaftskonzept, welche dieses ganz grundsätzlich in Frage stellt.[3] Um diesem unnötigen Streit um Begriffe zu entgehen, spreche ich in diesem Band von Kooperation zwischen Schule und Eltern bzw. zwischen Lehrkräften und Eltern. Damit ist letztlich die Position eingenommen, welche bereits 1972 das Bundesverfassungsgericht in der Auslegung einschlägiger Bestimmungen des Grundgesetzes bezogen hatte, als es in einem Urteil von 1972 konstatierte: Die „gemeinsame Erziehungsaufgabe von Eltern und Schule, welche die Bildung der einen Persönlichkeit des Kindes zum Ziel hat, lässt sich nicht in einzelne Komponenten zerlegen. Sie ist in einem sinnvoll aufeinander bezogenen Zusammenwirken zu erfüllen."[4]
Unter „Eltern" als Kooperationspartnern von Lehrkräften werden übrigens im Folgenden nicht nur die biologischen Väter und Mütter verstanden, sondern – in Anlehnung an § 7 Sozialgesetzbuch VIII – alle Sorgeberechtigten oder sonstigen volljährigen Personen, die aufgrund einer Vereinbarung mit dem bzw. den Personensorgeberechtigten längerfristig Aufgaben der Personensorge wahrnehmen, und darüber hinaus auch Großeltern, Onkel und Tanten, Pflegeeltern, Heimeltern, erwachsene Geschwister, Freunde, Bekannte und Nachbarn, die bereit sind, Verantwortung für Kinder und Jugendliche zu übernehmen.

2.2 Ziele, Aufgaben und Standards der Kooperation zwischen Schule und Eltern

Ziel und damit Erfolgskriterium der Kooperation zwischen Schule und Eltern ist es nicht nur, möglichst häufige und intensive Kontakte zu organisieren. Auch ein gutes Einvernehmen zwischen Eltern und Lehrkräften herzustellen und zu pflegen, ist zwar die unentbehrliche Grundlage jeder erfolgreichen Kooperation, aber nicht ihr letzter und eigentlicher Zweck. Wie englische Soziologen anmahnen (Long 1986, S. 1; Edwards & Warin 1999, S. 6), genügt es nicht „to get parents into

3 Z. B. Betz 2015, S. 7 f. u. 32; Betz et al. 2017, S. 128; Wischer u. Katenbrink 2017, S. 7 f.; Beyer 2018, S. 51 f. u. S. 54 f. Zur Diskussion über das Partnerschaftskonzept vgl. auch Bartscher 2021a, S. 120 ff.

4 BVerfGE 34, 165 – 200; Urteil des Ersten Senats vom 6. Dezember 1972. Vgl. https://www.servat.unibe.ch/dfr/bv034165.html (27.09.2021)

school" (Eltern in die Schule zu kriegen) oder Kontakte „more social" (sozial angenehmer) zu gestalten. Vielmehr müssen die Kontakte auch „more educational" (fruchtbarer für den Bildungserfolg der jungen Menschen) werden. Die Kooperation zwischen Schule und Eltern muss sich letzten Endes für die Kinder und Jugendlichen auszahlen. Ihr oberstes und letztes Ziel ist die Förderung ihres Schulerfolgs und ihrer Persönlichkeitsentwicklung.

Die Kooperation zwischen Schule und Eltern erreicht dieses Ziel in dem Maße, wie sie in wichtigen Aufgabenfeldern erfolgreiche Arbeit leistet. Die amerikanische Soziologin und Elternarbeitsforscherin Joyce Epstein benannte 1995 sechs solche Aufgabenfelder (Epstein 1995), die dann rasch internationale Verbreitung fanden und den 1997 von der Parent Teacher Association entwickelten nationalen Standards für „Family-School Partnerships" zugrunde gelegt wurden (PTA 1997):

- *„Communicating":* regelmäßiger Austausch wichtiger Informationen zwischen der Schule und den Familien, und zwar in beiden Richtungen („bidirektional", also nicht nur Informationsfluss von der Schule zu den Familien!)
- *„Parenting"* (Elternbildung bzw. Elterntraining; vgl. Kapitel 6, Abschnitt 6.2.5) zielt darauf ab, die pädagogischen Kompetenzen der Eltern zu fördern und ihnen zu helfen, ihre Elternrolle besser auszufüllen. Das darf allerdings nicht mit der Unterstellung verbunden sein, Eltern müssten von Experten erst lernen, wie man erzieht. Eltern sind in gewisser Weise immer schon Experten ihrer Kinder. „Parenting" will Eltern vor allem in ihrem Selbstgefühl und Selbstvertrauen stärken, so dass sie sich zutrauen, ihre Elternrolle effektiv wahrzunehmen und dadurch entscheidend zum Schul- und Lebenserfolg ihres Kindes beizutragen. D. h. „Parenting" zielt auf Empowerment, „den Prozess, in dem jemand die Kräfte entwickelt, um seine oder ihre Lebensumstände aktiv zum Besseren hin zu verändern." (Böhm 1992, S. 170)[5]
- „Student learning": Unterstützung der Lernprozesse der Kinder durch die Eltern,
- „Volunteering": freiwillige Hilfeleistungen der Eltern für die Schule und in der Schule,
- „School Decision Making and Advocacy": Einbeziehung der Eltern als vollwertige Partner bei allen Entscheidungen, welche die Kinder und die Familien betreffen,
- „Collaborating with Community": Nutzung lokaler und regionaler Ressourcen zur Stärkung der Schulen und Familien sowie zur Verbesserung des Lernens der Schüler.

Die Parent-Teacher Association ließ Epsteins Systematik in den folgenden Jahren noch einmal von einer Expertengruppe überarbeiten und unterscheidet derzeit die folgenden Standards (PTA 2007; PTA 2008; PTA 2009):

---

5 Ähnlich Greulich 2003, S. 19; Herz u. a. 2004, S.154ff.; Fahlbusch 2007, S. 250.

- Willkommenskultur: Erfolgreiche Erziehungs- und Bildungspartnerschaft vermittelt allen Eltern das Gefühl, dass sie und ihre Kinder in der Schule willkommen sind und dass auch Eltern anderer Herkunftskulturen und sogenannte „bildungsferne" Eltern voll akzeptierte Mitglieder einer Schulgemeinschaft sind, die von wechselseitigem Respekt geprägt ist und niemanden ausgrenzt.
- Intensive Kommunikation: Erfolgreiche Erziehungs- und Bildungspartnerschaft erfordert, dass Eltern und Lehrkräfte regelmäßig und auf vielfältigen Wegen Informationen über die schulische und häusliche Situation der Kinder und über ihre Entwicklung austauschen.
- Kooperative Unterstützung des Lernens und der Entwicklung der Kinder: In einer erfolgreichen Erziehungs- und Bildungspartnerschaft werden Eltern von der Schule nicht nur als Informationsempfänger und weisungsgebundene Zuarbeiter gesehen, sondern als Partner auf Augenhöhe, die sich gemeinsam um die Förderung der Kinder bemühen.
- Fürsprecher für jedes Kind: Erfolgreiche Erziehungs- und Bildungspartnerschaft achtet darauf, dass Eltern dazu befähigt und darin bestärkt werden, als Fürsprecher ihrer eigenen und anderer Kinder aufzutreten, d. h. dafür zu sorgen, dass sie gerechte Behandlung und Zugang zu optimalen Lernangeboten sowie ihren Fähigkeiten entsprechende individuelle Förderung erhalten.
- Machtteilung: In einer erfolgreichen Erziehungs- und Bildungspartnerschaft werden Eltern auf angemessene Weise in alle Entscheidungen der Schule über ihre Kinder und deren Bildungsweg einbezogen.
- Zusammenarbeit mit Gemeinde und Region: Erfolgreich ist Erziehungs- und Bildungspartnerschaft dann, wenn Eltern und Lehrkräfte mit lokalen und regionalen Einrichtungen und Persönlichkeiten zusammenarbeiten, um komplexe Probleme der Schülerinnen und Schüler und ihrer Familien ganzheitlich angehen zu können.

Adaptierungen der PTA-Standards an deutsche Verhältnisse wurden 2013 von der Vodafone-Stiftung (Tabelle 2) und 2014 vom bayerischen Kultusministerium mit Unterstützung des Bildungspaktes Bayern (Tabelle 3) vorgenommen. Beide fassen einige Standards zusammen und gelangen auf diese Weise zu lediglich vier „Qualitätsmerkmalen" bzw. „Leitlinien". Beide Publikationen vermieden es, von „Standards" zu sprechen, weil man fürchtete, dass die deutsche Lehrerschaft hinter „Standards" – nicht zuletzt aufgrund von Erfahrungen mit Bildungsstandards – Kontrollabsichten vermuten und sie deshalb ablehnen würde. Beide Adaptierungen wollen erklärtermaßen nur einen Bezugsrahmen anbieten, der Eltern, Lehrkräften und weiteren mit konzeptionellen Aufgaben befassten Personen und Institutionen die Organisation einer erfolgreichen Erziehungs- und Bildungskooperation erleichtert.

Tabelle 2: Qualitätsmerkmale schulischer Elternarbeit (Vodafone 2013)

Qualitätsmerkmal A: Willkommens- und Begegnungskultur

Leitbild:
Die Gemeinschaft stärken: Alle Eltern fühlen sich als Teil der Schulgemeinschaft wohl und wertgeschätzt.
Ziele:

- In der Schule herrscht eine einladende und freundliche Atmosphäre.
- Die Schulgemeinschaft ist von gegenseitigem Respekt geprägt und schließt alle Beteiligten ein.

Qualitätsmerkmal B: Vielfältige und respektvolle Kommunikation

Leitbild:
Die Eltern und Lehrkräfte informieren einander regelmäßig und auch anlassunabhängig über alles, was für die Bildung und Erziehung der Kinder von Bedeutung ist.
Ziele:

- Die Schule, Eltern und Elternvertreter pflegen einen regelmäßigen und anlassunabhängigen Informationsaustausch.
- Die Schule und die Eltern nutzen vielfältige Kommunikationswege und -formen.
- Bei den Übergängen von der Kita zur Grundschule und von dort zur weiterführenden Schule ist ein regelmäßiger Wissenstransfer und Austausch zwischen allen Beteiligten gewährleistet.

Qualitätsmerkmal C: Erziehungs- und Bildungskooperation

Leitbild:
Die Eltern, Lehrkräfte und Schüler arbeiten gemeinsam am Erziehungs- und Bildungserfolg und stimmen sich über Lernziele und -inhalte ab. Die individuelle Mitbestimmung von Eltern und Schülern ist gewährleistet.
Ziele:

- Die Eltern können sich auf vielfältige Art und Weise am Schulleben und Unterrichtsgeschehen beteiligen.
- Die Eltern begleiten ihre Kinder beim Lernen und vermitteln ihr Interesse an den schulischen Erfahrungen des Kindes.
- Die Eltern und die Schule kennen Angebote externer Akteure und binden diese in den Schulalltag ein.
- Die Interessen der Schüler werden durch ihre Eltern und durch sie selbst vertreten. Die Eltern verstehen sich als Fürsprecher für jedes Kind.

Qualitätsmerkmal D: Partizipation der Eltern

Leitbild:
Die kollektive Mitbestimmung und Mitwirkung der Elternschaft ist gewährleistet. Sie werden, sofern erwünscht und praktikabel, in Entscheidungen über das Schulleben und Unterrichtsgeschehen eingebunden. Die Schüler werden angemessen beteiligt.
Ziele:

- Die Eltern sind ausreichend über Mitwirkungsrechte und -möglichkeiten in der Schule aufgeklärt.
- Die Eltern aus allen Schichten und Gruppen beteiligen sich angemessen an schulischen Entscheidungen sowie Schulentwicklungsprozessen und sind in den Elterngremien repräsentativ vertreten.
- Die Elternvertreter sind in soziale, politische und externe Netzwerke der Schule eingebunden.

Tabelle 3: Leitlinien zur Gestaltung der Bildungs- und Erziehungspartnerschaft von Schule und Eltern (Bayerisches Staatsministerium/Stiftung Bildungspakt 2014)

Leitlinie „Gemeinschaft"

Alle Eltern fühlen sich als Teil der Schulgemeinschaft wohl, wertgeschätzt und für die gemeinsamen Ziele verantwortlich.

Ziele:

- In der Schule herrscht eine einladende, freundliche und wertschätzende Atmosphäre.
- Die Schulgemeinschaft ist von gegenseitigem Respekt geprägt und schließt alle Beteiligten ein.
- Die Schule wird von einem gemeinsamen Selbstverständnis getragen.

Methoden:

1. Eine Willkommenskultur pflegen
2. Wertschätzung zeigen
3. Einander entgegenkommen
4. Respektvoll handeln
5. Kontakte pflegen
6. Zusammengehörigkeit stärken
7. Für Aufenthaltsqualität sorgen

Leitlinie „Kommunikation"

Die Eltern und Lehrkräfte informieren einander über alles, was für die Bildung und Erziehung der Schülerinnen und Schüler von Bedeutung ist.

Ziele:

Schule, Eltern und Elternvertreter pflegen einen regelmäßigen, auch anlassunabhängigen Informationsaustausch.

- Es gibt klare, den Eltern bekannte innerschulische Zuständigkeiten für die Kommunikation.
- Schule und Eltern nutzen vielfältige Kommunikationswege und -formen zur gegenseitigen Information.
- Die Schule ist über die besonderen Lernvoraussetzungen der Kinder und Jugendlichen und – soweit diese für ihre individuelle Förderung bedeutsam ist – über ihre außerschulische Lebenssituation informiert.

Methoden:

1. Gelegenheiten für Gespräche anbieten
2. Ansprechpartner benennen
3. Erreichbarkeit sicherstellen
4. Das Umfeld einbeziehen
5. Auf Bedürfnisse eingehen
6. Gesprächskompetenz schulen
7. Zielstrebig informieren

Leitlinie „Kooperation"

Eltern und Lehrkräfte arbeiten gemeinsam kontinuierlich am Erziehungs- und Bildungserfolg der Schülerinnen und Schüler.

Ziele:

- Die Zusammenarbeit mit den Eltern erfolgt systematisch und koordiniert in Verantwortung der Schule. Die Schülerinnen und Schüler sind altersadäquat mit einbezogen.
- Die Eltern beteiligen sich auf vielfältige Art und Weise am schulischen Geschehen und bringen ihre Stärken und Ressourcen ein.
- Die Eltern unterstützen sich gegenseitig. Ebenso unterstützen sie das häusliche Lernen ihrer Kinder. Sie werden diesbezüglich von der Schule beraten.
- Die Schulgemeinschaft ist mit Erziehungs- und Bildungspartnern in Gemeinde und Region vernetzt.

Methoden:

1. Gemeinsam Ziele vereinbaren
2. Konsens suchen
3. Elternkooperation fördern
4. Impulse für zu Hause geben
5. Sich im Umfeld vernetzen
6. Elternexperten einbeziehen
7. Mithilfe anbieten und annehmen

Leitlinie „Mitsprache"

Die Eltern nehmen ihre rechtlich geregelten Mitsprache- und Mitwirkungsmöglichkeiten wahr. Sie können sich auch darüber hinaus in geeigneter Weise einbringen.

Ziele

- Die Schule informiert die Eltern ausreichend über ihre Mitspracherechte und -möglichkeiten. Sie ermuntert alle Eltern, diese zu nutzen.
- Eltern aus allen Schichten und Gruppen sind in den Elterngremien vertreten.
- Elternvertreter und Eltern beteiligen sich an Schulentwicklungsprozessen.
- Elternvertreter ergreifen Maßnahmen, um die Anliegen und Interessen aller Eltern zu erfahren und zu vertreten.
- Elternvertreter wirken in externen Netzwerken der Schule mit.

Methoden:

1. Zur Mitgestaltung ermutigen
2. Auf Vielfalt achten
3. Netzwerke ausbauen
4. Elternvertreter unterstützen
5. Austausch pflegen
6. Alle Kinder im Blick behalten
7. Gremienarbeit wahrnehmen

Einen eigenen Weg schlug man in der Schweiz ein: Das Schuldepartement des Kantons Aargau entwickelte in Kooperation mit der Fachhochschule Nordwestschweiz einen Orientierungsraster für die Zusammenarbeit von Schule und Eltern mit fünf Dimensionen:

Tabelle 4: Orientierungsraster für die Zusammenarbeit von Schule und Eltern (Departement Bildung 2016, S. 6)

Dimension 1: Strategische Grundlagen und Grundhaltungen

- Stellenwert der Zusammenarbeit von Schule und Eltern
- Offenheit für Elternkontakte; Ernstnehmen der Eltern
- Umgang mit der Heterogenität der Eltern (Respektierung von Verschiedenheit)
- Positionierung im Spannungsfeld von Einbezug und Abgrenzung

Dimension 2: Steuerung, Koordination, Unterstützung durch die Schulleitung

- Aufgaben und Zuständigkeiten für die Zusammenarbeit von Schule und Eltern
- Schulweite Festlegung zum Einbezug der Eltern
- Unterstützung der Lehrpersonen durch die Schulleitung/Bereitstellung von Ressourcen für die Zusammenarbeit mit Eltern
- Qualifizierungsmöglichkeiten (individuelle und schulinterne Weiterbildung)

Dimension 3: Gestaltung der Elternkontakte: Ebene Schulleitung/Schule

- Information der Eltern über gesamtschulische Belange durch die Schulleitung
- Umgang mit Gesuchen und Anliegen der Eltern durch die Schulleitung/Schulbehörde
- Beratung der Eltern (soweit in Zuständigkeit der Schule); Zuweisungsberatung in besonderen Situationen
- Beteiligung der Eltern am Schulleben

Dimension 4: Gestaltung der Elternkontakte: Ebene Lehrperson/Klasse

- Information der Eltern über das Kind und seine Bedürfnisse durch die Lehrpersonen
- Umsetzung der Elternkontakte durch die Lehrpersonen
- Umgang mit Gesuchen und Anliegen der Eltern durch die Lehrpersonen
- Information/Kommunikation zur Lernunterstützung durch die
- Eltern
- Information/Kommunikation bei anstehenden Promotions-, Selektions- und Übertrittsentscheidungen

Dimension 5: Umgang mit kritischen Rückmeldungen und Beschwerden

- Einholen von Elternrückmeldungen
- Bearbeitung und Nutzung von Elternrückmeldungen
- Umgang mit Konflikten und mit Beschwerden von Eltern
- Verhalten und Einstellungen der Schulleitung, Lehr- und Fachpersonen bei Problemen und Konflikten mit Eltern

Dazu werden vier Stufen als unterschiedlichen Entwicklungszustände der Schule beschrieben:

Tabelle 5: Orientierungsraster für die Zusammenarbeit von Schule und Eltern (Departement Bildung 2016, S. 5)

Defizitstufe:	**Fortgeschrittene Entwicklungsstufe:**
Wenig entwickelte Praxis im genannten Bereich. „Defizit" meint hier, dass mit Blick auf die spezifischen Anforderungen und Qualitätsansprüche die Praxis noch deutliche Mängel aufweist, welche die Zielerreichung behindern und bezüglich derer ein dringender Entwicklungsbedarf besteht.	Die Schule weist im betreffenden Bereich ein gutes Niveau auf. Sie verwirklicht das, was von Expertinnen und Experten aus Theorie und Praxis als gute Praxis bezeichnet wird, wobei sowohl die individuellen als auch die institutionellen Aspekte angemessen berücksichtigt sind.
Elementare Entwicklungsstufe:	**Excellence-Stufe:**
Grundlegende Anforderungen an eine funktionsfähige Praxis sind erfüllt. Die elementaren Ziele werden erreicht, gute Ansatzpunkte sind vorhanden und lassen sich weiterentwickeln. Optimierungsbedarf zeigt sich vor allem im Fortschreiten vom individuellen Bestreben einzelner Lehrpersonen zu einer institutionell und schulkulturell getragenen, gemeinsamen Praxis.	Die Schule übertrifft im betreffenden Bereich die normalen Erwartungen und geltenden Ansprüche an eine gute Praxis. Sie erfüllt – zusätzlich zu den wünschbaren Qualitäten aus der fortgeschrittenen Entwicklungsstufe – gewisse Anforderungen, die nur mit einem überdurchschnittlichen Engagement und mit einer außergewöhnlichen Praxisexpertise auf diesem Gebiet realisiert werden können. In diesem Sinne hat die Schule hier eine Qualitätsstufe erreicht, die als herausragend bezeichnet werden kann.

Als empfohlene Zielstufe gilt die fortgeschrittene Entwicklungsstufe (Stufe 3). Die Defizitstufe (Stufe 1) umreißt den negativen Orientierungspunkt, den es im Entwicklungsprozess zu vermeiden bzw. zu überwinden gilt.

2.3 Modell der Kooperation zwischen Schule und Eltern

2.3.1 Übersicht

Angelehnt an die deutschen Adaptionen der amerikanischen Standards wird hier ein Modell für die Kooperation zwischen Schule und Eltern formuliert, das über einen bloßen Kriterienkatalog oder ein Orientierungsraster hinausgeht, indem es den Gesamtzusammenhang zwischen Zielsetzung, Handlungsfeldern und Kontakten abbildet und auch die Qualität der Beziehungen berücksichtigt, welche der Kooperation zugrunde liegen. Außerdem wird mit der „Weiterentwicklung des Subsystems Elternschaft" ein bedeutsames Handlungsfeld hinzugefügt, das bisher kaum bemerkt, meistens sogar ganz übersehen wurde.

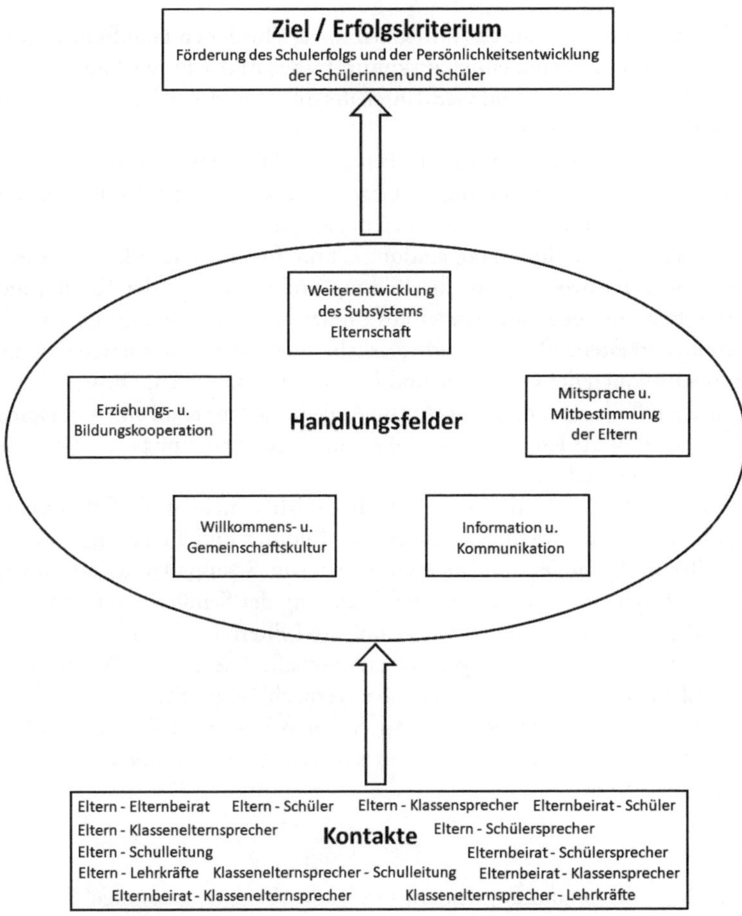

Abbildung 1: Modell der Kooperation zwischen Schule und Eltern

2.3.2 Ziel und Erfolgskriterium

Letztlich geht es nicht nur um ein gutes Verhältnis zwischen Eltern und Lehrkräften und um die Durchsetzung von Mitbestimmungs- und Mitgestaltungsrechten von Eltern in der Schule ihrer Kinder, sondern um deren Bildung und Erziehung. Ziel und Erfolgskriterium der Kooperation zwischen Schule und Eltern ist die Förderung des Schulerfolgs und der Persönlichkeitsentwicklung der Kinder und Jugendlichen.

2.3.3 Handlungsfelder

Erreicht wird dieses Ziel durch Aktivitäten in verschiedenen Handlungsfeldern:
- Willkommens- und Gemeinschaftskultur: Es bedarf der Entwicklung und Pflege einer Willkommens- und Gemeinschaftskultur, in der sich alle Eltern geachtet und akzeptiert fühlen.
- Information und Kommunikation: Ferner ist ein intensiver und regelmäßiger Austausch aller für die Bildung und Erziehung wichtigen Informationen zwischen der Schule und den Familien zu organisieren.
- Erziehungs- und Bildungskooperation: Lehrkräfte und Eltern übernehmen gemeinsame Verantwortung für die Bildung und Erziehung der Kinder, indem sie ihre Bemühungen aufeinander abstimmen und zuhause und in der Schule zusammenarbeiten. Oft ist es erforderlich, auch noch mit weiteren Personen und Institutionen der Gemeinde und Region zu kooperieren. Die von der amerikanischen PTA gesondert aufgeführte Aufgabe, jedem Kind einen Fürsprecher an die Seite zu stellen, wird als Teilaspekt dieser Erziehungs- und Bildungskooperation betrachtet.
- Mitsprache und Mitbestimmung der Eltern: Mitsprache und Mitbestimmung der Eltern in allen wichtigen Fragen der Bildung und Erziehung ihrer Kinder sollte nicht bloßer Ausdruck einer Art von Schulparlamentarismus sein, sondern durch Fokussierung auf die Förderung der Schülerinnen und Schüler Wesentliches zur Kooperation von Schule und Eltern beitragen.
- Weiterentwicklung des Subsystems Elternschaft: Dieses Handlungsfeld wird gewöhnlich übersehen, zumindest aber vernachlässigt. Dabei ist die Weiterentwicklung der Schulelternschaft zu einem vollwertigen sozialen Subsystem der Schule von größter Bedeutung für eine erfolgreiche Kooperation zwischen Schule und Eltern.

2.3.4 Kontakte

Die Arbeit in den Handlungsfeldern erfolgt in geeigneten sozialen Kontakten. Das heißt auch, dass alle Kontakte eine klare und für alle Beteiligten erkennbare Ausrichtung auf ein bestimmtes Handlungsfeld der Schule-Eltern-Kooperation haben müssen. Klassenelternversammlungen bzw. Elternabende z. B. können Veranstaltungen der Gemeinschaftspflege oder Informationsveranstaltungen oder auch Kooperationsveranstaltungen sein. Ein Gespräch zwischen einer Schulleiterin und einer Elternbeiratsvorsitzenden kann hilfreich für die Entwicklung des Subsystems Elternschaft sein oder einfach dem Informationsaustausch dienen oder auch verabredete Kooperationsinitiativen reflektieren. Kontakte ohne eine klare Sinnausrichtung führen leicht zu Missverständnissen und enttäuschten Erwartungen und bleiben deshalb meistens ineffektiv. Wenn in unserer Repräsentativ-Befragung von 2004 ca. ein Fünftel der Eltern von Grundschülern, Realschülern und Gymnasiasten sowie ein Drittel Eltern von Hauptschülern Elternsprechtage als nicht oder wenig nützlich bezeichneten, ist das sicher auch darauf zurückzuführen, dass versäumt wurde, den Kontakten eine klare Sinnausrichtung zu geben.

2.3.5 Kooperationspartner

Es wäre verkürzt, als Kooperationspartner auf der einen Seite nur Mütter und Väter und sonstige Sorgeberechtigte und auf der anderen nur Lehr- und Fachkräfte in den Blick zu nehmen.
Auf Seiten der Eltern sind auch andere volljährige Personen einzubeziehen, die im Einverständnis mit ihnen Verantwortung für die schulischen Belange der Kinder und Jugendlichen übernehmen, also ggf. auch Großeltern, Onkel und Tanten, erwachsene Geschwister, Freunde und Nachbarn.
Auf Seiten der Schule und der Lehrkräfte ist der Kreis der Kooperationspartner häufig zu erweitern um Personen und Institutionen am Ort und in der Region - Erziehungsberatungsstellen, psychologische und psychiatrische Praxen, Kinderärzte, Jugend- und Sozialämter, Einrichtungen der Justiz, Arbeitsagenturen, Wohlfahrtsverbände, Wirtschaftsverbände, kirchliche Einrichtungen und Moscheevereine, Kulturvereine, Sportvereine, Jugendgruppen u. v. a m.
Bei der Kooperation mit Eltern und Familien sind Lehrkräfte nämlich häufig mit komplexen Problemen und Notlagen wie Arbeitslosigkeit, ökonomischen Notlagen, geringem Bildungsniveau, Ausgrenzung, gescheiterten Partnerbeziehungen, Krankheiten, psychosozialen Problemen, Drogenkonsum, Gewaltproblemen und manchmal auch Kriminalität konfrontiert, für deren Bearbeitung ihnen zwar Kompetenzen und zeitliche Ressourcen fehlen, die sie aber auch nicht einfach ignorieren dürfen, weil sie mit Schul- und Lernproblemen der Kinder nicht weiter kommen, solange diese anderen, für die Familien vorrangigen Probleme nicht in Angriff genommen werden.
Und schließlich sind auch noch die Schülerinnen und Schüler in die Kooperation einzubeziehen: Es widerspricht dem Ziel, mündige junge Menschen heranzubilden, wenn Eltern und Lehrkräfte kooperieren, ohne Schülerinnen und Schüler angemessen einzubeziehen. Man muss ihnen auch das Recht einräumen und Gelegenheit geben, bei Schule-Eltern-Kontakten gehört zu werden und ihre eigenen Sichtweisen, Erwartungen und Bedürfnisse einzubringen, und überhaupt sollten Schülerinnen und Schüler zunehmend befähigt werden, ihre schulischen Angelegenheiten selbst in die Hand zu nehmen. (Im Einzelnen vgl. dazu Kapitel 9.)

2.4 Beziehungen zwischen Schule und Eltern

Die neuerdings häufiger vorgetragene Kritik am Partnerschaftskonzept legt es nahe, die grundsätzlich möglichen Beziehungen zwischen Schule und Eltern zu betrachten und zu prüfen, ob es auch andere Beziehungsarten außer einer partnerschaftlichen gibt, die eine tragfähige Grundlage für ihre Kooperation sein könnten.

2.4.1 Klassifizierungskriterien

Um zu einer Klassifizierung möglicher Beziehungen zu gelangen, nehmen wir eine zweidimensionale Einteilung vor:

Wenn die Erziehungs- und Bildungsvorstellungen von Eltern und Lehrkräften übereinstimmen, unterscheiden wir auf beiden Seiten dreierlei Aktivitäten:

- Registrieren: die Vorstellungen und die Praxis der anderen Seite lediglich zur Kenntnis nehmen,
- Stabilisieren: die Übereinstimmung der beiderseitigen Vorstellungen durch unterstützendes Verhalten und Koordination absichern,
- Entwickeln: die Übereinstimmung der beiderseitigen Vorstellungen durch Kooperation beständig optimieren und an aktuelle Erfordernisse anpassen.

Falls die Erziehungs- und Bildungsvorstellungen von Eltern und Lehrkräften nicht übereinstimmen, unterscheiden wir fünf Aktivitäten beider Seiten:

- Registrieren: die abweichenden Vorstellungen der anderen Seite mehr oder weniger gleichgültig zur Kenntnis nehmen,
- Beharren: ausdrücklich an eigenen Vorstellungen festhalten, auch im Wissen um unterschiedliche Vorstellungen der anderen Seite,
- Konfrontation: in offener Opposition versuchen, die eigenen Vorstellungen durchzusetzen,
- Kompromiss: sich mit der anderen Seite auf Vorstellungen einigen, die beide akzeptieren können, ohne eigene Anschauungen völlig aufgeben zu müssen,
- Nachgeben: Vorstellungen der anderen Seite übernehmen und von eigenen Anschauungen abrücken.

2.4.2 Typen und Varianten der Beziehung

Aus der Klassifizierung mit Hilfe der genannten Kriterien ergeben sich 34 Varianten der Beziehung zwischen Eltern und Lehrkräften:

<table>
<tr><th rowspan="2">Eltern</th><th colspan="3">Lehrkräfte</th></tr>
<tr><th>Registrieren</th><th>Stabilisieren</th><th>Entwickeln</th></tr>
<tr><td>Registrieren</td><td>1 Einvernehmliche Passivität bei Konvergenz</td><td colspan="2">2 Einseitiges Engagement der Lehrkräfte 3</td></tr>
<tr><td>Stabilisieren</td><td rowspan="2">4 Einseitiges Engagement der Eltern 7</td><td colspan="2" rowspan="2">5 6 Einvernehmliches Engagement 8 9</td></tr>
<tr><td>Entwickeln</td></tr>
</table>

Abbildung 2: Beziehungen bei übereinstimmenden Vorstellungen

Eltern	Lehrkräfte				
	Registrieren	Beharren	Konfrontation	Kompromiss	Nachgeben
Registrieren	10 *Einvernehmliche Passivität bei Divergenz*	11 *Einseitige Eskalation durch Lehrkräfte*	12	13 *Vorauseilender Gehorsam der Lehrkräfte*	14
Beharren	15 *Einseitige Eskalation durch Eltern*	27 *Konflikt*	28	19 *Unterwerfung der Lehrkräfte*	20
Konfrontation	16	29	30	21	22
Kompromiss	17 *Vorauseilender Gehorsam der Eltern*	23 *Unterwerfung der Eltern*	24	31 *Verständigung*	32
Nachgeben	18	25	26	33	34

Abbildung 3: Beziehungen bei unterschiedlichen Vorstellungen

2.4.3 Analyse der Beziehungstypen

Aus Platzgründen muss hier eine differenzierte Analyse aller 34 Beziehungsvarianten unterbleiben. Stattdessen fassen wir sie zu acht Typen zusammen:

Günstige und bedingt günstige Beziehungstypen

Einvernehmliches Engagement (Varianten 5, 6, 8, 9)

Dieser Typ der Beziehung kommt dem am nächsten, was gemeinhin unter Erziehungs- und Bildungspartnerschaft verstanden wird: Eltern und Lehrkräfte engagieren sich einvernehmlich für dieselben Vorstellungen von Erziehung und Unterricht, sind aber nicht zwingend gleichermaßen aktiv: Bei Variante 6 sind Lehrkräfte, bei Variante 8 Eltern aktiver. In unserer Repräsentativ-Befragung von 2004 brachten sich in nicht ganz einem Fünftel (18,4%) aller Fälle Eltern und Lehrkräfte gleich stark ein. Zwei Fünftel (40,9%) der Beziehungen zwischen Eltern und Lehrkräften aber waren unausgewogen, wobei häufiger die Lehrkräfte (in 25,8% aller Fälle), seltener die Eltern (in 15,1% aller Fälle) den aktiveren Part darstellten.[6] Eine Beziehung mit einvernehmlichem Engagement muss auch nicht unbedingt eine innige Gefühlsgemeinschaft sein, die durch gegenseitige Sympathie

6 Die Anlage der Befragung erlaubte nur die Unterscheidung von vier Beziehungstypen: einvernehmliches ausgewogenes oder unausgewogenes Engagement von Eltern und Lehrkräften, einseitiges Engagement einer Seite, einvernehmliche Passivität beider Seiten.

geprägt ist. Denkbar und praktikabel ist auch eine nüchterne Arbeitsgemeinschaft. Und sie kann auch Formen annehmen, bei denen Eltern oder Lehrkräfte oder auch beide Seiten ihre Vorstellungen überwiegend aus der Ferne koordinieren und adjustieren. Im Allgemeinen wird es aber nötig sein, sich zunächst in persönlichen Kontakten der gemeinsamen Vorstellungen zu versichern und eine Vertrauensbasis zu schaffen.

Einseitiges Engagement der Lehrkräfte (Varianten 2 und 3) oder der Eltern (Varianten 4 und 7)
Bei diesem Beziehungstyp bemühen sich entweder nur die Lehrkräfte oder nur die Eltern um die Stabilisierung oder Entwicklung der gemeinsamen Vorstellungen über Erziehung und Bildung und der korrespondierenden Praxis. Eine derart unausgewogene Beziehung, wie sie sich in unserer Repräsentativ-Befragung von 2004 in 14,3% aller Fälle zeigte, kann immer noch als bedingt geeignet gelten, ein „Zusammenwirken" von Schule und Eltern zu gewährleisten, wie es vom Bundesverfassungsgericht gefordert wird. Es muss allerdings gesichert sein, dass die passive Seite das Engagement der anderen Seite auch wirklich akzeptiert. Häufig sind solche Beziehungen ziemlich labil. Sie können z. B. darunter leiden, dass die Engagierten sich überfordert fühlen oder den Eindruck haben, die Passiven würden ihrem Engagement mit Gleichgültigkeit begegnen und es ins Leere laufen lassen.

Verständigung (Varianten 31, 32, 33, 34)
In solchen Beziehungen haben Eltern und Lehrkräfte mindestens teilweise unterschiedliche Auffassungen von Erziehung und Bildung, verständigen sich aber auf Kompromisse. Beziehungen dieser Art können durchaus effektiv sein, wenn beide Seiten gleichermaßen an den Kompromissen interessiert sind und aktiv daran mitwirken (Variante 31). Weniger günstig ist es, wenn Kompromisse hauptsächlich durch Nachgeben entweder der Eltern (Variante 33) oder der Lehrkräfte (Variante 32) zustande kommen, und völlig kontraproduktiv ist es, wenn beide Seiten in einer Art Ermüdung nur einen Waffenstillstand schließen (Variante 34).

Weniger günstige oder völlig kontraproduktive Beziehungstypen

Einvernehmliche Passivität bei Konvergenz (Variante 1)
In mehr als einem Viertel aller Fälle (26,4%) hielten sich in unserer bayerischen Repräsentativ-Befragung von 2004 sowohl Eltern als auch Lehrkräfte bei der Ausgestaltung der Beziehung zwischen Schule und Eltern zurück oder lehnten ein Engagement ausdrücklich ab. Anscheinend beruhigt man sich dabei, dass die Vorstellungen über Erziehung Bildung weitestgehend übereinstimmen, und sieht einfach keinen Handlungsbedarf. Diese Sichtweise ist nicht ungefährlich, da ihr die naive Annahme zugrunde liegt, Gemeinsamkeiten würden auch Bestand haben, ohne dass man Sorge dafür tragen muss, sie zu erhalten und weiter zu entwickeln.

Einvernehmliche Passivität bei Divergenz (Variante 10)
Hier registrieren beide Seiten durchaus unterschiedliche oder sogar gegensätzliche Auffassungen von Erziehung und Bildung, scheuen aber die Auseinandersetzung. Dass Beziehungen dieser Art problematisch sind, weil bei ihnen gemeinsame Anstrengungen von Eltern und Lehrkräften, die Kinder bestmöglich zu fördern, unterbleiben und weil jederzeit Konflikte ausbrechen können, liegt auf der Hand.

Vorauseilender Gehorsam der Lehrkräfte (Varianten 13 und 14) und der Eltern (Varianten 17 und 18)
Dieser Beziehungstyp ist dadurch gekennzeichnet, dass angesichts unterschiedlicher Vorstellungen über Erziehung und Bildung eine Seite Kompromisse macht und nachgibt, obwohl die andere Seite noch nicht einmal aktiv für ihre abweichenden Ansichten eintritt. Dadurch werden zwar Konflikte vermieden, aber es bleibt zumindest bei einer Seite Unzufriedenheit.

Einseitige Eskalation durch Lehrkräfte (Varianten 11 und 12) und durch Eltern (Varianten 15 und 16)
Hier beharrt eine Seite auf ihren Vorstellungen oder versucht sogar, sie konfrontativ durchzusetzen, während die andere Seite trotz ihrer abweichenden Vorstellungen passiv bleibt. Nicht selten führt das schließlich zur Unterwerfung entweder der Eltern oder der Lehrkräfte.

Unterwerfung der Lehrkräfte (Varianten 19, 20, 21, 22) und der Eltern (Varianten 23, 24, 25, 26)
In solchen Beziehungen beharrt eine Seite auf ihren konträren Vorstellungen oder versucht sogar, sie im offenen Konflikt durchzusetzen, während die andere Seite Kompromisse eingeht, einlenkt und Positionen aufgibt. Beziehungen dieser Art sind das Ergebnis eines Machtkampfes, aus dem schließlich Sieger und Besiegte hervorgehen – am eindeutigsten bei den Varianten 20, 22, 25 und 26.

Konflikt (Varianten 27, 28, 29, 30)
In Beziehungen dieses Typs beharren beide Seiten auf ihren unterschiedlichen Vorstellungen. Die offene Konfrontation wird in Kauf genommen oder sogar gesucht. Aber jeder offen ausgetragene („heiße") Konflikt (Variante 30) enthält auch die Chance, sich zu einigen und einen Kompromiss zu finden, auf dem man dann doch Unterstützung und Kooperation aufbauen kann. Bedenklicher sind schwelende Konflikte (Variante 27). Falls es nicht doch irgendwann zu einem „heißen" Konflikt kommt, können die unterschwellig bestehenden Differenzen das Verhältnis zwischen Schule und Eltern permanent belasten.

2.4.4 Beziehungsgeschichte

Noch viel zu wenig wird beachtet, dass Beziehungen zwischen Schule und Eltern ebenso wie andere soziale Beziehungen eine Geschichte haben – aus Vorformen entstehen, sich in Richtung auf mehr Einvernehmen und Kooperation entwickeln, stagnieren, in Krisen und Konflikte geraten usw.
Betrachten wir einige beispielhafte Verläufe (Abbildung 4):

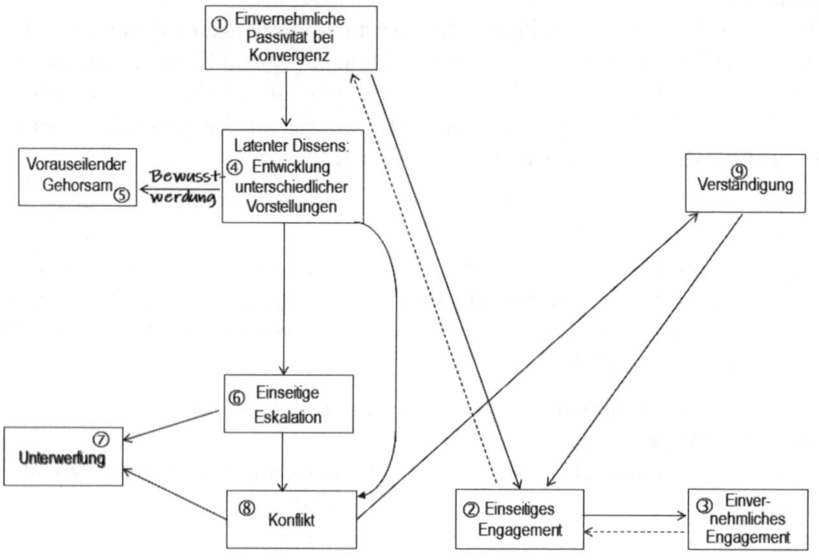

Abbildung 4: Beispiele für die Entwicklung und Erosion von Beziehungen zwischen Eltern und Lehrkräften

Am Beginn (1) sei einvernehmliche Passivität von Eltern und Lehrkräften gegeben. Schließlich übernimmt dann doch die Eltern- oder Lehrerseite die Initiative und engagiert sich wenigstens einseitig für eine Kooperation (2). Nach dieser Vorleistung wird auch die andere Seite aktiv und es kommt zu einvernehmlichem Engagement (3).
Eine andere denkbare Entwicklung könnte sein, dass sich in der einvernehmlichen Passivität (1) die Vorstellungen von Eltern und Lehrkräften über Erziehung und Bildung unbemerkt auseinanderentwickeln. Es entsteht ein latenter Dissens (4). Vielleicht unterwirft sich dann, wenn dieser bewusst wird, eine Seite in vorauseilendem Gehorsam (5), um keinen Ärger zu haben. Es könnte aber auch zu einer einseitigen Eskalation kommen (6), indem eine Seite ihre Vorstellungen durchsetzt, und anschließend zur Unterwerfung der anderen Seite (7). Oder es

kommt zum offenen Konflikt (8), der vielleicht auch schon beim Bewusstwerden des latenten Dissens ausbricht. Der Konflikt könnte mit der Unterwerfung einer Seite (7) enden. Er könnte aber auch zur Verständigung führen (9) und weiter zu einseitigem Engagement von Eltern oder Lehrkräften (2) oder sogar einvernehmlichem Engagement (3) beider Seiten.

Es ist auch denkbar, dass ein erreichtes einvernehmliches Engagement nicht über längere Zeit anhält. Vielleicht zieht sich eine Seite zurück und die Beziehung erodiert zu einseitigem Engagement (2). Die Verstimmung der dann alleine aktiven Seite führt möglicherweise dazu, dass auch diese ihr Engagement einstellt und man wieder bei einvernehmlicher Passivität (1) landet.

Es ist davon auszugehen, dass auch verschiedene Lehrkräfte und Eltern unterschiedliche Beziehungen und Beziehungsgeschichten haben. Das muss kein Nachteil sein, denn es ist durchaus möglich, dass für verschiedene Personen, Zeiten und Situationen unterschiedliche Beziehungen angemessen sind. Insgesamt eröffnet sich hier ein weites Feld für dringend benötigte Forschung.

2.4.5 Zusammenfassung

Für günstige und halbwegs akzeptable Beziehungen zwischen Schule und Eltern gilt:

- Alle Beziehungen müssen von wechselseitigem Respekt geprägt sein.
- Es ist nicht erforderlich, dass sie ausschließlich oder überwiegend über persönliche Kontakte gepflegt werden, auch medienbasierte indirekte Kontakte können sinnvoll sein. Allerdings sind sie nicht geeignet, den persönlichen Kontakt vollständig zu ersetzen.
- Beziehungen müssen nicht unbedingt positiv emotional besetzt sein, sondern können auch nüchterne Arbeitsbeziehungen sein.
- Auch Beziehungen, in welchen entweder Lehrkräfte oder Eltern aktiver sind, kann man akzeptieren. Es ist nicht nötig, dass stets beide Seiten in gleichem Maße Verantwortung und Initiative übernehmen. In der Praxis kommen solche ausgewogenen Beziehungen auch weitaus seltener vor als Beziehungen mit ungleichem Engagement beider Seiten.
- Kontraproduktiv sind aber jedenfalls alle Arten der Beziehung, bei denen entweder Eltern oder Lehrkräfte die Oberhand zu gewinnen suchen oder sich selbst der anderen Seite unterwerfen.
- Ebenso ungünstig ist es, wenn sich weder Eltern noch Lehrkräfte aktiv um die Gestaltung der Beziehung bemühen. Das gilt auch, wenn hinsichtlich der Vorstellungen über Erziehung und Bildung weitgehend Konsens herrscht, denn dieser ist immer labil, wenn man nicht an seiner Stabilisierung arbeitet.
- Es wurde hier darauf verzichtet, auch Beziehungstypen zu untersuchen, die sich ergeben, wenn Eltern und Lehrkräfte widersprüchliche Wahrnehmungen haben,

d. h. wenn eine Seite glaubt, man habe übereinstimmende Vorstellungen von Erziehung und Bildung, während die andere Diskrepanzen sieht. Beziehungen auf einer derart problematischen Grundlage sind allesamt instabil und unproduktiv. Um diesen ungünstigen Fall auszuschließen, sollten sich Eltern und Lehrkräfte immer wieder einmal vergewissern, dass sie die Vorstellungen der jeweils anderen Seite über Erziehung und Bildung wirklich zutreffend wahrnehmen.

2.5 Niveaustufen der Kooperation

In der Regel ist es nicht möglich und auch nicht nötig, in allen fünf Handlungsfeldern der Schule-Eltern-Kooperation initiativ zu werden. Man wird sich vielmehr zu vergewissern suchen, wo bereits zufriedenstellende Aktivitäten stattfinden und wo dringender Handlungsbedarf besteht. Dazu braucht es eine Standortbestimmung der aktuellen Kooperation zwischen Schule und Eltern, für die außer der Beschreibung von Handlungsfeldern auch Definitionen von Niveaustufen der Kooperation erforderlich sind.
Die amerikanische Parent-Teacher Association hat ihre Standards diesem Bedürfnis entsprechend operationalisiert und für jeden Standard Teilziele auf den drei Niveaustufen:
- „emerging – limited level of development and implementation“,
- „progressing – functioning level of development and implementation“ und
- „excelling – highly functioning level of development and implementation“

ausgewiesen und differenziert beschrieben (PTA 2009, pp. 40 – 66).
Das Schuldepartement des Schweizer Kantons Aargau benennt für die entwickelten Qualitätskriterien für die Zusammenarbeit von Schule und Eltern jeweils vier Entwicklungsstufen:
- „Defizitstufe“,
- „elementare Entwicklungsstufe“,
- „fortgeschrittene Entwicklungsstufe“ und
- „Excellence-Stufe“ (Departement Bildung, Kultur und Sport 2016; vgl. dazu auch oben Abschnitt 2.2).

(Ob die Benennung der ersten Stufe als „Defizitstufe“ psychologisch glücklich gewählt ist, sei allerdings dahingestellt. Vielleicht wäre „Anfängerstufe“ oder „Startstufe“ günstiger gewesen.)
Bei den deutschen Adaptierungsversuchen gelang es leider nicht, die Verantwortlichen der Stiftung Vodafone Deutschland und des bayerischen Kultusministeriums zu überzeugen, Niveaustufen zu implementieren. Es gab die Befürchtung, dass deutsche Lehrkräfte solche Niveaustufen als Instrumente für eine ungeliebte externe Evaluation und Kontrolle empfinden und deshalb das ganze Konzept ablehnen würden.

Matthias Bartscher nahm dieses Risiko in Kauf und beschrieb in seiner zweibändigen Monografie „Bildungs- und Erziehungspartnerschaften an Schulen“ (Bartscher 2021a, Bd. I, S. 130 ff.), auch Entwicklungsstufen für die Qualitätsmerkmale der Erziehungs- und Bildungspartnerschaft, mit denen festgestellt werden kann, „welche Qualitätskriterien bereits in Ansätzen oder auch im vollen Umfang erfüllt und welche Bereiche schon abgedeckt sind“ und „wo noch Handlungsbedarf für weitere Entwicklungsarbeit besteht.“ (Bartscher 2021a, S. 130/131) Allerdings fehlt solchen Einzelinitiativen – auch wenn sie sie von prominenten Vertretern der Fachdiskussion kommen – die demokratische Legitimation, so dass eine breite Akzeptanz in der Praxis kaum zu erwarten ist. Deshalb verzichten wir darauf, das vorgeschlagene Modell der Schule-Eltern-Kooperation um Niveaustufen zu ergänzen. Allerdings weisen wir nachdrücklich darauf hin, dass das Fehlen definierter Entwicklungsniveaus der Kooperation zwischen Schule und Eltern es engagierten Schulen und Elternvertretern enorm erschwert, ihre Arbeit verlässlich und objektiv zu evaluieren. Es ist ebenso unumgänglich, dass staatliche Institutionen Entwicklungsniveaus der Kooperation zwischen Schule und Eltern beschreiben, wie es für den PISA-Prozess unausweichlich war, Kompetenzstufen zu definieren. Solange das nicht geschieht, besteht die Gefahr, dass die Kooperation zwischen Schule und Eltern in Deutschland vielerorts nicht über Beliebigkeit und Aktionismus hinausgelangt.

3 Kontakte als Transmissionsriemen der Kooperation

Um gemeinsam an der Bildung und Erziehung der Kinder und Jugendlichen zu arbeiten, müssen Schule und Eltern Verbindung miteinander aufnehmen und halten. Für Eltern ist das nur ein moralisches Gebot: Dem Bildungsbarometer 2009 zufolge (Jäger-Flor & Jäger 2010, S. 19) hatten nur zwei Drittel der Eltern Kontakt zu den Lehrkräften ihres Kindes. Für die Schulen ist es eine rechtlich bindende Verpflichtung: In allen Bundesländern müssen sie Klassenelternversammlungen (bzw. Elternabende) und Elternsprechtage abhalten und entweder zu festen Zeiten oder nach Vereinbarung Lehrersprechstunden anbieten. Zusätzlich zu diesen obligatorischen Kontakten organisieren die meisten Schulen Informationsveranstaltungen, Aufführungen, Feste und Feiern. Aus vielerlei Anlässen ergeben sich informelle und spontane Kontakte – Tür-Angel-Gespräche, Gespräche bei zufälligen Begegnungen oder am Rande von schulischen Veranstaltungen, Anrufe, Briefe und Emails aus besonderem Anlass usw.

Für eine erfolgreiche Kooperation zwischen Schule und Eltern braucht es in ausreichendem Maße Kontakte. Es sind aber nicht nur hinreichend viele und vielfältige Kontaktmöglichkeiten anzubieten. Sie müssen auch einigen Besonderheiten des Kontaktverhaltens von Eltern und Lehrkräften Rechnung tragen und so gestaltet werden, dass sie zum Lernerfolg und zur Persönlichkeitsentwicklung der Kinder und Jugendlichen beitragen. Dazu sollen in diesem Kapitel einige Überlegungen vorgetragen werden.

3.1 Häufigkeit von Kontakten zwischen Eltern und Lehrkräften

Die Bereitschaft, miteinander in Kontakt zu treten, ist weder auf Seiten der Eltern noch auf Seiten der Lehrkräfte sehr stark ausgeprägt.

Eine Clusteranalyse der Kontakthäufigkeiten ergibt für die Eltern unserer Repräsentativbefragung von 2004 drei Gruppen:

- Ein knappes Sechstel der Eltern gehört zu den „Reservierten“, die insgesamt wenig Kontakt halten. Ihr harter Kern sind die sogen. schwer erreichbaren Eltern, auf welche wir in Kapitel 12, Abschnitt 12.4.5 ausführlicher eingehen.
- Fast drei Viertel der Eltern zählen zum Typ der „Sparsamen“, die nur mäßig formelle und kaum informelle Kontakte pflegen.
- Lediglich ein Zehntel der Eltern sind „Aufgeschlossene“, die sowohl häufige als auch vielfältige Kontakte haben.

Bei den Lehrkräften ergibt die Clusteranalyse ebenfalls drei Gruppen (Sacher 2005, S. 105 f.):

- Deutlich mehr als ein Drittel sind „Kontaktunwillige“, die sich völlig auf das Vorhalten der obligatorischen Kontaktangebote beschränken.
- Fast die Hälfte sind „Reservierte“, die überwiegend obligatorische Kontakte anbieten, aber auch hin und wieder einmal Eltern anrufen oder zu einem Gespräch einladen.
- Nur etwas über ein Sechstel der Lehrkräfte zählen zum Typ der „Aufgeschlossenen“, welche über die obligatorischen Kontaktangebote hinaus häufig weitere Initiativen ergreifen, indem sie Briefe und Rundbriefe an Eltern schreiben, sie bei Gelegenheit spontan ansprechen, Elternfeedback einholen, Elternstammtische organisieren und Hospitation im Unterricht anbieten.

Das Kontaktverhalten von Lehrkräften und Eltern ist in hohem Maße durch das Verhalten der jeweils anderen Seite bedingt: Kontaktfreudigere Lehrkräfte haben einen signifikant größeren Anteil an kontaktfreudigen Eltern, und bei kontaktunwilligen und reservierten Lehrkräften meiden Eltern signifikant häufiger den Kontakt. Und umgekehrt geben sich Lehrkräfte kontaktfreudiger oder kontaktunwilliger, je nachdem wie kontaktfreudig Eltern ihnen entgegentreten (Sacher 2005, S. 106 u. 109).

Dass so viele Eltern und Lehrkräfte ausgesprochen zurückhaltend mit Kontakten umgehen, ist u. a. auch auf die verbreitete Meinung zurückzuführen, Kontakte seien nicht nötig, solange Schülerinnen und Schüler keine Probleme haben oder bereiten. Das mag auf den ersten Blick pragmatisch und bequem erscheinen. Genauer besehen, ist eine solche Haltung aber in mehrfacher Hinsicht ungünstig: Wenn Kontakte nur aus Anlass von Problemen zustande kommen, sind sie von vornherein immer negativ konnotiert. Und es fehlt dann die Vertrauensbasis, die es bräuchte, um anstehende Probleme zu lösen, denn für die Entwicklung einer solchen Vertrauensbasis hätte es eines vorhergehenden Kennenlernens in unbelasteten Situationen bedurft.

Nach einem Befund der Universität Landau ist passiv-abwartendes Kontaktverhalten unter Lehrkräften deutlich verbreiteter als unter Eltern: 45% der Kontakte zwischen Eltern und Lehrkräften kamen auf Initiative der Eltern, aber nur 3% auf Initiative der Lehrkräfte zustande. Die restlichen 52% wurden von beiden Seiten initiiert (Jäger-Flohr u. Jäger 2010, S. 19).

Sechs bis sieben Prozent aller Eltern unserer bayerischen Repräsentativbefragung von 2004 unterhielten zwar mit durchschnittlicher oder sogar überdurchschnittlicher Häufigkeit Kontakte zu den Lehrkräften ihrer Kinder, erklärten aber, diese Kontakte seien wenig nutzbringend für sie. Offensichtlich dienten ihnen die Kontakte hauptsächlich dazu, einen günstigen Eindruck von sich und von ihren Kindern aufrecht zu erhalten. Zum Schul- und Bildungserfolg der Kinder und Jugendlichen tragen solche sinnentleerten Rituale wohl kaum etwas bei. Lehrkräfte würden demnach gut daran tun, regelmäßig Feedbacks zu ihren Elternkontakten einzuholen, um nicht fatalen Selbsttäuschungen zu erliegen.

3.2 Kontaktpräferenzen von Eltern[1]

Eltern sind nicht durch Vorschriften verpflichtet, Kontakt zur Schule ihrer Kinder zu halten, und schon gar nicht müssen sie bestimmte Kontaktangebote nutzen. Da sie in ihrem Kontaktverhalten völlig frei sind, empfiehlt es sich, ihre Kontaktpräferenzen zu beachten. Ein auf diese abgestimmtes Kontaktangebot der Schule hat nämlich die besten Aussichten, gut angenommen zu werden.

Wenn man unter den Eltern unserer Repräsentativerhebung von 2004 jenes reichliche Sechstel einmal beiseitelässt, das sehr wenige oder keine Kontakte zur Schule ihrer Kinder unterhält, kann man mittels einer Clusteranalyse drei Gruppen mit unterschiedlichen Kontaktpräferenzen identifizieren:

- Etwas über ein Drittel der Eltern sind „Einzelkontakter“, d. h. sie besuchen bevorzugt Sprechstunden und Elternsprechtage, aber nur selten oder nie Elternabende bzw. Klassenelternversammlungen.
- Nur ein knappes Zehntel zählt zu den „Gruppenkontaktern“. Solche Eltern halten am liebsten Kontakt durch den Besuch von Elternabenden bzw. Klassenelternversammlungen und kommen nur selten oder nie zu Sprechstunden und Elternsprechtagen.
- Wiederum ein reichliches Drittel sind „Mischkontakter“. Sie besuchen sowohl Elternabende bzw. Klassenelternversammlungen als auch Sprechstunden und Elternsprechtage.

In den Schulen der Sekundarstufe ist – vielleicht bedingt durch das Fachlehrersystem - die Zahl der „Einzelkontakter“ etwas höher als in der Grundschule und dafür die Zahl der „Gruppenkontakter“ und der „Mischkontakter“ etwas geringer. Beachtung verdient auch, dass es unter Eltern mit Migrationshintergrund fast doppelt so viele „Gruppenkontakter“ gibt wie bei den übrigen Eltern. D. h. ein Teil der Eltern mit Migrationshintergrund besucht fast nur Elternabende und scheut den Kontakt des Einzelgesprächs in Sprechstunden und bei Sprechtagen. Auch Elternstammtische und Informationsveranstaltungen werden von Migranten seltener besucht. Für dieses Kontaktverhalten dürfte vor allem die oft unzureichende Beherrschung der deutschen Sprache ursächlich sein, die es erschwert, ein Gespräch mit deutschen Partnern zu führen oder einem längeren Fachvortrag in deutscher Sprache zu folgen. Aus diesem Grunde wohl meiden sie auch informelle Kontakte mit Lehrkräften (das Schreiben von Briefen, Telefonanrufe und Gespräche bei zufälligen Begegnungen) stärker.

1 Vgl. Sacher 2008, S. 128 f.; Sacher 2011 d.

3.3 Formen des Kontaktes

3.3.1 Kontakte im sozialen System Schule

Das soziale System „Schule“ besteht aus den drei Subsystemen „Elternschaft“, „Schülerschaft“ und „Lehrerschaft“ bzw. „Kollegium“. In allen drei Subsystemen sind drei Organisationsebenen zu unterscheiden:

- die „Basis“, d. h. die einzelnen Schülerinnen und Schüler, Mütter, Väter, Lehrerinnen und Lehrer mit ihren individuellen Bedürfnissen,
- die mittlere Ebene, die von Personen eingenommen wird, welche klassen- und stufenbezogene Aufgaben wahrnehmen: Lehrkräfte in ihrer Lehrerrolle, Klassensprecher, Klassenelternsprecher, Klassenelternversammlung, Klassen- und Fachlehrkräfte, Fachschaften, Stufenleiter und Mitglieder von Stufenkonferenzen, klassen- und stufenbezogenen Steuer- und Projektgruppen usw. sowie
- die Leitungsebene mit Personen, welche schulbezogene Verantwortung tragen: Mitglieder der Schulleitung, des Schulelternbeirates, der Klassensprecherversammlung, des Schülerausschusses und schulbezogener Steuer- und Projektgruppen, Schulsozialarbeiter, Beratungslehrkräfte, Schülersprecher, Redakteure der Schülerzeitung usw.

Tabelle 6: Ebenen der Subsysteme von „Schule“

	A) Subsystem Elternschaft	B) Subsystem Lehrerschaft	C Subsystem Schülerschaft
3. Leitungsebene (Schule)	• Schulelternbeiräte (3A)	• Schulleitung • Schulsozialarbeiter • Beratungslehrkräfte • Fachschaft • schulbezogene Steuer- u. Projektgruppen (3B)	• Schülersprecher • Klassensprecher-versammlung • Schülerausschuss • Redakteure der Schülerzeitung (3C)
2. Mittlere Ebene (Klasse/Stufe)	• Klasseneltern-sprecher bzw. Klasseneltern-beiräte, • Klasseneltern-versammlung (2A)	• Klassen- u. Fach-lehrkräfte • Pädagogische Fachkräfte • Stufenkonferenz • Stufenleiter • klassen- u. stufen-bezogene Steuer- u. Projektgruppen (2B)	• Klassensprecher (2C)
1. Basis (Individuen)	mandatslose Eltern (1A)	• Lehrkräfte als Privatpersonen (1B)	• mandatslose Schülerin-nen u. Schüler (1C)

Diese hierarchische Struktur der Subsysteme impliziert Chancen und Risiken: Einerseits kann Information gebündelt, rationell abgefragt und verteilt und die Koordination von Handlungen der verschiedenen Subsysteme erleichtert werden. Andererseits können die verschiedenen Ebenen auch den Kontakt untereinander verlieren und ein problematisches Eigenleben entwickeln.

Personen der drei Subsysteme Schülerschaft, Elternschaft und Lehrerschaft können entweder mit Angehörigen desselben oder eines anderen Subsystems Kontakt aufnehmen. Im ersten Falle sprechen wir von Intragruppenkontakten, im zweiten von Intergruppenkontakten. Kontakte zwischen Personen derselben Ebene nennen wir horizontale Kontakte, solche zwischen Personen unterschiedlicher Ebenen vertikale Kontakte. Auf diese Weise gelangen wir zu vier Grundformen des Kontaktes:

Tabelle 7: Grundformen des Kontaktes

	Intragruppenkontakte: Kontakte zwischen Angehörigen desselben Subsystems	Intergruppenkontakte: Kontakte zwischen Angehörigen unterschiedlicher Subsysteme
Horizontale Kontakte: Kontakte zwischen Personen auf gleicher Ebene	Horizontale Intragruppenkontakte	Horizontale Intergruppenkontakte
Vertikale Kontakte: Kontakte zwischen Personen auf unterschiedlichen Ebenen	Vertikale Intragruppenkontakte	Vertikale Intergruppenkontakte

Zur Kooperation zwischen Schule und Eltern gehören alle Kontaktformen, in welche Eltern involviert sind – also nicht nur Intergruppenkontakte zwischen der Elternschaft und der Lehrerschaft, sondern auch Intragruppenkontakte der Elternschaft und Intergruppenkontakte zwischen der Elternschaft und der Schülerschaft. Intragruppenkontakte der Lehrerschaft und der Schülerschaft sowie Intergruppenkontakte zwischen der Lehrerschaft und der Schülerschaft zählen nicht dazu, obgleich Qualität und Intensität dieser Kontakte auch die Kooperation zwischen Schule und Eltern beeinflussen. Wenn z. B. die Schulleitung unzureichend mit dem Lehrerkollegium kommuniziert, wird ihr Austausch mit dem Elternbeirat suboptimal bleiben, weil ihr dann die Bedürfnisse der Lehrkräfte zu wenig bekannt sind und demzufolge nicht ausreichend berücksichtigt werden können.

Gemäß der Einteilung nach Tabelle 7 können wir demnach folgende Kontaktvarianten in der Schule-Eltern-Kooperation unterscheiden:

Tabelle 8: Kontaktvarianten der Schule-Eltern-Kooperation

1. Horizontale Intragruppenkontakte:
   Varianten solcher Kontakte auf gleicher Ebene innerhalb des Subsystems „Eltern“ sind mit Bezug auf Tabelle 6: 1A – 1A, 2A – 2A, 3A – 3A.
2. Vertikale Intragruppenkontakte:
   Varianten dieser Kontakte zwischen Angehörigen verschiedener Ebenen innerhalb des Subsystems „Eltern“ sind mit Bezug auf Tabelle 6: 1A – 2A, 1A – 3A, 2A – 3A
3. Horizontale Intergruppenkontakte:
   Varianten von Kontakten auf gleicher Ebene zwischen Angehörigen des Subsystems „Eltern“ und Personen der anderen Subsysteme gibt es mit Bezug auf Tabelle 6 folgende: 1A – 1B, 1A – 1C, 2A – 2B, 2A – 2C, 3A – 3B, 3A – 3C.
4. Vertikale Intergruppenkontakte:
   Kontakte zwischen Personen des Subsystems „Eltern“ und des Subsystems Lehrerschaft oder Schülerschaft auf unterschiedlichen Ebenen haben mit Bezug auf Tabelle 6 folgende Varianten: 1A – 2B, 1A – 3B, 2A – 1B, 2A – 3B, 3A – 1B, 3A – 2B, 1A – 2C, 1A – 3C, 2A – 1C, 2A – 3C, 3A – 1C, 3A – 2C.

Beispiele für die Auflösung der Abkürzungen:

2A – 3A: Beziehung zwischen Klassenelternsprechern oder Mitgliedern der Klassenelternversammlung und Schulelternbeiräten

3A – 3B: Beziehung zwischen Schulelternbeiräten und Mitgliedern der Schulleitung, der Fachschaften oder schulbezogener Steuer- und Projektgruppen, Schulsozialarbeitern oder Beratungslehrkräften

1A – 2C: Beziehung zwischen mandatslosen Eltern und Klassensprechern

Natürlich müssen nicht alle diese Kontaktvarianten gepflegt werden. Z. B. müssen mandatslose Eltern nicht unbedingt Kontakte zu Schülersprechern unterhalten und Klassenelternbeiräte haben in der Regel kaum Veranlassung, mandatslose Schülerinnen und Schülern außerhalb „ihrer“ Klassen zu kontaktieren. Die entwickelte Systematik der Kontaktformen hilft aber, zu Unrecht vernachlässigte Kontaktformen zu erkennen, deren Pflege für eine erfolgreiche Kooperation zwischen Schule und Eltern aber durchaus relevant ist. Beispiele dafür gibt es genug, wie die folgenden Abschnitten zeigen werden.

3.3.2 Ausgewählte Kontakte der Schule-Eltern-Kooperation

Kontakte innerhalb der Elternschaft

Die horizontalen Intragruppenkontakte in der Elternschaft sind wenig zufriedenstellend. Vor allem die Kontakte unter den mandatslosen Eltern einer Schule (1A – 1A) sind nicht sehr dicht und nicht sehr intensiv. Fast die Hälfte der 1379 Eltern in unserem bayerischen Modellprojekt von 2007/2008 berichtete, dass die Eltern ihrer Schule sich nicht gegenseitig informierten, und reichlich die Hälfte vermisste Zusammenhalt in der Elternschaft. Meist haben nur Schülereltern einzelner Klassen oder Jahrgangsstufen Kontakt untereinander. Auch Kontakte unter Klassenelternsprechern (2A – 2A) werden kaum regelmäßig gepflegt. Gesichert durch verpflichtende Sitzungen sind allein Kontakte unter den Mitgliedern des Schulelternbeirats (3A – 3A).

Kontakte zwischen Elternvertretern und mandatslosen Eltern (1A – 3A) sind ebenfalls unterentwickelt: In unserer Repräsentativbefragung von 2004 kannten knapp drei Fünftel der Elternbeiräte allenfalls ein Viertel aller Schülereltern persönlich. Angesichts der meist sehr zahlreichen Schülereltern kann man auch nicht viel mehr erwarten. Negativer fällt schon ins Gewicht, dass nur etwas mehr als zwei Fünftel der Eltern keine Mitglieder des Elternbeirats persönlich kannten und fast ein Viertel nicht einmal Namen von einzelnen Mitgliedern wusste. Lediglich ein gutes Drittel berichtete, schon einmal Kontakt mit dem Elternbeirat gehabt zu haben, und Hilfe vom Elternbeirat nahm überhaupt nur jeder zwanzigste in Anspruch. Ähnlich trist waren die Befunde hinsichtlich der Kontakte zwischen Klassenelternsprechern und mandatslosen Eltern (1A – 2A) (Sacher 2004, S. 107 ff.).

Dabei sind Kontakte von Elternvertreterinnen und -vertretern mit mandatslosen Schülereltern die unabdingbare Voraussetzung dafür, dass sie deren Interessen wahrnehmen können. Vernachlässigen sie diese Kontakte, verlieren sie leicht die Befindlichkeiten und Bedürfnisse ihrer „Basis" aus den Augen. Das zeigt sich darin, dass in unserer Untersuchung von 2004 Eltern und Elternvertreter teilweise sehr unterschiedliche Wahrnehmungen und Erfahrungen berichteten. Beispielsweise wurde in allen Schularten die Atmosphäre an der Schule von Eltern günstiger eingeschätzt als von Mitgliedern des Elternbeirats. Am krassesten war der Unterschied in den Gymnasien, wo 91,8% der Eltern, aber nur 61,7% der Elternbeiratsmitglieder die Atmosphäre als gut oder eher gut einschätzten.

Noch nicht einmal der Kontakt zwischen Mitgliedern des Schulelternbeirats und Klassenelternsprechern (2A – 3A) ist selbstverständlich. Fast ein Drittel der Elternbeiräte tauschte sich nicht regelmäßig mit Klassenelternsprechern aus, die im Allgemeinen einen ungleich besseren Einblick in die Nöte und Bedürfnisse der Eltern- und Schülerbasis haben.

Insgesamt ist die Elternschaft in den meisten Schulen anscheinend eher ein soziales Zufallsaggregat als ein leistungsfähiges soziales Subsystem.

Kontakte zwischen Elternschaft und Lehrerschaft

Auch hinsichtlich der Kontakte der Elternschaft mit den beiden anderen Subsystemen gibt es erhebliche Defizite. Am ehesten bemüht man sich überall um ausreichende Kontakte zwischen mandatslosen Eltern und Lehrkräften (1A – 2B). Dabei ist sich aber kaum jemand bewusst, dass diese Kontakte nicht horizontale, sondern vertikale Intergruppenkontakte sind. D. h. Eltern knüpfen solche Kontakte als Individuen und Interessenvertreter ihres Kindes (Ebene 1), während Lehrkräfte in ihrer Lehrerrolle in erster Linie für Klassen und Kurse (Ebene 2) und erst in zweiter Hinsicht auch für individuelle Schülerinnen und Schüler verantwortlich sind. Damit ist in Eltern-Lehrer-Kontakten von vornherein ein latentes Konfliktpotenzial angelegt. Gesteigerte Schwierigkeiten für Eltern-Lehrer-Kontakte ergeben sich in den Schularten der Sekundarstufe aus dem Fachlehrersystem: Dort wird es sowohl für Eltern als auch für Lehrkräfte sehr aufwändig, engen Kontakt zu halten, da jeder Lehrkraft eine großen Zahl von Schülereltern aus mehreren Klassen gegenüber steht und Eltern auf eine ganze Reihe von Fachlehrkräften verwiesen sind.

Die Kontakte zwischen Schulelternbeiräten und Lehrkräften (3A – 2B) sind sehr lose. In unserer Repräsentativ-Befragung von 2004 kannte ein Viertel der Elternbeiräte allenfalls ein Viertel der Lehrkräfte, die an der Schule unterrichteten. Dabei bestünde über diese Kontaktschiene die Möglichkeit, Anliegen, welche die gesamte Schulelternschaft betreffen, unmittelbar und ungefiltert von der Schulleitung an die gewählten Elternvertreter heranzutragen. Und umgekehrt könnten Elternbeiräte auch Fragen, Probleme und Konflikte von Eltern und Schülern mit Lehrkräften abklären, ohne die Schulleitung einzuschalten. Doch fast zwei Drittel der Elternbeiräte befasste sich nach eigener Aussage nicht mit der Vermittlung von Konflikten zwischen Eltern und Lehrkräften. Allerdings nahm auch nur eine verschwindend kleine Minderheit der Eltern (5%) eine solche Vermittlung in Anspruch, wenn sie angeboten wurde. Eine andere Möglichkeit mit Lehrkräften in Kontakt zu treten, bestünde für Elternbeiräte in der Teilnahme an Lehrerkonferenzen, die keineswegs in allen Bundesländern vorgesehen ist (Vgl. dazu Kapitel, Abschnitt 7.2.2).

Mitglieder der Schulleitung und mandatslose Eltern (1A – 3B) treffen eher selten aufeinander. Unserer Repräsentativ-Befragung von 2004 zufolge kannte dennoch weit mehr als die Hälfte der Schulleiter mehr als ein Viertel der Schülereltern persönlich. Schulleiter kennen somit ihre Elternschaft deutlich besser als Elternbeiräte. An Schulen, deren Schulleitungen überdurchschnittlich viele Schülereltern persönlich kannten, beurteilten Eltern die Atmosphäre besser, fühlten sich besser informiert, verzichteten bereitwilliger auf Kontrollen und Beschwerden und unterstützten die Schule auch stärker mit Hilfeleistungen. (All dies kann natürlich ebenso Folge wie Ursache der engeren Kontakte zwischen Schulleitern und Eltern sein.)

Kontakte zwischen Klassenelternsprechern und der Schulleitung (2A – 3B) gibt es in der Praxis wohl gelegentlich, kaum aber regelmäßig.

Von den Kontakten zwischen der Elternschaft und der Lehrerschaft sind allein diejenigen zwischen dem Elternbeirat und der Schulleitung (3A – 3B) in wesentlichen Punkten rechtlich geregelt. Dennoch sind sie nicht überall zufriedenstellend: In einem Fünftel der Schulen unserer Repräsentativ-Befragung von 2004 wurde der Elternbeirat nach dessen eigener Auskunft nicht regelmäßig über Anliegen der Schule informiert, und der Informationsfluss zwischen Schulleitung und Elternbeirat war auch generell schlecht.

Erst recht suboptimal war in unserer Repräsentativ-Befragung von 2004 der Kontakt zwischen Klassenelternsprechern und Lehrkräften (2A – 2B): Mehr als ein Drittel der Lehrkräfte gab zu, Klassenelternsprecher nicht regelmäßig zu informieren, und ein Viertel bestätigte, dass diese keinen Kontakt zu ihnen hielten. Dabei geht auch eine gute Beziehung zwischen Lehrkräften und Klassenelternsprechern mit einer ganzen Reihe anderer Vorzüge einher: Eltern schätzen die Atmosphäre zwischen Schule und Eltern positiver ein, bieten der Schule und den Lehrkräften mehr Hilfe an, besuchen häufiger Elternabende bzw. Klassenelternversammlungen, rufen öfter bei Lehrkräften an und sprechen sie häufiger bei zufälligen Begegnungen an. (Auch hier können die genannten Vorzüge natürlich ebenso Folge wie Ursache einer engeren Beziehung zwischen Lehrkräften und Klassenelternsprechern sein.)

Kontakte zwischen Elternschaft und Schülerschaft

Kontakte zwischen Eltern und Schülerinnen und Schülern (1A – 1C) sind nur scheinbar trivial. Zum einen geht es hier nämlich auch um Kontakte von Eltern mit Mitschülerinnen und Mitschülern ihrer Kinder, die keineswegs die Regel sind. Und zum andern werden Kontakte von Eltern mit ihren eigenen Kindern als Schülern, d. h. Kontakte, in denen ihre Schülerrolle und ihre schulische Situation zur Sprache kommt, umso schwieriger, je älter Kinder sind, da sie dann immer weniger bereit sind, mit ihren Eltern über ihr Schülerleben zu sprechen.

Der eigentlich wünschenswerte Kontakt zwischen Klassenelternsprechern und Klassensprechern (2A – 2C) ist meistens nur schwach ausgeprägt. Klassenelternsprecher glauben offenbar häufig, allein schon durch den Austausch mit ihren eigenen Kindern ausreichend über deren Mitschüler und Klasse informiert zu sein. Kontakte zwischen dem Elternbeirat und der Schülervertretung (3A – 3C) sind allein dem guten Willen der Beteiligten anheimgegeben und werden selten gepflegt, obwohl sie für eine erfolgreiche Arbeit des Elternbeirats sehr hilfreich sein könnten. Ebenso darf man annehmen, dass es nur selten zu Kontakten zwischen Klassenelternsprechern und Klassensprechern (2A – 2C) oder Schülersprechern (2A – 3C) sowie zwischen Elternbeiräten und Klassensprechern (3A – 2C) kommt. Dabei wären diese Kontakte für Elternvertreter wichtig, um sich ein zutreffendes Bild von der Lage und den Bedürfnissen der Schülerschaft zu machen.

Zusammenfassung

Insgesamt zeichnen sich in vielen Elternschaften zwei fatale Isolierungstendenzen ab:

- Außer den Kontakten zwischen (mandatslosen) Eltern und Lehrkräften gibt es nur wenige Kontakte zu den anderen Subsystemen Lehrerschaft und Schülerschaft.
- Innerhalb der Elternschaft finden hauptsächlich Kontakte auf gleicher Ebene, aber nur selten solche zwischen unterschiedlichen Ebenen statt.

Offenbar fehlt weithin das Bewusstsein, dass eine erfolgreiche Kooperation zwischen Schule und Eltern nicht nur Eltern und Lehrkräfte mobilisieren, sondern auch darauf abzielen muss, dass Elternvertreter auf Klassen- und Schulebene mit Lehrkräften und Schulleitern Informationen teilen und Aktivitäten koordinieren. Vollends fehlt die Einsicht, dass die Zusammenarbeit ohne Einbeziehung der Schülerinnen und Schüler und ihrer Vertretungen nur begrenzt effektiv sein kann. Damit bleibt erhebliches Potenzial für die Entwicklung einer erfolgreichen Schule-Eltern-Kooperation ungenutzt.

3.4 Gestaltung von Kontakten

Aus den vorstehenden Befunden und Analysen können einige praktische Konsequenzen für eine Gestaltung der Kontakte abgeleitet werden, welche geeignet ist, die Kooperation zwischen Schule und Eltern zu fördern:

- Wie wir oben (Abschnitt 3.1) sahen, beeinflusst sich das Kontaktverhalten von Eltern und Lehrkräften wechselseitig. Somit bewirken Verbesserungen im Verhalten der einen Seite auch Verbesserungen des Verhaltens der anderen. Verhaltensänderungen auf Lehrerseite haben aber einen viel größeren Wirkungsgrad, da Verhaltensänderungen einer einzigen Person das Verhalten vieler anderer Personen beeinflussen können. In unserer Repräsentativ-Befragung von 2004 war der Wirkungsgrad des Lehrerverhaltens dreieinhalbmal so groß wie der des Elternverhaltens. Das legt nahe, dass Lehrkräfte in Vorleistung gehen und versuchen sollten, auf hinsichtlich ihrer Kontakte „reservierte" und „sparsame" Eltern zuzugehen und sie zu häufigeren Kontakten anzuregen – ganz abgesehen davon, dass Lehrkräfte als Professionals ohnehin stärker in der Verantwortung stehen, die Initiative zu ergreifen.
- Das bedeutet, dass Lehrkräfte es nicht bei den vorgeschriebenen Kontaktangeboten von Elternabenden, Elternsprechtagen und Sprechstunden belassen dürfen, sondern zusätzliche Initiativen einer „aufsuchenden" Arbeit entwickeln müssen, indem sie „die übliche ‚Komm-Struktur' der Beziehungen zwischen Schule und Elternhaus durch eine ‚Geh-Struktur' … ersetzen: Es genügt nicht, die Eltern einzuladen und dann gegebenenfalls zu beklagen, dass sie nicht kommen, und sie als ‚schwer erreichbar' zu etikettieren, obwohl sie eigentlich nur ‚nicht kommende' Eltern sind." (Sacher u. Johannsen 2019, S. 147). Es müssen ja nicht gleich Hausbesuche sein. Auf Eltern zugehen kann man auch durch persönliche Ansprache, persönliche Briefe, persönliche Einladungen, Emails, SMS oder Telefonanrufe.
- Solche „aufsuchende" Arbeit darf nicht nur aus Anlass von Problemen und Konflikten praktiziert werden, weil sie sonst die kontaktierten Eltern stigmatisieren und diskriminieren würde. Stattdessen muss sie routinemäßige Alltagspraxis sein.

- In der Sekundarstufe kommt dem Engagement der Klassenlehrkraft besondere Bedeutung zu. Sie muss die Rolle eines Vermittlers zwischen Eltern und Fachlehrkräften übernehmen, der einerseits Eltern in groben Zügen über die Leistungs- und Verhaltensentwicklung ihrer Kinder in den verschiedenen Fächern und andererseits Fachlehrkräfte über den familiären Hintergrund der Schülerinnen und Schülern informieren kann. Das setzt natürlich voraus, dass Klassenlehrkräfte von Fachkolleginnen und -kollegen und Eltern mit den notwendigen Informationen versorgt werden.
- Klassen- und stufenübergreifende Kontakte werden gefördert durch Schulfeste und Schulfeiern und von Elternvertretern organisierte Elternstammtische, Elterncafés, Elterntreffs, Elternbibliotheken, Arbeits- und Gesprächsgruppen usw.
- Es reicht aber nicht, nur darauf zu hoffen, dass sich bei solchen Gelegenheiten ausreichend horizontale und vertikale Intra- und Intergruppenkontakte ergeben. Man sollte auch regelmäßige Treffen und Gelegenheiten zum Informationsaustausch zwischen Elternvertretern auf Klassen- und Schulebene, zwischen Elternvertretern und Eltern sowie zwischen Eltern- und Schülervertretungen vereinbaren. Ferner sollte darauf geachtet werden, dass der eigentlich obligatorische Informationsaustausch zwischen Klassenelternsprechern und Lehrkräften sowie zwischen Elternbeiräten und Schulleitern regelmäßig stattfindet.
- Informelle Kontakte am Rande von Schulfesten, Schulfeiern, Konzerten, Aufführungen und in Elterncafés, Elterntreffs, Elternbibliotheken und in Arbeits- und Gesprächsgruppen werden oft zu Unrecht unterbewertet. Sie können vor allem dazu genutzt werden, einander auf gleicher Augenhöhe zu begegnen.
- Mit Rücksicht auf Einzel-, Gruppen- und Mischkontakter unter den Eltern sollte das Kontaktangebot so vielfältig sein, so dass alle drei Typen passende Angebote bekommen. Kontakte bevorzugt über Veranstaltungen für Schülereltern ganzer Klassen und Jahrgangsstufen oder der gesamten Schule zu pflegen, erscheint auf den ersten Blick ökonomisch, denn man erreicht auf diese Weise bei einer einzigen Gelegenheit viele Eltern und hat mit wenigen Veranstaltungen sein Soll erfüllt. Es ist aber ein Trugschluss zu glauben, die mühevolle Beziehungsarbeit in Einzelkontakten könne durch solche Veranstaltungen ersetzt werden.
- Kontakte sind niemals Selbstzweck. Man darf sich nicht damit begnügen, Personen und Gruppen zusammen zu bringen, sondern muss sich bemühen, Kontakte immer mit Sinn zu erfüllen, indem man sie auf eines der fünf in unserem Modell genannten Handlungsfelder ausrichtet, also auf die Pflege und Förderung der Willkommens- und Gemeinschaftskultur, auf die Information und Kommunikation, die Erziehungs- und Bildungskooperation, die Mitsprache und Mitbestimmung der Eltern oder die Entwicklung des Subsystems Elternschaft (Sacher 2020, S. 8). Selbstverständlich sind Kontakte je nach Sinnausrichtung dann auch unterschiedlich zu gestalten. Über eine solche Sinnausrichtung muss bei allen

beteiligten Personen schon im Vorfeld Klarheit bestehen, damit es gar nicht erst zu falschen Erwartungen und Missverständnissen kommt. Wahrscheinlich liegt es am Fehlen einer klaren Sinnausrichtung, dass viele Eltern unserer Repräsentativ-Befragung von 2004 Kontakte mit der Schule und den Lehrkräften nicht nützlich fanden. Z. B. bezeichnete ein Fünftel der Eltern von Grundschülern, Realschülern und Gymnasiasten Elternsprechtage als nicht oder wenig nützlich, von den Eltern der Hauptschüler sogar fast ein Drittel. Im Anschluss an Kontakte ist möglichst zu überprüfen, ob sie ihren Sinn auch wirklich erfüllten und insofern von Nutzen waren. Nur auf diese Weise kann man ritualisiertes Kontaktverhalten von Eltern entdecken und ihm entgegenwirken.

4 Willkommenskultur und Schulgemeinschaft

Der Begriff der Willkommenskultur wurde in der Migrationsdebatte geprägt und bezeichnete ursprünglich die Qualität der Aufnahme von Einwanderern in einer Gesellschaft. Heckmann (2012, S. 3 ff.) unterscheidet vier Ebenen der Willkommenskultur – die Ebene des Individuums, die Ebene interpersonaler Beziehungen, die Ebene von Organisationen und Institutionen sowie die gesamtgesellschaftliche Ebene. Für das Verhältnis zwischen Schule und Familie wird man nur die ersten drei Ebenen in Betracht ziehen, da die Strukturen der Gesellschaft und darauf bezogene Maßnahmen nicht zum Verantwortungsbereich der Schule gehören.

4.1 Willkommenskultur auf der Ebene des Individuums

Willkommenskultur beginnt in den Köpfen und Herzen der Einzelnen, bei ihren Einstellungen, Gedanken und Gefühlen gegenüber den jeweiligen Anderen. Davon hängt ganz wesentlich ab, ob und wie sehr Familien in der Schule und in der Gesamtelternschaft willkommen sind. Die Entwicklung und Pflege einer Willkommenskultur fängt an mit der Überprüfung von Vorurteilen und Voreingenommenheiten, mit dem Hinterfragen von Klischeevorstellungen (von „den" Migranten, Bildungsfernen, Alleineerziehenden, Akademikern usw.), dem Bemühen um Einfühlung und Toleranz und der Arbeit an einer erfahrungsoffenen Grundhaltung in sozialen Kontakten.

Lehrkräfte und pädagogische Fachkräfte legen ihrem Umgang mit Personen aus anderen Herkunftskulturen nicht selten eine unausgesprochene Defizithypothese zugrunde: Sie unterstellen pauschal, dass diese in mancher Hinsicht nicht auf dem hierzulande üblichen „Stand" sind – dass es ihnen an Kenntnissen fehlt (z. B. über die Bildungssysteme der Bundesländer und über die duale Ausbildung), dass ihre Anschauungen, Verhaltensweisen und Werthaltungen nicht in unseren Kulturkreis passen usw. Häufig zeigt sich die Defizithypothese nur indirekt in einem Übermaß freundlich unterbreiteter Hilfsangebote. Dabei wird gerne übersehen, dass solche Personen und Familien auch über Stärken verfügen: Viele von ihnen haben respektable Biografien hinter sich. Sie sind in der Regel mehrsprachig und können sich in unterschiedlichen kulturellen Kontexten bewegen. Oft ist der Zusammenhalt innerhalb der Familien und der Verwandtschaft stark ausgeprägt. Auch eine tiefe Religiosität, sofern sie nicht fundamentalistisch ist, muss als Stärke gesehen werden. Immer nur an einem Nachholbedarf festgemacht zu werden, der aus dem deutschen „Standard" abgeleitet wird, und nicht auch in seinen Stärken wahrgenommen zu werden, vermittelt aber ganz gewiss nicht das Gefühl, respektiert und geachtet zu sein.

4.2 Willkommenskultur auf der Ebene interpersonaler Beziehungen

4.2.1 Zwischenmenschliche Interaktionen

Willkommenskultur auf dieser Ebene zeigt sich in einem höflichen und freundlichen Umgangston, in spontaner Hilfsbereitschaft, darin, dass sich Lehr- und Fachkräfte für Eltern, die ein Gespräch suchen, Zeit nehmen und ihnen geduldig zuhören, bei verschiedenen Anlässen (Elternabenden, Informationsveranstaltungen, Festen und Aufführungen) auf sie zugehen und sie – möglichst mit Namen – ansprechen. Insbesondere bei Eltern aus nichtdeutschen Herkunftskulturen ist es ein wichtiges positives Signal, wenn die Gesprächspartner sich bemühen, Namen richtig auszusprechen und zu behalten, selbst wenn es dazu mehrerer Nachfragen bedarf.

Durch solches Verhalten zur Willkommenskultur der Schule beizutragen, ist nicht nur eine Verpflichtung der Schulleitung, der Lehr- und Fachkräfte und des sonstigen Schulpersonals, sondern ebenso Aufgabe der Elternvertreter und letztlich aller Schülereltern.

4.2.2 Erreichbarkeit

Ein Willkommenssignal ist auch die Erreichbarkeit des Lehr- und Fachpersonals, der Schulleitung und der Elternvertreter. Vollzeit arbeitende Eltern haben oft Schwierigkeiten, in ihrer Kernarbeitszeit liegende Sprechstunden von Lehrkräften zu besuchen. Ganz offensichtlich setzt unser Bildungssystem teilweise noch die gut situierte vollständige Familie voraus, in welcher die Mutter allenfalls halbtags arbeitet und somit problemlos den Kontakt zu den Lehrkräften schulpflichtiger Kinder halten kann. Väter und Mütter in weniger günstigen Lebenslagen und solche, die ein anderes Familienmodell leben, müssen sich nachgerade fehl am Platz fühlen. In der Repräsentativ-Befragung von 2004 bekam nur ca. ein Viertel der Eltern von Grund- und Hauptschülern und lediglich etwa ein Zehntel der Eltern von Realschülern und Gymnasiasten flexible Sprechzeiten angeboten. (Sacher 2004, S. 3) Aber es gibt auch Lehrkräfte und Schulen, welche die festen Sprechzeiten zugunsten frei vereinbarter Termine abgeschafft haben.

Weiter verbessert werden kann die Erreichbarkeit von Lehr- und Fachkräften durch Bekanntgabe von Email-Adressen und Telefonnummern, die allerdings – zumal die privaten – nur selten herausgegeben werden. Der Hinweis auf manchen Schulhomepages, Kontakte mit den Lehr- und Fachkräften könnten über das Sekretariat hergestellt werden, ist nur bedingt hilfreich. Im Bedarfsfall sind die Leitungen nämlich häufig belegt, so dass anrufende Eltern nicht unbedingt den Eindruck gewinnen, die Schule sei an ihren Kontaktversuchen interessiert und wolle ihnen diese erleichtern.

Auch die Erreichbarkeit von Elternvertretern ist oft verbesserungsfähig. Wenigstens ihre Email-Adressen sollten bekannt gegeben werden – und zwar nicht nur die der Elternbeiratsvorsitzenden, sondern auch die der übrigen Gremienmitglieder. Eher selten werden Telefonnummern mitgeteilt, in wenigen Ausnahmefällen sogar Handynummern.
Die oft befürchteten Belästigungen durch permanent und zur Unzeit anrufende Eltern lassen sich durch Vereinbarung zeitlich begrenzter Anrufzeiten und technische Vorkehrungen (eigene Nummern für Elternanrufe, besonderer Klingelton, Anrufbeantworter) weitgehend vermeiden.
Auch da, wo einem spontanen Kontaktwunsch von Eltern aus triftigen Gründen nicht sofort entsprochen werden kann, ist es möglich, den Eindruck zu vermeiden, sie würden damit lästig sein – z. B. indem man in solchen Fällen einen zeitnahen Termin für ein ausführlicheres Gespräch vereinbart.

4.2.3 Gemeinschaftsbildung beim Schuleintritt, bei Schulübertritten und am Schuljahresbeginn

Große Chancen für die Entwicklung und Pflege der Schulgemeinschaft und der Willkommenskultur bestehen beim Schuleintritt, bei Schulübertritten und am Schuljahresbeginn, weil zu diesen Zeitpunkten noch keine Unstimmigkeiten und Konflikte die Beziehung belasten. Mancherorts bekommen neu an die Schule kommende Eltern und Kinder Willkommensgeschenke, Schultüten, Begrüßungspakete oder Informationsmappen, die bei Begrüßungs- oder Auftaktfeiern und Willkommensgesprächen überreicht werden. Bei solchen Gelegenheiten werden neue Eltern und ihre Kinder durch die Schulleitung, durch Lehr- und Fachkräfte und Elternvertreter, manchmal auch durch Eltern von Schülern aus höheren Klassen begrüßt, die ihre Hilfe bei der Orientierung und Eingewöhnung anbieten. Dabei können Kontaktdaten ausgetauscht und erste Versuche unternommen werden, Informations- und Unterstützungsnetzwerke zu bilden. Die Wolfgang-Borchert-Schule in Berlin z. B. führt an mehreren Wochenenden Elternseminare durch, bei denen die Eltern einander kennen lernen und ihre Erfahrungen und Wünsche austauschen können. (Kipp u. Tripp 2011) Im Idealfall werden Begrüßungsmaßnahmen mehrsprachig durchgeführt.

4.2.4 Gemeinschaftsbildung im Schulalltag und während des Schuljahres

Auch während des Schuljahres und im Schulalltag bestehen vielfältige Möglichkeiten, die Gemeinschaftsbildung in der Elternschaft und zwischen Eltern und Lehrkräften zu fördern: Man kann Eltern dafür gewinnen, begrenzte Aufgaben zu übernehmen, von denen andere Eltern und Familien profitieren – die Beratung von Familien, die das Bildungs- und Ausbildungssystem in Deutschland nur unvollkommen verstehen und nur eingeschränkt für ihre Kinder nutzen können, die

Unterstützung und Betreuung von Kindern anderer Eltern, die Übernahme von Hausbesuchsdiensten, die Organisation von Elterncafés, die Leitung von Arbeits- und Interessengruppen der Eltern u. v. a. m. Solche Aktiveltern, Elternmentoren, Bildungslotsen, Bildungspaten – oder wie immer sie heißen mögen – arbeiten zwar meistens nicht in den Elterngremien mit, entlasten aber die gewählten Elternvertreter in hohem Maße und sind für deren erfolgreiche Arbeit unverzichtbar. Sie ermöglichen es oft überhaupt erst, informelle Kontakte wie Elternstammtische, Elterncafés, Elternbibliotheken und gemeinsame Unternehmungen und Veranstaltungen für Eltern anzubieten, deren Organisation auch Lehrerkollegien schnell überfordert, ganz abgesehen davon, dass solche Kontaktangebote, wenn sie von Eltern initiiert werden, weitaus niederschwelliger sind.

Andere Möglichkeiten, Schülereltern in Kontakt zu bringen, sind Feste, Aufführungen, Präsentationen und Ausstellungen, Elternseminare und Elternfreizeiten sowie die Einbindung von Eltern in Projekte und Arbeitsgemeinschaften.

Auch Elternabende können so gestaltet werden, dass sie Wesentliches dazu beitragen, aus dem sozialen Zufallsaggregat der Schülereltern einer Klasse eine Solidargemeinschaft zu entwickeln. Nicht ohne Grund heißen Elternabende in nahezu allen Schulgesetzen der Bundesländer (eine Ausnahme bildet Hamburg) „Klassenelternversammlungen" – ein deutlicher Fingerzeig, dass sich der Gesetzgeber diese Veranstaltungen als Begegnungsforen für Eltern vorstellt. Wo sie als Lehrervortrag mit Diskussion abgewickelt werden, liegt ein gravierendes Missverständnis vor. Zumindest sollten Klassenelternsprecher bzw. Klassenpflegschaftsvorsitzende, die ohnehin nicht eben reichhaltig mit Funktionen ausgestattet sind, an der Organisation beteiligt werden. Auch dass sie alleinverantwortlich Elternabende ohne Lehrkräfte veranstalten, ist denkbar und kann hin und wieder sinnvoll sein.

4.3 Willkommenskultur auf der Schulebene

4.3.1 Das Ambiente

Willkommenskultur auf der Schulebene zeigt sich im gesamten Ambiente – in der Gestaltung des Schulgeländes, des Schulgebäudes und in den Räumlichkeiten der Schule: Wegweiser und Beschilderungen erleichtern die Orientierung im Schulhaus. Ein ansprechend gestalteter Wartebereich macht unvermeidliche Wartezeiten erträglich. In einem ruhig gelegenen und angemessen möblierten Elternsprechzimmer können in entspannter und angenehmer Atmosphäre Gespräche geführt werden.

4.3.2 Rücksicht auf Lebensbedingungen der Eltern

Willkommenskultur auf der Schulebene wird auch dadurch sichtbar, dass die Schule Rücksicht auf Lebensbedingungen der Eltern nimmt:

- Das geschieht z. B. dadurch, dass Gespräche mit Lehrkräften nicht nur in den regulären, meist in der Kernarbeitszeit berufstätiger Eltern liegenden Sprechstunden, sondern auch zu frei vereinbarten Terminen möglich sind und Veranstaltungen für Eltern möglichst zu Zeiten stattfinden, die auch von berufstätigen Eltern wahrgenommen werden können.
- Die frühzeitige Ankündigung von Veranstaltungen und Terminen erleichtert es Eltern, sie mit anderen Verpflichtungen abzustimmen.
- Ein deutliches Willkommenssignal wäre es, zunächst die terminlichen und zeitlichen Spielräume der Eltern zu ermitteln, bevor überhaupt entsprechende Planungen durch die Schule erfolgen.
- Dass der Schule wirklich an Kontakten mit allen Eltern liegt, zeigt sich auch im Anbieten von Betreuungsmöglichkeiten für Kleinkinder während Eltern-Lehrer-Kontakten und im Organisieren von Fahrgemeinschaften, wenn öffentliche Verkehrsmittel nicht ausreichend zur Verfügung stehen.
- Dass unterschiedliche Herkunftskulturen, ihre Gepflogenheiten und religiösen Vorstellungen gebührend berücksichtigt werden, sollte selbstverständlich sein. Sofern Eltern die deutsche Sprache nur unvollkommen beherrschen, sollten Lehrkräfte sich um eine besonders schlichte Ausdrucksweise bemühen. Die Ausgabe schriftlicher Materialien in der Herkunftssprache der Eltern signalisiert die wohlwollende Aufgeschlossenheit der Schule.
- Angehörigen einfacherer Bildungsniveaus sollte das Gefühl gegeben werden, dass sie und ihre Kinder ebenso wie alle anderen an der Schule willkommen sind. Wohlmeinende Ratschläge, wie Eltern ihre Kinder beim Lernen unterstützen können, sind dann kontraproduktiv, wenn sie sich nur mit höherer Bildung oder erheblichem Zeitaufwand umsetzen lassen.
- Auch unterschiedliche Einkommensverhältnisse der Familien müssen berücksichtigt werden. Kosten für Schulveranstaltungen, Ausflüge, Exkursionen, Arbeitsmaterialien usw. sollen deshalb möglichst gering gehalten werden. Mit Hinweisen auf Unterstützungsmöglichkeiten etwa durch Schulfördervereine ist sehr sensibel umzugehen. Die Inanspruchnahme solcher Hilfen zwingt die Familien ja zugleich, ihre Notlage offenzulegen.

4.4 Die Atmosphäre zwischen Schule und Eltern

4.4.1 Bedingungsfaktoren der sozialen Atmosphäre

Die Willkommenskultur drückt sich schließlich auch in der sozialen Atmosphäre aus, die zwischen Schule und Eltern besteht, alltagssprachlich ausgedrückt: in welchem Maße „die Chemie stimmt“. Trotz ihrer Bedeutsamkeit für die Beziehung zwischen Schule und Eltern ist die soziale Atmosphäre schwer zu fassen. In der Elternarbeitsforschung liegen zwei unabhängige Versuche vor, sie präziser und differenzierter zu diagnostizieren:

Neuenschwander u. a. (2004, S. 155 ff.) beschrieben in ihren Schweizer Forschungen das Verhältnis zwischen Schule und Eltern mittels dreier Qualitätsmerkmale:
- eines kognitiven Merkmals: die Information, welche die Partner austauschen,
- eines emotionalen Merkmals: das Vertrauen zwischen Eltern und Lehrkräften,
- eines handlungsorientierten Merkmals: die Kooperation zwischen ihnen und die Abstimmung pädagogischer Maßnahmen.

Für unsere Repräsentativ-Befragung von 2004 (Sacher 2004, S. 2) nahmen wir fünf Dimensionen der Atmosphäre zwischen Schule und Eltern an:
- den Informationsaustausch zwischen Eltern und Lehrkräften,
- Achtung und Vertrauen, das sie einander entgegenbringen,
- die Gesprächskultur,
- ihre Kooperation,
- Verzicht der Eltern auf Kontrolle und Beschwerden.

Dieses Verständnis deckt sich im Grunde mit dem des Schweizer Forschungsteams, denn die zweite, dritte und fünfte Dimension lassen sich unter ein weiter gefasstes Qualitätsmerkmal „Vertrauen“ subsumieren.

4.4.2 Die Pflege der sozialen Atmosphäre

Es ist anzunehmen, dass die Atmosphäre zwischen Schule und Eltern größtenteils vorgeprägt ist durch die Schulart, die Schulgröße, den Anteil jüngerer oder älterer Lehrkräfte, durch die Klassenstärke, das Fachlehrer- oder Klassenlehrersystem und die Zusammensetzung der Elternschaft und Schülerschaft nach Sozialschichten, Bildungsniveaus und Herkunftskulturen. Man erwartet z. B., dass an einer kleinen Grundschule mit Klassenstärken um die 20 im Wohngebiet einer vornehmen Vorstadt mit überwiegend deutschstämmigen und gutsituierten Familien, an welcher viele jüngere Lehrkräfte beschäftigt sind, eine günstigere soziale Atmosphäre besteht als an einer Hauptschule mit überaltertem Lehrkörper mitten in einem Siedlungsgebiet, das von Menschen unterschiedlichster Herkunftskulturen bewohnt wird, die mehrheitlich arbeitslos sind.

Ergebnisse einer Mehrebenenanalyse mit den Daten unserer Repräsentativuntersuchung von 2004 (Sacher 2006a) brachten jedoch überraschende Ergebnisse:
- Die Qualität der Atmosphäre zwischen Eltern und Schule hängt nur unwesentlich mit organisatorischen Merkmalen der Schule (d. h. der Schulart, Schulgröße, den Klassenstärken, Fachlehrer- oder Klassenlehrersystem, Zusammensetzung der Lehrerschaft usw.) zusammen.
- Schon stärker wird die Atmosphäre durch die spezifische Eltern- und Schülerklientel geprägt.
- Weitaus am stärksten aber bestimmen die von den Schulen und Lehrkräften ergriffenen Maßnahmen zur Verbesserung der Kooperation mit den Eltern die Qualität der Atmosphäre.

Es besteht also keine Veranlassung für eine fatalistische Sicht, d. h. für den Glauben, die soziale Atmosphäre zwischen Schule und Eltern sei durch äußere Bedingungen bereits weitgehend geprägt. Auch Schulen in ungünstiger Ausgangslage können durch geeignete Maßnahmen eine positive Atmosphäre schaffen, welche eine erfolgreiche Kooperation mit den Eltern ermöglicht. Nach den Ergebnissen unserer Repräsentativerhebung sind besonders folgende Maßnahmen geeignet, die soziale Atmosphäre zu verbessern (Sacher 2005, S. 125 ff.):

– Maßnahmen des Informationsaustausches und Gesprächskontakte:
  - Einholen von Elternfeedback: Es zeigt, dass Lehrkräfte Eltern als Partner auf gleicher Augenhöhe sehen, an deren Meinung ihnen liegt. Allerdings müssen die Rückmeldungen wirklich ernst genommen werden und auch sichtbare Konsequenzen nach sich ziehen.
  - Bei zufälligen Begegnungen sollten Lehrkräfte die Gelegenheit für ein kurzes Gespräch nutzen. Dieses muss keineswegs immer schulische Angelegenheiten zu Inhalt haben. Auch ein Smalltalk über Allerweltsthemen kann vertrauensbildend wirken. Solche informellen Gespräche geben Eltern das Gefühl, Partner auf gleicher Augenhöhe zu sein.
  - Günstig wirken auch ausdrückliche Einladungen von Eltern zu einem Gespräch, bei Bedarf auch außerhalb der regulären Sprechstunden. Allerdings dürfen solche Einladungen nicht nur bei Problemen und Schwierigkeiten erfolgen.
  - Ausstellungen und Präsentationen von Schülerarbeiten tragen ebenfalls zur Verbesserung der Atmosphäre bei, indem sie Eltern Gelegenheit geben, sich aus erster Hand über Ergebnisse des Unterrichts ihrer Kinder zu informieren. (Überraschender Weise haben Unterrichtshospitationen nicht denselben günstigen Effekt – vielleicht weil nur wenige Eltern zu den Zeiten abkömmlich sind, an denen sie normalerweise stattfinden.)
  - Günstig beeinflusst wird die Atmosphäre schließlich auch durch regelmäßige Informationsbriefe an Eltern.

– Hilfsersuchen und ausdrücklich Kooperationsangebote:
  Der Atmosphäre förderlich ist die an Eltern herangetragene Bitte um Hilfe bei der Vorbereitung von Schulfesten und bei der Mittags- und Nachmittagsbetreuung sowie das Eltern unterbreitete Angebot, im Unterricht mitzuarbeiten. Beide Maßnahmen bringen zum Ausdruck, dass die Schule Eltern etwas zutraut und sie als Partner respektiert. Damit sich solche Kooperationsangebote günstig auf die Atmosphäre auswirken können, dürfen sie allerdings Eltern nicht in die Rolle bloßer Handlanger und Zuarbeiter drängen.

Großveranstaltungen wie Schulfeste, Schulfeiern, Theateraufführungen und Konzerte, aber auch Informationsveranstaltungen, Vorträge und Elternstammtische tragen weniger zur Verbesserung der Atmosphäre bei. Offensichtlich müssen Bemühungen um eine gute Atmosphäre bei den einzelnen Eltern ansetzen und nicht bei größeren Gruppen.

4.4.3 Diagnose der Atmosphäre

In unserer Repräsentativ-Befragung von 2004 (Sacher 2004, S. 4f.) beurteilten Lehrkräfte die Atmosphäre in allen fünf Dimensionen günstiger als Eltern. Neuenschwander u.a. (2004, S. 166) berichten Ähnliches hinsichtlich des Qualitätsmerkmals „Information". Sie fanden, „dass die Eltern sich in fast allen Angelegenheiten weniger gut informiert fühlen als die Lehrpersonen meinen, die Eltern informiert zu haben" (Neuenschwander u.a. 2004, S. 166). Lehrkräfte laufen also Gefahr, atmosphärische Probleme zwischen Schule und Eltern und den sich daraus ergebenden Handlungsbedarf zu unterschätzen. Um sich vor einer solchen kollektiven Selbsttäuschung zu schützen, genügt es nicht, sich innerhalb des Lehrerkollegiums auszutauschen. Es bedarf darüber hinaus der Kommunikation mit Eltern und Elternvertretern. Um die Eindrücke zu objektivieren, kann es ratsam sein, Erhebungen in der Elternschaft und im Lehrerkollegium durchzuführen. Wir stellen hierfür zwei Instrumente vor:

Atmosphäre-Fragebogen

Auf der Grundlage des Datenpools unserer Repräsentativ-Untersuchung wurde der nachstehende Atmosphäre-Fragebogen für Eltern und Lehrkräfte entwickelt:

Tabelle 9: Elternfragebogen zur Atmosphäre Schule – Eltern[1]

	ja 4	3	2	nein 1
	+ +	+	-	- -
1. Wenn es Probleme gibt, kann man mit den Lehrkräften meines Kindes reden, ohne zu streiten.	☐	☐	☐	☐
2. Die Lehrkräfte meines Kindes hören mir aufmerksam zu.	☐	☐	☐	☐
3. Die Lehrkräfte meines Kindes wollen auch von mir etwas über mein Kind wissen.	☐	☐	☐	☐
4. Von den Lehrkräften meines Kindes erfahre ich regelmäßig, wie mein Kind in der Schule ist.	☐	☐	☐	☐
5. Mit den Lehrkräften meines Kindes kann ich über alles reden.	☐	☐	☐	☐
6. Die Lehrkräfte meines Kindes erkennen an, dass auch wir Eltern es gut meinen.	☐	☐	☐	☐
7. Die Lehrkräfte meines Kindes beachten Vorschläge von Eltern.	☐	☐	☐	☐
8. Die Lehrkräfte meines Kindes wollen mit Eltern zusammenarbeiten.	☐	☐	☐	☐

1 Das Maß für die interne Konsistenz (Cronbach's Alpha) beträgt 0,887.

Tabelle 10: Lehrerfragebogen zur Atmosphäre Schule – Eltern[2]

	ja 4	3	2	nein 1
	+ +	+	-	- -
1. Wenn es Probleme gibt, kann man sie mit den Eltern meiner Schüler ohne Streit besprechen.	□	□	□	□
2. Die Eltern meiner Schüler hören mir aufmerksam zu.	□	□	□	□
3. Ich will auch von den Eltern etwas über meine Schüler erfahren.	□	□	□	□
4. Ich informiere die Eltern meiner Schüler regelmäßig, wie ihr Kind in der Schule ist.	□	□	□	□
5. Mit den Eltern meiner Schüler kann ich über alles reden.	□	□	□	□
6. Ich gehe in aller Regel davon aus, dass auch Eltern es gut meinen.	□	□	□	□
7. Auf Vorschläge von Eltern gehe ich ein.	□	□	□	□
8. Ich bin an der Zusammenarbeit mit den Eltern meiner Schüler interessiert.	□	□	□	□

Zur Auswertung addiert man für jeden Fragebogen die den einzelnen Fragen zugeordneten Zahlenwerte (4 für „+ +“, 3 für „+“, 2 für „-“ und 1 für „- - “) und erhält so z. B. die Summe 20. Aus den Summen aller Fragebögen errechnet man einen Mittelwert für alle befragten Eltern bzw. Lehrkräfte. Diesen Mittelwert dividiert man noch einmal durch 8, um den Atmosphäre-Wert für die jeweilige Gruppe zu erhalten.

Wenn also z. B. die Gesamtsumme aller 23 Lehrerfragebögen 982 beträgt, erhält man als Mittelwert 20,96. Dieser durch 8 dividiert, ergibt einen Atmosphäre-Wert von 2,62. Er liegt zwischen 2, was der Antwort „-“ entspricht, und 3, was der Antwort „+“ gleichkommt. Die von den Lehrkräften wahrgenommene Atmosphäre ist also insgesamt eher neutral – weder positiv, noch negativ. Mit Hilfe der nachstehenden Tabelle 11 kann der Atmosphäre-Wert noch zusätzlich mit den durchschnittlichen Verhältnissen der jeweiligen Schulart verglichen werden. Angenommen, es handele sich in unserem Beispiel um Realschullehrkräfte. Für sie weist die Tabelle sogenannte Quartile von 2,91, 3,25 und 3,47 aus. Der errechnete Wert von 2,62 liegt noch unter 2,91. Das bedeutet, die Atmosphäre an dieser Realschule, so wie sie von den Lehrkräften eingeschätzt wird, entspricht der Atmosphäre im schlechtesten Viertel der Realschulen unserer Repräsentativuntersuchung. Ein Wert zwischen 2,91 und 3,25 (Obergrenze eingeschlossen) würde dem nächstbesseren Viertel entsprechen, ein Wert zwischen 3,25 und 3,47 (Obergrenze eingeschlossen) dem zweitbesten Viertel und Wert über 3,47 dem besten Viertel.

2 Das Maß für die interne Konsistenz (Cronbach's Alpha) beträgt a = 0,712

Tabelle 11: Quartile für den Atmosphäre-Fragebogen

Quartile	GS		HS		RS		GY	
	Eltern	Lehrer	Eltern	Lehrer	Eltern	Lehrer	Eltern	Lehrer
Q25%	2,96	3,13	2,63	3,00	2,38	2,91	2,50	2,88
Q50%	3,25	3,38	3,13	3,25	2,88	3,25	2,86	3,13
Q75%	3,63	3,75	3,62	3,50	3,25	3,47	3,13	3,50

Diagnose des Schultyps nach Henderson et al.

Henderson et al. (2007, S. 14 ff.) haben vier Fragenkataloge vorgelegt, mit deren Hilfe Schulen einem der vier folgenden Typen zugeordnet werden können:

- dem Typ der Schulfestung, die Eltern weitgehend den Zugang verwehrt und an welcher Eltern letztlich unwillkommen sind,
- dem Typ der sich nur bei Bedarf öffnenden Schule, an welcher Eltern nur willkommen sind, wenn sie ausdrücklich eingeladen und in die Schule gebeten werden,
- dem Typ der offenen Schule, in welcher Eltern jederzeit willkommen sind und Einblick erhalten,
- dem Typ der Partnerschule, die Eltern nicht nur jederzeit Zugang gestattet, sondern sie darüber hinaus auch als gleichwertige Partner ernst nimmt, indem sie mit ihnen kooperiert. Der Fragenkatalog der nachstehenden Tabelle 12 enthält die Items der Hendersonschen Kataloge in vermischter Form und in freier Adaption an deutsche Verhältnisse und kann in dieser Form Lehrkräften oder Eltern vorgelegt werden. (Eltern müssten sich dann allerdings in die Sichtweise der Lehrkräfte hineinversetzen und die Fragen so beantworten, wie diese sie ihrer Meinung nach beantworten würden.)

Tabelle 12: Fragen zu Bestimmung des Schultyps nach Henderson et al. (2007, S. 13–25)

Kreuzen Sie die Nummern der Fragen an, welche Sie mit „ja" beantworten!

1. Eltern gehören nach Hause, nicht in die Schule.
2. Eltern sind willkommen, wenn die Schule sie einlädt.
3. Wenn Kinder nicht gut vorankommen, dann deswegen, weil die Eltern sie nicht genug unterstützen.
4. Eltern können sich auf vielfältige Weise in der Schule einbringen.
5. Das Wichtigste ist, dass Eltern ihren Kindern zuhause helfen.
6. An dieser Schule gibt es eine große Auswahl von Lernmaterialien, die man ausleihen kann.
7. Zweimal im Jahr findet ein Eltern-Lehrer-Gespräch statt.
8. In allen Familien, deren Kinder neu an der Schule sind, werden Hausbesuche durchgeführt.
9. Das Lehrerkollegium wendet sich an Organisationen und Einrichtungen am Ort, wenn es Hilfe braucht.
10. Die Lehrkräfte geben bereits ihr Bestes.
11. Die Eltern werden am Schuljahresbeginn über den Lehrstoff informiert.
12. Das Schulhaus wird auch von der Gemeinde und anderen Einrichtungen genutzt.
13. An der Schule werden Workshops für Elternbildung und Elterntraining angeboten.
14. Lehrpläne und Bildungsstandards sind für Eltern im Allgemeinen nicht verständlich.
15. Wenn Eltern es wünschen, erläutern ihnen die Lehrkräfte die Leistungsbewertungen ihrer Kinder.
16. An dieser Schule werden auch Dolmetscher eingesetzt.
17. Wenn Eltern darum bitten, sucht die Schule einen Dolmetscher.
18. Eltern können einen Dolmetscher mitbringen, wenn sie wollen.
19. Wenn Eltern mehr Information wollen, sollen sie danach fragen.
20. Auf einkommensschwache Familien wird an dieser Schule besonders Rücksicht genommen.
21. Im Elternbeirat sind alle Gruppen vertreten.
22. Die Lehrkräfte verstehen sich als Unterrichtsspezialisten und nicht als Sozialarbeiter.
23. Eltern sind keine Fachleute für Unterricht.
24. Es gibt an der Schule in jedem Jahr eine multikulturelle Veranstaltung.
25. Die Eltern werden in alle wichtigen Entscheidungen eingebunden.
26. Die Schule benachrichtigt die Eltern, wenn es Probleme gibt.
27. Elternvertreter können die Büros der Schule benutzen.
28. Eltern von Migranten sollen gefälligst Deutsch lernen.
29. Die Lernfortschritte der Kinder werden von Lehrkräften und Eltern allmonatlich besprochen.
30. An dieser Schule fürchten Eltern, dass Lehrkräfte es ihr Kind büßen lassen, wenn sie Kritik üben.
31. Die Eltern müssen sich anmelden, wenn sie in die Lehrersprechstunde kommen wollen.
32. Dreimal im Jahr gibt es ein Gespräch zwischen Eltern, Lehrkräften und Schülern.

Die 32 Fragen der Tabelle 12 sind den vier Schultypen folgendermaßen zugeordnet:

Tabelle 13: Zuordnung der Fragen zu den Schultypen nach Henderson et al. (2007, S. 13–25)

Schulfestung	Sich bei Bedarf öffnende Schule	Offene Schule	Partnerschule
Nummer der Frage	Nummer der Frage	Nummer der Frage	Nummer der Frage
1	2	4	6
3	5	7	8
10	11	9	12
14	13	15	16
19	18	17	21
22	26	20	32
28	23	24	25
30	31	27	29

Zur Auswertung notiert man in diesem Schema hinter jeder Frage, wie oft sie insgesamt von den Befragten angekreuzt wurde, ermittelt die Spaltensummen und schließlich die Gesamtsumme, z. B.:

Tabelle 14: Beispiel für die Auswertung einer Befragung zu den Schultypen nach Henderson et al. (2007, S. 13–25)

Schulfestung		Sich bei Bedarf öffnende Schule		Offene Schule		Partnerschule	
Frage Nr.	Häufigkeit	Frage Nr.	Häufigkeit	Frage Nr.	Häufigkeit	Frage Nr.	Häufigkeit
1	5	2	25	4	0	6	0
3	30	5	17	7	0	8	0
10	45	11	27	9	2	12	0
14	8	13	11	15	1	16	1
19	1	18	5	17	3	21	0
22	37	26	6	20	0	32	1
28	3	23	0	24	4	25	2
30	9	31	1	27	0	29	0
Summe	138	Summe	92	Summe	10	Summe	4
Gesamtsumme: 244							

In diesem Beispiel erhielten die Fragen zur Schulfestung und zu der sich bei Bedarf öffnenden Schule die weitaus meisten Zustimmungen (138 bzw. 92 von insgesamt 244). Diese Schule wird von den Befragten also überwiegend als Schulfestung gesehen, allerdings als eine solche, die sich bei Bedarf auch hin und wieder etwas öffnet. Jedenfalls wird sie nicht als eine Schule wahrgenommen, an welcher Eltern willkommen sind.

5 Information und Kommunikation

5.1 Unverzichtbare Kommunikation

Eine Arbeitsteilung zwischen Schule und Familie, die darauf hinausläuft, jener die Bildung und dieser die Erziehung der Kinder zu überlassen, ist längst nicht mehr möglich – falls sie überhaupt jemals bestand – und angesichts des großen Einflusses der Familie auf den Bildungserfolg auch nicht sinnvoll. Zudem entspräche sie auch nicht der Interpretation des Grundgesetzes durch das Bundesverfassungsgericht, welches 1972 dazu ausführte: „Die gemeinsame Erziehungsaufgabe von Eltern und Schule … ist in einem sinnvoll aufeinander bezogenen Zusammenwirken zu erfüllen."[1] Eltern und Lehrkräfte sind somit gehalten, einander über ihre Erziehungs- und Bildungsbemühungen und wichtige Aspekte des Schulalltags und des Familienlebens zu informieren, wenn sie Kinder und Jugendliche bestmöglich fördern wollen. Aber so sehr es vermieden werden muss, dass Kinder und Jugendliche in Familie und Schule in zwei isolierten Welten leben, ist doch auch ihr Anrecht auf geschützte Räume in beiden Sphären zu respektieren. Wie Erwachsene normalerweise ihr Familienleben und ihre Berufstätigkeit auseinanderhalten und längst nicht jedes Detail aus der einen Sphäre in der anderen bekannt machen, dürfen auch Kinder und Jugendliche erwarten, dass nicht alle Informationen über ihren Schulalltag und über ihr häusliches Leben weitergegeben werden. Davon ganz abgesehen, haben natürlich auch Lehrkräfte und Eltern ein Anrecht auf diskrete Behandlung vieler Einzelheiten ihres Berufsalltags bzw. ihres Familienlebens. Unbeschadet dieser Vorbehalte sind für Eltern einige Informationen über den Schulalltag ihrer Kinder unverzichtbar, nämlich solche

- über die von den Lehrkräften beobachteten Lern- und Entwicklungsfortschritte ihrer Kinder,
- über Einschätzungen und Erwartungen der Lehrkräfte hinsichtlich ihrer weiteren Entwicklung,
- über ihr Verhalten in Schule und Unterricht,
- über die wichtigsten Strukturen, Abläufe und Gestaltungsprinzipien des Schul- und Unterrichtsalltags,
- über die Prinzipien der in der Schule praktizierten Erziehung,
- über besondere Ereignisse in Schule und Unterricht, in der Klasse und im Freundeskreis,
- über die von den Lehrkräften erwartete häusliche Unterstützung der schulischen Bildungsarbeit,

1 BVerfGE 34, 165 – 200; Urteil des Ersten Senats vom 6. Dezember 1972. Vgl. https://www.servat.unibe.ch/dfr/bv034165.html (27.09.2021)

Lehrkräfte benötigen Informationen

- über die soziale Struktur der Familie, in der die Schülerinnen und Schüler leben (vollständige, unvollständige Familie, Stieffamilie, Patchworkfamilie, Geschwister, weitere im Haushalt lebende Personen),
- über die Wohngegend und Wohnsituation der Familie,
- über Begabungen, Interessen und Hobbies ihrer Schülerinnen und Schüler,
- über ihren Freundeskreis,
- über ihre Freizeitgestaltung,
- über besondere Eigenschaften und körperliche und gesundheitliche Einschränkungen, die beachtet werden müssen,
- über besondere Ereignisse im bisherigen und im aktuellen Leben der Schülerinnen und Schüler, die Auswirkungen auf ihre Entwicklung haben können,
- über Zukunftspläne der Eltern für ihre Kinder,
- über die zuhause praktizierte Erziehung,
- über die Erwartungen der Eltern an die Schule und an die Lehrkräfte.

Während die Dienstvorschriften der Lehrkräfte dem Informationsbedarf der Eltern weitgehend Rechnung tragen, behindern Bestimmungen des Datenschutzes in erheblichem Maße, dass auch Lehrkräfte alle benötigten Informationen erhalten. Dabei ist die neuerdings von Schule und Lehrkräften geforderte individuelle Förderung der Schülerinnen und Schüler schlechterdings nicht möglich, wenn von deren Individualität nur der kleine Ausschnitt bekannt ist, der sich in der Schule zeigt. Und auch eine erfolgreiche Kooperation mit den Eltern ist nur sehr begrenzt möglich, wenn sie nahezu anonym bleiben. Die Corona-Pandemie veranlasste die Experten des neunten Familienberichtes, ausdrücklich auf diesen Missstand hinzuweisen: „Die Elternarbeit der Schulen ist zum Teil unzureichend, weil sie über zu wenig Informationen zur häuslichen Lernsituation der Kinder verfügen. Durch die Covid-19-Pandemie zeigen sich diese Defizite des Bildungssystems wie in einem Brennglas." (Neunter Familienbericht 2021, S. 330)
Ein Ausweg besteht darin, Eltern zu bitten, auf freiwilliger Basis Informationen über ihr Kind, seine Familie und sein außerschulisches Leben zu geben. Dagegen wird oft eingewendet, auch dies sei nicht zulässig, da bei Eltern, welche solche Informationen verweigern, Befürchtungen entstehen könnten, ihr Kind erleide dadurch Nachteile in der Schule. Zumindest das bayerische Staatsministerium für Unterricht und Kultus schließt sich dieser Auffassung nicht an. Auf eine vom Verfasser lancierte Anfrage antwortete es:

> „Der vertrauensvolle Austausch von Informationen über eine Schülerin bzw. einen Schüler zwischen Elternhaus und Lehrkräften ist für das Gelingen schulischer Bildung sehr wichtig. Er hilft beiden Parteien der Bildungs- und Erziehungspartnerschaft dabei, das Verhalten des betreffenden Schülers oder der jeweiligen Schülerin einzuordnen, Veränderungen im Leistungsbild zu erklären oder individuelle Fördermaßnahmen optimal abzustimmen. Dabei sind manchmal auch sehr persönliche Informationen

hilfreich. Wenn Lehrkräfte nicht vertraulich danach fragen dürften, würden sie einen professionellen Standard verfehlen. Es steht den Erziehungsberechtigten jedoch stets frei zu entscheiden, welche Details zu Ihrem Kind sie der Schule beziehungsweise einer Lehrkraft mitteilen möchten oder nicht. Dabei können sich die Eltern auf die Verschwiegenheitspflicht der Lehrkräfte verlassen. Nachteile für das Kind dürfen nicht entstehen, wenn Eltern Informationen nicht weitergeben. Allerdings muss bedacht werden, dass aufgrund fehlender Kenntnis der Umstände das pädagogische Handeln der Lehrkräfte nicht optimal auf die individuelle Situation abgestimmt werden kann." (Schreiben vom 28.08.2014 IV.6 BS4352 – 6a. 55 356)

Es ist also sehr wohl möglich, bei der Übernahme einer neuen Klasse einen mit der Schulleitung und dem Elternbeirat abgestimmten kleinen Fragebogen an die Eltern auszugeben, in dem einige Grundinformationen über die Schülerinnen und Schüler und ihren familiären Hintergrund abgefragt werden. Am besten geschieht das im Zusammenhang mit einem Elternabend, bei dem die Klassenlehrkraft das damit verbundene Anliegen verdeutlicht und bei dem sie im Gegenzug auch sich selbst mit ein paar biografischen Angaben vorstellt und ihre Konzepte von Erziehung und Unterricht sowie ihr Verständnis von einer Kooperation mit den Eltern erläutert. Das Ausfüllen des Fragebogens sollte zuhause erfolgen, damit sich beide Eltern und auch die betroffenen Kinder damit befassen können.

Weniger aufwändig ist es, einige Informationen in Gesprächen mit Eltern zu erfragen. Eine Analyse der uns verfügbaren Daten (Sacher 2004; Ausgangserhebung 2007/2008) zeigt aber, dass Lehrkräfte im Allgemeinen nicht gerne über ihr Kerngeschäft des Unterrichtens und Eltern nur sehr zurückhaltend über ihre Erziehungspraxis sprechen. In allen Schularten stehen bei Eltern-Lehrer-Gesprächen am häufigsten Lernfortschritte und Leistungsentwicklung der Kinder, Hausaufgaben und Disziplinschwierigkeiten im Mittelpunkt. Einen gewissen Raum nehmen auch Fragen der Berufswahl und Entscheidungen über Bildungswege sowie Gewaltprobleme und Drogen ein. Erziehungsfragen, Schulentwicklung und Unterrichtsgestaltung spielen hingegen nur eine geringe Rolle.

5.2 Voraussetzungen erfolgreicher Information und Kommunikation

5.2.1 Proaktive Informationshaltung

Information und Kommunikation, die zum Erfolg der Schule-Eltern-Kooperation beitragen will, muss aus einer proaktiven Haltung heraus erfolgen. D. h. beide Seiten müssen einander auch unaufgefordert über wichtige Ereignisse und Sachverhalte informieren und sich benötigte Informationen aktiv verschaffen. Der Informationsaustausch zwischen Schule und Eltern ist in Deutschland aber häufig durch eine passiv-abwartende Informationshaltung beider Seiten geprägt: Viele Lehrkräfte betrachten Information über die Lernfortschritte und

die allgemeine Entwicklung der Schülerinnen und Schüler als eine „Holschuld" und Information über ihr außerschulisches Leben und ihre familiäre Umwelt als eine „Bringschuld" der Eltern. D. h. sie verharren in einer passiv-abwartenden Haltung, informieren Eltern nur, wenn diese ausdrücklich darum bitten, und verlassen sich darauf, dass Eltern ihnen von sich aus wichtige Informationen geben, ohne dass sie darum nachsuchen müssen.
In unserem bayerischen Modellprojekt von 2006/2007 bestätigten nur 46% der Eltern, von den Lehrkräften häufiger über den Leistungsstand und das Verhalten ihrer Kinder informiert worden zu sein, und nur 15% der Eltern gaben an, die Lehrkräfte hätten öfter auch Informationen über ihre Erziehungspraktiken und die Freizeitinteressen, den Medienkonsum und den Freundeskreis der Kinder erbeten. Die Zurückhaltung, Informationen über das außerschulische und häusliche Umfeld der Kinder und Jugendlichen einzuholen, mag an dem verbreiteten Glauben liegen, die meisten Eltern würden solche Informationen verweigern oder nur widerstrebend geben. In unserem bayerischen Modellprojekt von 2006 / 2007 bezeichneten jedoch 90% der Eltern es als wichtig, dass Lehrkräfte um solche Informationen bitten.
Eine abwartende Informationshaltung findet sich auch bei vielen Eltern. Ein Drittel der Eltern unserer Repräsentativbefragung von 2004 bestätigte, mit Lehrkräften nur zu reden, wenn es Probleme gibt – und dies obwohl fast alle (97%) auch zwischen den Zeugnissen wissen wollten, wie die Leistungen ihres Kindes sind, und fast die Hälfte (45%) diese Informationen nicht regelmäßig von den Lehrkräften erhielt.

5.2.2 Konkrete und nützliche Information

Deutsche Schülereltern fühlen sich im internationalen Vergleich auch unterdurchschnittlich gut mit wirklich nützlichen Informationen versorgt: Während Eltern in den OECD-Ländern im Mittel zu 74% bekräftigten, von der Schule regelmäßig nützliche Informationen über die Fortschritte ihres Kindes zu erhalten, waren es in Deutschland gerade einmal 47% (OECD 2007, S. 275). Zu nahezu gleichen Ergebnissen kamen die Begleituntersuchungen von PISA 2009[2]. In unserer Repräsentativ-Befragung von 2004 fand jeder zehnte Elternteil den Besuch von Sprechstunden nicht nützlich, den Besuch von Elternsprechtagen sogar jeder fünfte, und schulische Informationsveranstaltungen beurteilte sogar jeder vierte als nicht hilfreich. Eltern leistungsschwächerer Schülerinnen und Schüler urteilten noch negativer. Allem Anschein nach empfinden Eltern erhaltene Informationen hauptsächlich deshalb als wenig brauchbar, weil sie zu wenig konkret sind. Dem Bildungsbarometer 2009 zufolge erhalten 41% der Eltern in Gesprächen mit Lehr-

2 Berechnet aus den Originaldaten. Vgl. https://www.oecd.org/pisa/pisaproducts/pisa2009database-downloadabledata.htm (25.09.2021).

kräften keine konkreten Hinweise, wie Probleme zu bewältigen sind (Jäger-Flor & Jäger 2010, S. 40). Stattdessen werden sie oft mit Allgemeinplätzen abgespeist („Muss sich mehr anstrengen, aufmerksamer sein, sorgfältiger arbeiten ...“), die sie letztlich ratlos zurücklassen.

5.3 Wege und Formen des Informationsaustausches

Es können zwei Arten von Information unterschieden werden:

– Beschreibende Information:
  Ein Informant informiert über Gegenstände, Sachverhalte und Vorgänge. Nur er hat unmittelbaren Zugang zur Wirklichkeit. Der Informierte muss ihm glauben und vertrauen. Die Information ist dabei entweder
  - transitiv, d. h. auf Anderes und Andere bezogen, oder
  - reflexiv, d. h. auf den Informanten selbst bezogen (Selbstdarstellung).

  Die Informationen können
  - persönlich in Gesprächen, Vorträgen, Diskussionen usw. oder
  - mediengestützt durch Briefe, Emails, Anrufe, Filme, Homepages usw. übermittelt werden.
– Authentische Information:
  Anstatt zu etwas zu beschreiben, wird es direkt präsentiert, so dass man sich selbst ein Bild machen kann. Dabei kann man unterscheiden
  - die Präsentation von originalen Gegenständen und Vorführungen (Dokumenten, Werkstücken, künstlerischen Gestaltungen, Lehr- und Lernmitteln usw.)
  - die Organisation authentischer Situationen, in denen komplexe Zusammenhänge und Prozesse beobachtet werden können (Unterrichtshospitationen, Tage der offenen Schultür, Hausbesuche usw.).

Tabelle15: Formen und Wege der Information

Beschreibende Information	Transitive Beschreibung (Beschreibung von Anderem und Anderen)	Persönlich	*Individuelle Gespräche:* Tür-Angel-Gespräch, spontanes Gespräch, Elternsprechtag, Sprechstundengespräch *Gespräche in und mit Gruppen:* Elternabend u. Elternversammlung, Elternstammtisch, Elternkaffeekränzchen u. andere Elterntreffpunkte, Informationsveranstaltungen
		Mediengestützt	Lernstandsbericht u. Zeugnis, Brief, Email, Whatsapp, SMS, Elternrundbrief, Schulzeitung, Mitteilungs- u. Kommunikationsheft, Schulplaner, Logbuch, Anruf, Homepage, Internetforum, Videokonferenz
	Reflexive Beschreibung (Selbstdarstellung)	Persönlich	Vorstellungsgespräch, Schulaufnahmegespräch
		Mediengestützt	Jahresbericht, Lebenslauf, Selbstportrait, Familienportrait, Familienportfolio; Abbildungen, Fotos u. Filme von Schule, Klasse, Unterricht, Familie u. häuslichem Umfeld, Schulhomepage, virtuelle Schul- oder Quartiersführung
Authentische Information	Originale Gegenstände u. Vorführungen		Werkstück, künstlerische Gestaltung, Ausstellung, Vorführung, Lehr- u. Lernmittel, Experimentiergerät, Übungsmaterial, Aufgabenbearbeitungen, Leistungsnachweise
	Authentische Situationen		Hospitation, Hausbesuch, Quartiersbesuch, Tag der offenen Schultür, Schulführung

5.4 Gespräche mit Eltern

5.4.1 Allgemeine Regeln der Gesprächsführung[3]

Gestaltung der äußeren Situation

Gespräche mit Eltern werden manchmal unter ungünstigen, teils sogar unwürdigen Bedingungen geführt: in einem leeren Klassenzimmer, in einem Nebenraum, auf dem Flur, in einer Nische des Pausenhofs, unter Zeitdruck während eines Stundenwechsels oder am Ende eines Unterrichtsvormittags. Auch in Sprechstunden kann Zeitdruck entstehen, wenn mehrere Eltern ein Gespräch wünschen. Um dies zu vermeiden, sollte man die Eltern bitten, sich anzumelden, so dass sich nicht zu viele einen Termin teilen müssen. Auch sollten Schulleitungen unbedingt davon Abstand nehmen, Lehrkräfte während ihrer Sprechzeiten in Vertretungs-

3 Die Ausführungen in diesem Abschnitt stützen sich größtenteils auf Weisbach 2003. Auch die meisten Beispiele sind diesem Buch entnommen, dessen Lektüre und gründliche Durcharbeitung Lehrkräften wärmstens empfohlen werden kann. Eine Vielzahl weiterer hilfreicher Hinweise findet sich bei Bartscher 2021b in den Abschnitten 3.5 bis 3.9.

stunden einzusetzen, auch dann nicht, wenn keine Anmeldungen von Eltern vorliegen. Es ist ja nicht auszuschließen, dass Eltern telefonisch Kontakt aufnehmen möchten oder vielleicht doch unangemeldet kommen.
Für Elterngespräche sollte ein in einem ruhigen Trakt des Schulhauses untergebrachtes und ansprechend eingerichtetes Sprechzimmer zur Verfügung stehen. Gespräche in leeren Klassenzimmern zu führen, kann allenfalls ein Notbehelf sein, wenn das Sprechzimmer belegt ist. Dann sollte für Eltern von Grundschülern aber jedenfalls ein Erwachsenenstuhl organisiert werden. Sonst entsteht leicht die für die Gesprächsatmosphäre äußerst ungünstige Situation, dass die Lehrkraft über das Pult hinweg von ihrem erhöhten Lehrerstuhl herunter auf Eltern einredet, die auf Erstklässerstühlchen zu ihren Füßen kauern.
Dass unnötige Störungen tunlichst zu unterbleiben haben, muss man nicht eigens betonen. Auch Lautsprecherdurchsagen sollten im Sprechzimmer technisch unterbunden werden. Wünschenswert ist, dass den Eltern ein Getränk angeboten werden kann.

Gesprächshaltung
Es ist empfehlenswert, eine Haltung einzunehmen, die sich an Prinzipien des „Motivational Interviewing“ orientiert und durch folgende Merkmale charakterisiert ist[4]:
- Partnerschaftlichkeit: Begleiter, nicht überlegener Experte bei der Suche nach Lösungen sein wollen,
- Akzeptanz: den Gesprächspartner so zu akzeptieren, wie er sich zeigt, ausgedrückt durch
  - bedingungsfreie positive Wertschätzung,
  - Empathie: das Bemühen, sich in die Lage des Anderen zu versetzen,
  - Unterstützung seiner Autonomie: seine Eigenverantwortlichkeit respektieren,
  - Würdigung: die Lebensleistungen des Anderen anerkennen,
  - Mitgefühl: das Bestreben, zu seinem Wohle zu handeln,
  - Evokation: die Annahme, dass der Andere schon die Ressourcen hat, sich selbst zu helfen, und dass man sie nur hervorlocken muss.

Verhalten während des Gesprächs
Die Kunst der Gesprächsführung ist zu großen Teilen identisch mit der Kunst des Zuhörens. Lehrkräfte haben sie als „Berufsredner“ häufig verlernt. Sie sprechen zu viel, zu eloquent, reden ihre Gesprächspartner nieder oder lassen sie zumindest nicht ausreichend zu Wort kommen.
Es gibt ein Pseudo-Zuhören, das es unbedingt zu vermeiden gilt. Der gerade schweigende Gesprächspartner hört nicht wirklich zu und versucht nicht zu ver-

4 Vgl. dazu Bartscher 2018, S. 14 – 19, u. Bartscher 2021b, Abschnitt 3.4.4.

stehen, sondern lauert nur auf die nächste Gelegenheit, zu Wort zu kommen und das Gespräch an sich zu reißen.

Wann ein günstiger Zeitpunkt gekommen ist, das Wort zu ergreifen, erkennt man vor allem an der Art der eintretenden Gesprächspausen: Nur dann, wenn der Partner aufhört zu sprechen und direkten Blickkontakt sucht, sind wir aufgefordert zu sprechen. Manchmal fordert er uns zusätzlich mit einer sprachlichen Wendung auf fortzufahren, etwa: „Was meinen denn Sie dazu?“ Bei Pausen, in denen der Blick des Partners schräg nach oben oder unten gerichtet ist, benötigt er eine Denkpause, die wir ihm gönnen sollten. Auch wenn wir selber sprechen, tun wir gut daran, darauf zu achten, ob solche Augenbewegungen des Partners uns signalisieren, dass er nachdenkt – evtl. auch über etwas völlig anderes. Wir sollten dann innehalten. Die eintretende Pause wird dazu führen, dass der Partner den Blickkontakt wieder herstellt und uns damit indirekt auffordert, weiter zu reden, oder dass er seinerseits das Wort ergreift und vielleicht eine Frage zu unseren bisherigen Ausführungen stellt. Es kann auch sein, dass er die eingetretene Pause gar nicht wahrnimmt, weil er in seinen Gedanken längst wo anders ist.

Dass man zuhört, muss man auch hör- und sichtbar zeigen, vor allem durch Blickkontakt, durch echtes Schweigen bei voller, aufmerksamer Zuwendung zum Partner, durch kleine körpersprachliche und verbale Signale (Kopfnicken, Wimpernschlag, „Hm“, „Aja“).

Es gibt aber auch aktivere Formen des Zuhörens: Beim umschreibenden Zuhören gibt man das Gehörte mit eigenen Worten wieder und zeigt dadurch dem Gesprächspartner, dass man ihn genau verstehen will. Beim aktiven Zuhören im engeren Sinne achtet man nicht nur darauf, was der Andere sagt, sondern auch wie er es sagt und was er dadurch über seine Gefühle verrät. Indem man diese Wahrnehmung seiner Gefühle verbalisiert – z. B. „Ich sehe, dass sie sich Sorgen machen“ – erreicht man, dass der Gesprächspartner sich verstanden fühlt. Bewertungen, Fragen und das Erteilen von Ratschlägen sind in dieser Phase des Gesprächs zu unterlassen.

Es ist wichtig, sich bewusst zu machen, dass jede Mitteilung eines Gesprächspartners vier Botschaften enthält:

- den sachlichen Gehalt, z. B. die Auffassung eines Vaters von der Qualität des Aufsatzes seines Sohnes,
- eine zumindest implizite Aufforderung an den Partner, sich auf bestimmte Weise zu verhalten, z. B. die Erwartung, dass die Lehrkraft die Note anhebt,
- eine Mitteilung über die Beziehung zum Partner, etwa die Anspielung eines Vaters, dass er als Redakteur einer Tageszeitung mindestens ebenso viel von der Materie versteht wie der Lehrer, sich somit als fachlich ebenbürtig ansieht,
- eine Aussage des Partners über sich selbst, evtl. die angedeutete Sorge, dass der Sohn das Abitur womöglich nicht schaffen wird.

Es ist keineswegs zwingend und auch nicht immer ratsam, zu allererst und vielleicht sogar ausschließlich auf den sachlichen Gehalt einzugehen. In vielen Fällen ist zu erwägen, die mehr oder weniger impliziten Aufforderungen des Gesprächspartners zu verbalisieren („Sie möchten, dass ...“, „Sie möchten gern ...“) oder die ausgedrückte Auffassung von der Beziehung („Sie halten mich für ...“, „Sie behandeln mich wie ...“) oder die Selbstaussage („Sie macht das ...“, „Sie sind ...“, „Sie fühlen sich ...“).

Zu vermeiden sind alle Verhaltensweisen, welche Widerstände beim Gesprächspartner (Reaktanz) provozieren können. Dieses Risiko ist immer dann gegeben, wenn man ihm nicht hinreichend große Entscheidungsspielräume lässt und ihn zu sehr einengt und festlegt. Das kann geschehen durch ungebetene und verfrühte Ratschläge und Empfehlungen, durch Anweisungen und Aufforderungen, durch drängende und bohrende Fragen, durch Tadel, Kritik und Vorwürfe, sogar durch Lob, wenn der Partner den Eindruck bekommt, dass dadurch sein künftiges Verhalten gesteuert werden soll. Verben wie müssen, sollen, dürfen, zwingen, sich überwinden, versuchen, sich anstrengen sollten daher möglichst vermieden und ersetzt werden durch können, wollen, möchten usw. Direkte Fragen sind meistens ungünstig. Besser verwendet man indirekte bzw. reflexive Fragen, eingeleitet durch Formulierungen wie „Ich überlege mir gerade...“, „Ich frage mich...“). Statt im Zweifel ungebetenen Rat zu geben, kann man sagen: „Ich bin mir im Moment nicht sicher, ob Sie meinen Rat möchten...“ Kontraproduktiv ist auch das Suggerieren von Einverständnis („Ich glaube, dass Sie damit einverstanden sind...“), das oft nur dazu führt, dass der Partner verbal zustimmt, aber sich nicht wirklich unserer Meinung anschließt und infolgedessen auch sein Verhalten nicht ändert. Daran wird schon deutlich, dass Reaktanz nicht nur die Form von offener Aggression und Trotz haben muss, sondern sich auch subtiler äußern kann als Schein-Zustimmung und als Zuwendung zu Alternativen, von denen abgeraten wurde („Warum eigentlich nicht?“).

Außer Reaktanz auslösenden Verhaltensweisen gibt es eine Vielzahl weiterer „Gesprächsstörer“, die man vermeiden muss: Überreden, Warnen und Drohen, Bewerten, Herunterspielen und Bagatellisieren (auch nicht um zu ermutigen oder zu trösten!), Nicht-ernst-Nehmen, Ironisieren, Ausfragen (womit der Dialog zum Interview wird), platte Lebensweisheiten zum Besten geben („Was uns nicht umbringt, macht uns stark“), von sich selbst reden, Ursachen aufzeigen und Hintergründe deuten (Die soll der Partner möglichst selbst entdecken!).

Konstruktive Wendungen des Gesprächs erreicht man durch die Verwendung von „Gesprächsförderern“. Dazu gehören außer dem schon erwähnten Wiederholen, Paraphrasieren und Zusammenfassen von Ausführungen des Partners und dem Ansprechen seiner Gefühle die einschränkende Wiederholung, die übertreibende Bestätigung (Verallgemeinern), das Nachfragen (wie eine einzelne Äußerung des Partners gemeint ist) und das Geben von Denkanstößen:

- Die einschränkende Wiederholung verwendet man, wenn man Ansichten oder Verhaltensweisen des Partners anspricht, die man eigentlich nicht billigt. Sie werden dann in der Wiederholung hinsichtlich ihres Geltungsbereiches eingeschränkt, z. B. „Das erscheint ihnen jetzt noch als der falsche Weg." („Später werden Sie es anders sehen.")
- Mit einer übertreibenden Bestätigung provozieren wir eine Relativierung durch den Partner selbst. Wir sagen z. B.: „Sie möchten also, dass ihr Kind auf jeden Fall das Abitur macht, ganz egal, ob es das selbst will oder nicht." Darauf werden Eltern höchstwahrscheinlich auf irgendeine Weise einschränken: „Natürlich wäre es besser, ich könnte es auch selbst überzeugen."
- Nachfragen sollten sich nur auf Äußerungen beziehen, die der Partner schon gemacht hat. Man erkundigt sich, wie sie genau gemeint waren und bietet evtl. eine Verständnismöglichkeit an („Wollten Sie das sagen?")
- Denkanstöße kann man dadurch geben, dass man Äußerungen des Partners in Beziehung zueinander setzt, z. B. „Bisher haben Sie lauter Nachteile benannt." Eine andere Möglichkeit besteht darin, dass man ihn Konsequenzen ziehen lässt, z. B. durch die Frage: „Was wären denn die Folgen, wenn der Junge kein Abitur macht?" Und schließlich kann man dem Partner auch Gelegenheit geben, seine Wünsche zu äußern, manchmal sich ihrer erst so richtig bewusst zu werden, z. B. durch die Frage: „Was wäre denn die optimale Lösung für Sie?"

Überhaupt sollte man eher versuchen, die Absichten des Partners zu ergründen als Ursachenforschung zu betreiben. Mit Ursachenergründung sind häufig Schuldzuweisungen verbunden, die nur Widerstände auslösen. Wenn man sich über die Absichten und Wünsche des Partners verständigt, kann man mit ihm gemeinsam prüfen, ob das angestrebte Ziel mit einem anderen Verhalten ebenso gut oder sogar besser erreicht werden kann. Geeignete Formulierungen sind: „Was wollen Sie erreichen?" „Was erhoffen Sie sich davon?"

5.4.2 Gespräche mit unterschiedlichen Intentionen

Wichtig ist auch, sich zu überlegen, wozu ein Gespräch geführt wird. Abhängig vom Gesprächsziele sind unterschiedliche Gesprächsarten zu unterscheiden, die auch jeweils anders strukturiert und geführt werden müssen.

Willkommens- und Begrüßungsgespräche

Viele Schulen führen Willkommens- und Begrüßungsgespräche mit Eltern, deren Kinder neu an der Schule sind. Häufig zieht man auch die Schülerinnen und Schüler hinzu. In solchen Gesprächen bekommen die Eltern Informationen über die Schule, über ihr Programm, über die von ihr vermittelten Werte sowie über die Erwartungen an Eltern und Schüler. Die Lehrkräfte holen Information ein über Interessen und Hobbys der Kinder, ihre gesundheitlichen Probleme, zu be-

achtende Allergien und Diäten, Namen und Telefonnummer des Hausarztes, über den sprachlichen, religiösen und kulturellen Hintergrund der Familie usw. Evtl. sollten wichtige Informationen schriftlich gegeben (z. B. an Migranten) und protokolliert werden. Manche Schulen haben gute Erfahrungen damit gemacht, ein Formular ausfüllen zu lassen. Sofern ein Schulvertrag besteht, sollte er bei dieser Gelegenheit mit den Eltern (und ggf. den Kindern) besprochen werden. Die Unterzeichnung erfolgt besser erst mit einigem zeitlichen Abstand. Um Vertrauen aufzubauen, sollte die Lehrkraft bereit sein, auch einiges von sich zu erzählen.
Häufig finden Willkommens- und Begrüßungsgespräche im Rahmen besonderer Veranstaltungen statt. Sie können aber auch im Rahmen von Sprechstunden geführt werden, vor allem dann, wenn ein Kind im Laufe des Schuljahres umgeschult wird. Auch Lehrkräfte, die eine neue Klasse übernehmen, tun gut daran, möglichst bald das Gespräch mit den Eltern zu suchen.

Informationsgespräche
Informationsgespräche führt man, wenn Eltern oder Lehrkräfte umfangreichere Informationen benötigen, z. B. vor dem Ein- oder Übertritt in eine bestimmte Schule, vor der Wahl von Fachrichtungen und Wahlfächern oder im Zusammenhang mit der Grundschulempfehlung für den Besuch weiterführender Schulen. Ferner können Informationsgespräche sinnvoll sein vor einer Führung durch die Schule oder einer Hospitation im Unterricht. Im Zusammenhang mit einem Tag der offenen Schultür oder einer Ausstellung wird man vor den zahlreicheren Teilnehmern eher einen Informationsvortrag halten.
Informationsgespräche haben gegenüber Informationsveranstaltungen und Informationsmaterial einige Vorzüge: Es kann besser auf individuelle Informationsbedürfnisse eingegangen werden, ein zunächst vielleicht nur undeutlich artikuliertes Informationsbedürfnis lässt sich im Verlauf des Gespräches klarer herausarbeiten und besser befriedigen, und man kann stärker dafür Sorge tragen, dass alles wirklich verstanden wird. Man wird Informationsgespräche also dann führen, wenn es auf diese Effekte entscheidend ankommt.
Schon bei der Einladung bzw. bei der Bitte um einen Gesprächstermin sollte mitgeteilt werden, welche Informationen im Gespräch gegeben oder erbeten werden. Im Gespräch bedient man sich einer einfachen Sprache und vermeidet nach Möglichkeit Fachausdrücke. Umfangreichere und komplexere Informationen müssen in einer klar gegliederten Weise gegeben werden. Dabei sind oft grafische Veranschaulichungen hilfreich. Ein belehrender Ton ist unbedingt zu vermeiden. Die Gesprächspartner sollten nicht erst am Ende, sondern bereits abschnittsweise Gelegenheit haben, Fragen zu stellen. Auch die informierende Lehrkraft tut gut daran, sich wenigstens hinsichtlich der entscheidenden Punkte zu vergewissern, dass die gegebene Information richtig verstanden und auf die erwünschte Weise verarbeitet wird. Zumindest punktuell wird sich dann eine zweiseitige Kommuni-

kation entwickeln. Am Schluss ist zu sichern, dass wirklich alles verstanden wurde und dass der Partner alle Auskünfte erhalten hat, die er wünschte.

Im Grunde ist ein Informationsgespräch oft ein Informationsvortrag für eine Person oder einen sehr kleinen Zuhörerkreis mit eingestreuten Gesprächsphasen. Schwieriger sind Informationsgespräche, bei denen hauptsächlich Information eingeholt werden soll. Solche Gespräche können leicht den Charakter von Verhören annehmen, wenn man die Partner einfach mit einer Unzahl von kleinen Fragen bombardiert. Günstiger ist es, größere Themen oder nach Gruppen geordnete Gesichtspunkte vorzugeben und die Partner zu bitten, dazu zusammenhängend einiges zu erzählen und zu berichten.

Falls das Informationsgespräch nicht auf Bitten von Eltern geführt, sondern von der Lehrkraft initiiert wird, geht es oft in ein Überzeugungsgespräch über. In einem solchen sollte die Lehrkraft am Anfang zusammenfassend sagen, was sie mitteilen will. Keinesfalls darf sie versuchen, dem Partner etwas ein- oder aufzureden. Stattdessen sollte sie auch Alternativen aufzeigen und diskutieren. Wenn Eltern sich gewichtigen Argumenten einfach verschließen, ist es manchmal günstig, das Thema in einer größeren Gruppe zu diskutieren, in der sich auch Personen finden, die mit diesen Argumenten anders umgehen.

Informationsgespräche können manchmal auch in Beratungsgespräche münden, vor allem, wenn Eltern spontan um Rat bitten. Manchmal ist es aber günstiger, dafür einen gesonderten Termin zu vereinbaren, so dass die gegebene Information erst einmal verarbeitet und der Beratungsbedarf umfassend geklärt werden kann. Kleine Tipps und Empfehlungen kann man natürlich sofort geben.

Entwicklungsgespräche

Entwicklungsgespräche sind Gespräche über die Leistungs- und Verhaltensentwicklung der Kinder und Jugendlichen, ihre Zukunftspläne und Perspektiven sowie alle Umstände ihrer schulischen und häuslichen Situation, die damit zusammenhängen. Am besten führt man solche Gespräche zusammen mit den Schülerinnen und Schülern als Dreier- oder Vierergespräche. Wir gehen deshalb in Kapitel 9 (Abschnitt 9.6.6) ausführlicher auf sie ein. Wenn manchmal Entwicklungsgespräche mit Informationsgesprächen gleichgesetzt werden, liegt ein verkürztes Verständnis von Entwicklungsgesprächen zugrunde. In diesen sollten Eltern ja nicht nur über die Lern- und Verhaltensentwicklung der Kinder und Jugendlichen, wie die Lehrkräfte sie sehen, informiert werden. So verlaufen häufig Zeugnisgespräche, die neuerdings anstelle von Halbjahreszeugnissen oder ergänzend zu ihnen stattfinden. In Entwicklungsgesprächen aber geht es auch und vor allem darum, dass Eltern und Lehrkräfte sich über ihre Erfahrungen, Sichtweisen und Einschätzungen austauschen und sich verständigen, wie sie die Kinder und Jugendlichen weiterhin fördern möchten.

Beratungsgespräche

„Ziel der Beratung ist die Hilfe zur Selbsthilfe. Lernprozesse sollen [beim Ratsuchenden; W. S.] ausgelöst und unterstützt werden, die helfen, gegenwärtige aber auch zukünftige potenzielle Problemsituationen und Herausforderungen zu bewältigen." (Pfitzner 2007, S. 394) Dieses Verständnis von Beratung impliziert, dass Beratung immer unverbindlich bleibt, d. h. der Berater soll zwar Hilfestellungen für die Lösung seines Problems bekommen, bleibt aber frei in seinen Entscheidungen. Ebenso wahrt der Berater seine Unabhängigkeit: Er lässt sich nicht von vornherein auf eine Zielvorgabe des Ratsuchenden festlegen, die dieser womöglich nur bestätigt haben will, sondern versucht, ihm ein Spektrum von Möglichkeiten aufzuzeigen. Rat darf deshalb nicht erteilt, sondern nur angeboten werden. Das kann geschehen mit Formulierungen wie „Ich bin mir im Moment nicht sicher, wieweit Sie meinen Rat möchten" oder „Ich frage mich gerade, ob Ihnen mit einer Empfehlung meinerseits gedient ist." (Weisbach 2003, S. 171)

Normalerweise läuft ein Beratungsgespräch bzw. eine Sequenz von Beratungsgesprächen in folgenden Phasen ab:[5]

- In einer kurzen Kontaktphase wird zunächst eine positive Beziehung zum Ratsuchenden hergestellt (freundliche Begrüßung, ein paar persönliche Worte, Ausstrahlen von Optimismus).
- Es folgt die Formulierung der Zielsetzung der Beratung, z. B. die Betonung des Beraters, dass es nur darum geht, Lösungsmöglichkeiten zu suchen, dass aber keine abschließende Empfehlung gegeben wird, dass vielmehr der Ratsuchende anschließend selbst entscheiden muss. Der Ratsuchende sollte möglichst konkret beschreiben, was er vom Gespräch erwartet.
- Schilderung der Situation und des Problems: In dieser Phase kommt hauptsächlich der Ratsuchende zur Sprache, möglichst ohne unterbrochen zu werden. Erlaubt sind lediglich klärende Verständnisfragen des Beraters (aktives Zuhören).
- Es folgt die Problemanalyse: Jetzt werden gemeinsam unterschiedliche Standpunkte und Sichtweisen herausgearbeitet, Hypothesen über Ursachen gegenwärtiger Sachverhalte und Vermutungen über die weitere Entwicklung formuliert und nach Möglichkeit mit konkreten Daten, Beobachtungen, Testergebnissen, Prüfungsleistungen usw. untermauert.
- In der folgenden Phase versucht der Berater gemeinsam mit dem Ratsuchenden Lösungsansätze und Handlungsstrategien mit ihren vermutlichen Konsequenzen zu entwickeln und den Entscheidungsspielraum sukzessive einzuschränken, z. B. indem Handlungsalternativen ausgeschieden werden, die rechtlich unzulässig oder mit unzumutbarem Aufwand verbunden sind.
- In der Entscheidungsphase erfolgt die Festlegung des Ratsuchenden auf eine Handlungsalternative. Oft wird es dazu erst nach einer gewissen Bedenkzeit in

5 Vgl. Knapp 2001, S. 75–76; Textor 2005, S. 75–76; Pfitzner 2007, S. 395 ff.

einem neuerlichen Gespräch kommen. In vielen Fällen ist es sinnvoll, gemeinsam noch einmal die Realisierbarkeit der gewählten Alternative zu prüfen.
- Es schließt sich die Planung der Umsetzung an. Hier werden konkrete Handlungsschritte bedacht, ihre zeitliche Reihenfolge und der insgesamt veranschlagte Zeitrahmen festgelegt, Hilfsmittel und kooperierende Personen oder Institutionen erwogen usw. Oft ist es naheliegend, die wichtigsten Punkte in einer Vereinbarung oder einem Vertrag festzuhalten.
- Wiederum in einigem zeitlichen Abstand folgt eine Evaluationsphase: In ihr wird geprüft, ob die gewählte Handlungsalternative zum gewünschten Ziel führte. War das nicht der Fall, beginnt der Zyklus von neuem.

Aus dieser Abfolge sollte kein starrer Schematismus gemacht werden. Manchmal wird man die Reihenfolge der Phasen etwas umstellen oder mehrere zusammenfassen. Es muss aber gewährleistet sein, dass alle Phasen vollständig durchlaufen werden.

Lösungsorientierte Gespräche[6]

Beratungsgespräche sollten darauf abzielen, nicht nur Hilfestellung bei der Lösung eines konkreten Problems zu geben, sondern darüber hinaus die Problembewältigungskompetenz des Ratsuchenden zu entwickeln. Ein Ansatz, der sich dafür bestens eignet, ist die lösungsorientierte Beratung: Dieser Ansatz geht davon aus, dass es nicht immer nötig und oft auch nicht möglich ist, die Ursachen und Gründe für menschliches Verhalten zu kennen, um es zu ändern. Das Verhalten des Menschen ist ja auch durch die Ziele bedingt, die er verfolgt. Überlegungen zu Ursachen einer aktuellen Problemlage werden deshalb in einem lösungsorientierten Gespräch allenfalls nebenbei angestellt. Stattdessen ist das Gespräch darauf fokussiert, konstruktiv Lösungen zu erarbeiten. Lösungsorientierte Beratung vermeidet es auch, Eltern zu verbessern, bloßzustellen und zu belehren. Sie ist vielmehr bestrebt, sie zu stärken, zu ermutigen und anzuregen, nach Ressourcen in ihrer Familie zu suchen und sie zu nutzen. So soll schließlich erreicht werden, dass Eltern wieder Vertrauen in ihre Fähigkeit fassen, Wesentliches zum Schulerfolg und zur Ausbildung ihrer Kinder beitragen zu können, und Kontakt- und Kooperationsangebote der Schule bzw. Organisation annehmen.

Um all das zu erreichen, folgt lösungsorientierte Beratung einem bestimmten Ablaufschema:
- Zunächst regt sie Denkprozesse an: Sie entwickelt zusammen mit den Beteiligten detaillierte Vorstellungen des gewünschten Zustandes. Indem auf diese Weise der Blick von zurückliegenden Versäumnissen und aktuellen Problemen auf die Zukunft umgelenkt wird, soll die Eigenaktivität und die Vorstellungskraft der Beteiligten angeregt und ihr Gespür für Lösungen entwickelt werden.

6 Vgl. dazu auch Ellinger 2002.

- Zweitens versucht lösungsorientierte Elternarbeit Wahrnehmungsveränderungen herbeizuführen. Gewöhnlich lassen sich in der Vergangenheit Annäherungen an den gewünschten Zustand finden. Evtl. gibt es auch in der Gegenwart Situationen, die ihm mehr entsprechen als andere. Dann gilt es zu ergründen, unter welchen Bedingungen diese größere Nähe zur Wunschvorstellung zustande kam bzw. kommt. Dadurch wird der Blick auf die aktuelle Problemlage positiv gewendet: Was schon gelegentlich in Ansätzen gelang und auch gegenwärtig manchmal glückt, müsste doch auch künftig und in größerem Umfang möglich sein.
- Drittens werden im Anschluss daran Handlungen gesucht, entdeckt und weiterentwickelt, die zu einer Annäherung an den gewünschten Zustand führen könnten. Dadurch werden Ohnmachtsgefühle der Beteiligten überwunden. Sie erfahren stattdessen wieder Selbstwirksamkeit und schöpfen Selbstvertrauen.
- Das führt schließlich viertens zur Entwicklung neuer Handlungsressourcen: Die Beteiligten wenden die erworbene Problemlösefähigkeit schließlich auf andere Probleme und andere Lebensbereiche an, was ihr Selbstbewusstsein weiter stärkt und zu ihrem „Empowerment" beiträgt.

Kritik-, Beschwerde- und Konfliktgespräche[7]

Da bei solchen Gesprächen eine Tendenz besteht, dass die Partner ohne Verzug aufeinander losgehen, sei nachdrücklich angeraten, den Gegner unbedingt zum Sitzen zu bewegen und ihm evtl. ein Getränk anzubieten. Im Sitzen kann man schon rein körperlich weniger Aggression zum Ausdruck bringen als im Stehen, man kann z. B. längst nicht so gut schreien und brüllen. Ein Tisch zwischen den Kontrahenten schafft zusätzliche Sicherheit.

Bei Kritik- und Konfliktgesprächen ist es ganz besonders wichtig, dem Partner gleich zu Beginn emotionale Sicherheit geben, indem man ihn aufklärt über die beabsichtigte Gesprächsdauer, die eigenen Ziele und die möglichst konkret beschriebenen Erwartungen, die man an ihn hat.

Zunächst muss dem Partner vermittelt werden, dass man versucht, sich in ihn und seinen Ärger einzufühlen und seinen Unmut zu verstehen. Dazu ist ein Perspektivenwechsel zu vollziehen. Erst wenn der Partner bemerkt, dass man sich bemüht, seine Sichtweise nachzuvollziehen, kann er seine Erregung überwinden und sich darauf einlassen, an der Lösung des Problems mitzuarbeiten.

In der nächsten Gesprächsphase soll der Partner ausführlich Gelegenheit erhalten, sein Anliegen vorzubringen. Auch wenn man vielleicht Manches gleich richtigstellen und entkräften möchte, sollte man nicht zu früh mit Entgegnungen kommen. Oft ist der Partner noch viel zu erregt, um vernünftigen Argumenten zugänglich zu sein. Zielführender ist aktives Zuhören und die positive Rückmeldung darüber,

7 Auch hierzu sind viele Anregungen aus Weisbach 2003 entnommen.

dass der Partner seine Kritik offen ausdrückt. Am Ende ist eine Verständigung anzustreben, was unter allen diffusen Unmutsbekundungen und Schimpftiraden der Kern der Beschwerde bzw. der Kritik ist (Pesch & Sommerfeld 2003).
Oft lässt es sich in Kritik-, Beschwerde- und Konfliktgesprächen nicht vermeiden, Eltern unangenehme Mitteilungen zu machen, die leicht massive Abwehrreaktionen auslösen. Ein Stück weit kann man diese vermeiden, indem man ausspricht, wie eine solche Mitteilung vermutlich auf den Anderen wirkt, also z. B. sagt: „Vielleicht stoße ich Sie jetzt vor den Kopf, wenn ich ihnen sage ..." oder: „Das werden Sie mir jetzt vielleicht nicht glauben..." (Weisbach 2003, S. 322)
Kontraproduktiv sind Formulierungen wie: „Sie glauben, dass Ihr Kind seine schulischen Verpflichtungen voll erfüllt. Aber ich ..." Das nachgeschobene „aber" macht deutlich, dass man den eigenen Standpunkt für richtig und allein maßgeblich hält, drückt insofern eine Geringschätzung des Partners aus und ist letztlich eine Kampfansage, so dass er in den meisten Fällen mit Widerstand reagiert. Geschickter ist es, umgekehrt zu formulieren: „Ich glaube, dass Ihr Kind seine schulischen Verpflichtungen vernachlässigt. Aber sie ..." Oder man sagt einfach: „Sie glauben, dass Ihr Kind seine schulischen Verpflichtungen voll erfüllt, und ich bezweifle das." Daran anknüpfend lässt sich leichter fortfahren: „Wie kommen wir zu einer gemeinsamen Sicht?" (Weisbach 2003, 335 ff.)
Hilfreich ist es auch, sich klar zu machen, welche Phasen ein Veränderungsprozess normalerweise durchläuft, wenn Menschen mit Informationen konfrontiert werden, die zunächst einmal überhaupt nicht in ihre bisherige Vorstellungswelt und Lebensplanung passen (Weisbach 2003, S. 417 ff.), wie z. B. die den Eltern einer Grundschülerin erteilte Auskunft: „Ihr Kind kann nicht ins Gymnasium."

- Die erste Phase ist gewöhnlich ein mit Denkblockaden verbundener „Schreck". Der Partner hört in dieser Phase nicht zu, er ist viel zu sehr mit sich selbst beschäftigt. Es ist völlig sinnlos, jetzt zu argumentieren. Angemessener ist es, Verständnis zu zeigen und sein Erschrecken ernst zu nehmen. Es kann einige Zeit dauern, bis diese Schreckphase überwunden ist. Manchmal ist es sogar erforderlich, die Fortsetzung des Gespräches zu verschieben, bis eine erste Verarbeitung stattgefunden hat.
- Gewöhnlich folgt als zweite Phase ein „Festhalten". Das Denken setzt zwar wieder ein, ist aber nur darauf gerichtet, den Status quo aufrecht zu erhalten bzw. wiederherzustellen. Der Partner hat in dieser Phase kein Interesse für andere Möglichkeiten, er wird gegen alles Neue opponieren, versuchen die Realität abzuleugnen und Fakten herunterzuspielen. Evtl. wird er auch aggressiv gegenüber der Person, die seine Vorstellungswelt durcheinandergebracht hat. Manchmal versucht er, so viel wie möglich von seinen bisherigen Vorstellungen und Planungen zu retten, indem er auslotet, ob sie unter etwas anderen Bedingungen doch beibehalten werden können, z. B.: „Und wenn wir dem Jungen Nachhilfeunterricht organisieren? Könnten Sie die Entscheidung viel-

leicht noch einmal in der Lehrerkonferenz diskutieren lassen? Sollte man vielleicht den Schulpsychologen einbeziehen?" Der häufigste Fehler, den man hier machen kann, besteht darin, die Haltung des Partners als echte Ablehnung zu interpretieren und dementsprechend zu versuchen, sie durch schlüssige Argumente aufzubrechen, was wenig Aussicht auf Erfolg hat, da er immer noch nicht richtig zuhört und immer noch auf den Status quo fixiert ist. Man tut besser daran, Verständnis dafür zeigen und auf Rechtfertigungen und Argumente zu verzichten.
- In der Regel folgt schließlich eine Phase des „Loslassens". Der Partner nimmt Abschied von seinen bisherigen Vorstellungen und Planungen, trauert ihnen aber immer noch nach, zögert, zweifelt und schwankt. Auch das ist ausdrücklich als völlig normal und verständlich zu akzeptieren. Es wäre falsch, bereits jetzt zum Ende kommen zu wollen und Einvernehmen zu suggerieren.
- Erst in der folgenden Phase der „Anpassung" ist der Partner bereit zu einem Neubeginn und kann sich mit Argumenten und alternativen Möglichkeiten auseinandersetzen. Dabei kann es immer noch Rückfälle geben, z. B. wenn erste Schwierigkeiten auftauchen. Unter Umständen sind dann weitere Gespräch nötig.

Trifft man auf zornige Eltern, die sich nicht beruhigen und zu einem halbwegs sachlichen Gespräch bewegen lassen, sollte man sie einfach anhören, sich Notizen machen, rückfragen, ob noch etwas hinzugefügt werden soll, dann die Beschwerdepunkte noch einmal vorlesen und ihnen zusichern, dass man darüber nachdenken und dann einen neuen Termin anbieten wird. Zwischenzeitlich kann man sich mit anderen Lehrkräften beraten und das neue Gespräch hoffentlich in ruhigerer Atmosphäre führen (Olsen & Fuller 2003, S. 129).

Schlichtungsgespräche

Manchmal müssen Lehrkräfte zwischen Streitenden vermitteln, z. B. zwischen Eltern, die wegen ihrer Kinder aneinander geraten sind, oder in einem Konflikt zwischen Kollegen und Eltern.

Ein Schlichtungsgespräch ist nur sinnvoll, wenn alle Beteiligten es wollen. Oft ist es ratsam, vorher mit jeder Partei ein Sondierungsgespräch zu führen, um genau dies abzuklären und sich bei dieser Gelegenheit auch über die Vorgeschichte des Konfliktes und den aktuellen Stand der Beziehung zu informieren.

So sehr das Herz der Lehrkraft auch für eine der beiden Konfliktparteien schlagen mag, als Schlichter hat sie strikte Neutralität zu wahren und sich auf die Moderation des Gesprächs zu beschränken.

Bewährt hat sich folgender Ablauf:
- In der Eröffnungsphase sollte zunächst eine angenehme Atmosphäre geschaffen und das Ziel des Gesprächs geklärt werden, nämlich das Finden einer Lösung oder zumindest eines Kompromisses. Außerdem ist der Zeitrahmen festzule-

gen, und es sind Kommunikationsregeln zu vereinbaren oder in Erinnerung zu bringen. Und nicht zuletzt muss die Lehrkraft den Konfliktparteien die Rolle verdeutlichen, die sie im Gespräch einnimmt, und damit Erwartungen entgegenwirken, dass sie die eine oder andere Seite unterstützen wird.

- In der Berichtsphase schildert jeder Partner seine Sicht des Konfliktes. Dabei ist strenge Sachlichkeit zu wahren. Anschuldigungen und Unterbrechungen sind ebenso zu unterbinden wie ein übereiltes Vorschlagen von Lösungen. Es sollte geklärt werden, was eigentlich der Kern des Konfliktes ist, was seine Ursachen und was lediglich Symptome und Begleiterscheinungen sind. Evtl. kann die vermittelnde Lehrkraft auch zu Beginn den Fall vortragen, wie er sich ihr aufgrund der Sondierungsgespräche darstellt, und beide Parteien um Korrekturen und Ergänzungen bitten. In dieser Phase geht es hauptsächlich darum, die unterschiedliche Sichtweisen und Standpunkte der Konfliktparteien herauszuarbeiten und sie dazu zu bringen, Sichtweisen, Bedürfnisse und Motive der Gegenseite zu verstehen. Am Ende sind die Positionen noch einmal zusammenzufassend gegenüber zu stellen.
- Nachdem Klarheit hinsichtlich der Übereinstimmungen und Differenzen besteht, können Lösungsmöglichkeiten gesucht werden. Zunächst werden die Interessen, Bedürfnisse und Erwartungen der Konfliktparteien geklärt. Anschließend werden Vorschläge gesammelt und diskutiert und schließlich gemeinsam Lösungen ausgewählt. Falls eine Partei gleich zu Beginn deutlich macht, welche Lösungsbeiträge sie vom Gegner erwartet, muss man darauf bestehen, dass sie auch ihrerseits erklärt, was sie zu leisten bereit ist.
- Das Gespräch endet damit, dass man Vereinbarungen trifft und festlegt, wie ihre Einhaltung überprüft werden soll.

5.4.3 Elterngespräche im Schulalltag

Spontane Gespräche

Spontane Gespräche können viel zu einer vertrauensvollen Beziehung beitragen. Gelegenheiten ergeben sich bei zufälligen Begegnungen im Alltagsleben, am Rande des Unterrichts, wenn Kinder von Eltern gebracht oder abgeholt werden (sogen. Tür-Angel- Gespräche) und bei Schulfesten, Schulfeiern, Schulkonzerten und Theateraufführungen. Dabei müssen spontane Gespräche nicht unbedingt die Schulleistungen oder das Verhalten der Schülerinnen und Schüler zum Inhalt haben. Sobald sich das Gespräch in diese Richtung entwickelt, wird man in der Regel besser einen gesonderten Termin für einen ausführlicheren Austausch in einer angemessenen Umgebung vereinbaren. Schon kleine Smalltalks über alltägliche Themen können viel dazu beitragen, dass Eltern sich wahrgenommen und respektiert fühlen. Wenn – wie wirklich geschehen! – ganze Lehrerkollegien bei Schulfesten separate Sitzgruppen bilden oder sich im Lehrerzimmer aufhalten oder solchen Veranstaltungen überhaupt fernbleiben, werden wichtige Chancen vergeben, positive Beziehungen zu Eltern aufzubauen.

Elternsprechtage

Wegen des ausdifferenzierten Fachlehrersystems werden in Sekundarschulen gesonderte Elternsprechtage bzw. -abende veranstaltet, an denen die Eltern alle Lehrkräfte ihrer Kinder sprechen können. Vor allem bei Lehrkräften der Kernfächer kommt es dann leicht zu langen Wartezeiten. Manche Schulen versuchen die Wartezeiten durch ein attraktives Begleitprogramm (Vorführungen, Vorträge, Ausstellungen, Führungen durch das Schulhaus etc.) oder durch Gesprächsangebote der Elternvertreter zu überbrücken oder auch durch die Vergabe von Gesprächsterminen zu verringern. Schwieriger ist es zu vermeiden, dass die Gespräche enttäuschend kurz ausfallen. Meist dauern sie nicht länger als ca. 10 Minuten[8] und laufen fast ausschließlich als Informationsgespräche ab. Etwas mehr Gesprächszeit kann man dadurch gewinnen, dass man Sprechtage nicht für die gesamte Schule, sondern nur für einzelne oder benachbarte Schülerjahrgänge anbietet, was die Zahl der von Fachlehrkräften zu führenden Gespräche reduziert. Entlastend ist auch die Einführung gesonderter Klassenlehrergespräche, in welchen die Eltern zunächst eine Übersicht über die allgemeine Entwicklung der Kinder und Hinweise erhalten, ob noch zusätzliche Gespräche mit Fachlehrkräften erforderlich sind. Dazu müssen die Klassenlehrerinnen und -lehrer allerdings von den Fachlehrkräften über die Leistungs- und Verhaltensentwicklung der Schülerinnen und Schüler informiert werden.[9] Als Themen werden bei diesen Gesprächen kaum andere angeschnitten als das Lernen und die Leistungen der Schüler sowie Hausaufgaben- und Disziplinprobleme.[10] Trotz einiger Nachteile behalten Elternsprechtage aber ihre Bedeutung für Eltern von Schülern der Sekundarstufe: Sie sind insgesamt eine zeitsparende Gelegenheit, sich einen groben Überblick über die Leistungen und das Verhalten der Kinder zu verschaffen und mit allen ihren Lehrkräften in Kontakt zu kommen. Und für weiter gehenden Gesprächsbedarf können leicht gesonderte Termine vereinbart werden.

Sprechstundengespräche

Sprechstundengespräche sollten keinesfalls nur aus besonderem Anlass und schon gar nicht nur dann stattfinden, wenn es Probleme gibt. Wünschenswert ist vielmehr ein beizeiten aufgebauter und regelmäßig gepflegter Gesprächskontakt. Ein Modell könnten die „Parent-Teacher-Conferences“ sein, wie sie in den USA üblich sind (Callison 2004, S. 3 f.). Selbst dann, wenn Sprechstunden von Lehrkräften

8 Bergmann u. a. 1980; Gehmacher 1979; Neubauer u. a. 1989, S. 59
9 Doppke & Gisch 2005, S. 38 f.; Blum-Frenz & Müller 2006
10 Bergmann u. a. 1980; Melzer 1985, S. 140; Neubauer u. a. 1989; Sacher 2004)

regelmäßig zu festen Zeiten stattfinden, sollte man auf einer Anmeldung bestehen. Zwar wird dadurch Eltern ein kurzfristig beschlossener spontaner Besuch verunmöglicht. Aber anders lässt sich ein unerwarteter Andrang nicht vermeiden, und nur so können Gesprächsdauer und Gesprächsverlauf einigermaßen verlässlich geplant werden. Bei der Anmeldung sollten die Eltern den Anlass bzw. das Anliegen nennen, weswegen sie ein Gespräch wünschen. Kommt dieses auf Initiative der Lehrkraft zustande, hat sie die Eltern zusammen mit der Einladung über den Gegenstand des gewünschten Gespräches zu informieren. So haben beide Seiten die Möglichkeit, sich auf das Gespräch vorzubereiten und evtl. auch hilfreiche Unterlagen mitzubringen. Da Sprechzeiten während des Unterrichtsbetriebs für berufstätige Eltern sehr ungünstig liegen, sind bei Bedarf auch andere Termine anzubieten.

Wenn hauptsächlich die Lehrkraft um Gespräche bittet, werden diese leicht atmosphärisch belastet, zumal dann, wenn der Anlass für eine „Vorladung" der Eltern unerfreulich ist. Dem kann dadurch begegnet werden, dass Sprechstundengespräche routinemäßig mehrmals im Schuljahr als Arbeitsbesprechungen oder Entwicklungsgespräche durchgeführt werden.

Telefongespräche[11]

Telefongespräche sind eine unkomplizierte Möglichkeit, rasch Verbindung mit Eltern aufzunehmen und technische Fragen zu klären oder sie bei weniger gravierenden Probleme rasch zu beruhigen, bevor nachhaltiger Ärger entsteht. Es ist aber in jedem Einzelfall gut abzuwägen, ob der sofortige Kontakt vielleicht auch kontraproduktiv könnte. Manchmal bewirkt etwas Zeitverzug bis zu einem persönlichen Gespräch ja auch, dass sich eine momentane Erregung abkühlt.

Anrufe sollten keinesfalls nur erfolgen, wenn negative Botschaften zu übermitteln sind, sondern auch, um Erfreuliches zu berichten oder wertneutrale Informationen weiterzugeben oder einzuholen. Zunächst sollten Telefonate eher kurz gehalten werden. Bei Bedarf kann ein persönliches Gespräch oder ein Rückruf vereinbart werden.

Dringend abzuraten ist davon, schwierige Fragen und komplexe Probleme telefonisch zu erörtern oder gar Konflikte auf diese Weise lösen zu wollen. In einem herkömmlichen Telefonat fehlen die nonverbalen Signale des persönlichen Gesprächs, die es erleichtern, Äußerungen richtig zu interpretieren, und auch Videotelefonie übermittelt nicht die volle Bandbreite nonverbaler Kommunikation.

11 Vgl. auch Dyches et al. 2011, S. 42 ff.

Knapp (2001, S. 63) hat einige bedenkenswerte Regeln für Telefongespräche mit Eltern formuliert, die auch für die modernen digitalen Varianten Gültigkeit behalten:

1. „Fragen Sie sich vor jedem Telefonat mit den Eltern: Ist es berechtigt und sinnvoll oder bringt ein Gespräch unter vier Augen und mit mehr Zeit ein voraussichtlich besseres Ergebnis?
2. Legen Sie alle für das Gespräch notwendigen Informationen und Unterlagen bereit.
3. Bei heiklen Fällen sollten Sie das Telefonat stichwortartig vorbereiten. Sie können sich dann besser auf das eigentliche Ziel Ihres Anrufs konzentrieren und evtl. notwendige Argumente zusammenstellen.
4. Straffen Sie die ‚Small-talk-Phase' zu Beginn. Sie ist zwar für das Schaffen einer positiven Gesprächsatmosphäre wichtig, sollte sich aber auf einen höflichen Gesprächseinstieg beschränken.
5. Werden Sie angerufen, notieren Sie sich bitte den Namen des Anrufers und den seines Kindes. So können Sie Ihren Gesprächspartner stets mit Namen anreden, was die Beziehung auf eine bessere persönliche Ebene stellt.
6. Rufen Sie an, so teilen Sie Ihrem Gesprächspartner nach den kurzen einleitenden Worten den Grund Ihres Anrufes klar und gut verständlich und möglichst freundlich mit. Vielleicht können Sie sich auf die Absprache beim letzten Treffen mit den Eltern beziehen, bei dem Sie angedeutet haben, zu welchen Angelegenheiten Sie Kontakt aufnehmen möchten?
7. Kommen Sie zügig nach Erreichen des Gesprächsziels zum Ende. Ein freundlicher Satz des Dankes von Ihrer Seite bringt einen höflichen Abschluss.
8. Halten Sie das Ergebnis des Telefonats in wesentlichen Punkten fest. Evtl. wollen oder müssen Sie sich noch einmal darauf beziehen."

Viele Lehrkräfte scheuen sich, ihre private Telefonnummer bekanntzugeben, weil sie befürchten, durch allzu häufige Anrufe von Eltern belästigt zu werden. Dem kann man aber entgegenwirken, wenn man feste Zeiten mit Eltern vereinbart, zu denen Anrufe akzeptiert werden. Beim heutigen Stand der Technik ist es auch ohne weiteres möglich, sich vom Provider eine weitere Nummer geben zu lassen, die Elternanrufen vorbehalten bleibt. Außerdem stellt die Zwischenschaltung eines Anrufbeantworters eine unkomplizierte Möglichkeit dar, die Belästigung in Grenzen zu halten. Eltern auf die häufig belegte Nummer des Schulsekretariats zu verweisen, ist keine zufriedenstellende Lösung – es sei denn, in der Telefonanlage der Schule ist ein automatischer Rückruf eingerichtet.

5.4.4 Kommunikation mit Elterngruppen

Elternabende und Elternversammlungen
Häufig orientiert sich die Gestaltung von Elternabenden an dem Muster „Lehrervortrag mit Diskussion“. Im Mittelpunkt steht dann die einseitige Vermittlung von Informationen an Eltern, weniger der in beiden Richtungen verlaufende Informationsaustausch zwischen Eltern und Lehrkräften. Dass diese Kontaktform auch der Gemeinschaftsbildung und der Entwicklung und Pflege der Willkommenskultur dienen und eine Plattform für die Verabredung und Organisation von Kooperation sein kann, bleibt mehr oder weniger vollständig außerhalb des Blickfeldes. Dass die „Elternabende“ in den Rechtsvorschriften nahezu aller Bunddesländer eigentlich „Klassenelternversammlungen“ heißen[12], zeigt, dass damit sogar ihr zentraler Sinn verfehlt wird, aus dem sozialen Zufallsaggregat „Klasseneltern“ eine Solidargemeinschaft zu entwickeln. Eltern haben ja nicht schon deshalb gemeinsame Interessen, weil sie Eltern sind und ihre Kinder dieselbe Schule oder Klasse besuchen. Vielmehr interessieren und engagieren sich – wie vielfach belegt ist[13] – die meisten Eltern erst einmal hauptsächlich und oft sogar ausschließlich für das Fortkommen des eigenen Kindes.
Die Lehrkraft sollte das traditionelle Schema „Lehrervortrag mit Diskussion“ zumindest insoweit aufbrechen, dass sie eher Fragen aufwirft als fertige Lösungen präsentiert. Meistens ist es günstiger, Lösungen zusammen mit den Eltern zu erarbeiten, als sie vorzugeben, auch wenn sie noch so gut durch Expertenwissen abgesichert sind. Auch erst einmal kontroverse Diskussionen der Eltern zu provozieren, kann ein Weg sein. Bei der Gesprächsführung sollte die Lehrkraft darauf achten, dass sie sich die meiste Zeit an alle Anwesenden wendet und nicht in Zwiegespräche mit einzelnen dominierenden Eltern abgleitet (Gürtler 2000).
Die Einladung von Gastreferenten ermöglicht der Lehrkraft, stärker in den Hintergrund zu treten, und erweitert das Spektrum möglicher Themen. Für anfallende Honorare findet man meistens Sponsoren, evtl. mit Hilfe von Elternvertretern. Nicht selten gibt es auch unter den Schülereltern Experten (Ärzte, Juristen, Polizisten, Sozialarbeiter usw.), die man kostenfrei für einen Vortrag gewinnen kann. Ersatzweise können manchmal auch Videos oder CDs vorgeführt werden.
Es empfiehlt sich, Elternabende zusammen mit Klassenelternsprechern, ihren Vertretern oder mit einer Elterngruppe vorzubereiten und durchzuführen. Besonders wenn Elternabende dazu dienen sollen, Rückmeldungen von Eltern einzuholen, sollte die Lehrkraft die Diskussion nicht selbst moderieren. Um auch zurückhaltende Eltern zu Äußerungen zu bewegen, kann man zunächst eine Kartenabfrage

---

12 Lediglich in Hamburg heißen sie tatsächlich „Elternabende“. Vgl. § 71 des Hamburgischen Schulgesetzes vom 16. April 1997 in der Fassung vom 11. Mai 2021.

13 Kanders u. a. 1996; Wild 2003, S. 526; Krumm 1996b, S. 270; Krumm 1998, S. 85; Morgan u. a. 1992, S. 16f; Neuenschwander u. a. 2004, S. 174; Sacher 2007

(wie sie auf der folgenden Seite beschrieben ist) durchführen, auf der dann die anschließende Moderation aufbauen kann.
Bewährt hat es sich, das Programm für die Elternabende eines Schuljahres gemeinsam mit Eltern zu erarbeiten, am besten gleich beim ersten Elternabend. Auch dabei kann man mit Gewinn von einer Kartenabfrage ausgehen.
Gruppenarbeit mit anschließender Präsentation der Ergebnisse im Plenum gibt auch solchen Eltern eine Möglichkeit, sich aktiv einzubringen, die sich nicht gerne vor einem größeren Publikum äußern. Evtl. kann man gesonderte Gruppen aus Migranteneltern bilden, die sich dann besser untereinander verständigen und ihre Anliegen effektiver vorbringen können. Gute Möglichkeiten der Aktivierung bieten auch Kärtchenarbeit und das auf den folgenden Seiten dargestellte 4-Ecken-Spiel. (Vgl. Beispiele 1 und 3.)
Den ersten Elternabend eines Schuljahres sollte man so organisieren, dass die Eltern Möglichkeiten haben, einander kennen zu lernen. Dabei kann man mit Gewinn auf eine Vielzahl von Kennenlern-Spielen zurückgreifen, z. B. auf das von Kowalczyk (2005) vorgeschlagene Spiel „Schullaufbahn". (Vgl. Beispiele 3 und 4.)
Auch eine im Zusammenhang mit dem Elternabend durchgeführte gemeinsame Schulbegehung, die bei lockerer Unterhaltung im Schulcafé endet, kann das Kennenlernen erleichtern.
Günstig ist es, Phasen eigener Tätigkeit für die Eltern einzuschieben, sie z. B. fiktive Zeugnisse lesen und interpretieren oder Lerntechniken erproben zu lassen usw. Manche Lehrkräfte lassen Eltern bei einem Elternabend Lernzirkel durchlaufen, im Stammgruppen-Experten-System arbeiten oder mit Freiarbeitsmaterialien arbeiten, um ihnen das Sammeln eigener Erfahrungen mit modernen Unterrichtsmethoden zu ermöglichen, statt nur über Methoden zu referieren.
Eine andere Gestaltungsmöglichkeit sind Elternabende, bei denen Schüler etwas aufführen oder präsentieren, was anschließend Gegenstand einer Aussprache und weiterer Auseinandersetzung sein kann. Solche Elternabende sind meistens besser besucht, weil Eltern ihre Kinder in der jeweiligen Rolle erleben wollen und diese darauf bestehen, dass die Eltern ihren Auftritt miterleben.

Beispiel 1: Arbeit mit Kärtchen (Knapp 2001, S. 57)

„Lassen Sie bitte auf Karten (etwa 20x10 cm groß) die Wünsche und Themen notieren. Wer es nicht tun möchte - gleich aus welchen Gründen –, der ist nicht dazu verpflichtet! Ein groß geschriebenes Stichwort genügt. Um die Anzahl einzuschränken, geht die Bitte an alle, nur zwei solcher Wünsche und zwei Themen aufzuschreiben. Am Ende bringen die Mütter und Väter ihre Karten zur Tafel und heften sie hier mit bereitstehenden Klebestreifen an die Fläche. Wenn das alle gemacht haben, sortieren Sie gemeinsam mit den Eltern die Wünsche und – getrennt davon – die Themen. Sie bilden in Absprache mit den Eltern inhaltliche Gruppen der Wünsche und Themen. Mehrfach genannte Wünsche und Themen zeigen das besondere Interesse gerade an diesen. Wenn es dann schwierig wird, im Gespräch Schwerpunktthemen für die nächsten Sitzungen im Schuljahr festzulegen, sollten Sie folgende Methode wählen: Jedes Elternpaar bzw. die einzeln erschienene Mutter oder der allein gekommene Vater erhält sechs rote Klebepunkte und kann sie nach der eingeschätzten Bedeutung der Wünsche und Themen auf die jeweiligen Karten an der Tafel kleben. So ergibt sich meistens sehr schnell ein eindeutiges Bild, das optisch sichtbar für alle Prioritäten kennzeichnet.
Sie werden fragen: Wo bleibe ich denn mit meinen Wünschen und Themenvorschlägen? Diese sollten Sie jetzt auf separaten Karten mit entsprechendem Kommentar auch an die Tafel kleben. Nun setzen Sie Ihr ganzes ‚diplomatisches Geschick' ein, um das ‚Wunschprogramm' für die nächsten Elternabende bekannt zu geben."

Beispiel 2: Das 4-Ecken-Spiel (Rabenstein 1996)

Bieten Sie den Teilnehmern vier Antworten oder Meinungen zu einer interessanten Frage Ihres Elternabend-Themas an. Je nachdem, welcher Antwort oder Meinung die Teilnehmer zustimmen, gehen sie in eine vorher bezeichnete Ecke des Raumes und tauschen sich dort untereinander aus. Anschließend können sie von einem Moderator befragt werden oder (evtl. nur durch einen Sprecher) mit den anderen Gruppen im Plenum diskutieren. Entsprechend kann mit weiteren Fragen und Auswahlantworten verfahren werden. Sinnvoll sind ca. 3 – 4 Durchgänge.

Beispiel 3: „Schullaufbahn“: Ein Kommunikationsspiel zum Kennenlernen (Kowalczyk 2005, S. 40 – 47

Spieler:	Eltern spielen in Kleingruppen zu vier bis fünf Personen.
Material:	Je Gruppe ein Spielplan (vergrößert auf DIN A3) und ein Würfel mit den Punkten 1 bis 4 (falls ein solcher Würfel nicht verfügbar ist, werden die Punkte 5 bis 6 abgeklebt), sowie ein Setzstein.
Spielverlauf:	Zu Beginn stehen alle Setzsteine auf dem Startfeld. Dann wird reihum gewürfelt und die Spielsteine rücken entsprechend der gewürfelten Zahl vorwärts. Auf jedem Feld ist eine Frage oder ein Arbeitsauftrag notiert. Immer wenn der Spieler auf einem Feld landet, beantwortet er die Frage – je nach Interesse – kurz und knapp oder etwas ausführlicher. Das Spiel endet, wenn alle im Feld „Heute“ angekommen sind. Rauswerfen ist nicht gestattet, Tabus werden selbstverständlich respektiert. Nachfragen, Erläuterungen und Gespräche unter den Beteiligten sind nicht nur erlaubt, sondern ausdrücklich erwünscht.
Zeitplanung:	Für das Spiel sollten etwa 30 bis 40 Minuten eingeplant werden. Allerdings sollte kein Zeitstress entstehen, da es sonst leicht dazu kommt, dass die Eltern das Spiel "schaffen“ wollen und die Gesprächsbereitschaft unter den Tisch fällt.
Nachbesprechung:	Nach Abschluss des Kommunikationsspiels sollte in der anschließenden Nachbesprechung Gelegenheit zur Aussprache im Plenum gegeben werden.

Mindestens gelegentlich kann man mit Gewinn auch Fachlehrkräfte, Jahrgangsstufenleiter, Vertreter der Schulleitung, Vertreter des Elternbeirats oder Schülersprecher in die Gestaltung eines Elternabends einbinden und so die Intergruppenkommunikation verbessern.

Mit Rücksicht auf Eltern, die während der Woche keine Zeit zum Besuch von Elternabenden finden oder nach der Arbeit zu erschöpft sind, legt es sich manchmal nahe, Elternabende an Wochenenden durchzuführen (Schlein 2004, S. 13). Jedenfalls sollte man sich bemühen, für Eltern günstigste Zeiten in Erfahrung zu bringen.

Beispiel 4: Spielplan zum Kommunikationsspiel „Schullaufbahn (Kowalczyk 2005, S. 40 – 47)

In die 21 Felder des Spielplans werden folgende Fragen geschrieben:

1. Wo wurden Sie geboren?
2. Haben Sie Geschwister?
3. Waren Sie im Kindergarten?
4. Hatten Sie als Kind Haustiere? Hätten Sie gern ein Tier gehabt?
5. Erinnern Sie sich noch an die Zeit, als Sie fünf Jahre alt waren?
6. Können Sie Ihren ersten Lehrer oder Ihre erste Lehrerin beschreiben?
7. Hatten Sie in der Schule einen Lieblingslehrer oder eine Lieblingslehrerin?
8. Gingen Sie gern zur Schule?
9. Kennen Sie noch einen Schulfreund oder eine Schulfreundin von damals?
10. Erinnern Sie sich an die Zeit, als Sie im 5. Schuljahr waren?
11. Welches waren Ihre Lieblingsfächer in der Schule?
12. Waren Sie schon einmal auf einem Klassentreffen? Wie war's?
13. Erinnern Sie sich an ein schönes Schulerlebnis?
14. Erinnern Sie sich an einen Streich in der Schule?
15. Wie erlebten Sie Ihre Pubertät?
16. Was war für Sie besonders wichtig, als Sie 16 Jahre alt waren?
17. Hatten Sie mit 17 Jahren bereits genaue Vorstellungen von Ihrem zukünftigen Leben?
18. Waren Sie mit 18 Jahren anders als heute?
19. Was machen Sie am liebsten in Ihrer Freizeit?
20. Wie geht es Ihrem Kind zurzeit in der Schule?
21. Was wünschen Sie sich für die Zukunft Ihres Kindes?

Sind Elternabende schlecht besucht, so muss das nicht bedeuten, dass die nicht anwesenden Eltern desinteressiert sind. Manche haben einfach Schwierigkeiten, schulische Veranstaltungen zu besuchen. Man kann die Abwesenden gleichwohl einbeziehen, indem man ihnen eine kurze schriftliche Mitteilung oder eine E-Mail zukommen lässt, aus der zu ersehen ist, was besprochen, beschlossen und vereinbart wurde (Reichgeld 2001, S. 22).

Elternstammtische, Elternkaffeekränzchen und andere Elterntreffpunkte

Elternstammtische und Elternkaffeekränzchen sind zum einen Begegnungsforen für Eltern, um einander besser kennen zu lernen und Interessen und Initiativen besser aufeinander abzustimmen. Zum andern sind sie – sofern mindestens gelegentlich auch Lehrkräfte teilnehmen – Gelegenheiten des wechselseitigen Kennenlernens und Austausches von Eltern und Lehrkräften. Während bei Hausbesuchen und

Unterrichtshospitationen entweder Lehrkräfte oder Eltern fremdes Territorium betreten, begegnen sie sich hier auf neutralem Boden. Elternstammtische werden z. T. von Lehrkräften, z. T. auch – was die günstigere Variante darstellt – von Eltern und Elternvertretern organisiert.

Weitere Elterntreffs sind Elternecken, Elternzimmer und Elterncafés in der Schule, wo Eltern einander begegnen und sich austauschen können. Eine ähnliche Funktion haben Elternbibliotheken, die außerdem noch inhaltliche Anregungen bieten. Weitere Gestaltungsideen könnte man aus der Kindergartenpraxis übernehmen, z. B. einen Familienbrunch für Eltern, Lehrkräfte und Kinder, oder regelmäßige Elternfrühstücke vor Unterrichtsbeginn. Sie stellen eine gute Kommunikationsmöglichkeit für berufstätige Eltern dar, die für den Rest des Tages an ihrem Arbeitsplatz sind und sonst nur schwer Kontakt zur Schule halten können. Meistens kann man dabei auch die Kinder einbeziehen (Lachnit & Kretzschmar 2005, S. 175ff.).

Bei informellen Elterntreffs ist immer darauf zu achten, dass sich an solchen Kontaktformen nicht nur bestimmte Elterngruppen beteiligen (können), z. B. nur Eltern mit höherem Bildungsniveau oder Eltern ohne Migrationshintergrund. Cliquenbildungen würden dem Sinn solcher Treffs zuwiderlaufen.

Der informelle Charakter von Elternstammtischen und Elternkaffeekränzchen legt es nahe, sie außerhalb der Schule durchzuführen, etwa in einem geeigneten Restaurant. Die Organisation sollte am besten in den Händen von Elternvertretern liegen, mindestens aber sind sie in die Gestaltung mit einzubeziehen.

Elternstammtische und Elternkaffeekränzchen dürfen auf keinen Fall Dubletten von Elternabenden werden, wie es sich in der Äußerung der Mutter eines Erstklässlers spiegelt: „Der Stammtisch war vergleichbar mit dem Elternabend. Lehrerin hat viele wichtige Sachen, z. B. den Lehrplan, mitgeteilt, die eigentlich an einem Elternabend besprochen werden sollten, da sonst viele Eltern etwas verpassen.“ (Masuth 2004, S. 77) Keinesfalls sollten Beschlüsse bei solchen Gelegenheiten gefasst werden (Doppke 2005, S. 44f.). Um dem Verdacht der Mauschelei zu begegnen, müssen Ergebnisse sachlicher Beratungen – wenn es denn zu solchen kommt – den nicht anwesenden Eltern mitgeteilt werden. Auch Indiskretionen und Klatsch sind von den Organisatoren zu unterbinden. Über Probleme einzelner Kinder und Eltern darf nur gesprochen werden, wenn die Betroffenen dies wünschen. Die Lehrkraft äußert sich dazu in der Gegenwart Außenstehender möglichst überhaupt nicht, sondern bietet besser vertrauliche Gespräche an.

Ob auch Lehrkräfte von den Eltern oder Elternvertretern organisierte Elternstammtische und Elternkaffeekränzchen besuchen sollen, wird kontrovers diskutiert. Einerseits bestehen bei solchen Treffs günstige Möglichkeiten informeller Kommunikation auf gleicher Augenhöhe. Andererseits aber kann der ungezwungene Austausch der Eltern untereinander durch die Anwesenheit eines Vertreters der Schule beeinträchtigt werden. Ein guter Mittelweg besteht darin, dass Lehr-

kräfte solche Treffs nur gelegentlich besuchen oder nicht immer über die gesamte Zeit hinweg bleiben. Jedenfalls sollten Lehrkräfte, falls sie nicht ausdrücklich eingeladen wurden, sich anmelden und anfragen, ob ihre Teilnahme erwünscht ist. Dass Vertreter der Schulleitung anwesend sind, sollte auf besondere Anlässe beschränkt bleiben.
Teilnehmende Lehrkräfte haben einige Verhaltensregeln zu beachten: Trotz des informellen Charakters solcher Treffs müssen sie ihre Rolle beibehalten. Das heißt nicht, dass sie sich distanziert geben müssen, aber doch, dass sie die Loyalität gegenüber ihrer Schule zu wahren haben, also z. B. nicht schlecht über Kollegen, die Schulleitung, den Schulträger oder die Schulaufsicht sprechen dürfen. Ebenso geht es nicht an, dass sie sich über interne Angelegenheiten der Schule äußern oder individuelle Informationen über Schüler preisgeben. Distanzlose Vertraulichkeiten mancher Eltern – Erzählungen über Details einer Ehe, Nachbarschaftsklatsch usw. – sind abzuwehren. Auch der eigene Nikotin- und Alkoholkonsum muss sich in Grenzen halten (Lachnit & Kretzschmar 2005, S. 175 ff.).

Informationsveranstaltungen
Informationsveranstaltungen wird man immer dann durchführen, wenn größere Gruppen von Eltern mit denselben Informationen versorgt werden sollen: beim Schuleintritt und -übertritt, vor dem Schulabschluss, bei der Wahl von Schulzweigen und Kursen, vor Schulreisen, im Zusammenhang mit einem Projekt zu gesunder Ernährung, zur Vorbereitung eines Schüleraustausches usw. Vorträge bei solchen Veranstaltungen sollten kurz und allgemein verständlich sein und durch zwischengeschaltete Frage- und Diskussionsrunden aufgelockert werden. Es sind Beispiele zugeben, und nach Möglichkeit ist Anschauungsmaterial einzusetzen – Grafiken, Fotos, Videosequenzen usw. Oft kann durch Plakate und kleine Ausstellungen am Rande des Vortragsraumes oder im Foyer ergänzende Information gegeben werden. Manchmal werden im zeitlichen Umfeld einer Veranstaltung an Ständen vertiefende Informationsgespräche angeboten. Günstig ist es, wenn die Teilnehmer gedrucktes Informationsmaterial mitnehmen können.

5.5 Mediengestützte Kommunikation mit Eltern[14]

5.5.1 Lernstandsberichte und Zeugnisse

Lernstandsberichte und Zeugnisse informieren Eltern in sehr komprimierter Form über die Leistungen ihrer Kinder im zurückliegenden Halbjahr oder Jahr. Manchmal enthalten sie auch einige Informationen über die Entwicklung des Arbeits- und Sozialverhaltens. Neuenschwander u. a. (2004, S. 175) konnten in

14 Vgl. Dyches et al. 2011, S. 45 ff.

ihrer großen Schweizer Untersuchung zeigen, dass die Verständlichkeit von Leistungsbeurteilungen entscheidend dazu beiträgt, dass Eltern sich von der Schule gut informiert fühlen. Auch inwieweit sie die Prüfungspraxis und die Leistungsanforderungen der Lehrkräfte verstehen, spielt dabei eine große Rolle. Aber weder Zeugnisse, noch Wortgutachten lassen erkennen, wie die Beurteilungen zustande kamen, und sind deshalb oft schwer zu verstehen. Es ist deshalb letzten Endes müßig, über die Schriftform von Zeugnissen (Noten oder Wortgutachten) zu streiten. Wirkliche Verbesserungen der Verständlichkeit erreicht man nur, indem man sie – auch über die Grundschuljahrgänge hinaus – mit Beurteilungs- und Lerngesprächen begleitet oder sie durch solche ersetzt.

5.5.2 Briefe, Emails, SMS, WhatsApp

Auch schriftliche Mitteilungen an Eltern sind ein Weg, mit überschaubarem Aufwand Informationen auszutauschen. Teilweise werden Formulare, Standardtexte und Textbausteine angeboten, welche den Aufwand der Korrespondenz reduzieren (Korte 2004a). Sie schränken aber zugleich ihren individuellen Charakter ein. Auf jeden Fall sollte man die in Kortes Vorlagen eingearbeiteten Rechtsbelehrungen nur selten verwenden, da sie auf die meisten Eltern eher bedrohlich wirken dürften. Gewöhnlich wird man auf schriftlichem Wege nur kurze Botschaften übermitteln, die wenig Interpretationsspielraum lassen.

Der schriftliche Informationsweg hat generell den entscheidenden Nachteil, dass der Verfasser einer Mitteilung nicht weiß, wie die Information aufgenommen und verarbeitet wird, ja in vielen Fällen nicht einmal, ob die Botschaft überhaupt ankommt. Dem kann man ein Stück weit begegnen, indem man z. B. Elternbriefen Abschnitte mit kurzen Anwort- und Reaktionsmöglichkeiten anfügt, die angekreuzt werden können. Auf diesem Wege Feedbacks einzuholen wirkt freundlicher als sich in aller Form den Erhalt der Mitteilung durch Unterschrift bestätigen zu lassen. In besonders wichtigen Fällen wird man natürlich nicht darauf verzichten können.

Die digitalen Medien enthalten standardmäßig Möglichkeiten zu kontrollieren, ob eine Mitteilung gelesen wurde, wobei allerdings ungewiss bleibt von wem. Zu beachten ist auch, dass digitale Botschaften von anderen Personen editiert und verändert werden können. Eine bevorzugte Nutzung digitaler Kommunikationswege will gut überlegt sein, denn meistens gibt es doch Eltern, die man so nicht erreichen kann und die dadurch ausgegrenzt werden. Sie müssen dann zuverlässig auf herkömmliche Weise informiert werden. Was für die schriftliche Kommunikation generell gilt, trifft auch auf ihre modernen Varianten zu: Sie können die unmittelbare persönliche Kommunikation stets nur ergänzen, aber niemals ersetzen.

5.5.3 Eltern(rund)briefe und Schulzeitungen

Elternrundbriefe (oft schlicht „Elternbriefe“ genannt) sind Rundschreiben an alle Eltern einer Schule, manchmal auch nur einer Altersstufe, in welchen die Schulleitung, Lehrkräfte in besonderer Funktion (Stufenbetreuer, Beratungslehrkräfte, Schulpsychologen …) oder die Elternvertretung über Sachverhalte und Ereignisse von allgemeiner Bedeutung informieren. Als Herausgeber fungiert in der Regel die Schulleitung. Elternbriefe enthalten wichtige Termine, Busfahrpläne, Stundenpläne, Willkommensgrüße für neue Schüler und Eltern, Auskünfte zu Anfragen von allgemeinem Interesse, Berichte über Projekte und Schulfahrten, Aufrufe zu Aktionen, Ankündigungen von Veranstaltungen, Auflistungen benötigter Materialien, Hinweise auf altersgerechte Lektüre für Kinder und auf Elternratgeber, Übersichten zum Lehrstoff und zum Lehrplan, Information über Baumaßnahmen u. v. a. m. Teilweise sind Elternbriefe mit Illustrationen und Fotos aus dem Schulleben und aus dem Unterrichtsalltag angereichert. Meistens erscheinen sie periodisch im monatlichen oder zweimonatlichen Abstand, manchmal auch in lockerer Reihenfolge mehrmals im Schuljahr. Das hat den Vorteil, dass die einzelnen Briefe nicht zu umfangreich geraten und nicht mit Informationen überladen sind. Außerdem kann dadurch leichter auf Aktuelles Bezug genommen werden.
Elternbriefe können abwechselnde thematische Schwerpunkte haben: die Rechtschreibreform, Bewältigung von Prüfungsangst, Projektarbeit, Tipps für häusliches Üben, den Übertritt ins Gymnasium, Fragen der Erziehungspraxis usw. Solche Elternbriefe leisten zugleich einen wichtigen Beitrag zur Elternbildung, indem sie auf alle jene Themen stärker eingehen, die in Sprechstunden und bei Elternsprechtagen oft zu kurz kommen. Besondere Rubriken können durch Eltern- und Schülervertreter gestaltet werden. Aufs Ganze gesehen, sind Elternbriefe oft eine Art Schulzeitung.
Viele Schulen verbreiten Elternbriefe über ihre Schulhomepage, manchmal in besonders geschützten Bereichen, in welchen dann auch sensible Daten wie Telefonnummern von Eltern und Lehrkräften oder Lehrersprechzeiten abgelegt sein können. Falls Elternbriefe digital verteilt werden, sind auch alternative Informationsmöglichkeiten für Eltern vorzusehen, die keinen Zugang zum Internet haben.

5.5.4 Mitteilungs- und Kommunikationsheft, Schulplaner, Logbuch

Eine unaufwändige Möglichkeit, einzelnen Eltern eine kurze Mitteilung zu machen, besteht darin, einfach ein paar Zeilen in das Hausaufgabenheft der Schülerinnen und Schüler zu schreiben. Natürlich können über dieses in der Gegenrichtung auch Eltern mit Lehrkräften kommunizieren, und ebenso können Schülerinnen und Schüler in diesen Prozess einbezogen werden. Das Hausaufgabenheft wird damit unter der Hand zu einem Kommunikationsheft. Dazu wird der Platz in den üblichen Hausaufgabenheften dann meistens knapp. Viele Schulen verwenden deshalb „Schulplaner“ und „Logbücher“, welche neben der Rubrik für Hausaufgaben Platz für weitere Eintragungen, Formulare für Entschuldigungen und Kontaktwünsche und oft sogar einen integrierten Schülerkalender mit allen wichtigen Daten enthalten. Preiswerte Angebote dieser Art gibt es auch im Handel.

5.5.5 Internetforen

„Ein Internetforum … ist ein virtueller Platz zum Austausch und zur Archivierung von Gedanken, Meinungen und Erfahrungen. Die Kommunikation in Foren ist asynchron, das heißt ein Beitrag wird nicht unmittelbar und sofort, sondern zeitversetzt beantwortet.“ (Wikipedia[15]) Normalerweise wird die Diskussion mit Textbeiträgen geführt. Im Prinzip ist aber das gesamte multimediale Spektrum verfügbar. Nach Möglichkeit sollte ein Moderator für den geordneten und gesitteten Ablauf der Diskussion sorgen, und ein Administrator das Forum technisch am Laufen halten. Das macht die Einrichtung und das Betreiben von Foren ziemlich aufwändig, weswegen auch selten Foren von einzelnen Schulen betrieben werden. Es gibt aber eine ganze Reihe von Foren zu verschiedenen Unterrichtsfächern[16], auch spezielle Foren für Schüler[17] und für Eltern von Schulkindern[18], auf denen sich Eltern nicht nur untereinander, sondern auch mit Lehrkräften austauschen können. Den Nutzen eines solchen Austausches pauschal zu bewerten, ist nicht möglich. Die diskutierten Beiträge sind häufig eine kaum zu entwirrende Gemengelage aus Meinungen, Behauptungen, Vermutungen und harten Fakten, deren Verarbeitung jedenfalls erhebliche Medienkompetenz voraussetzt. Es kann durchaus sein, dass Eltern auf einem solchen Forum wertvolle Hinweise und hilfreiche Einordnungen ihrer Probleme erhalten. Aber es besteht auch die Gefahr, dass sie sich in einer Blase mit Gleichgesinnten bewegen und in einseitigen Sichtweisen bestärkt werden.

5.5.6 Videokonferenzen

Pandemiebedingt versuchen manche Schulen Elternabende, Elternsprechtage und Informationsveranstaltungen als Videokonferenzen durchzuführen. Wo Eltern und Lehrkräfte über die erforderliche Kompetenz und Ausstattung verfügen, mag das ein gangbarer Weg sein. Es sollte aber immer darauf geachtet werden, dass durch diese Kommunikationsform nicht allzu viele Eltern ausgeschlossen werden. Besteht diese Gefahr, sollte man die Informationen auch auf alternativen Wegen

15 https://de.wikipedia.org/wiki/Internetforum (27.09.2021)
16 Zum Beispiel https://www.beliebte-foren.de/top_kategorie_nach_besucher/schule (25.09.2021)
17 Zum Beispiel https://www.schueler-forum.com/ oder https://schueler-talk.de/ (25.09.2021)
18 Zum Beispiel https://www.urbia.de/forum/6-kids-schule (25.09.2021) und https://www.eltern.de/foren/schule-ersten-jahre/ (25.09.2021)

anbieten (Rundschreiben, Schulzeitung, Homepage). Wenn es darum geht, dass Eltern und Lehrkräfte einander erst kennen lernen müssen, sind Videokonferenzen kein geeigneter Ersatz für Präsenzveranstaltungen. Bei der Planung digitaler Elternsprechtage ist sicher zu stellen, dass die Bestimmungen des Datenschutzes eingehalten werden. Elternvertreter bei einer digitalen Veranstaltung zu wählen, ist nicht ohne weiteres möglich. Evtl. muss die Abstimmung auf traditionellem Schriftweg wiederholt werden. Weniger problematisch sind Schulkonferenzen bzw. Schulforen, die als Videokonferenzen abgehalten werden, und digitale Meetings von Elternvertretern.

5.5.7 Schulhomepages

Auf Schulhomepages sind viele traditionelle Informationswege vereint. Sie dienen jedoch überwiegend der Übermittlung von Informationen der Schule an die Eltern und weniger der Kommunikation in umgekehrter Richtung. Schulhomepages sollten möglichst nur Informationen enthalten, die für alle Eltern der Schule von Bedeutung und für einen längeren Zeitraum gültig sind. Wird eine Rubrik mit aktuellen Informationen eingerichtet, muss sie regelmäßig upgedatet werden. Das gilt auch für Rubriken für bestimmte Personengruppen. In geschützten Bereichen kann man sensiblere Informationen hinterlegen und auch einen Austausch von Eltern mit Lehrkräften und Elternvertretern oder auch von Eltern untereinander einrichten. Daneben sind Eltern nicht zu vernachlässigen, die keinen Zugang zum Internet haben. Sie müssen zumindest die allerwichtigsten Informationen auf anderen und traditionellen Wegen erhalten, wenn man nicht riskieren will, dass sie und ihre Kinder ausgeschlossen und abgehängt werden.

5.6 Selbstdarstellungen

In Selbstdarstellungen und Selbstinszenierungen geben Familien und Schulen einander Einblick in ihre Lebenswelten. Besonders bedeutsam ist dabei, dass sie transparent machen, was und wie sie konkret zur Bildung und Erziehung der Kinder und Jugendlichen beitragen.

5.6.1 Persönliche Selbstdarstellungen

Formen der persönlichen Selbstdarstellung sind Aufnahmegespräche zwischen Eltern und pädagogischem Personal bei der Anmeldung eines Kindes an einer Schule, in welchen Eltern sich, ihr Kind und ihre Familie sowie ihre Erwartungen und Pläne vorstellen und Vertreter der Schule deren pädagogische Leitlinien und Anforderungen erläutern. Weitere Beispiele sind Ausführungen der Lehrkraft zur eigenen Person am Beginn des ersten Elternabends mit Eltern einer neu übernommenen Klasse oder die kurze Vorstellung von Eltern beim ersten Gespräch mit einer Lehrkraft.

5.6.2 Mediengestützte Selbstdarstellungen

Die ausführlichere Vorstellung einer Lehrkraft in einem Elternbrief anlässlich der Übernahme einer neuen Klasse, die Selbstdarstellung der Schule auf ihrer Homepage oder in einem Flyer, von Schülerinnen und Schülern verfasste Lebensläufe und Selbstportraits sind Beispiele mediengestützter Selbstdarstellungen, ebenso Familienportraits („Ich und meine Familie"), die sich aus Selbstportraits ergeben, wenn auch die häusliche Umgebung und Eltern und Geschwister mit einbezogen werden. Auf ähnliche Weise könnte das Wohnquartier („Unser Viertel") vorgestellt werden. Schülerinnen und Schüler können für ihre Eltern eine Beschreibung ihrer Schule und ihres Schulalltags verfassen („Meine Klasse, meine Lehrkräfte, unser Schulhaus", „Ein Tag in meiner Schule" usw.) Eine Selbstdarstellung der Schule ist letztlich auch der Jahresbericht, der in der Regel nicht nur Klassen- und Personallisten sondern auch viele andere Informationen zum abgelaufenen Schuljahr enthält.

Schriftliche Informationen können mit Abbildungen und Fotos der Schule, der Klassenkameraden, des Klassenzimmers, des Schulgebäudes und -geländes, des Unterrichts, der Familie, des häuslichen Umfeldes und der Wohngegend angereichert werden. Das Familienportrait wird auf diese Weise zum Familienportfolio, das einen Hausbesuch wenigstens teilweise ersetzt. Umgekehrt geben Fotos und Filme vom Klassenzimmer, vom Schulhaus und von der Schulanlage Eltern einen ersten Eindruck von der Schule ihrer Kinder. Im Idealfall wird eine virtuelle Schulführung auf der Homepage angeboten[19], die viele Informationen liefert, die man sonst nur bei einer realen Schulführung oder bei einem Tag der offenen Schultür erhält. Ein beim Elternabend gezeigter selbst gedrehter Unterrichtsfilm kann Eltern erwünschte Aufschlüsse über den Ablauf des Unterrichts geben, welchen die Kinder und Jugendlichen erhalten. Manchmal leistet ein Film mit einer fremden Klasse – die Freigabe des Materials durch die gefilmten Personen vorausgesetzt – bessere Dienste, denn vielfach lässt sich über fremde Kinder und den Unterricht anderer Lehrkräfte unverkrampfter und sachlicher sprechen. Ferner kann man auf Medien der Bildstellen und in Videotheken erhältliches Material zurückgreifen.

---

19 Z. B. Detlefsen-Gymnasium in Glückstadt: https://www.youtube.com/watch?v=rjmOZrP5HD4 (25.09.2021); Schlossgymnasium Mainz: https://www.schloss-online.de/virtuelle-schulfuehrung-demnaechst/ (25.09.2021); Nelson-Mandela-Realschule Dierdorf: https://nelson-mandela-realschule.de/2020/12/03/virtueller-tag-der-offenen-tuer-und-360-schulfuehrung/ (25.09.2021); Heinrich-Mumbächer-Grundschule Mainz Bretzenheim: http://www.heinrich-mumbaecher-schule.de/ (25.09.2021)

5.7 Authentische Informationen

Die mittels audiovisueller Medien bestenfalls zu erzielende Realitätsnähe von Informationen kann noch einmal übertroffen werden, indem Gelegenheit geboten wird, sich durch unmittelbaren Einblick in die Wirklichkeit selbst ein Bild zu machen. Das kann geschehen durch die Teilnahme an authentischen Situationen – bei Hospitationen im Unterricht oder bei Hausbesuchen – oder durch die Präsentation authentischer Gegenstände, die ein Stück jener Wirklichkeit repräsentieren, über die informiert werden soll.

5.7.1 Authentische Gegenstände und Vorführungen

Verwendete Lehr- und Lernmittel, technische Geräte, Übungsmaterialien, von den Schülerinnen und Schülern angefertigte Werkstücke und künstlerische Gestaltungen, von ihnen verfasste Texte und Aufgabenbearbeitungen geben unmittelbare Eindrücke vom Lehr- und Lernbetrieb im Unterricht. Auch musikalische, sportliche und andere Vorführungen zeigen authentische Ausschnitte oder Ergebnisse von Unterricht. Authentische Gegenstände wird man normalerweise nicht isoliert, sondern in einem passenden Kontext präsentieren – in Ausstellungen, Vorträgen, bei einer Schulführung und ähnlichen Gelegenheiten. Auch Vorführungen können davon gewinnen, wenn ergänzende Information über ihren unterrichtlichen Kontext und über die Vorbereitungen gegeben wird. Überall wo Leistungen einzelner Schülerinnen und Schüler zu erkennen sind, ist darauf zu achten, dass schwächere Schüler nicht bloßgestellt werden. Bei Ausstellungen kann man das durch Anonymisierung erreichen, bei Vorführungen durch geschickte Zuteilung von Rollen und Verantwortungen bei ihrer Vorbereitung und Organisation. Dass authentische Gegenstände aus dem häuslichen Bereich in die Schule mitgebracht werden – z. B. das Lieblingsspielzeug -, kommt kaum vor und ist auch nur begrenzt sinnvoll. Aber bei Haus- und Quartiersbesuchen können authentische Gegenstände durchaus eine wichtige Rolle spielen.

5.7.2 Authentische Situationen

Hospitation

Es gibt wohl schlechterdings keine Möglichkeit, sich realitätsnäher über den Unterricht zu informieren, welchen das eigene Kind erhält, als im Zusammenhang einer Hospitation selbst an diesem teilzunehmen. Die Bildungskommission des Deutschen Bildungsrates hatte die Einführung eines Hospitationsrechts für die Eltern vorgeschlagen (Lueg 1996, S. 35). Dennoch haben nur Nordrhein-Westfalen[20],

20 Schulgesetz NRW vom 15. Februar 2005, § 44 Abs. 3

Rheinland-Pfalz[21], Bremen[22] und Niedersachsen ausdrücklich ein Hospitationsrecht der Eltern in ihre Schulgesetze aufgenommen. Manche Juristen sind allerdings der Ansicht, dass es der Einführung eines Hospitationsrechtes gar nicht bedarf, da ein solches aus dem in Art. 6 Abs. (2) GG gegebenen Informationsanspruch der Eltern abgeleitet werden kann (Winkler 2001, 3, S. 394).

In der Praxis scheinen jedenfalls Hospitationen eher die Ausnahme zu sein: In unserer Repräsentativbefragung von 2004 gaben 90% der Grundschuleltern und 95% bis 98% der Eltern von Sekundarschülern an, dass ihnen keine Möglichkeit zur Hospitation im Unterricht ihrer Kinder ermöglicht wurde. Auch andere Untersuchungen konnten die mehrheitlich ablehnende Haltung der Lehrkräfte gegenüber Hospitationen belegen.[23] Selbst wenn längst nicht alle Eltern Hospitationsangebote nutzen würden – Schätzungen bewegen sich zwischen 20% und 40%[24] – so ist doch deutlich, dass hier das Bestreben der Lehrkräfte, „in ihrem Klassenzimmer unkontrolliert König sein zu dürfen" (Krumm u. a. 1990, S. 50), einen legitimen Informationsanspruch der Eltern massiv behindert. Obwohl keine neueren Forschungsdaten vorliegen, gibt schon allein die Zurückhaltung der Gesetzgeber Anlass zur Vermutung, dass diese Befunde auch die aktuelle Lage widerspiegeln.

Die geringe Verbreitung von Unterrichtshospitationen durch Eltern ist möglicherweise ein deutsch-österreichisches Spezifikum. In vielen anderen Ländern sind Unterrichtshospitationen nämlich eine unhinterfragte Normalität:

- An japanischen Grundschulen können Eltern an zwei bis drei Tagen im Schuljahr hospitieren. Danach werden die Klassen entlassen und es findet eine Eltern-Lehrer-Konferenz statt, bei der die Lehrkräfte den Unterricht erläutern (Tett 2004).
- In England können Eltern von schwierigen Schülern gebeten werden, einmal während eines ganzen Schultags zu beobachten, wie sich ihr Kind in der Schule benimmt (Duppel-Breth, 2003, S. 25).
- In schottischen Grundschulen werden Eltern zweimal jährlich eingeladen, die Schule zu besuchen, können aber auch sonst jederzeit kommen und dem Unterricht beiwohnen (Tett 2004).
- Zumindest in einigen Schweizer Kantonen (z. B. in Luzern und Zürich) haben Eltern das ausdrücklich eingeräumte Recht, den Unterricht ihrer Kinder zu besuchen, soweit der Schulbetrieb dadurch nicht beeinträchtigt wird (Mulle 2005).

21 Schulgesetz RP vom 30. März 2004, § 2 Abs. 5
22 Bremisches Schulgesetz vom 08. Juli 2005, § 61 Abs.2
23 Dannhäuser 1980, S. 14; Sodoge & Eckert 2004, S. 458.
24 Melzer 1981; Dietrichs 1989, S. 208; Sodoge & Eckert 2004, S. 458.

Chancen und Risiken

Unterrichtshospitationen der Eltern eröffnen eine Reihe unstrittiger Chancen:[25]

- Die Vorstellungen vieler Eltern von Schule und Unterricht speisen sich aus Erinnerungen an ihre eigene Schülerzeit und aus Erzählungen ihrer Kinder. Viele Eltern sind z. B. nicht in der Lage, sich moderne Lernformen und Arbeitsweisen vorzustellen. Hier können Besuche im Unterricht des eigenen Kindes helfen, Vorurteile abzubauen, veraltete und irrige Vorstellungen zu korrigieren und authentische Eindrücke von aktueller Unterrichtspraxis zu bekommen.
- Unterrichtshospitationen geben Eltern einen Einblick in den Arbeitsalltag von Lehrkräften und vermitteln ihnen realistische Eindrücke von den Handlungsmöglichkeiten im Unterricht. Sie sind eine ausgezeichnete Grundlage für den Austausch über die Unterrichtsgestaltung und über die notwendige häusliche Vor- und Nachbereitungsarbeit der Schüler.
- Die Lehrerrolle wird transparent und kann unmittelbar erlebt werden. In der Regel führt das zu vermehrter Achtung und verstärktem Respekt der Eltern vor den Lehrkräften.
- Eltern erleben ihr Kind in der Gruppe und können dabei nicht selten beobachten, dass es sich dort ganz anders verhält als zuhause.
- Eltern können beim Hospitieren wichtige Lernerfahrungen machen: Sie können beobachten, wie Profis etwas erklären, wie sie loben und anspornen usw. Vieles davon lässt sich übertragen auf die Familienerziehung. Soweit dies geschieht, trägt Hospitation zur Elternbildung bei.
- Häufig können hospitierende Eltern auch mit kleineren Aufgaben für den Unterricht betraut werden, d. h. es ergeben sich fließende Übergänge zur Kooperation mit Eltern.

Diesen Chancen stehen allerdings auch einige Risiken gegenüber:[26]

- Eltern können Unterricht nicht ohne Weiteres angemessen beobachten und einschätzen. Es besteht die Gefahr, dass unwesentliche Kleinigkeiten den Gesamteindruck dominieren und alte Klischeevorstellungen bestätigt werden. Allerdings ist diese Gefahr geringer als die Gefahr einer unsachgemäßen Bewertung des Unterrichts durch Eltern, die allein auf die Erzählungen ihrer Kinder und auf Hörensagen angewiesen sind.
- Die Anwesenheit weiterer Personen im Unterricht stellt in gewissem Umfang immer einen Störfaktor dar. Weder Lehrkräfte noch Schüler verhalten sich in solchen Situationen völlig „alltäglich“. Insbesondere die Kinder der hospitierenden Eltern sind oft gehemmt. Einen völlig authentischen Eindruck werden Eltern also in der Regel nicht bekommen. Deshalb sind Unterrichtshospitatio-

---

25 Vgl. Bernitzke & Schlegel 2004, S. 92 f.; Gattermann & Schnurer 2001, S. 116 f.; Rampillon 1983, S. 283; Textor 2005, S. 57 f.

26 Vgl. Doppke 2005, S. 45; Rampillon 1983, S. 283

nen auch kaum geeignet, Eltern Schwierigkeiten und Probleme ihrer Kinder im Unterricht zu verdeutlichen.
- Eine umsichtige Organisation von Unterrichtshospitationen ist für die Lehrkräfte mit erheblichem Zeitaufwand verbunden.
- Wenn man nicht ausdrücklich gegensteuert, kommt es leicht dazu, dass hauptsächlich bestimmte Elterngruppen von Hospitationsmöglichkeiten Gebrauch machen und andere – z. B. Väter, Alleinerziehende, Migranten – „außen vor“ bleiben.

Gestaltungshinweise[27]

Damit Hospitationen ihren Zweck erfüllen und sich günstig auf das Verhältnis zwischen Schule und Eltern auswirken, müssen bei ihrer Planung und Durchführung einige Grundregeln beachtet werden:
- Hospitationen sollten nicht zu bald nach dem Schuljahresbeginn stattfinden, jedenfalls nicht bevor die Klasse sich als Gemeinschaft konstituiert und Gruppenregeln entwickelt hat, die einigermaßen eingehalten werden. In der Frühphase der sozialen Konstituierung würde die Anwesenheit Dritter eher stören.
- Auch wenn die Versuchung groß ist, „Exzellenz“ zu zeigen, sollten keine Schaustunden geboten werden.
- Die Zahl der hospitierenden Eltern muss unbedingt klein gehalten werden. Fünf oder sechs Personen sind die absolute Obergrenze, zwei oder drei sind günstiger.
- Deshalb sollte man auf vorheriger Anmeldung von Hospitationen bestehen – auch damit die Schulleitung informiert und die Klasse über Sinn und Zweck der Hospitation unterrichtet werden kann. Dass Eltern auch das eigene Kind über ihren beabsichtigten Unterrichtsbesuch in Kenntnis setzen, ist selbstverständlich.
- Die beobachtenden Eltern sollte man am besten seitlich oder hinten im Klassenzimmer platzieren, damit sie nicht ständig im Blickfeld der Schüler sind. Dass man für sie erwachsenengerechte Stühle bereitstellt, bedarf eigentlich keiner Erwähnung.
- Hospitationen können nicht beliebig oft durchgeführt werden. Wenn im Unterricht sehr häufig Eltern anwesend sind, entsteht zu viel Unruhe in der Klasse. Lehrkräfte und Schülerinnen und Schüler müssen auch über längere Zeiträume unter sich sein können.
- Nicht alle Situationen und Abschnitte des Unterrichts eignen sich für Hospitationen, Einführungsstunden z. B. mehr als Leistungsüberprüfungen und Ergebniskontrollen, die manche Schüler in peinliche Situationen bringen könnten.
- Der Gefahr, dass Eltern den Unterricht zu selektiv (z. B. sehr fokussiert auf ihr eigenes Kind) wahrnehmen und dass sich Missverständnisse einschleichen, kann

27 Vgl. Bernitzke & Schlegel 2004, S. 92 f.; Doppke 2005, S. 46 f., S. 74; Knapp 2001, S. 118 ff.; Textor 2005, S. 57 f.; Vogelsberger 2006, S. 11 f.

durch eine gründliche Vor- und Nachbereitung der Hospitationen (evtl. im Rahmen von besonderen Elternabenden) begegnet werden. Eltern sollten auf Wesentliches hingewiesen werden und präzise Beobachtungsaufträge erhalten. Die Beobachtungen der Eltern dienen dann als Grundlage für eine von der Lehrkraft moderierte Nachbesprechung, die verhindert, dass es zu unvollständigen und verkürzten Wahrnehmungen kommt.

- Wo die Möglichkeit besteht, sollte man versuchen, Eltern aktiv in den Unterricht einzubinden. Eine Lehrerin sagt: „Bei der Vorbereitung auf den Elternbesuch in meiner Klasse mache ich mir auch Gedanken, wie und wo ich die Eltern in die Unterrichtsarbeit einbeziehen kann. So kommen sie erst gar nicht auf den Gedanken, Kontrolleure zu sein." (Knapp 2001, S. 119)
- Die Anwesenheit Dritter im alltäglichen Unterricht erfordert einen gewissen Vertrauensschutz für die Kinder und ihre Eltern. Es muss unbedingt verhindert werden, dass hospitierende Eltern Beobachtungen über das Verhalten anderer Kinder weiter verbreiten. Manche Lehrkräfte schließen deshalb eine schriftliche Vereinbarung mit Eltern, in welche außer Gesichtspunkten des Datenschutzes auch weitere Verhaltensregeln für hospitierende Eltern aufgenommen werden (z. B. ob und in welchem Umfang Zwischenfragen der Eltern an die Lehrkraft, Seitengespräche mit anderen Eltern, Hilfestellungen für Schüler erlaubt sind usw.).
- Die Lehrkraft wird besonders darauf achten müssen, in den Unterrichtsstunden mit Elternhospitation keine Negativeindrücke von einzelnen Kindern entstehen zu lassen.

Tag der offenen Schultür und Schulführung

Tage der offenen Schultür und Schulführungen wollen die Schule insgesamt präsentieren. Das Spektrum der Varianten reicht vom beschilderten Spaziergang durch das Schulhaus und das Schulgelände über die moderierte Führung bis hin zur Öffnung der Schule für Besucher bei laufendem Betrieb.[28]

An Sekundarschulen finden solche Veranstaltungen häufig als Werbemaßnahme im Zusammenhang mit den Anmeldungen statt. Oft werden dann damit Vorträge, Ausstellungen, Aufführungen und Vorführungen – manchmal sogar des Unterrichts – kombiniert. Z. T. gibt es Stände, an denen man mit Lehrkräften, Elternvertretern und Mitgliedern des Fördervereins sprechen kann. Auch Schülerinnen und Schüler können als kundige Lotsen eingebunden werden und den Gästen erzählen, wie es an der Schule zugeht und wie sie sich da fühlen.[29]

---

28 So z. B. angeboten von der Hunsrück-Grundschule in Berlin Kreuzberg: https://hunsrueck-grundschule.de/tag/tag-der-offenen-tuer (27.09.2021)

29 Ein Beispiel einer solchen Großveranstaltung war der Tag der offenen Tür am Sophie-Scholl-Gymnasium München am 07.02.2020. Vgl. https://ssg.musin.de/index.php/service/einschreibung/tag-der-offenen-tuer (27.09.2021)

Hausbesuch

Mit einem Hausbesuch betritt die Lehrkraft das Territorium der Familien. Die Machtverhältnisse sind hier anders verteilt als bei Kontakten in der Schule, wo Eltern zur Lehrkraft als Amts- und Funktionsträger und als Repräsentanten des Staates kommen. Beim Hausbesuch ist die Lehrkraft ein Gast, der eine höfliche Behandlung erwarten darf, aber auch Rücksicht auf den Lebensstil und die Lebensgewohnheiten des Gastgebers zu nehmen hat.

Hausbesuche waren in der DDR verbreitete Praxis, in der BRD jedoch unüblich. Nach dem Mauerfall werden sie auch in den neuen Bundesländern kaum mehr durchgeführt. Unserer Repräsentativbefragung von 2004 zufolge boten 91% der bayerischen Lehrkräfte nach eigenen Auskünften keine Hausbesuche an. Ähnlich scheinen die Verhältnisse in Baden-Württemberg zu sein, wo Hausbesuche nur von ca. 5% bis 10% der Hauptschullehrkräfte durchgeführt werden (KMK 2003, S. 4). Es darf davon ausgegangen werden, dass sich in den übrigen Bundesländern die Situation nicht grundsätzlich anders darstellt.

Ein internationaler Ausblick zeigt z. T. eine ähnliche Zurückhaltung gegenüber Hausbesuchen, z. T. aber auch einen völlig unverkrampften Umgang mit ihnen:

- In Großbritannien begrüßen zwar vier Fünftel der Eltern und zwei Drittel der Lehrkräfte Hausbesuche, aber nur ein Sechstel der Lehrkräfte führt sie regelmäßig durch, und nur in einem Viertel der Schulen sind sie üblich, am ehesten noch in Vorschulen und Kindergärten sowie in Sonderschulen (Jowett u. a. 1991, S. 72 ff.).
- In Schottland führen Grundschullehrkräfte Hausbesuche durch. In manchen Schulen gibt es außerdem eine Halbtagslehrkraft, deren Aufgabe es ist, Hausbesuche bei Familien von Schülerinnen und Schülern zu machen, die Probleme haben oder bereiten (Tett 2004, S. 265).
- Auch in den USA werden Hausbesuche von speziellen Family-Support-Workern und Family-Support-Teams durchgeführt (Callison 2004, 8 ff.).
- In den Niederlanden erfreuen sich Hausbesuche großer Verbreitung (Smit & van Esch 1993, S. 69).
- In Japan führen Grundschullehrkräfte jeweils am Beginn eines Schuljahrs Hausbesuche durch und füllen bei dieser Gelegenheit mit den Eltern gemeinsam eine „Profil-Karte" für das Kind aus, in der Angaben zum Charakter und zur Gesundheit des Kindes, seine Freizeitgewohnheiten, das Kind betreffende Sorgen der Eltern u. v. a. m erfasst werden (Tett 2004, S. 264).
- In der Türkei gehören Hausbesuche zu den Dienstpflichten der Lehrkräfte und werden von den Eltern sogar erwartet (Schreiner 1996, S. 139).

Vorteile und Probleme

Vorteile von Hausbesuchen sind[30]:

– Sie bieten Gelegenheit, mit Eltern außerhalb der Institution und Organisation Schule persönlich in Kontakt zu treten, auf gleicher Augenhöhe mit ihnen zu reden, das soziale Umfeld der Kinder und den Erziehungsstil der Eltern kennen zu lernen und sich einen Gesamteindruck von den Lebensbedingungen der Familie zu bilden.
– Durch Hausbesuche zeigen Lehrkräfte Interesse und Wertschätzung für Eltern und Familien und tragen dazu bei, Kontakt- und Sprachbarrieren abzubauen.
– Klischeevorstellungen von Lehrkräften, die manche Eltern haben, können korrigiert werden.
– Hausbesuche sind eine sehr intensive, vielleicht sogar die wirksamste Einladung an die Eltern, auch ihrerseits mit der Schule Kontakt aufzunehmen.
– Oft wirkt es sehr positiv auf Schülerinnen und Schüler, wenn sie Eltern und Lehrkräfte im einvernehmlichen Gespräch miteinander erleben.

Andererseits bringen Hausbesuche aber auch eine Reihe von Problemen mit sich:[31]

– Manche Eltern wünschen keine Hausbesuche. Häufig sind es sozialschwache Familien, die unter der Armutsgrenze leben, oder Familien, in denen es Drogen- und Alkoholprobleme oder Gewalt gibt. Für sie ist es eine unzumutbare Belastung, einer Lehrkraft durch einen Hausbesuch Einblick in die desolaten familiären Verhältnisse zu gewähren.
– Hemmschwellen haben manchmal auch Eltern, die schlechte Erfahrungen mit der Schule gemacht haben und deren Bildungsbiografie durch Misserfolgserlebnisse geprägt ist.
– Teilweise begegnen auch Familien mit Migrationshintergrund der Schule und den Lehrkräften mit Misstrauen.
– Manch Eltern, die Hausbesuche eigentlich ablehnen, lassen sie über sich ergehen, um keinen desinteressierten Eindruck bei der Schule zu erwecken, fühlen sich aber durch sie unter Druck gesetzt.
– Teilweise haben Lehrkräfte als Angehörige der Mittelschicht, die durch deren Denkweisen und Sprachstil geprägt sind, Schwierigkeiten zu Familien in einfacheren Verhältnissen eine unverkrampfte Beziehung herzustellen und in ein ungezwungenes Gespräch kommen.
– Wenn bei Hausbesuchen engere Kontakte zustande kommen – was eigentlich erwünscht ist -, besteht die Gefahr, dass die professionelle Distanz zu diesen Familien verloren geht und im ungünstigsten Fall ihre Kinder unbewusst bevorzugt werden.

---

30 Vgl. Bönsch 2001, S. 9; Dusolt 2001, S. 34 f.; Korte 2004b, S. 72; Kowalczyk 2005, S. 62; Nischak & Koch-Burmeister 2005, S. 50.

31 Vgl. Dusolt 2001, S. 34 f.; Nischak & Koch-Burmeister 2005, S. 51.

- Nicht ganz auszuschließen sind manchmal auch physische Gefahren für die besuchenden Lehrkräfte (Gewalthandlungen, sexuelle Übergriffe).
- Und nicht zuletzt sind Hausbesuche sehr zeitaufwändig und stellen – besonders wenn sie sorgfältig vor- und nachbereitet werden – eine große Mehrbelastung für Lehrkräfte dar.

Gestaltungshinweise

Sofern Lehrkräfte sich zur Durchführung von Hausbesuchen entschließen, sollten sie einige Regeln beachten:[32]

- Wenn Hausbesuche sich auf kritische Fälle beschränken – sei es, dass Schüler auffällig geworden sind, sei es, dass sich auf andere Weise kein Kontakt mit Eltern herstellen lässt – müssen sie sehr diskret durchgeführt werden, damit sie keinen diskriminierenden Beigeschmack bekommen.
- Manchmal empfiehlt es sich, zur eigenen Absicherung einen Sozialarbeiter oder eine Kollegin mitzunehmen. Eine Begleitung durch mehrere Personen ist hingegen nicht ratsam, da dann die Zahl der Besuchenden leicht als „Übermacht“ empfunden wird und ungleiche Augenhöhe erzeugt.
- Bei Hausbesuchen sind einige rechtliche Aspekte zu beachten (Datenschutz, Zulässigkeit des Betretens der Wohnung etc.)[33] So dürfen Hausbesuche z. B. nicht einfach angekündigt, sondern nur angeboten werden. Es muss den Familien immer frei stehen, auf das Angebot nicht einzugehen. Ein Termin ist ggf. rechtzeitig abzusprechen.
- Zu vermeiden ist, dass nur über die Schülerinnen und Schüler oder gar nur über ihre Schwächen und Probleme geredet wird. Wünschenswert ist aber auch nicht, dass sie über anderen Themen ganz aus dem Blick geraten. Bewährt hat sich, dass zunächst die Kinder und Jugendlichen sich, ihre Familie und ihre Umgebung vorstellen.
- Hilfreich ist ein Gesprächsleitfaden, den man sich vorher zurechtgelegt hat. Eine Zusammenfassung davon kann man den Eltern bereits im Vorfeld des Besuches zur Kenntnis bringen. (Vgl. unten Beispiel 5)
- Die Lehrkraft muss unbedingt Respekt vor den Lebensverhältnissen der Familie zeigen. In schwierigen Fällen kann man die Kontaktaufnahme auf mehrere kurze Besuche verteilen, so dass der Erstkontakt nicht überfrachtet wird.

32 Bönsch 2001, S. 9; Born 2001, S. 12; Doppke & Gisch 2005, S. 39 f.; Dusolt 2001, S. 32; Olsen & Fuller 2003, S. 128.

33 Vgl. dazu im Einzelnen Neuffer & Ollmann 2000; Ollmann 2001; Belatschek 2006, S. 76 ff.

Beispiel 5: Gesprächsleitfaden für Hausbesuche
(in freier Anlehnung an Korte 2004b, S. 74 – 77)

Fragen zur Person des Schülers:
- Genereller Gesundheitszustand
- Kinderkrankheiten, Unfälle
- Allergien, Behinderungen
- Achtet das Kind auf seine Gesundheit, auf seine Körperpflege?

Fragen zum sozialen Hintergrund des Schülers:
- Freizeitgewohnheiten, Hobbys
- Freizeitpartner, Freunde und Freundeskreise, Cliquen
- Personen, welche das Kind stark beeinflussen, Idole?
- Vereinszugehörigkeiten?
- Unternimmt das Kind gelegentlich auch etwas alleine? Kann es sich alleine beschäftigen?
- Klagt es oft über Langeweile?
- Wie spricht es über andere Kinder?
- Wie verträgt es sich mit anderen Kindern?
- Ist es bei anderen Kindern/Freunden beliebt?

Fragen zu besonderen Verhaltensbereichen des Schülers:
- Zeigt das Kind sehr unterschiedliches Verhalten zu Hause, in der Schule, in der Clique?
- Wie verhält es sich bei Gesellschaftsspielen? Kann es fair verlieren?
- Mit welchen Spielen verbringt es viel Zeit?
- Welche Sportart betreibt das Kind?
- Hält es sich gerne im Freien auf?
- Wie sieht sein normaler Tagesablauf aus?
- In welchen Situationen hat das Kind Verhaltensprobleme?
- Kann es Frustrationen verarbeiten?
- Neigt es zu aggressivem Verhalten? Wann?
- Kann es überhaupt Gefühle zeigen?
- Wie verhält es sich in Gegenwart jüngerer/älterer Kinder?
- Redet das Kind mit den Eltern/älteren Geschwistern, wenn es Probleme hat?

Fragen zum Elternverhalten:
- Wie oft essen die Eltern gemeinsam mit dem Kind?
- Unternehmen sie etwas gemeinsam mit ihm? Gemeinsame Freizeitaktivitäten mit ihm?
- Sprechen die Eltern mit dem Kind über problematisches Verhalten?
- Halten die Eltern sich für konsequente Erzieher?
- Wie nehmen sie Einfluss auf ihr Kind? Lob? Belohnungen? Strafen? Verbote?
- Wie reagiert das Kind auf Belohnung und Strafe?
- Verteilung der Rollen zwischen Vater und Mutter bei der Erziehung?

Schulbedeutsame Fragen:
- Geht das Kind gerne zur Schule? Warum? Warum nicht?
- Fühlt es sich in der Klasse wohl?
- Hat es Freunde in der Klasse?
- Erzählt das Kind zuhause von der Schule?
- Sind die Eltern mit den Leistungen des Kindes zufrieden?
- Fühlt das Kind sich gerecht beurteilt?
- Meinen die Eltern, dass das Kind sich mehr anstrengen sollte?
- Fühlt das Kind sich in der Schule gerecht behandelt?
- Erledigt es seine Hausaufgaben ordentlich? Selbständig? Pünktlich?
- Wie ist der häusliche Arbeitsplatz des Kindes beschaffen?
- Helfen die Eltern/ältere Geschwister bei Hausaufgaben?
- Wird das Kind für gute Schulleistungen belohnt, für schlechte Schulleistungen bestraft?
- Erzählt das Kind von Schwierigkeiten mit anderen Schülern? Mit Lehrkräften?

Quartiersrundgang

Quartiersrundgänge, wie sie in der Sozialarbeit üblich sind, können zusammen mit Hausbesuchen oder auch unabhängig davon erfolgen. Sie dienen dazu, sich ein Bild von der Wohngegend und dem damit verbundenen Sozialraum der Schülerinnen und Schüler zu machen. Es empfiehlt sich, einen solchen Rundgang gemeinsam mit ihnen durchzuführen, um zu vermeiden, dass sie sich ausgespäht fühlen. Sie können dann zeigen, wo sie einkaufen, mit Freunden herumhängen, wo es Rampen und Bahnen zum Skateboarden gibt, einen Bolzplatz, einen Kiosk, eine Bibliothek, ein empfehlenswertes Restaurant, einen Park, einen See, Kirchen und Moscheen, einen schönen Aussichtspunkt usw. Mit etwas Geschick wird man sie in ein Gespräch darüber verwickeln, wie sie alle diese Möglichkeiten in ihrem Quartier nutzen und was sie dort vermissen. Sie könnten bei einem solchen Rundgang auch diesen und jenen Bekannten und Freund vorstellen, dem man zufällig begegnet.

Auch die Teilnahme an Quartiersrundgängen und Stadtteilführungen, die von manchen Organisationen und Touristikbüros angeboten werden, kann sinnvoll sein. Evtl. kann man sich auch an Quartiersrundgänge anschließen, die mancherorts Elternvertreter oder engagierte Eltern für andere – neu zugezogene oder geflüchtete – Eltern durchführen.

5.8 Zusammenfassung: Ausgewogene Vielfalt der Kommunikation

Ein gut organisierter Informationsaustausch ist eine eminent wichtige Voraussetzung für die Entwicklung einer Vertrauensbasis bei den Eltern: In unserer Repräsentativ-Befragung von 2004 korrelierte das Ausmaß, in dem Eltern sich gut informiert fühlten, hochsignifikant (r = 0,60) mit der Größe des Vertrauens, das sie der Schule und den Lehrkräften ihrer Kinder entgegenbrachten.

Aber was macht einen gut organisierten Informationsaustausch aus? Nach allen vorstehenden Ausführungen kann man sagen:

- Informationsaustausch ist nicht nur anlassbedingt, sondern regelmäßig zu pflegen. Über die zeitliche Taktung muss bei den Teilnehmern Klarheit und Einvernehmen bestehen.
- Im Mittelpunkt des Informationsaustausches zwischen Eltern und Lehrkräften sollten die Lernfortschritte und die Persönlichkeitsentwicklung der Kinder und Jugendlichen stehen. Soweit sie dafür von Belang sind, müssen aber auch Informationen über die familiäre Um- und Mitwelt des Kindes und über die Erziehungspraxis der Eltern sowie über die Unterrichtsgestaltung der Lehrkräfte und ihre pädagogischen Vorstellungen ausgetauscht werden.
- Am nützlichsten empfinden Eltern Information, die unmittelbar persönlich kommuniziert wird. Über technische Medien ist bequemer zu kommunizieren, und für manche alltäglichen Belange ist es durchaus sinnvoll, solche Wege des Informationsaustausches zu nutzen. Keinesfalls aber kann und darf die persönliche Kommunikation dadurch ersetzt werden.
- Der Nutzen persönlicher Gespräche hängt entscheidend von der Gesprächskultur ab. Erst eine professionelle Gesprächsführung und eine umsichtige Gestaltung der Gesprächssituation machen den Informationsaustausch fruchtbar.

- Mit Ausnahme von zufälligen und spontanen Gesprächen sollten Gespräche von Lehrkräften mit Eltern immer eine klare Sinngebung und Zielsetzung haben, die beiden deutlich vor Augen liegt.
- Informierende Texte sind knapp in leicht verständlicher Sprache abzufassen und mit Abbildungen und Fotos anzureichern. Auf Homepages können auch Videos eingefügt werden. Audiovisuelle Medien sollten aber nicht nur zu Unterhaltungszwecken, sondern vor allem dazu verwendet werden, möglichst große Authentizität zu erreichen.
- Hybride Informationsformate sind überhaupt meistens am günstigsten: Anreicherung des persönlichen Austausches mit Abbildungen, Fotos und Videos, Hinweise in Elternbriefen auf Homepages und Foren, Angebot von Informationsmaterial und individuellen Gesprächen zu Vorträgen und Veranstaltungen usw.
- Es ist Sorge dafür zu tragen, dass Eltern zuverlässig mit Information versorgt werden, die kommunikative Schwierigkeiten haben:
  - Eltern, die sich unwohl in Gruppen fühlen,
  - Eltern, welche individuelle Gespräche scheuen,
  - Eltern, welche sich schwer tun, deutschsprachige Texte zu verstehen oder überhaupt längere Texte zu lesen,
  - Eltern, welche Schwierigkeiten haben, Termine an der Schule wahrzunehmen.

  Für sie alle gibt es geeignete Informationswege. Vor ihrer Auswahl muss aber eine Abklärung stehen, welche kommunikativen Einschränkungen bei den Eltern einer Klasse oder einer Schule vorkommen.
- Bei der Nutzung informationstechnischer Medien ist dafür Sorge zu tragen, dass Eltern, denen diese nicht zur Verfügung stehen, auf anderen Wegen informiert werden.
- Authentische Situationen, Vorführungen und originale Gegenstände sind der ehrlichste Weg des Informierens. Sie bedürfen aber einer vor- oder nachbereitenden oder auch begleitenden Ergänzung durch Verständnis- und Interpretationshilfen.
- Durch die Unterscheidung zwischen unentbehrlichen und zusätzlichen Informationen kann vermieden werden, dass Eltern in einer Informationsflut die Übersicht und letztlich vielleicht auch das Interesse verlieren. Unentbehrliche Informationen müssen auf zuverlässigen Wegen allen Eltern übermittelt werden. Zusätzliche Informationen kann man an öffentlich zugänglichen Orten anbieten (auf Homepages, in besonderen Rubriken von Elternrundbriefen und Schulzeitungen).
- Die Schülerinnen und Schüler sind altersangemessen am Informationsaustausch zu beteiligen, damit sie ihre Perspektiven einbringen können und sich nicht übergangen fühlen.

6 Kooperation in der Schule und in der Familie

Es genügt nicht, eine gute Atmosphäre in der Schule zu pflegen, in der sich alle Eltern willkommen, respektiert und als Teil der Schulgemeinschaft fühlen. Und es reicht auch nicht aus, enge und regelmäßige Kontakte zwischen Eltern und Lehrkräften zu unterhalten und über alle für das Lernen und die Entwicklung der Kinder und Jugendlichen bedeutsamen Fragen zu kommunizieren. Wenn die Kooperation zwischen Schule und Eltern wirklich bei den Schülerinnen und Schülern ankommen soll, müssen Eltern und Lehrkräfte auch gemeinsam handeln, d. h. zu einer partnerschaftlichen Kooperation gelangen. Diese Kooperation kann entweder in der Schule („school based"/„schulbasiert") oder in der Familie („home based"/„heimbasiert") stattfinden. Eltern und Lehrkräfte kooperieren in der Schule, wenn Eltern sich an schulischen Veranstaltungen und Unternehmungen beteiligen, Hilfeleistungen für die Schule erbringen oder auch eigenverantwortlich Aufgaben in der Schule übernehmen und als gewählte Elternvertreter in den Gremien mit der Schulleitung und den Lehrkräften zusammenarbeiten. Im häuslichen Umkreis der Familien arbeiten Eltern der Schule zu, indem sie ihre Kinder beim Lernen unterstützen, sie zu Fleiß, Gewissenhaftigkeit und ordentlichem Benehmen im Unterricht anhalten, eine günstige häusliche Arbeitsumgebung für sie organisieren und ihren Erziehungsstil mit dem in der Schule praktizierten abstimmen, und Lehrkräfte kooperieren heimbasiert mit Eltern, indem sie sie bei alledem beraten und unterstützen.

6.1 Kooperation in der Schule

6.1.1 Teilnahme von Eltern am Schul- und Unterrichtsbetrieb

Die Teilnahme von Eltern an Veranstaltungen und Angeboten des regulären Schul- und Unterrichtsbetriebs erscheint sinnvoll, wenn es sich um solche handelt,

- bei denen Eltern gemeinsam mit Schülerinnen und Schülern lernen, vielleicht sogar mit ihren eigenen Kindern: Das kann z. B. ein Sprachkurs für Schüler mit Migrationshintergrund sein, ein Bastellehrgang, eine AG, die sich mit Vogelstimmen befasst usw. Dabei ist darauf zu achten, dass die teilnehmenden Eltern sich im Hintergrund halten und die Schülerinnen und Schüler weder unter Druck setzen noch ihnen unerwünschte Hilfestellungen geben. Oft tut man gut daran, einige Verhaltensregeln für Eltern festzulegen. (Vgl. dazu unten Beispiel 6.)

– bei welchen Lehrkräfte und Eltern gemeinsam Lernprozesse durchlaufen: Manche Schulen haben gute Erfahrungen damit gemacht, Eltern oder Elternvertreter zu Pädagogischen Tagen und anderen Veranstaltungen der Lehrerfortbildung einzuladen. (Vgl. z. B. KMK 2003, S. 4.) Es kann z. B. hilfreich sein, wenn sich sowohl Lehrkräfte als auch Eltern mit Methoden der Gesprächsführung, mit Lern- und Arbeitstechniken, mit Schulrecht, mit Fragen der Entwicklungspsychologie, der Medienpädagogik usw. befassen.

Beispiel 6: Verhaltensregeln für Eltern

Liebe Eltern,
Sie möchten am Bastelkurs für Weihnachtsschmuck teilnehmen, den unsere Schule für die Viertklässler veranstaltet? Die Schüler der vierten Klassen haben einer solchen Teilnahme zugestimmt. Sie sollten sich aber an folgende Regeln halten:

- Lassen Sie Ihr Kind selbstständig arbeiten und helfen Sie nicht zu früh und schon gar nicht unnötig.
- Lassen Sie Ihr Kind ruhig auch seine eigenen Fehler machen. Halten Sie ihm seine Fehler nicht vor!
- Geben Sie Ihrem Kind keine zusätzlichen Anweisungen!
- Mischen Sie sich nicht in kleine Übungsaufgaben ein, die Ihr Kind selbstständig zu Hause durchführen soll.

Die Leiterin der Bastel-AG

Die Teilnahme von Eltern am regulären Unterrichts- und Schulbetrieb darf aber nicht überhandnehmen. Schülerinnen und Schüler empfinden es schnell als belastend, wenn ihre Eltern beständig im Schul- und Unterrichtsalltag auftauchen, und zwar umso mehr, je älter sie sind. Sie beanspruchen völlig zu Recht Bereiche und Zeiten, in denen sie unbeobachtet von Eltern arbeiten können. Auch die Teilnahme von Eltern an Veranstaltungen für Lehrkräfte muss auf Ausnahmen beschränkt bleiben, denn auch Kollegien benötigen geschützte Kommunikations- und Interaktionsräume, in denen sie unter sich sind.

6.1.2 Hilfeleistungen und Kooperationen von Eltern

In der Schule und ausserhalb des Unterrichts
Eltern übernehmen vielfältige Aufgaben in der Schule und im Schulleben:
– Begleitung von Unterrichtsgängen, Klassenfahrten und Exkursionen,
– Unterstützung bei der Vorbereitung von Festen, Feiern, Aufführungen, Ausstellungen und Sportveranstaltungen,
– Hilfe in der Mensa,
– Mitwirkung bei der Mittags- und Nachmittagsbetreuung,
– Übernahme von Förder- und Nachhilfeunterricht,

- Betreuung von Hausaufgabengruppen,
- Angebote für Pausenspiele,
- Leitung und Unterstützung freiwilliger Arbeitsgemeinschaften (Sportgruppen, Bastelkurse und künstlerische Gruppen, Schultheater, Computer-AGs usw.),
- Betreuung der Schulbibliothek,
- Koordination der Arbeit im Schulgarten,
- Produktion der Schul- und Klassenzeitung zusammen mit Lehrkräften und Schülern,
- Unterstützung bei der Sponsorensuche und beim Einwerben von Spenden,
- u. v. a. m.

Die meisten dieser Hilfeleistungen sind Schulen sehr willkommen. Reichlich zwei Drittel der 2004 von uns befragten bayerischen Eltern wurden nach ihren Auskünften um Mithilfe bei der Vorbereitung von Schulfesten, Ausstellungen, Sportveranstaltungen usw. und um finanzielle Unterstützung ersucht. Rund ein Drittel wurde um Begleitung von Klassenfahrten, Ausflügen, Unterrichtsgängen, Exkursionen etc. und um Hilfe bei der Suche nach Sponsoren gebeten. Immerhin noch ein Achtel wurde wegen Mittags- und Nachmittagsbetreuung angesprochen. Unterstützung beim Nachhilfeunterricht und bei der Hausaufgabenbetreuung hingegen erbaten die Schulen nur von einem Zwanzigstel, solche beim Förderunterricht sogar nur von einem Dreißigstel der Eltern. Die Aussagen der Lehrkräfte deckten sich ziemlich gut mit den Angaben der Eltern. (Sacher 2004, S. 64)

Es ist nicht zu übersehen, dass den Schulen vor allem Unterstützung in peripheren Bereichen willkommen ist und dass die Neigung, Eltern um Hilfe zu bitten abnimmt, je mehr man sich dem „Kerngeschäft" des Unterrichts nähert. Die Hilfsangebote der Eltern orientieren sich an diesen Erwartungen der Schule und liegen ebenfalls meistens in peripheren Bereichen.

Es scheint hier ein eingespieltes Gleichgewicht von Rollenerwartungen und Rollenverhalten vorzuliegen. Dazu passt auch, dass Hilfsangebote von Eltern in peripheren Bereichen von der Schule fast immer angenommen werden, Hilfsangebote mit größerer Nähe zum „Kerngeschäft" Unterricht – Angebote, beim Förderunterricht oder bei der Hausaufgabenhilfe mitzuwirken oder Nachhilfe zu geben – häufiger ausgeschlagen werden – immerhin in 14% bis 29% aller Fälle (Sacher 2004, S. 68).

Im Unterricht

Auch die Möglichkeiten für Eltern, im Unterricht mitzuarbeiten, sind breit gestreut:

- Eltern können bei Themen mitarbeiten, für die sie besonders qualifiziert sind, z. B. wenn Fragen der Berufswahl und Berufsvorbereitung behandelt werden.
- Sie können einzelne Unterrichtsabschnitte unterstützen (z. B. Übungen, Experimente, Maßnahmen innerer Differenzierung).

- Sie können einzelne Schülergruppen betreuen (z. B. als „Lesemütter“ und „Spielmütter“[1]).
- Sie können helfen bei der Planung und Durchführung von Projekten.
- Sie können zusammen mit der Lehrkraft Lern- und Arbeitsmaterialien, einen Lernzirkel oder eine Lernwerkstatt erarbeiten und den Einsatz im Unterricht unterstützen.
- u. v. a m.

Argumente contra
Die Mitarbeit von Eltern im Unterricht ist allerdings umstritten. Die vor allem von Lehrkräften vorgebrachten Gegenargumente sind zahlreich:[2]
- Durch Elternmitarbeit im Unterricht werde das Vorurteil verstärkt, Unterrichten sei – zumindest in der Grundschule – so einfach, dass nahezu jedermann es erfolgreich praktizieren könne.
- Elternmitarbeit im Unterricht laufe darauf hinaus, dass Eltern als Hilfslehrer eingesetzt werden. Letztlich würden auf diese Weise Eltern instrumentalisiert, um akuten Lehrermangel, Stundenausfall und eine verfehlte Einstellungspolitik zu kaschieren. Kinder hätten aber das Recht auf ausgebildete Lehrer.
- Es könne zur Cliquenbildung in der Elternschaft kommen, da nur ein kleiner Teil der Eltern – meistens Mittelschichtmütter – in der Lage sei, im Unterricht mitzuhelfen. Das würde die ohnehin vorhandene soziale Disparität in der Schule vergrößern.
- Da meist nur Mütter helfen, werde das fatale Rollenstereotyp gefestigt, es sei Frauensache, sich um die Schule und das Lernen der Kinder zu kümmern.
- Es könne leicht zu einer Benachteiligung derjenigen Kinder kommen, deren Eltern nicht im Unterricht mithelfen. Die helfenden Eltern würden sich vermutlich mehr auf ihre eigenen Kinder konzentrieren.
- Den Schülerinnen und Schülern sei möglicherweise nicht mehr klar, dass ihre Lehrkraft die Letztverantwortung im Unterricht trage.
- Die Schülerinnen und Schüler seien irritiert und gehemmt oder drängten sich unschön in den Vordergrund, wenn Eltern im Unterricht mitarbeiten.
- Es sei keine Verschwiegenheit mehr gewährleistet, Klatsch und Tratsch über Leistungs- und Verhaltensprobleme anderer Kinder Tür und Tor geöffnet.
- Haftungs- und Versicherungsfragen seien ungeklärt. Zumindest sei der Verwaltungsaufwand beträchtlich, diese zu regeln.
- Elternmitarbeit im Unterricht sei eine erhebliche Mehrbelastung für Lehrkräfte, welche den Unterrichtseinsatz der Eltern planen und mit ihnen vor- und nachbesprechen müssten.

---

1 Vgl. Doppke 2005, S. 42; Boschbach 2000, S. 4.
2 Vgl. dazu Lueg 1999, S. 511; Bartnitzky 1981, S. 146; Peisker 1983, S. 481; Kirschner 1981, S. 25; Elternmitarbeit 2003.

- Weniger oft explizit ausgesprochen wird, dass Lehrkräfte fürchten, durch die im Unterricht mitarbeitenden Eltern verstärkt kontrolliert zu werden.

Argumente pro
Aber auch Argumente für die Mitarbeit der Eltern im Unterricht werden angeführt:[3]
- Infolge der Elternmitarbeit hätten Kinder im Unterricht mehr erwachsene Ansprechpartner und infolgedessen könne man auch häufiger differenzieren.
- Eltern würden die Schule von heute aus eigener Anschauung kennen lernen und Vorurteile gegenüber manchen modernen Unterrichtsmethoden abbauen.
- Die Kommunikation zwischen Schule und Eltern werde intensiviert und auf pädagogische Fragen fokussiert.
- Eltern würden ihr Kind besser verstehen und ihre Erwartungen an es korrigieren, wenn sie es im Kontext seiner Altersgenossen erlebten und mit ihm arbeiteten.
- Eltern machten Erfahrungen im Umgang mit fremden Kindern und der Lehrkraft, die ihrer Erziehungskompetenz zugute kämen.
- In der Schule mitarbeitende Eltern engagierten sich stärker für die Schule und würden eher helfen, ihre Qualität zu verbessern.
- Die Lehrkräfte erhielten unmittelbare Rückmeldungen über ihre Arbeit und profitierten von zusätzlichen Beobachtungen der Eltern.

Erfahrungen
Wo ernsthaft Elternmitarbeit im Unterricht praktiziert wurde, erwiesen sich die meisten Befürchtungen und Gegenargumente als haltlos[4]:
- Es zeigte sich, dass Eltern über vielerlei Kompetenzen verfügen, mit denen sie den Unterricht bereichern können.
- Befürchtungen, dass Eltern ihre Mitarbeit nutzen könnten, um die Lehrkräfte verstärkt zu kontrollieren und kritisieren, haben sich nicht bestätigt. Eltern entwickelten ganz im Gegenteil ein besseres Verständnis für die Schwierigkeiten des Schulalltags, gewannen einen tieferen Einblick in die heutige Unterrichtsrealität und in die Lehrerarbeit, wurden offener für Probleme und zurückhaltender mit Kritik.
- Es entstand eine gemeinsame Erfahrungsgrundlage von Eltern und Lehrkräften, welche die Kooperation sehr erleichterte. Der Austausch über pädagogische Fragen führte zu einer stärkeren Vereinheitlichung der Erziehungsstile in der Schule und in den Familien.

---

3 Bartnitzky 1981, S. 146; Elternmitarbeit 2003; Kirschner 1981, S. 23; Lueg 1999, S. 512ff.
4 Bach 1982, S. 175; Lueg 1999, S. 515f.; Wicht & Melzer 1983, S. 33ff.

- Elternmitarbeit im Unterricht scheint überhaupt eine sehr effektive Form von Elternbildung zu sein. Eltern verbesserten ihre Erziehungskompetenz durch Erfahrungen im Unterricht.
- Durch die Zusammenarbeit mit den Eltern gewannen die Lehrkräfte Einblick in die Situation der Familien und in die Erziehungspraxis der Eltern, so dass sie die Schülerinnen und Schüler besser verstehen und fördern konnten.
- Nicht überall arbeiteten nur Eltern gehobener Schichten mit. Die Hamburger Schulbehörde berichtet, dass sich die soziale Schichtung der Elternschaft in voller Breite auch bei den mitarbeitenden Eltern zeigt.
- Eltern bildungsnaher Schichten bauten bei der Mitarbeit im Unterricht Vorurteile gegenüber Kindern bildungsferner Schichten ab.
- Die Anwesenheit von Eltern wirkte nur zu Beginn störend auf das Verhalten der Kinder. Die Effekte verloren sich danach ziemlich schnell.
- Wenn Eltern ihren eigenen oder anderen Kindern zu viel und zu früh Hilfestellungen gaben, konnte das durch klärende Gespräche rasch korrigiert werden. Manchmal kam es dadurch sogar zu einer Änderung der häuslichen Erziehung.
- Die Eltern lernten das altersspezifische Verhalten und Leistungsvermögen von Kindern besser kennen und konnten die Leistungsfähigkeit ihrer eigenen Kinder im Vergleich mit anderen realistischer einschätzen.
- Durch häufigere differenzierende Arbeit in Kleingruppen konnten sich die Kinder aktiver einbringen, hatten mehr Erfolgserlebnisse und gewannen an Selbstvertrauen.
- Die Kooperation ihrer Eltern und Lehrkräfte wirkte sich positiv auf die Motivation und das Lernengagement der Kinder aus.
- Lehrkräfte konnten sich verstärkt den besonders förderungsbedürftigen Schülerinnen und Schülern zuwenden.
- Die Mitarbeit der Eltern im Unterricht war hauptsächlich anfangs eine zusätzliche Belastung für die Lehrkräfte. Dadurch dass Eltern, mehr und mehr auch zeitraubende organisatorische Aufgaben übernahmen, kam es im weiteren Verlauf aber auch zu einer Entlastung der Lehrkräfte.
- Elternmitarbeit im Unterricht führte nicht notwendig zur Cliquenbildung. Es kam auch bei Elternabenden zu häufigeren Gesprächen über den Unterricht, wodurch auch die nicht mitarbeitenden Eltern stärker für didaktisch-methodische Fragen interessiert wurden.

Gestaltungshinweise

Wenn Kooperation von Eltern und Lehrkräften im Unterricht organisiert werden soll, müssen einige Grundregeln beachtet werden[5]:

---

5 Bartnitzky 1981, S. 147; Wicht & Melzer 1983, S. 35 u. S. 48; Peisker 1983, S. 481; Lueg 1999, S. 511; Roth 1999, S. 57 f.

- Die Mitarbeit von Eltern im Unterricht bedarf nicht nur der Zustimmung der Schulleitungen und Lehrkräfte. Sie sollte auch im Einvernehmen mit allen Eltern der Klasse erfolgen und mit den Schülerinnen und Schülern besprochen werden.
- Die im Unterricht mitarbeitenden Eltern müssen schriftlich ihre Verschwiegenheit zusichern und sich ggf. einem Gesundheits-Check unterziehen.
- Die im Rahmen des Hamburger Modellprojekts EMU entwickelte Vorgehensweise, Eltern zunächst zur Hospitation anzuhalten, damit sie die Klasse und die Unterrichts- und Erziehungssituation kennen lernen, hat sich allgemein bewährt. Daran kann sich das Übernehmen einfacher Hilfstätigkeiten (Kleben, Schneiden, Spielen, Aufräumen) anschließen, das Lenken des Eltern-Interesses vom eigenen Kind auf eine Kindergruppe, gemeinsame Planungen mit der Lehrkraft und/oder einer Elterngruppe und schließlich auf systematische Kooperation.
- Ebenso erwies es sich als günstig, Eltern ein gestaffeltes Mitarbeitsangebot zu machen, da nicht alle gleich viel und gleich regelmäßig Zeit erübrigen können, also neben der regelmäßigen, sich über einen längeren Zeitraum erstreckenden Mitarbeit auch Möglichkeiten einer begrenzten Mitarbeit an ein oder zwei Tagen anzubieten.
- Damit die ungleiche Augenhöhe, die durch die Weisungsgebundenheit der Eltern gegenüber den Lehrkräften entsteht, nicht allzu stark wird, sollte man Offenheit für Vorschläge und Kritik helfender Eltern signalisieren und ihnen ein Mitspracherecht bei den Aufgaben einräumen, die sie helfend unterstützen.
- Günstig ist es, wenn Hilfsersuchen an die Eltern nicht nur von der Schulleitung und den Lehrkräften, sondern auch von den Elternvertretern an sie herangetragen werden.
- Manche Schulen erfassen gleich bei der Schulanmeldung oder beim Übertritt, welche Hilfeleistungen Eltern anbieten können, um bei Bedarf gezielt darauf zurückgreifen zu können. Auch dies sollte am besten eine Gemeinschaftsinitiative der Schulleitung und der Elternvertretung sein.
- Ferner wirkt es sich positiv aus, wenn die Schule Hilfeleistungen öffentlich anerkennt und würdigt – im Elternbrief, auf der Schulhomepage, in der Schulzeitung, in der lokalen Presse oder bei Schulfesten und –feiern.
- Um Cliquenbildungen zu vermeiden, sollte möglichst ein Modus geschaffen werden, wie die „passiven“ Eltern über die Mitarbeit der „aktiven“ auf dem Laufenden gehalten werden können, z. B. durch regelmäßige Informationen in Elternrundschreiben, Schul- und Klassenzeitungen, auf Homepages usw. Außerdem sollte den „passiven“ Eltern immer wieder (unaufdringlich!) wenigstens eine kurzfristige Mitarbeit angeboten werden. Auch die Entwicklung der Intragruppenbeziehungen in der Elternschaft steuert der Cliquenbildung und der Betonung und Verschärfung sozialer Unterschiede entgegen.

Nutzen von Hilfeleistungen der Eltern für den Schulerfolg

Vielfach belegt ist, dass Hilfeleistungen von Eltern in der Schule umso mehr für den Schulerfolg der Schülerinnen und Schüler bewirken, je näher sie an ihrem Lernen sind.[6] Das führt zurück zu dem Problem, dass gerade im Unterricht und in unterrichtsnahen Bereichen Elternhilfe und Elternkooperation weniger erwünscht und weniger üblich sind. Größere Nähe zum Lernen der Schülerinnen und Schüler kann z. T. auch bei peripheren Aktivitäten hergestellt werden: Z. B. können Eltern, die beim Schulfest den Grillstand übernehmen, Schülerinnen und Schüler als Helfer hinzuziehen und ihnen dabei zeigen, worauf beim Grillen von Würsten zu achten ist, wie man Bestellungen aufnimmt und abarbeitet, Wechselgeld herausgibt usw. Außerdem sollten mit Rücksicht auf den Forschungsstand Hilfeleistungen für Schülerinnen und Schüler Vorrang haben vor solchen für Lehrkräfte oder andere Eltern.

Eltern, die aus unterschiedlichen Gründen nicht in der Lage sind, in der Schule ihrer Kinder Hilfs- und Kooperationsleistungen zu erbringen, werden beruhigt ein weiteres Forschungsergebnis zur Kenntnis nehmen: Hilfe und Kooperation von Eltern in der Schule trägt weitaus weniger zum Bildungserfolg der Kinder und Jugendlichen bei als die viel leichter zu organisierende Kooperation in der Familie.[7]

Einschränkungen und Grenzen für Kooperationen und Hilfeleistungen in der Schule

Es gibt generelle Einschränkungen und Grenzen für Kooperation und Hilfeleistungen von Eltern in der Schule, die zu beachten sind:

- Es darf nicht von der Vorstellung ausgegangen werden, alle Eltern könnten wirklich und im gleichen Umfang helfen und kooperieren. Viele haben Zeit- und Terminprobleme. Berufstätigen Eltern ist es oft unmöglich, während der Unterrichtszeit in der Schule präsent zu sein. Häufig stehen auch familiäre Gründe dem Erbringen von Hilfeleistungen entgegen. Für viele Eltern kommt aus solchen und ähnlichen Gründen nur eine gelegentliche Unterstützung der Schule in Frage.
- Elternhilfe und Elternkooperation im „Kerngeschäft" Unterricht setzt Kompetenzen voraus, über welche nicht alle Eltern verfügen, so dass die Schule oft sogar wohlgemeinte Angebote ungenutzt lassen muss. Deshalb wird es grundsätzlich nicht zu ändern sein, große Teile der Elternschaft vor allem in eher peripheren Bereichen Hilfe leisten.
- Elternhilfe und Elternkooperation dürfen keinesfalls Leistungen ersetzen, welche auch die Schülerinnen und Schüler erbringen könnten. Diese dürfen durch

---

6 Krumm 1988, S. 616; Krumm 1996; Cotton & Wikelund 2000; Michigan Department of Education 2001; Crosnoe 2001, S. 227; Boethel 2003; Desforges & Abouchaar 2003, S. 271; Simon 2004; Henderson & Mapp 2002, S. 38; Henderson et al. 2007, S. 82

7 Vgl. vor allem die Metaanalysen von Jeynes 2011 u. Hill & Tyson 2009. Weitere Studien siehe Abschnitt 6.2.2.

die Unterstützung ihrer Eltern nicht aus der Verantwortung entlassen werden, zusammen mit den Lehrkräften ihr Leben in der Schule und im Unterricht so weit wie möglich selbst zu gestalten.

- Und schließlich ist auch darauf zu achten, dass fehlende Arbeitskapazität von Lehrkräften und anderem schulischen Personal nicht durch Hilfe und Kooperation von Eltern ersetzt wird. Hilfe und Kooperation von Eltern sollte sich vielmehr auf Aktivitäten beschränken, für die prinzipiell und auf Dauer kein reguläres Personal zur Verfügung steht.

6.2 Kooperation in den Familien

6.2.1 Kooperationsbereitschaft und Kooperationsverständnis von Eltern und Lehrkräften

Die Kooperation zwischen Eltern und Lehrkräften wird auch durch ein unterschiedliches Kooperationsverständnis erschwert. Hösl-Kulike (1993, S. 96f.) konnte zeigen, dass sowohl auf Eltern- als auch auf Lehrerseite zwei unterschiedliche Kooperationsverständnisse zu finden sind:

- ein an konkreten Erziehungs- und Unterrichtsproblemen orientiertes engeres Kooperationsverständnis, nach dem Kooperation darauf abzielt, konkrete Schüler- und Unterrichtsprobleme lösen,
- ein darüber hinaus auch auf Erziehungspartnerschaft und Mitgestaltung von Schule ausgerichtetes weiteres Kooperationsverständnis, nach dem Kooperation nicht nur konkrete Schüler- und Unterrichtsprobleme lösen will, sondern eine umfassende Partnerschaft zwischen Schule und Eltern anstrebt.

Eine Reihe von Studien[8] zeigte ebenso ebenso wie unsere Ausgangserhebung zum Projekt „Vertrauen in Partnerschaft II", dass viele Eltern an einer engeren Zusammenarbeit mit der Schule letztlich nur dann interessiert sind, wenn es um das eigene Kind und dessen Schulerfolg geht, dass sie aber wenig Bereitschaft zeigen, sich für allgemeine Interessen der Eltern- und Schülerschaft und der Schule zu engagieren. Kooperationsaufgaben und Kooperationsfelder im schulischen Bereich sind aber in aller Regel solche, die genau ein solches Engagement erfordern.

6.2.2 Nutzen der Kooperation in den Familien für den Schulerfolg

Die Forschungslage erlaubt es, einigermaßen gelassen hinzunehmen, dass viele Eltern Schwierigkeiten haben, in der Schule ihrer Kinder Hilfeleistungen zu erbringen und mit Lehrkräften zu kooperieren. Eine große Zahl von Studien belegt nämlich, dass die Kooperation in den Familien sehr viel mehr zum Schulerfolg

8 Vgl. Krumm 1996b, S. 270; Krumm 1998, S. 85; Morgan u. a. 1992, S. 16 f; Neuenschwander u. a. 2004, S. 174.

der Kinder und Jugendlichen beiträgt als die Kooperation in der Schule.[9] Die Kooperation in den Familien greift bei weitem nicht so stark in das Zeitbudget der Eltern ein. Sie kann auf gleicher Augenhöhe stattfinden und sie kommt dem natürlichen Egoismus der meisten Eltern entgegen, denn sie wird unmittelbar für das eigene Kind erbracht.

6.2.3 Wirksame Elemente der Kooperation in den Familien

Wie aber muss die Kooperation von Eltern in den Familien gestaltet werden, damit sie sich im Lernerfolg der Kinder und Jugendlichen auszahlt? Sowohl Eltern als auch Lehrkräfte denken hier in erster Linie an Unterstützung bei den Hausaufgaben und bei der häuslichen Lernarbeit. Die Forschung zeichnet hier aber ein völlig anderes Bild. Hill & Tyson (2009) und Jeynes (2011) fassten in ihren Metaanalysen zahlreiche internationale Studien zusammen und kamen zu dem Ergebnis, dass es letztlich drei Elemente sind, auf welche es bei der Kooperation in den Familien ankommt:

- Hohe Erwartungen der Eltern und positive Zukunftsorientierung[10]: Eltern sollten von den Kindern gute Schulleistungen erwarten und sie ihnen zutrauen, Wertschätzung von Bildung und anspruchsvolle Bildungsaspirationen zeigen, Pläne für die Zukunft der Kinder machen und mit ihnen besprechen – all das aber, ohne sie unter Druck zu setzen und zu überfordern.
- Organisieren einer anregenden häuslichen Umgebung durch Verfügbarkeit von Büchern, Tonträgern, Musikinstrumenten, Malutensilien, Bastelmaterial, Werkzeug und anderen Materialien mit Bildungspotenzial, durch Aufsuchen von bildungsrelevanten Veranstaltungen und Orten im Umfeld (z. B. Museen, Bibliotheken, Ausstellungen, Galerien, Zoos, Theater, Konzerte usw.), durch Diskutieren und Kommunizieren mit dem Kind über Schule und Unterricht und alle Themen und Probleme des Alltags, durch Herstellen von Beziehungen zwischen der Bildungsarbeit der Schule und aktuellen Ereignissen sowie – im Grundschulalter – durch gemeinsames Lesen mit dem Kind.
- Erziehen zwischen Druck und Laissez-faire durch einen autoritativen Erziehungsstil im Sinne Diana Baumrinds (1991), der charakterisiert ist durch
  - Liebe und Wärme,
  - Förderung von Selbständigkeit,

---

9 Bull et al. 2008; Carter 2002; Catsambis 2001; Christensen & Sheridan 2001; Cotton & Wikelund 2000; Dubois et al. 1994; Eccles 1992; Eccles 1994; Grolnick et al. 1997; Harris & Goodall 2007; Hickman et al. 1995; Hill & Tyson 2009; Hoover-Dempsey & Sandler 1997; Hoover-Dempsey et al. 2005; Ho Sui-Chu & Willms 1996; Izzo et al. 1999; Jeynes 2011; Okpala et al. 2001; Singh et al. 1995; Siraj-Blatchford et al. 2002; Trusty 1999; Zellman & Waterman 1998

10 „Academic socialization" nach Hill & Tyson 2009

- Struktur und Disziplin, d. h. durch Ordnung und Regeln, einen strukturierten Tagesablauf, Übertragen von Verantwortung für Aufgaben im Haushalt und beispielhaftes Vorleben von Disziplin, Bereitschaft zu harter Arbeit und lebenslangem Lernen.[11]

Es ist demnach nicht nötig, bei der Kooperation in den Familien den Schwerpunkt auf elterliche Hilfe beim Lernen zu legen. Eine solche unmittelbare Unterstützung der Eltern erwies sich in vielen Studien und auch in den PISA-Begleituntersuchungen als wenig effektiv, teilweise sogar als kontraproduktiv.[12] Die wirksamen Elemente der Kooperation in den Familien setzen zwar einige finanzielle Mittel (Verfügbarkeit kultureller Ressourcen!), aber keinen höheren Schulabschluss und auch nicht die Beherrschung der deutschen Sprache voraus. Der Forschungsstand erlaubt somit, Eltern generell zu ermutigen und zugleich stärker in Verantwortung zu nehmen. Er sollte zudem bei „bildungspanischen“ Mittelschichteltern (vgl. Bude 2011), die nur allzu oft übermäßiges Gewicht auf vielfältiges „Lerncoaching“ legen, Entschleunigung und Rückbesinnung auf die grundlegenden Förderelemente veranlassen.

Es sind größtenteils ganz schlichte und alltägliche Verhaltensweisen, welche die stärksten Förderimpulse enthalten. So ergaben zwar Befunde der Begleitforschung zu PISA 2009, dass die Leseleistungen von Kindern, deren Eltern oft mit ihnen über wichtige politische und soziale Fragen und kulturelle und philosophische Themen sprachen, 30 bis 60 PISA-Punkte über den Leistungen anderer Kinder lagen (wobei 40 PISA-Punkte dem Lernvorsprung eines Schuljahrs entsprechen), deren Eltern dies nicht oder nur selten taten. Dieses Ergebnis könnte Eltern mit niedrigem Bildungsniveau entmutigen, die sich außerstande sehen, solche „hochgeistigen“ Gespräche zu führen. Die Analysen der Begleitforschung ergaben aber auch, dass schon regelmäßige gemeinsam mit den Kindern eingenommene Hauptmahlzeiten mit vergleichbaren Leistungsunterschieden einhergingen (PISA 2009, S. 189). Erstaunlicher Weise hatten Schülerinnen und Schüler, deren Eltern häufiger mit ihnen aßen (und dabei über alltägliche Themen plauderten), auch bessere Leistungen in Mathematik und in den Naturwissenschaften![13] Und die beobachteten Effekte waren nur teilweise darauf zurückzuführen, dass in gehobenen Bevölkerungsschichten mehr Wert auf die Pflege einer Gesprächskultur gelegt wird. Analysen des PISA-Konsortiums ergaben nämlich, dass die genannten Kompetenzunterschiede zumindest zur Hälfte auch dann bestehen blieben, wenn Einflüsse der Sozialschicht berücksichtigt wurden (PISA 2009, S. 188 f.).

---

11 Es gibt allerdings Studien, die zeigen, dass in bestimmten kulturellen Milieus auch ein maßvoll praktizierter autoritärer Stil erfolgreich sein kann. Vgl. Spera 2005, S. 136 ff. u. Fibbi & Efionayi 2008, S. 55 f.

12 Cooper 2007; Hill & Tyson 2009, S. 757; Jeynes 2011, S. 49, 67, 142; PISA 2009, S. 189

13 Originale PISA 2009-Daten. Vgl. https://www.oecd.org/pisa/data/pisa2009database-downloadabledata.htm (27.09.2021)

6.2.4 Hausaufgabenbetreuung und Lernhilfe der Eltern

Effekte von Hausaufgabenhilfe

Die meisten Lehrkräfte erwarten, dass Eltern sich um die Hausaufgaben ihrer Kinder kümmern, und fast alle Eltern versuchen diesen Erwartungen auch zu entsprechen. So sind denn auch kaum 10% der deutschen Grundschüler bei ihren Hausaufgaben völlig auf sich allein gestellt (Wild 2004, S. 40). Wippermann u. a. konnten in einer großen bundesweiten Untersuchung zeigen, dass es nachgerade ein „stilles Abkommen" zwischen Eltern und Lehrkräften gibt, wonach Eltern zu Hause den Unterrichtsstoff zu üben und bei Bedarf noch einmal zu erklären haben. Schule dominiert und strukturiert auf diese Weise den Alltag vieler Familien. Teilweise gibt es unter den Familien sogar einen heimlichen Wettbewerb um die Intensität der Unterstützung (Wippermann u. a. 2013, S. 7, 40 f.).

Wenn man den Forschungsstand über die Wirkungen elterlicher Hausaufgabenunterstützung zu Rate zieht, zeigt sich allerdings, dass deren Bedeutung weit überschätzt wird. Wie wir im vorangehenden Abschnitt sahen, sind es ganz andere Elemente der elterlichen Unterstützung, von denen der Schulerfolg abhängt. Hausaufgabenhilfe und Hausaufgabenüberwachung durch Eltern hingegen erwies sich in vielen Studien und auch in den PISA-Begleituntersuchungen als wenig effektiv, teilweise sogar als kontraproduktiv, und dies umso mehr, je älter die Schülerinnen und Schüler waren.[14] Gelegentlich zu beobachtende geringe Leistungsverbesserungen infolge elterlicher Hausaufgabenhilfe verflüchtigen sich fast vollständig, wenn man die Leistungen nicht in Noten sondern in Ergebnissen standardisierter Tests misst (Jeynes 2011, S. 67). D. h. elterliche Hausaufgabenhilfe ist bestenfalls ein Mittel, um Lehrkräfte mild zu stimmen, hat aber so gut wie keinen wirklichen Fördereffekt. Es gibt keinen Nachweis, dass sich Leistungsrückstände durch elterliche Unterstützung bei den Hausaufgaben aufholen lassen, und schon gar nicht konnte gezeigt werden, dass schwächere Schülerinnen und Schüler in besonderem Maße von elterlicher Hausaufgabenhilfe profitieren – eher das Gegenteil ist der Fall (Lipowsky 2007).

Dazu kommt, dass elterliche Unterstützung bei den Hausaufgaben in mehrfacher Hinsicht erhebliches Konfliktpotenzial enthält:

- Vielfach kommt es zu Konflikten der Eltern mit den Kindern und Jugendlichen, die sich gegängelt und bevormundet fühlen.
- Manchmal geraten auch die Eltern untereinander in Streit um die richtige Unterstützung.
- Häufiger werden Meinungsverschiedenheiten mit den Lehrkräften über die Schwierigkeit und den Umfang von Hausaufgaben ausgetragen.

Und selbst dann, wenn es zu all diesen Konflikten nicht kommt, besteht die Gefahr, dass die Schülerinnen und Schüler sich auf die Hilfe ihrer Eltern verlassen,

14 Cooper 2007, S. 61 f.; PISA 2009, S. 189

dem Unterricht mit geringerer Aufmerksamkeit folgen und davon abgehalten werden, Verantwortung für ihr Lernen zu übernehmen.
Manchmal wird argumentiert: Eltern, die sich um die Hausaufgaben ihrer Kinder kümmerten, erhielten dadurch einen Einblick, was in der Schule gelernt und gefordert werde. Die von Epstein u. a. (1995) konzipierten und in den USA weit verbreiteten interaktiven Hausaufgaben, bei denen die Mitarbeit der Eltern zwingend ist, verfolgen erklärtermaßen diesen Zweck. Angesichts des Zeitaufwandes und der z. T. erheblichen negativen Auswirkungen auf den Familienfrieden ist allerdings zu fragen, ob Eltern Informationen über Inhalte und Anforderungen der schulischen Bildungsarbeit nicht auf anderen Wegen erhalten könnten.

Arten elterlicher Hausaufgabenhilfe
Die insgesamt enttäuschende Wirkung elterlicher Hausaufgabenhilfe ist nicht zuletzt darauf zurückzuführen, dass viele Eltern sich auf die falsche Weise um die Hausaufgaben ihrer Kinder kümmern. Besonders ungünstig ist es, wenn Eltern sich unaufgefordert einmischen, sich sehr stark auf Kontrolle und Disziplinierung verlegen, leistungsorientierten Druck ausüben, inhaltliche Unterstützung geben und direkt Lösungen aufzeigen. Eltern, die auf diese Weise als Hilfslehrer tätig sind, verhindern die Einübung ihrer Kinder in Selbstständigkeit und Selbstverantwortung und erschweren die Entwicklung ihres Selbstkonzepts. Es besteht die Gefahr, dass die Kinder von der Hilfe ihrer Eltern abhängig werden und sich alleine die Bewältigung der Aufgaben nicht mehr zutrauen. Zudem sorgen Eltern oft durch vom Unterricht abweichende Erklärungen und Hinweise für Verwirrung.
Wie eine sinnvollere und günstigere Hausaufgabenunterstützung aussehen kann, ist leichter zu erkennen, wenn man mit Hoover-Dempsey u. a. (2001, S. 205 f.) drei Arten der Unterstützung unterscheidet:
- Eltern können ihre Kinder unterstützen, in sie ihnen ein positives Modell für reflektiertes, selbstständiges und diszipliniertes Arbeiten vorleben.
- Eltern können die Lernmotivation ihrer Kinder verstärken durch gezeigtes Interesse an der Arbeit und an den Lernfortschritten des Kindes, durch Anerkennung und Lob sowie durch emotionale Unterstützung bei Schwierigkeiten und Misserfolgen,
- Eltern können helfen durch spezielle Instruktion, die sich auf die Inhalte oder auf die angewandten Methoden und Strategien richtet.

Die ersten beiden Arten der Unterstützung, welche eher indirekt vorgehen, werden in ihrer Bedeutung häufig nicht erkannt und wenig praktiziert. Die meisten Eltern unterstützen ihre Kinder nur durch spezielle Instruktion und dies auch noch eher kontraproduktiv, indem sie ihnen die Lerninhalte (noch einmal) erklären und Anweisungen geben, wie sie methodisch vorzugehen haben, ohne auf Vorkenntnisse, Stärken und Schwächen und den Lernstil der Kinder einzugehen. Bei Mathematikhausaufgaben helfen 84,3% der Eltern von Grundschülern auf

diese ungünstige Weise statt ihnen lediglich Anregungen zu geben und ihre Selbständigkeit zu unterstützen (Wild & Remy 2002, S. 283).
Wild (2004, S. 48) unterscheidet vier Arten elterlicher Hausaufgabenhilfe:

- Hilfe durch autonomieunterstützende Instruktion, welche das selbstregulierte Lernen des Kindes zu fördern sucht und es zum selbständigen Problemlösen und zur Entwicklung von Strategien im Umgang mit Anforderungen und Fehlern ermuntert,
- Hilfe durch strukturgebende Aktivitäten, d. h. das Sorgen für günstige Arbeitsbedingungen – die Einrichtung eines ruhigen und hellen Arbeitsplatzes, in dessen Umgebung die benötigten Materialien in guter Ordnung bereitliegen, das Achten auf feste Zeiten, zu denen die Hausaufgaben angefertigt werden, und auf eine günstige Verteilung von Arbeitsphasen und Pausen sowie das Fernhalten von Störungen und Ablenkungen (auch von Fernsehen, Computerspielen und anderer Mediennutzung) eine Stunde nach den Hausaufgaben,
- Hilfe durch Ausüben leistungsorientierten Drucks, d. h. durch Kontrolle der kindlichen Lernanstrengungen und Leistungen, den Einsatz von Belohnungen und Bestrafungen usw.,
- Hilfe durch emotionale Unterstützung, d. h. das Ausdrücken von Akzeptanz und Wertschätzung, das Zeigen von Interesse am Lernen der Kinder, durch Spenden von Trost bei Misserfolgen und durch Ansporen bei Resignation.

Leistungsorientierten Druck auszuüben, ist im Allgemeinen unvorteilhaft. Günstigere Effekte haben die drei anderen Unterstützungsformen.

Praktische Empfehlungen
Drei Dinge sollten Eltern auf jeden Fall vermeiden, wenn sie ihre Kinder bei den Hausaufgaben unterstützen möchten:

- Unaufgeforderte Hilfe: Sie wird von den Kindern eher als Kontrolle wahrgenommen und weniger als Unterstützung. Außerdem beeinträchtigt unaufgeforderte und unnötige Hilfe ihre Selbstständigkeit.
- Permanente Hilfe: Dadurch sie werden die Kinder von der elterlichen Unterstützung abhängig. Außerdem erhalten die Lehrkräfte einen falschen Eindruck von der Angemessenheit ihrer Aufgabenstellungen, wenn Eltern ständig Schwierigkeiten, die ihre Kinder bei den Hausaufgaben haben, durch ihre Hilfe ausgleichen – vor allem dann, wenn die Eltern der Klasse sich auch untereinander die Probleme ihrer Kinder nicht eingestehen und dadurch eine Art Peer-Pressure ausüben (Bennett & Kalish 2006, S. 69).
- Direkte Hilfe, bei der die Eltern den Kindern Inhalte und Arbeitswege vorgeben und Lösungen verraten, manchmal sogar Aufgaben an ihrer statt bearbeiten.

Wenn es überhaupt eine Rechtfertigung dafür gibt, in Hausaufgaben einen Teil der schulischen Lern- und Bildungsprozesse in die Familien auszulagern, dann am ehesten die, dass Hausaufgaben Gelegenheit geben, selbständiges Arbeiten zu lernen. Elterliche Hausaufgabenhilfe muss somit stets bestrebt sein, die Eigenverantwortung und Autonomie der Schülerinnen und Schüler zu respektieren und zu stärken. Daraus resultiert, dass es meistens am besten ist, gar nicht zu helfen und sich gar nicht einzumischen.

Darüber hinaus sind folgende Richtlinien zu beachten:

- Eine zulässige und hilfreiche Unterstützung ist es immer, für günstige Arbeitsbedingungen zu sorgen. Gleichzeitig sollte aber darauf hingewirkt werden, dass die Kinder lernen, ihren Arbeitsplatz selbst zu organiseren.
- Gelegentlich und auf Bitten der Kinder hin kann indirekte Hilfe gegeben werden durch Ermunterung zu selbstständigem Arbeiten, durch Hinweise auf ähnliche Aufgaben und Musteraufgaben, auf Hilfsmittel, durch Aufforderung zur Selbstüberprüfung und Selbstkorrektur, durch Erläutern(lassen), Umformulieren(lassen) und Zerlegen(lassen) der Aufgabe und einzelner Begriffe, durch Erklären(lassen) des Vorgehens, d. h. der Zielsetzungen und Leitfragen, der Arbeitsschritte, der Arbeits- und Lerntechniken und Problemlösungsstrategien, durch Herausarbeiten(lassen) von Leitfragen und Prinzipien. Leistungsschwachen Kindern kann man das Durchsehen der Ergebnisse anbieten und ihnen in Ausnahmefällen auch einmal den ersten Arbeitsschritt vorgeben und dann zum Alleine-Weitermachen ermutigen.
- Wichtig ist es, dem Kind emotionale Unterstützung zu geben, d. h. Anstrengungen explizit wahrzunehmen und zu honorieren, Leistungen und Entscheidungen zu loben, Mut zu machen nach Misserfolgen sowie hohe Erwartungen und Zuversicht auszudrücken. Günstig ist es auch, Interesse an den Hausaufgaben und an den aktuellen Unterrichtsgegenständen zu zeigen, z. B. indem man Fragen dazu stellt oder sich etwas zeigen und erklären lässt, was man selbst noch nicht kennt und weiß.

Viele Eltern sind nicht in der Lage, ihren Kindern günstige indirekte Unterstützung im aufgezeigten Sinne zu geben, weil sie nicht wissen, wie eine solche aussehen könnte. Auch Verhaltensweisen zur emotionalen Unterstützung sind manchen nicht hinlänglich bekannt. Deshalb wird immer wieder vorgeschlagen, dass die Schule entsprechende Trainings anbietet (z. B. Wild 2003, S. 529; Jäger u. a. 2010, S. 76).

Oft gibt es Streit über den Umfang der Hausaufgaben und die dafür benötigte Arbeitszeit. In den USA und im angloamerikanischen und angelsächsischen Einflussbereich wird eine durch die Forschung gut abgesicherte 10-Minutenregel als Maßstab für die Angemessenheit verwendet: Der zeitliche Umfang – in Minuten gemessen – soll danach das Produkt aus 10 und der Jahrgangsstufe nicht übersteigen. Erstklässler sollen somit nicht länger als 10 Minuten, Zweitklässler nicht länger als 20 Minuten, Drittklässler nicht länger als 30 Minuten, Viertklässler nicht länger als 40 Minuten an Hausaufgaben sitzen usw. Für Schülerinnen und

Schüler der 12. Klasse ergeben sich danach schließlich 120 Minuten als maximale Arbeitszeit (Cooper 2007, S. 92). Wenn die Gegenstände der Hausaufgabe für die Kinder besonders interessant sind, kann diese Regel für die Grundschule zu einer 15-Minuten-Regel erweitert werden. Eine noch größere Ausdehnung der Hausaufgabenzeit aber ist auf jeden Fall mit nachteiligen Effekten verbunden (Cooper 2007, S. 92). Eltern von Schülerinnen und Schülern, welche ihre Hausaufgaben nicht in angemessener Zeit bewältigen, sollten ihren Kindern erlauben, die Arbeit abzubrechen, und das Gespräch mit ihren Lehrkräften suchen.

6.2.5 Elternbildung und Elterntraining

Begründung

Wenn lediglich Eltern der Schule ihrer Kinder und ihren Bildungsbemühungen zuarbeiten, ist das eigentlich noch keine wirkliche Kooperation. Dazu müssten in der Gegenrichtung auch Lehrkräfte Eltern in ihren häuslichen Förderbemühungen unterstützen, z. B. indem sie diese bei der Gestaltung ihrer Hausaufgabenbetreuung und in Erziehungsfragen beraten. Ergebnisse unserer Repräsentativ-Befragung von 2004 zeigten, dass Eltern durchaus wünschen, mit Lehrkräften nicht nur über das Lernen, die Leistungen und das schulische Verhalten ihrer Kinder, sondern auch über solche Themen zu sprechen. In der Praxis allerdings wird darauf viel zu wenig eingegangen (Sacher 2004, S. 77 u. S. 90).
Dabei besteht ein erheblicher Bedarf an Angeboten, die Eltern ermöglichen, ihre Erziehungskompetenz zu verbessern. Mehr als je zuvor wird in unserer Zeit Erziehung durch äußere Bedingungen erschwert: durch instabile Familienstrukturen, ökonomische Unsicherheit, unterschiedliche Wertorientierungen, eine Vielzahl von „Miterziehern" (Fernsehen, Videofilme, Computer, Peers) u. v. a. m. (Cyprian & Franger 1995, S. 217 ff.) Nicht zuletzt sind mit der Verbreitung der Kleinfamilie wichtige Erziehermodelle für junge Eltern verschwunden: Standen ihnen in der Großfamilie noch die eigenen Eltern und Großeltern, Onkel, Tanten, ältere Geschwister usw. mit Rat und Tat und als Vorbilder zur Seite, so müssen sie sich nun ihre Erziehungskompetenz größtenteils alleine erarbeiten. Man muss nicht gleich so weit gehen, eine aktuelle „Erziehungskatastrophe" (Gaschke 2001) oder einen „Erziehungsnotstand" (Gerster & Nürnberger 2001) auszurufen. Aber es ist unübersehbar, dass ein großer Teil der Eltern dringend Unterstützung braucht. Auch der renommierte Jugendforscher Klaus Hurrelmann schätzt, dass ein Drittel der Eltern sich nur durchlaviert und ein weiteres Drittel ernsthafte Probleme mit der Erziehung seiner Kinder hat (Hurrelmann 2007).

Beiträge der Schule

Es spricht Einiges dagegen, Elternbildung und Elternberatung als Aufgabe der Schule anzusehen. Lehrkräfte haben dafür weder die Zeit, noch die Kompetenz.

Andererseits erreicht keine andere Institution und Organisation so zuverlässig so viele Eltern wie die Schule. So wird man ihr jedenfalls die Verantwortung übertragen müssen, über bestehende Angebote zu informieren, bei der Auswahl zu beraten und zusammen mit anderen Partnern aus der Region Elternbildung zu organisieren. Einiges aber kann die Schule auch selbst zur Elternbildung beitragen:

- Jede Lehrkraft sollte bereit und imstande sein, Anregungen und Hinweise zu geben, wenn Eltern in Gesprächen pädagogische Themen anschneiden. Außerdem sollte sie Elternabende zu Erziehungsfragen gestalten können, welche die schulische Bildungsarbeit unmittelbar tangieren, vor allem zur elterlichen Begleitung des häuslichen Lernens der Kinder (Hausaufgaben, Prüfungsvorbereitung) und zur Mitwirkung von Eltern bei der Besserung problematischen Arbeits- und Sozialverhaltens.
- Für gravierendere Probleme stehen Beratungslehrkräfte, Schulsozialarbeiter und Schulpsychologen zur Verfügung. Bei Bedarf wird an Erziehungsberatungsstellen verwiesen.
- Viele Schulen bemühen sich, Experten für pädagogische Vorträge, Workshops und Gesprächsrunden zu gewinnen.
- Bei der Hospitation und bei der Mitwirkung im Unterricht können Eltern am Beispiel der Lehrkraft den förderlichen Umgang mit Kindern lernen.
- Elternrundbriefe können hin und wieder Erziehungsfragen als Schwerpunktthemen behandeln. Auch die Schulzeitung kann dazu Artikel bringen. Evtl. richtet man eine eigene Rubrik über Erziehungsfragen ein.
- Jede Schule verfügt in der Erziehungskompetenz erfahrener Eltern über eine wichtige Ressource für Elternbildung, die in pädagogischen Gesprächskreisen und Selbsthilfegruppen sowie in von der Schule oder von Elternvertretern arrangierten Patenschaften für unterstützungsbedürftige Eltern genutzt werden kann.[15]
- Einen interessanten Weg geht die Elternstiftung Baden-Württemberg[16], welche in einem flächendeckenden Netzwerk Fortbildungen für sog. „Elternmentoren“ durchführt, die dann andere Eltern der Schule beraten und unterstützen, besonders Eltern mit Migrationshintergrund und Eltern in prekären Verhältnissen. Ähnlich arbeiten die an manchen Orten eingesetzten „Bildungslotsen“.

Elternbildung durch Medien

Es gibt ein vielfältiges Angebot an Medien für Elternbildung, auf welches die Schule verweisen kann:

- Elternzeitschriften und Ratgeberliteratur für Eltern sind kaum mehr zu überschauen. Umso mehr brauchen Eltern Beratung für eine kluge Auswahl. Emp-

15 Vgl. dazu Dusolt 2001, S. 70 – 79.
16 Siehe www.elternstiftung.de (25.09.2021).

fehlungen kann eine Arbeitsgruppe von Lehrkräften oder von engagierten Eltern erarbeiten.

- Empfehlenswert sind auf jeden Fall die Elternbrief-Programme der Jugendhilfe und des „Arbeitskreises Neue Erziehung“[17] sowie das Familienhandbuch des Staatsinstituts für Frühpädagogik[18].
- Fernsehen und Hörfunk bringen Erziehungs- und Elternsendungen, z. B. „Erziehung – (K)ein Kinderspiel für Eltern?“ (ARD), „Der kleine Erziehungsratgeber“ (WDR, MDR), „Das Beste für mein Kind (VOX)“, „FamilienFuchs“ (Radio PSR). Die Zeitschrift Hörzu bietet im Internet eine aktuelle Liste einschlägiger Sendungen an.[19]
- Im Internet gibt es Foren, auf denen Eltern ihre Erfahrungen austauschen können[20], auch solche zu einzelnen Fächern und Fächergruppen.[21]
- Für ganz konkrete Fragen und Probleme ist Erziehungsberatung im Internet verfügbar:
  - das Elterntelefon des Vereins „Nummer gegen Kummer e. V.“[22],
  - die Website der Bundeskonferenz für Erziehungsberatung[23],
  - die Caritas Online Beratung für Eltern und Familien[24],
- Auch ganze Kurse kann man im Internet buchen und absolvieren, z. B. das Elterntraining von Kay Rurainski[25].

Professionelle Programme[26]

Es ist auch eine ganze Reihe kommerzieller Anbieter auf dem Markt, die professionelles Elterntraining offerieren mit Kurseinheiten, die sich z. T. über Wochen und Monate erstrecken.

Manche Angebote haben feste Programmstrukturen und beziehen sich auf ausgewählte Grundlagentheorien – personenzentrierte, individualpsychologische, verhaltenstherapeutische oder kognitiv-behaviorale. Daneben findet man auch eklektizistische Ansätze.

- Relativ bekannt ist der personenzentrierte Ansatz Thomas Gordons[27], der seit den 70er Jahren als „Familienkonferenz“ erprobt und als „Family Effectiveness

17 https://www.ane.de/bestellservice/elternbrief-abo/ (25.09.2021)
18 https://www.familienhandbuch.de/ (25.09.2021)
19 https://www.hoerzu.de/erziehung-im-tv-programm/ (25.09.2021)
20 z. B. das Erziehung-Online-Forum von Thilo Schnell: https://www.erziehung-online.de/forum/index.php (25.09.2021)
21 z. B. https://www.urbia.de/forum/6-kids-schule (25.09.2021) und https://www.eltern.de/foren/schule-ersten-jahre/ (25.09.2021)
22 https://www.nummergegenkummer.de/elternberatung/elterntelefon/ (25.09.2021)
23 https://eltern.bke-beratung.de/views/home/index.html (25.09.2021)
24 https://www.caritas.de/hilfeundberatung/onlineberatung/eltern-familie/start (25.09.2021)
25 https://eltern-onlinetraining.de/ (25.09.2021)
26 Nach Tschöpe-Scheffler 2004; Tschöpe-Scheffler 2005; Tschöpe-Scheffler 2006.
27 Vgl. Gordon 1981 u. Gordon 1993.

Training" noch einmal aktualisiert wurde. Das Gordon-Training legt großes Gewicht auf die sprachliche Verständigung der Eltern mit den Kindern und ist insgesamt wohl eher ein präventiver Ansatz, der keine raschen Lösungen für aktuelle Probleme ermöglicht.

- Im deutschsprachigen Raum stark verbreitet ist das ebenfalls auf humanistischer Grundlage arbeitende Programm des Deutschen Kinderschutzbundes „Starke Eltern – Starke Kinder®", das den Eltern Leitorientierungen wie Fürsorglichkeit, Annahme, Ermutigung, Vertrauen und gemeinsames Tun vermittelt.
- „Triple P" (Positive Parenting Program) ist ein an Lernprinzipien orientiertes Training, das von dem australischen Erziehungswissenschaftler Matthew Sanders entwickelt wurde und Methoden der Belohnung und des Ignorierens mit gezielten Anweisungen an das Kind verbindet. Es bietet kaum Selbsterfahrungsmöglichkeiten für Eltern, gibt jedoch unmittelbar einzusetzende konkrete Hilfestellungen.
- Das ebenfalls sehr verbreitete STEP-Elterntraining und das Encouraging Training arbeiten auf individualpsychologischen Grundlagen.
- Das Familienprogramm FuN (Familie und Nachbarschaft) bezieht sich auf einen Theoriemix, der auch Systemische Familientherapie einschließt, und wird vor allem in Kooperation mit Kindertagesstätten und Grundschulen angeboten. Auch das Elterntraining von Kai Rurainski[28], welches „Erziehen ohne Macht und Strafe" durch „Warmherzigkeit, Liebe, Zuwendung und einen demokratischen Erziehungsstil" ermöglichen will, bezieht sich auf mehrere Theorien.

Andere Angebote arbeiten ohne festes Programm, wie z. B. die der Anthropologie Martin Bubers verpflichteten dialogischen Elternseminare „Eltern stärken" [29] des Jugendamtes der Stadt Dortmund oder das Nürnberger Elterntraining[30]. In diesen Angeboten soll die eigene Lösungskompetenz der Eltern für Erziehungsprobleme durch den wechselseitigen Austausch entwickelt und reaktiviert werden. Besonders bekannt ist das Rucksack-Projekt, welches von der Stadt Essen nach dem Vorbild „Rucksack"-Programms der Stiftung De Meeuw in Rotterdam entwickelt wurde. „Rucksack" ist vor allen Dingen ein Angebot für Migranten und versucht Sprachförderung und Elternbildung miteinander zu verbinden. Als Trainerinnen arbeiten teilweise zu Elternbegleiterinnen ausbildete Mütter mit Migrationshintergrund („Stadtteilmütter"), die sowohl ihre Muttersprache als auch die deutsche Sprache gut beherrschen.[31] (Schwaiger & Neumann 2010, S. 177 – 194)

28 https://eltern-onlinetraining.de/ (25.09.2021)

29 https://www.dortmund.de/de/leben_in_dortmund/familie_und_soziales/jugendamt/bildung_foerderung_ja/elternbildung/index_1/dialogische_elternseminare/index.html (25.09.2021)

30 https://www.aauev.de/projekte/net-nuernberger-elterntraining/ (25. 09.2021)

31 Zur Variante „Rucksack Schule" vgl. im Einzelnen: https://kommunale-integrationszentren-nrw.de/rucksack-schule-0 (26 09. 2021).

Auswahl und Durchführung
Tschöpe-Scheffler (2006, S. 185 f.) formuliert die folgenden Qualitätsanfragen an Elternkurse, die bei der *Auswahl* helfen:
„1. Schafft der Kurs angstfreie Räume zur Selbstreflexion und setzt das Konzept bei der Förderung der Auseinandersetzung der Eltern mit dem eigenen Erleben an? (Selbsterkenntnis statt Übernahme von Rezeptwissen)
2. Werden Eltern ermutigt, eigene Wege in der Erziehung mit ihren Kindern zu gehen oder werden ihnen Rezepte angeboten? (Unterstützung statt Belehrung)
3. Werden entwicklungsfördernde Kommunikations- und Beziehungsformen erlernt und erprobt? (Erweiterung und Erprobung neuer Handlungsoptionen)
4. Wird ein geeigneter Umgang mit psychischen Gewalthandlungen erlernt?
5. Wird die Lebenswelt der Familie (Haushaltsführung, Alltagsgestaltung, Rituale etc.) in dem Konzept berücksichtigt?
6. Ist auf der Basis der UN-Konvention die Subjektstellung und Würde des Kindes der Ausgangspunkt für die Überlegungen von Interventionen und erzieherischen Konsequenzen?
7. Erhalten Eltern Informationen über Entwicklungs- und Grundbedürfnisse, individuelle Verschiedenheiten und werden sie sensibilisiert für das Anderssein der Kinder?
8. Arbeitet das Konzept ressourcenorientiert und ermutigend? Unterstützt es die Selbstheilungskräfte der Familie als System und die positiven Seiten des Kindes?
9. Werden Eltern zum sicheren Umgang mit Grenzen und Konsequenzen angeleitet?
10. Werden Eltern ermutigt ‚gut genug' statt ‚perfekt' zu sein?“

Um die Auswahl aus der Vielfalt der Kurse und Programme zu erleichtern, stellen auch Bund und Länder auf dem Deutschen Bildungsserver eine Liste mit Beschreibungen und Bewertungen bereit.[32]

Bei der Organisation von Elternbildungsmaßnahmen an der Schule und durch die Schule ist zu bedenken:

- Angebote, die man macht oder empfiehlt, müssen möglichst kostenfrei sein. Kostenpflichtige Angebote können häufig von Eltern, die den größten Qualifizierungsbedarf haben, kaum genutzt werden, und führen dadurch nur zur Vergrößerung sozialer Ungleichheit.
- Die Angebote müssen diskriminierungsfrei sein. D. h. es muss unbedingt vermieden werden, dass in der Schulöffentlichkeit der Eindruck entsteht, Eltern, welche die Angebote nutzen, hätten in besonderem Maße Erziehungsprobleme mit ihren Kindern. Elternbildung durch Medien hat hier den Vorzug, dass sie diskret erfolgen kann. Bei Angeboten, welche die Schule selbst macht, kann

32 https://www.bildungsserver.de/Programme-Kurse-und-Methoden-der-Elternbildung-2530-de.html (25.09.2021)

diesem Eindruck am wirksamsten begegnet werden, wenn sich viele Eltern daran beteiligen. Das lässt sich erfahrungsgemäß vor allem in Eingangsphasen erreichen (beim Schuleintritt und beim Übertritt in die weiterführende Schule). Außerdem muss auf unverfängliche Themenformulierung geachtet werden. Statt „Erziehungsprobleme in der Pubertät", sagt man besser „Pubertierende beim Erwachsenwerden begleiten".
- Elternbildungsmaßnahmen, zumal solche von Lehrkräften, werden von Eltern rasch als Einmischung in ihre Privatsphäre empfunden. Eltern sind zugänglicher, wenn auch Lehrkräfte offen sind für ihre Vorschläge zur Unterrichtsgestaltung und zu pädagogischen Maßnahmen in der Schule. Auch die Peer-to-Peer-Situation in Elterngesprächskreisen löst weniger Reaktanz aus. Elternbildung durch Medien wird von vornherein als weniger zudringlich empfunden.
- Sowohl Angebote, welche die Schule macht, als auch solche, die sie empfiehlt, müssen auch Rücksicht auf das Zeitbudget von Eltern nehmen. Studien haben gezeigt, dass sehr ausführliche Trainings nicht effektiver sind als kurze, die sich auf wesentliche Grundlagen beschränken (Cotton & Wikelund 2000).

6.3 Schriftliche Fixierung der Kooperation

Auch gut und ernst gemeinte Absichtserklärungen von Eltern und Lehrkräften, bestehende Probleme kooperativ zu lösen oder – besser noch – ihnen präventiv zu begegnen, bleiben vielfach wirkungslos, weil die Kooperation häufig viel zu unpräzise verabredet ist und gefasste Vorsätze schnell in Vergessenheit geraten. Dem versucht man neuerdings durch schriftliche Vereinbarungen und explizite Verträge zu begegnen.

6.3.1 Begriffliche Unterscheidungen

In den einschlägigen Publikationen wird u. a. von Verhaltens-, Erziehungs-, Bündnis-, Bildungs-, Eltern-, Lern- und Zielvereinbarungen bzw. -verträgen gesprochen, größtenteils, ohne diese Begriffe zu definieren oder gegeneinander abzugrenzen.
Im Folgenden sollen unter Schulvereinbarungen Vereinbarungen zwischen den Lehrkräften, Schülern und Eltern der gesamten Schule oder auch nur zwischen zweien dieser drei Gruppen verstanden werden, welche einen geordneten Schulbetrieb sichern.
Klassenvereinbarungen sind entsprechende Vereinbarungen zwischen einer Lehrkraft oder mehreren Lehrkräften einer Klasse, den Schülern dieser Klasse und ihren Eltern oder auch nur zwischen zweien dieser Gruppen.
Lehrer-Eltern-Schüler-Vereinbarungen sind entsprechende Vereinbarungen zwischen einzelnen Lehrkräften, Eltern und Schülern. Lehrer-Eltern-Vereinbarungen und Lehrer-Schüler-Vereinbarungen werden zwischen zwei Partnern geschlossen.

Bei allen diesen Vereinbarungen handeln es sich nicht um Verträge im juristischen Sinne.[33]

Auch Schulverträge sind letztendlich nur moralisch-ethische Vereinbarungen, welche nach Kowalczyk (2005, S. 55 ff.)

- die Philosophie einer Schule offenlegen,
- den Partnern ermöglichen, im Rahmen eines bekannten Regelwerks Verantwortung zu übernehmen,
- die Kommunikation über Erziehungsvorstellungen der Schule und des Elternhauses in Gang bringen und es ermöglichen, eine gemeinsame Schnittmenge zu finden,
- die Partnerschaft zwischen Lehrkräften, Eltern und Schülern grundlegen,
- Schüler, Lehrer und Eltern informieren, was von ihnen erwartet wird,
- den Beteiligten ein klares Bewusstsein für das eigene Handeln vermitteln
- sowie Erziehungsziele und Erziehungsmaßnahmen festlegen.

Obwohl sie nicht Verträge im juristischen Sinne sind, können Schulverträge durchaus wirksam sein, sofern die Parität der Partner (die „gleiche Augenhöhe") beachtet wird, was z. B. daran zu erkennen ist, dass sie aus einem offenen und gleichberechtigten Dialog zwischen den Eltern und der schulischen Seite hervorgehen. Gerade daran freilich fehlt es in der Schulpraxis häufig (Füssel 2003, S. 75). Oft sind Schulverträge nicht wirklich das Ergebnis gemeinsamer Reflexion über gegenseitige Verpflichtungen und Unterstützungsmöglichkeiten im Interesse einer optimalen Entwicklung der Schülerinnen und Schüler, sondern nur ein von der Schule verfügtes Regelsystem – womit sie sich letztlich in nichts von den traditionellen Schul- und Hausordnungen unterscheiden.[34]

Erziehungsverträge zwischen Lehrkräften und Eltern (und oft auch Schülern) knüpfen an die Tradition von Kontrakten in der Verhaltenstherapie an. Solche „Verträge" zielen auf die Veränderung von konkreten unerwünschten Verhaltensweisen, während Vereinbarungen ein Rahmen genereller Regeln für die Beteiligten sind. In *Verhaltensverträgen* wird festgelegt, wie ein Partner auf erwünschtes Verhalten eines anderen reagiert – im Allgemeinen durch Verstärkungen. Solche Verträge sind Teil einer Interventionsstrategie, wenn es bereits Verhaltensdefizite gibt. *Vereinbarungen* sind präventiv ausgerichtet und wollen unerwünschtes Verhalten vermeiden. Sie sind sowohl auf Schul- und Klassenebene als auch auf der Ebene der Individuen möglich, *Verträge* im dargelegten Verständnis werden vorzugsweise auf der Ebene der Individuen geschlossen.

Aus den getroffenen Unterscheidungen ergibt sich die Systematik von Tabelle 16:

---

33 Vgl. dazu im Einzelnen Füssel 2003. Auch die Kultusministerkonferenz stellt dies ausdrücklich fest (KMK 2003, S. 25/Beitrag Hessen).

34 Vgl. Fiegert 2003; Wignanek 2001, S. 120; Hendricks 2004, S. 19.

Tabelle 16: Vereinbarungen und Verträge zwischen Lehrkräften, Eltern und Schülern[35]

	Vereinbarungen	Verträge
Definition	Schriftlich vereinbarte Regeln zur Erfüllung schulischer Aufgaben	Schriftlich vereinbarte Regeln, die für erwünschtes Verhalten eines Partners Verstärkungen durch andere festlegen
Zweck	Prävention, Aufbau und Sicherung von erwünschtem Verhalten	Intervention, Abbau von unerwünschtem Verhalten
Ebenen	Schule oder Klasse oder Individuen	Individuen, seltener Schule oder Klasse

6.3.2 Entwicklung und Formulierung von Vereinbarungen[36]

Mindestens ebenso wichtig wie die zustande kommende Vereinbarung und ihre Schriftform ist der Prozess ihres Aushandelns unter den Partnern. In ihm sollen diese ihre unterschiedlichen Erwartungen und Wahrnehmungen kennen lernen und einen Konsens erarbeiten, mit dem alle leben können und der einen Gewinn für alle Seiten enthält. Gelingen wird dieser Prozess nur, wenn alle Beteiligten gesprächsbereit sind und miteinander respektvoll umgehen. Manchmal muss daran zuallererst gearbeitet werden. Bei Vereinbarungen auf Schul- oder Klassenebene wird vielleicht erst eine Ausgangserhebung bei der gesamten Klientel erfolgen müssen, also eine Befragung der Eltern, der Lehrkräfte und der Schüler. Solche Erhebungen sind vor allem dann unumgänglich, wenn die Intragruppen-Kommunikation in den entsprechenden Gruppen noch suboptimal ist, so dass nicht davon ausgegangen werden kann, dass Eltern- oder Schülervertreter oder Repräsentanten des Kollegiums die Erwartungen und Wahrnehmungen ihrer Gruppe hinreichend kennen.

Beim Aushandeln von Vereinbarungen ist konsequent darauf zu achten, dass die Partner einander auf gleicher Augenhöhe begegnen. Sonst bilden sich leicht asymmetrische Verhältnisse heraus: Eltern sind in der Regel in einer schwächeren Position als Lehrkräfte, und Schüler sind meistens in der schwächsten. Das impliziert die Gefahr, dass Vereinbarungen zu Instrumenten der Schülerdisziplinierung oder der Instrumentalisierung von Eltern (etwa für Hilfeleistungen in der Schule) verkommen. Vereinbarungen, welche nur zwischen den Eltern und der Schule geschlossen werden (die also die Schüler übergehen) sind ebenso unglücklich wie solche, die Schülern und Eltern lediglich vorgeben, wie sie sich zu verhalten haben, ohne auch Selbstverpflichtungen der schulischen Seite festzulegen.

Schon bei der Verhandlung und erst recht bei der schriftlichen Fixierung einer Vereinbarung ist auf eine positive Orientierung zu achten. D. h. es ist zu festzuhalten, welche Ziele verfolgt werden und welches Verhalten erwartet wird, statt eine Verbotsliste zu erstellen. Eine Vereinbarung darf keine Drohkulisse aufbauen,

35 In freier Anlehnung an Krumm 2003a, S. 4.

36 Nach Brune u. a. 2006; Krumm 2006.

sondern soll allen Beteiligten – insbesondere auch den Eltern und Schülerinnen und Schülern – das Gefühl vermitteln, einen aktiven und positiven Beitrag zum Erreichen erstrebenswerter Ziele leisten zu können.

Die schließlich fixierte Schriftform soll die Erwartungen aller Beteiligten benennen, ihre Gemeinsamkeiten zum Ausdruck bringen und allen Beteiligten Verantwortung nach Maßgabe ihrer Möglichkeiten und Fähigkeiten übertragen (darf sie also auch nicht überfordern!). Und sie muss möglichst kurz und übersichtlich gestaltet werden, damit sie auch im Gedächtnis behalten wird. Die Kritik Epsteins (2005, S. 181), die meisten amerikanischen Schul-Eltern-Vereinbarungen seien „Gelöbnisse", und nur wenige hätten die Form von Plänen, die zielstrebig umgesetzt werden können, trifft auch auf deutsche Verhältnisse zu.

Falls Vereinbarungen auch Konsequenzen für Regelverletzungen und „Vertragsbrüche" enthalten, sind solche für alle Partner vorzusehen, und sie sollten von allen gemeinsam festgelegt werden. Oft ist es ratsamer, bei Regelverletzungen das Einzelgespräch zu suchen, als von vornherein konkrete Ordnungsmaßnahmen in die Vereinbarungen zu schreiben. Steht die Vermeidung unerwünschten Verhaltens im Vordergrund, sind Verhaltens- und Erziehungsverträge die bessere Option (Krumm 2000b).

Die schließlich ausformulierte Vereinbarung ist von allen Partnern, nicht nur von ihren Vertretern zu unterzeichnen. Damit dies keine Farce wird, muss die Unterzeichnung freiwillig bleiben. Daraus ergibt sich allerdings die Frage, wie vorzugehen ist, wenn einzelne Personen die Unterschrift verweigern. Man sollte das jedenfalls zum Anlass nehmen, in Gesprächen die Gründe zu erfragen. In der Praxis wird dieser Fall aber kaum auftreten. Häufiger kommt es vor, dass die Unterzeichnung nur eine scheinbare Zustimmung ausdrückt. Aber selbst dann kann die Vereinbarung als maßgeblicher Bezugspunkt eines Gesprächs genutzt werden, wenn im Nachhinein von den vereinbarten Regeln abgewichen wird.

Wichtig ist es, die Einhaltung einer Vereinbarung zu kontrollieren und zu evaluieren. Dabei ist man besser beraten, den Grad der Erfüllung zu dokumentieren als das Ausmaß der Verstöße. Gleichwohl wird man auch diesen nachgehen müssen, wenn sie sich häufen oder wenn sie gravierend sind. Die Verantwortung für die Umsetzung und die Kontrolle über die Einhaltung sollte möglichst paritätisch bei allen beteiligten Partnern und Gruppen liegen. Unter Umständen ist eine Art Vermittlungsausschuss oder eine Schiedsstelle einzurichten.

Oft empfiehlt es sich, Vereinbarungen zunächst auf Probe einzuführen und sie bei Bedarf im Laufe der Zeit besser an die Bedürfnisse der Beteiligten und an ihr Leistungsvermögen anzupassen. Bei Schulverträgen ist es ratsam, sie nicht auf einen Schlag für die gesamte Schule, sondern sukzessive von den unteren Jahrgängen her einzuführen.

Auch hinreichend angepasste und anscheinend gut funktionierende Vereinbarungen müssen periodisch „upgedatet", zumindest immer wieder mit neu hinzukommenden Eltern, Schülern und Lehrkräften besprochen werden. Es wäre schlecht, wenn sie einfach eine Vereinbarung vorgelegt bekämen, die Andere erarbeitet haben.

Beispiel 7: Muster einer Klassenvereinbarung[37]

Unser Kind besucht jetzt die Klasse der ___________________________ Schule.

Wir als Eltern bemühen und kümmern uns darum, dass

- unser Kind regelmäßig am Unterricht teilnimmt,
- wenn er/sie krank ist, werden wir im Sekretariat der Schule unter Tel.: ... ihn/sie morgens bis ... Uhr entschuldigen,
- die Hausaufgaben vollständig erledigt werden,
- die Schulmaterialien pfleglich behandelt und zum entsprechenden Unterricht mitgebracht werden,
- wir Zeit haben, mindestens 2 Mal jährlich an einem Elternabend teilzunehmen,
- wir an Elternsprechtagen die Gelegenheit zum Gespräch suchen,
- unser Kind ausgeschlafen, gewaschen, mit dem Wetter angepasster Kleidung und nach oder mit Frühstück ausgestattet und pünktlich zum Unterricht kommt,
- es einen respektvollen Umgang miteinander gibt
- ...

Ich als Lehrer(in) bemühe mich darum, dass

- der Erziehungs- und Bildungsauftrag der Schule erfüllt wird,
- der Unterricht regelmäßig stattfindet und pünktlich beginnt,
- die Schüler(innen) ihren Leistungen entsprechend gefördert werden,
- es einen respektvollen Umgang miteinander gibt,
- die Eltern regelmäßig über den Lernstand ihres Kindes in Kenntnis gesetzt werden,
- ein jährlicher Hausbesuch zum gegenseitigen Kennenlernen mit Einverständnis der Eltern erfolgen kann,
- Elternabende oder Veranstaltungen zu bestimmten Themen angeboten werden
- ...

Ich als Schüler/Schülerin bemühe mich darum, dass ich

- regelmäßig, pünktlich und ausgeruht am Unterricht teilnehme,
- meine Hausaufgaben vollständig erledigt habe,
- meine Schulmaterialien pfleglich behandle und alle erforderlichen Materialien zum entsprechenden Unterricht mitbringe,
- fremdes Eigentum achte,
- einen respektvollen Umgang mit allen Beteiligten habe,
- Konflikte gewaltfrei löse,
- mich meinem Leistungsvermögen entsprechend am Unterricht beteilige
- ...

Unterschriften von

Eltern: ____________ Lehrer(in): ____________ Schüler (in): ____________

37 Muster-Erziehungsvereinbarung des Gütersloher Bündnisses für Erziehung (BfE) 2003 nach Brune u. a. 2006, S. 18. – Der im Original verwendete Titel „Erziehungsvereinbarung“ wurde von mir übereinstimmend mit der oben vereinbarten Terminologie in „Klassenvereinbarung“ abgeändert, da offensichtlich diese Ebene angezielt ist und auch Absprachen Gegenstand der Vereinbarung sind, die über den Bereich der Erziehung hinausgehen.

6.3.3 Verhaltens- und Erziehungsverträge[38]

Die Logik von Verhaltens- und Erziehungsverträgen ist eine völlig andere als die von Vereinbarungen: Wer eine Vereinbarung nicht einhält, tut dies, weil er durch die Regelverletzung etwas erreichen kann, was ihm wichtiger und angenehmer ist als das Einhalten der Regeln. Eltern nutzen z. B. lieber Zeit für Freizeitaktivitäten statt für die versprochene Hausaufgabenüberwachung, Schüler führen lieber ein interessantes Seitengespräch mit dem Banknachbarn statt dem langweiligen Unterricht zu folgen, Lehrkräfte bereiten sich lieber auf den Unterricht vor, statt ein unangenehmes Gespräch mit Eltern zu führen usw. Die Verletzung eines Verhaltens- oder Erziehungsvertrags hingegen hat zur Folge, dass einem eine gewünschte angenehme Konsequenz (ein Verstärker) entgeht (Krumm 2003a, S. 7). Bei Vereinbarungen setzen sich die Partner gemeinsame Ziele und verständigen sich auf Beiträge, die jeder zu ihrer Erreichung leistet. In Verhaltens- und Erziehungsverträgen hingegen wird definiert, mit welchen Verstärkungen ein Partner auf zielkonformes Verhalten des anderen reagiert – mit welchen Belohnungen z. B. die Lehrkraft verbesserte Aufmerksamkeit eines Schülers honoriert (Krumm 2003a, S. 6 f.).

Verhaltens- und Erziehungsverträge werden aus konkretem Anlass geschlossen, in der Regel zwischen einzelnen Lehrkräften, Eltern und Schülern. Sie wollen unerwünschtes Verhalten abbauen und erwünschtes Verhalten modellieren. Sie sollten deshalb möglichst folgende Bestandteile enthalten:

- Die Vertragsbedingungen, für welche folgende Anforderungen gelten:
  - Klarheit: Das erwünschte Verhalten muss konkret und klar beschrieben werden. Es müssen klare Angaben über die Zeiten gemacht werden, zu denen es gezeigt werden, und über die Häufigkeit, mit der es auftreten soll. Dadurch wird gewährleistet, dass der Partner stets selbst überprüfen kann, ob er den Vertrag erfüllt. Ferner muss der Vertrag die positiven Konsequenzen präzise beschreiben, die auf das vereinbarte Verhalten folgen.
  - Fairness: Die Vertragsbedingungen müssen fair und für den Partner akzeptabel sein und angemessene Belohnungen für erwünschtes Verhalten vorsehen.
  - Positive Orientierung: Es dürfen keine Strafängste beim Partner hervorgerufen werden. Stattdessen ist ihm das Gefühl zu vermitteln, aktiv zur Verbesserung der Situation beitragen zu können.
- Methoden, mit denen das gewünschte Verhalten erfasst wird,
- das „Timing“ der Belohnungsvergabe: Größere Belohnungen können in längeren Intervallen gegeben werden, kleinere sollten im Allgemein in kürzeren Zeitabständen erfolgen. Manchmal muss das gewünschte Verhalten in kleinere Komponenten zerlegt werden.

38 Vgl. zu diesem Abschnitt Krumm 2000a, Krumm 2003a, Krumm 2003b u. Krumm 2006.

Bei der Durchführung einer Verhaltensmodifikation ist darauf zu achten, dass eine fällige Belohnung des Verhaltens sofort gegeben wird (Kontingenzprinzip!). Die Belohnung ist stets für die Leistung und nicht für den Gehorsam zu geben. Alle Vertragsbedingungen sind während der Gültigkeitsdauer des Vertrages exakt einzuhalten.
Verhaltens- und Erziehungsverträge sollten nur eine begrenzte Laufzeit haben, aber verlängert oder auch revidiert werden können. Wenn Verträge nicht zum gewünschten Erfolg führen, sind Vertragsänderungen meistens sinnvoller als Sanktionen.

Ein großes Problem besteht darin, dass Lehrkräfte häufig kaum über attraktive Verstärkungen für Schülerinnen und Schüler verfügen. Hier stellt das in den USA verbreitete und von Krumm (2006, S. 41) vorgeschlagene „Home-based Reinforcement“ eine erfolgversprechende Möglichkeit dar: Schülerinnen und Schüler werden dabei für vertragstreues Verhalten nicht nur von der Lehrkraft, sondern zusätzlich auch von ihren Eltern verstärkt, die meistens wirksamere Verstärker haben. Dazu ist es erforderlich, dass die Lehrkraft die Eltern umgehend über erwünschtes Verhalten des Kindes informiert, damit die Verstärkung auch postwendend erfolgen kann. Solches „Home-based Reinforcement“ ist nach vielen Studien wirksamer als die bloße Verstärkung durch Lehrkräfte. Eltern sind zudem leicht für Verträge mit „Home-based Reinforcement“ zu gewinnen, weil sie dabei eine aktive Rolle spielen können. Und schließlich gibt es höchst wünschenswerte Nebeneffekte: Eltern verbessern ihre Einstellung zur Schule, schätzen die Kommunikation zwischen Schule und Eltern günstiger ein und halten mehr Kontakt zur Schule.
Das Gegenstück zum „Home-based Reinforcement“ wäre „School-Based Reinforcement“: Lehrkräfte würden dabei schulrelevante (und vielleicht auch andere) Verhaltensprobleme bewältigen helfen, indem sie auf analoge Weise das von Eltern gewünschte Verhalten des Kindes auch im Unterricht verstärken, also es z. B. loben, wenn es nicht seine Fingernägel kaut oder wenn es daran denkt, seine Brille aufzusetzen. Von Krumm beobachtete Versuche in der Region Salzburg scheiterten allerdings, weil die Lehrkräfte sich weigerten, die ihnen zugedachte Rolle zu übernehmen. (Krumm 2006, S. 41) Hier zeigte sich einmal mehr, dass gleiche Augenhöhe in der Erziehungskooperation zwischen Schule und Eltern immer noch eine wenig realisierte Idealvorstellung ist.

7 Mitbestimmung und Mitwirkung von Eltern

7.1 Geschichtliche Entwicklung

7.1.1 Von der Einführung der Schulpflicht bis zum Ende des Kaiserreiches[1]

Mit der Einführung der allgemeinen Schulpflicht am Ende des 18. und zu Beginn des 19. Jahrhunderts griff der Staat massiv in die bis dahin den Familien überlassene Erziehung und Bildung der Kinder ein. Der erzwungene Schulbesuch stellte besonders für Arbeiter- und Bauernfamilien ein Problem dar: Sie verloren dadurch mindestens teilweise die Kinder als Arbeitskräfte und hatten zudem auch noch Schulgeld zu entrichten. Das hatte zur Folge, dass der „Beschulungsgrad" noch weit in das 19. Jahrhundert hinein deutlich unter 100% blieb[2], und begründete eine bis heute andauernde ablehnende oder zumindest reservierte Haltung der Elternschaft der Unterschicht gegenüber der Schule. Die Lehrkräfte der Pflichtschule befanden sich als Gemeindebedienstete lange in erniedrigender wirtschaftlicher Abhängigkeit und erkämpften sich erst mühevoll eine Fachaufsicht und den Status des Staatsbeamten, aus dem sie bis zur Gegenwart einen Anspruch auf Autonomie – auch gegenüber den Eltern und der Öffentlichkeit – ableiten, der einer partnerschaftlichen Kooperation mit anderen Personengruppen und Einrichtungen oft im Wege steht.[3] Damit ist das Verhältnis zwischen Schule und Eltern auf beiden Seiten historisch vorbelastet.

Obwohl der Pädagoge Johann Friedrich Herbart schon früh das Postulat der Erziehungskontinuität zwischen Schule und Eltern formuliert hatte, herrschte im 19. Jahrhundert de facto eine Arbeitsteilung zwischen ihnen: „Die Schule des Staates galt als verantwortlich für Unterricht, das Elternhaus für Erziehung!" (Keck 1996, S. 514) Das Allgemeine Preußische Landrecht von 1794 hatte in § 1 der Schule die Zuständigkeit für „Gesinnung" im politischen Raum und für Unterricht in nützlichen Kenntnissen zugesprochen, während es den Eltern die Verantwortung für die „sittliche" Erziehung übertrug. Johann Wilhelm Süvern[4] versuchte dann im „Gesetzentwurf für das preußische Unterrichtswesen" von 1819, zumindest ein Informationsrecht der Eltern festzuschreiben: „Die Eltern und häuslichen Vorgesetzten sind berechtigt, von der Schule, welcher sie ihre Kinder und Pfleglinge anvertrauen, Auskunft zu verlangen, wie das Erziehungs- und

1 In Anlehnung an Tegtmeyer 1983, S. 12–41.

2 Vgl. z. B. Sonnenberger 1984.

3 Vgl. dazu im Einzelnen Krumm 1988, S. 609 ff. u. S. 613, sowie du Bois-Reymond 1977.

4 Johann Wilhelm Süvern (1775–829); 1809 bis 1818 Geheimer Staatsrat im Preußischen Ministerium des Innern.

Unterrichtsgeschäft an diesen vorgenommen wird und welchen Fortgang es hat." (Thiele 1913, S. 27 u. 76) Sein Vorhaben wurde jedoch infolge der politischen Entwicklung nicht umgesetzt.
Die Diskussion über Mitwirkungsrechte der Öffentlichkeit und der Eltern in schulischen Angelegenheiten dauerte noch das ganze 19. Jahrhundert hindurch an: Bekannte Persönlichkeiten und Pädagogen wie Wilhelm v. Humboldt, Johann Friedrich Herbart und Friedrich D. E. Schleiermacher äußerten sich dazu. Neben manchen progressiven und liberalen Köpfen engagierte sich vor allem die Arbeiterbewegung in dieser Angelegenheit. Auch bei den Beratungen der verfassungsgebenden Versammlung des Jahres 1848 in der Paulskirche war Schule und Elternrecht ein zentraler Gegenstand. Die nach 1848 einsetzende Restauration und Reaktion machte allen Bestrebungen jedoch ein vorläufiges Ende.
Mehr Mitspracherechte hatten die Eltern in privaten Reformschulen, die sich von Anfang an nicht als Institutionen einer weltlichen oder geistlichen Obrigkeit, sondern als Einrichtungen zur Unterstützung der Familie sahen.

7.1.2 Von der Weimarer Republik bis zur Hitlerzeit[5]

Die Weimarer Republik beendete auch die Tradition der staatlichen Obrigkeitsschule, die mit demokratischen Grundsätzen nicht zu vereinbaren war: So sah die Ministerialverfügung vom 5. November 1919 für alle Eltern das Recht vor, in schulischen Angelegenheiten mitzuwirken – allerdings nur beratend. In jeder Schule konnte ein Elternbeirat eingerichtet werden, der die Aufgabe hatte, das Verhältnis zwischen Eltern und Schule zu fördern und zu vertiefen. Unklar blieb dabei, wie weit das Mitwirkungsrecht der Eltern in Angelegenheiten der Schule und des Unterrichts im Einzelnen gehen sollte. Immerhin steckten zwei Artikel der Weimarer Reichsverfassung von 1919, die in ihren Grundzügen auch in das Grundgesetz der Bundesrepublik Deutschland von 1949 aufgenommen wurden, die Eckpfeiler ab (Tegtmeyer 1983, S. 24):

> Art. 120:
> „Die Erziehung des Nachwuchses zur leiblichen, seelischen und gesellschaftlichen Tüchtigkeit ist oberste Pflicht und natürliches Recht der Eltern, über deren Betätigung die staatliche Gemeinschaft wacht."
> Art. 144:
> „Das gesamte Schulwesen steht unter der Aufsicht des Staates; er kann die Gemeinden daran beteiligen. Die Schulaufsicht wird durch hauptamtlich tätige, fachmännisch vorgebildete Beamte ausgeübt."

Wie das Verhältnis zwischen Schule und Eltern im Einzelnen zu regeln sei, war dann auch Thema der Reichsschulkonferenz von 1920, bei der einer von siebzehn Ausschüssen sich auch mit dem Gebiet „Eltern und Elternbeiräte" befasste. Über

5 In Anlehnung an Tegtmeyer 1983, S. 12–41.

die Notwendigkeit schulischer Elternarbeit bestand unter den Teilnehmern – zu denen allerdings keine Vertreter von Eltern(bei)räten gehörten – durchaus Konsens. Strittig war auch hier der Umfang der Elternmitwirkung. Die Vertreter der Lehrerschaft lehnten vor allem die Teilnahme der Eltern am Unterricht ab, weil sie eine zu starke Kontrolle durch sie befürchteten. Keine Einigkeit konnte ferner darüber erzielt werden, ob dem Elternbeirat außer den Elternvertretern auch Vertreter der Lehrerschaft und die Schulleiter angehören sollten. Und es fand sich auch keine Mehrheit dafür, den Eltern wirkliche Mitbestimmungsrechte einzuräumen. Vielmehr beließ man es bei einer beratenden Funktion der Elternbeiräte. Letztendlich blieb der Einfluss der Eltern auf die öffentlichen Schulen weiterhin gering.
Selbst diese bescheidene Elternmitwirkung, welche sich in der Weimarer Republik im Schulsystem etabliert hatte, war dem Bestreben des Nationalsozialismus, Erziehung und Unterricht an seiner Ideologie auszurichten, hinderlich: Bereits 1934 wurden die Elternbeiräte ebenso wie die Institutionen der Schülerselbstverwaltung wieder abgeschafft. Darüber hinaus wurden 1935 alle Vereinigungen verboten, welche der Mitsprache und Mitbestimmung von Eltern und Schülern in schulischen Angelegenheiten dienten.

7.1.3 Elternmitwirkung in der frühen Bundesrepublik[6]

Der im September 1948 zusammengetretene Parlamentarische Rat knüpfte wieder an die Tradition der Weimarer Republik an, wie aus dem von ihm ausgearbeiteten Grundgesetz von 1949 zu ersehen ist. Es heißt dort im Art. 6 Abs. (2): „Pflege und Erziehung der Kinder sind das natürliche Recht der Eltern und die zuvörderst ihnen obliegende Pflicht“. Und Art. 7 Abs. (1) lautet: „Das gesamte Schulwesen steht unter der Aufsicht des Staates.“
Damit waren allerdings lediglich die Koordinaten für die Regelung der Beziehung zwischen Schule und Eltern vorgegeben. Die nähere Bestimmung ihres Verhältnisses oblag den Ländern und den Länderverfassungen.
1973 forderte der Deutsche Bildungsrat eine größere Autonomie der Schulen und mehr Teilhabe von Lehrern, Eltern und Schülern am Schulgeschehen. In diesem Zusammenhang sollten Eltern u. a. das Recht erhalten, in Absprache mit den Lehrkräften den Unterricht ihrer Kinder zu besuchen. Ferner sollten Eltern und evtl. auch Schüler an Lehrerkonferenzen teilnehmen können, um bei Entscheidungen über den Unterricht mitzuwirken (Deutscher Bildungsrat 1973). Diese Empfehlungen des Bildungsrates wurden in den einzelnen Bundesländern zwar nicht eins zu eins umgesetzt, doch kam es überall zu einer inhaltlichen und institutionellen Erweiterung der Elternmitwirkungsrechte.

6 In Anlehnung an Tegtmeyer 1983, S. 12–41.

7.1.4 Elternmitwirkung in der DDR[7]

Die DDR kannte Elternvertretungen nur auf der Ebene der Einzelschulen: auf Klassenebene das sog. Klassenelternaktiv, auf Schulebene den Elternbeirat. Um unerwünschte Personen fernzuhalten, war eine Kandidatur für die Elternvertretungen an Vorschläge der Klassenleiter gebunden. Stärker als das Erziehungsrecht der Eltern wurde in der DDR ihre Erziehungspflicht betont, wobei die Elternerziehung eng an die schulische Erziehung anzuschließen und mit dieser gemeinsam das Ideal der sozialistischen Persönlichkeit zu verfolgen hatte.

Für die Elternvertretungen wurden weniger Rechte als Pflichten und Aufgaben festgelegt, die sehr genau fixiert waren:

- Diese bestanden zum einen in der Unterstützung der Bildungs- und Erziehungsarbeit der Schule. Im Einzelnen hatten die Elternvertreter für gewissenhafte Erfüllung der Schulpflicht, für diszipliniertes Lernen und Verhalten der Schüler, für ihre richtige Einstellung zur Arbeit und für gute kollektive Beziehungen zwischen den Schülerinnen und Schülern zu sorgen. Ferner sollten sie ihre Berufsvorbereitung und Berufswahl unterstützen und ihre Interessen und außerunterrichtlichen Tätigkeiten fördern.
- Zum andern hatten die Elternvertretungen auch die Eltern im Bemühen um eine gute Erziehung zu unterstützen. Sie sollten ihnen Gelegenheit bieten, sich über Erziehungserfahrungen auszutauschen und pädagogische und psychologische Fragen zu erörtern. Dazu durften sie Vorschläge hinsichtlich schulpolitischer, psychologischer und pädagogischer Kenntnisse unterbreiten, die den Eltern vermittelt werden sollten.
- Weitere Aufgaben der Elternvertretungen waren die Unterstützung der FDJ und der Pionierorganisation „Ernst Thälmann" und die Zusammenarbeit mit allen an der Erziehung beteiligten gesellschaftlichen Kräften.

Die Aktivitäten der Elternvertretungen waren – zumindest nach den gesetzlichen Vorgaben – ersichtlich auf die Unterstützung des politischen Systems und auf die Sicherung von Akzeptanz in der Elternschaft ausgerichtet. In der Praxis freilich beschränkte sich die Tätigkeit der Klassenelternaktive oft auf Vorbereitung und Begleitung von Klassenfahrten und Wandertagen und auf die Organisation von Schulfeiern, und Elternbeiräte kümmerten sich häufig vornehmlich um die Ausstattung und Verschönerung der Unterrichts-, Hort- und Speiseräume, der Schulhöfe, der Grün- und Freiflächen, der Sport- und Spielanlagen sowie der Verbesserung der Schulspeisung. Hervorzuheben ist allerdings auch, dass die Klassenelternaktive an den Klassenkonferenzen ihrer Klasse teilnahmen und die Klassenlehrer bei Hausbesuchen begleiteten.

7 Die folgenden Ausführungen orientieren sich an Melzer 1996.

7.2 Aktuelle Regelung und Praxis der Elternmitwirkung

7.2.1 Elternrechte im Grundgesetz[8]

Das Grundgesetz der Bundesrepublik Deutschland verfügt in Art. 6 Abs. (2) Satz l: „Pflege und Erziehung der Kinder sind das natürliche Recht der Eltern und die zuvörderst ihnen obliegende Pflicht."
Nach den maßgeblichen Kommentaren von Schmitt-Kammler (2003, S. 385) und Pieroth (2004, S. 264) besteht das Elternrecht darin, über die Pflege und Erziehung der eigenen Kinder frei zu entscheiden, wobei unter der Pflege die Sorge um die Ernährung, die Gesundheit und um das Vermögen, unter Erziehung die Wissens- und Wertevermittlung verstanden wird. Dieses Recht der Eltern begründet aber auch ihre Verantwortung für die Entwicklungsbedingungen ihrer Kinder und für elterliche Entscheidungen hinsichtlich ihrer Bildung und Ausbildung.
Unter der Erziehungspflicht der Eltern ist zu verstehen, dass den Eltern „die Existenzsorge für das Kind, eine Sozialisation i. S. d. Erziehung zur Selbstbestimmungsfähigkeit und zur Rechtstreue sowie die Beachtung objektivierbarer Kindesinteressen" obliegt (Schmitt-Kammler 2003, S. 391). Die „objektivierbaren Kindesinteressen" beziehen die Kommentatoren auf Menschenwürde, Leben, Unversehrtheit, Bewegungsfreiheit und auf die Vermögenssphäre (Schmitt-Kammler 2003, S. 389).
Da für die Väter des Grundgesetzes Elternrechte und Elternpflichten essenziell miteinander verbunden sind, fasste das Bundesverfassungsgericht Elternrechte und -pflichten unter dem Begriff der „Elternverantwortung" zusammen (Schmitt-Kammler 2003, S. 382 f.).
Das Elternrecht ist ein „individuelles Grundrecht" oder „Abwehrrecht", das die Eltern vor staatlichen Eingriffen in die Erziehung schützen soll. Lediglich der Schule wird in Art. 7 Abs. (1) des Grundgesetzes ebenfalls ein Erziehungsrecht eingeräumt.
Es verdient Beachtung, dass der Artikel 6 Abs. (2) im folgenden Satz 2 zum Erziehungsrecht und zur Erziehungspflicht der Eltern ausführt:
„Über ihre Betätigung wacht die staatliche Gemeinschaft."
Hier wird ein staatliches „Wächteramt" begründet, das allerdings nur zum Wohle des Kindes und nicht gegen den Willen der Eltern einschreiten soll. So haben die Eltern beispielsweise das Recht, die Schule für ihr Kind innerhalb gewisser Grenzen frei zu wählen, auch wenn sie dabei aus staatlicher Sicht nicht optimal für das Kind entscheiden. Der Staat hat nicht das Recht, auf eine „optimale Erziehung" zu dringen, ist aber verpflichtet, bei elterlichem Missbrauch oder bei Vernachlässigun-

8 In diesem Abschnitt stütze ich mich vor allem auf die Vorarbeiten von Belatschek (2006) und Mittländer (2006).

gen einzugreifen und – indem er gewissermaßen die Rolle einer „Erziehungsreserve“ übernimmt – die Erziehung und Pflege des Kindes sicherzustellen.[9]

Mit Artikel 6 Abs. (2) Satz 2 des Grundgesetzes kommt dem Staat zwar ein Kontroll- und Überwachungsauftrag, aber kein eigenständiger Erziehungsauftrag zu (Schmitt-Kammler 2003, S. 391). Dies gilt auch hinsichtlich des staatlichen Schulwesens und seiner Vertreter, die nicht ohne Weiteres in das elterliche Erziehungsrecht eingreifen dürfen (Pieroth 2004, S. 266).

Art.7 Abs. (1) des Grundgesetzes legt hinsichtlich der Rolle des Schulwesens näher fest:

„Das gesamte Schulwesen steht unter der Aufsicht des Staates.“

Damit wird dem Staat das Recht zugesprochen, das Schulwesen zu organisieren und zu überwachen. Es wird ihm aber implizit auch die Verantwortung für dessen Qualität übertragen.[10]

Aufs Ganze gesehen, enthalten die Artikel 6 und 7 des Grundgesetzes insofern ein beträchtliches Konfliktpotenzial, als die Väter der Verfassung den elterlichen und den staatlichen Erziehungsauftrag letztlich als gleichrangig behandeln und den individuellen Erziehungsansprüchen und -vorstellungen der Eltern und den kollektiven Erziehungsintentionen des Staates gleiche Bedeutung einräumen.[11]

Dieses latente Konfliktpotenzial wird so lange nicht manifest, wie sich der staatliche Erziehungsanspruch auf die Vermittlung von Wissen und Fähigkeiten beschränkt. Soweit die Länderverfassungen der Schule auch die Aufgabe der Werteerziehung zuweisen[12], bleibt es aber nicht bei dieser restringierten Interpretation des staatlichen Erziehungsauftrags. Allerdings ist der Staat über die Vermittlung von Rechtstreue und von Grundwerten der Verfassung hinaus nicht legitimiert, auch Einfluss auf die religiöse und weltanschauliche Erziehung zu nehmen. Damit würde er das staatliche Neutralitätsgebot verletzten (Schmitt-Kammler 2003, S. 411 f.).

Dass das Grundgesetz dem Staat die Aufsicht über das Schulwesen überträgt, bedeutet nicht, dass den Eltern diesbezüglich keinerlei Rechte eingeräumt werden. Vor allem haben die Eltern ein Informationsrecht: Sie müssen von der Schule über interne Vorgänge informiert werden, vor allem dann, wenn deren Verschweigen sie in der Ausübung ihres Erziehungsrechtes behindern würde. Ein generelles Beteiligungsrecht an schulischen Entscheidungen steht den Eltern allerdings nicht zu. Das Grundgesetz räumt ihnen weder Mitwirkungsbefugnisse noch Anhörungs- oder Mitspracherechte ein. So steht den Eltern im Einzelnen z. B. kein Mitwirkungsrecht bei der Zensurenvergabe, bei der Schulorganisation oder bei der Rechtschreibreform zu. Hingegen ist die Wahl der Schulart für ihr Kind ein unbezweifeltes Recht der Eltern. Dies wiederum begründet jedoch keinen An-

9 Pieroth 2004, S. 269; Schmitt-Kammler 2003, S. 383 u. S. 390 ff.

10 Pieroth 2004, S. 281; Schmitt-Kammler 2003, S. 407 u. S. 417; Winkler 2001, S. 393

11 Pieroth 2004, S. 282; Schmitt-Kammler 2003, S. 410 f.

12 Vgl. z. B. Art. 131 der Verfassung des Freistaates Bayern.

spruch der Eltern, dass ihr Kind auf einer bestimmten Einzelschule zugelassen wird, oder gar, dass dieses eine Schule besuchen kann, die in vollem Umfange den jeweiligen elterlichen Erziehungsvorstellungen entspricht.[13]

Auch wenn das Grundgesetz kein generelles Beteiligungsrecht der Eltern an schulischen Entscheidungen vorsieht, können doch die Länderverfassungen und Landesgesetze Beteiligungsrechte gewähren, und die meisten Länder machen inzwischen von dieser Möglichkeit Gebrauch.[14]

In einem Urteil des Bundesverfassungsgerichtes aus dem Jahre 1972, das im Zusammenhang eines Rechtsstreits um die hessische Förderstufe erging, wurde die Rechtslage noch einmal zusammengefasst:

> „Der staatliche Erziehungsauftrag der Schule, von dem Artikel 7,1 GG [Grundgesetz; W.S.] ausgeht, ist in seinem Bereich dem elterlichen Erziehungsrecht nicht nach-, sondern gleichgeordnet. Diese gemeinsame Erziehungsaufgabe von Eltern und Schule, welche die Bildung der einen Persönlichkeit des Kindes zum Ziel hat, lässt sich nicht in einzelne Komponenten zerlegen. Sie ist in einem sinnvoll aufeinander bezogenen Zusammenwirken zu erfüllen."[15]

7.2.2 Gesetzliche Regelungen in den Ländern[16]

Kollektive Elternmitwirkung

Eltern können ihre Mitbestimmungs- und Mitwirkungsrechte kollektiv über Gremien der Elternvertretung und Elternverbände ausüben oder individuell als Inhaber des Sorgerechtes für ihre Kinder. Im Folgenden betrachten wir zunächst die Rechte, welche die Gesetzgeber in den einzelnen Ländern Elternvertretern und Elterngremien einräumen.

Aufgaben

Bezieht man die Ausführungen der Gesetzgeber zu den Aufgaben der Elternvertreter auf die in unserem Modell zugrunde gelegten Kooperationsbereiche, so ergibt sich ein recht unausgewogenes Bild:

Die Pflege einer Willkommens- und Gemeinschaftskultur wird meist nur sehr allgemein angesprochen, etwa indem ausgeführt wird, die Elternvertreter sollten das Vertrauen zwischen Schule und Eltern vertiefen und für Verständnis der schulischen Arbeit bei den Eltern werben. Im Grunde läuft das auf bloße Akzeptanzsicherung der schulischen Arbeit in der Elternschaft hinaus. Allein das Hamburger Schulgesetz trägt Klassenelternvertretern auf, „die Beziehungen der Eltern einer Klasse oder … einer Schulstufe untereinander und mit den jeweiligen Lehrkräf-

---

13 Pieroth 2004, S. 282f.; Schmitt-Kammler 2003, S. 416f.

14 Pieroth 2004, S. 283; Schmitt-Kammler 2003, S. 416

15 BVerfGE 34, 165–200; Urteil des Ersten Senats vom 6. Dezember 1972. Vgl. https://www.servat.unibe.ch/dfr/bv034165.html (27.09.2021)

16 Vgl. dazu die Übersicht auf der Homepage der Kultusministerkonferenz: https://www.kmk.org/dokumentation-statistik/rechtsvorschriften-lehrplaene/uebersicht-schulgesetze.html (25.09.2021)

ten zu pflegen“ (HmbSG 1997 § 70 (1)) und damit zu einer insgesamt positiven Atmosphäre beizutragen.
Bezüglich des Informationsaustausches wird Elternvertretungen in der Regel aufgetragen, dafür zu sorgen, dass Eltern alle wichtigen Informationen über den Unterricht, die schulische Erziehung und das Schulleben erhalten. Dazu sollen auch Anregungen, Vorschläge und Wünsche der Eltern eingeholt und übermittelt werden. Von für die Schule bedeutsamen Informationen aus den Elternhäusern und Familien ist nirgends die Rede, und schon gar nicht davon, dass Elternvertreter sich bemühen sollten, auch diese Richtung des Informationsflusses zu unterstützen. Dass es über Vorstellungen von Eltern und Lehrkräften auch zu Meinungsverschiedenheiten kommen kann, bei deren Beilegung Elternvertretern eine besondere Rolle zukommt, wird nur in den Schulgesetzen Hamburgs (HmbSG 1997 § 70 (1)) und Sachsens (SächsSchulG § 46 (2)) thematisiert. Insgesamt sehen die Bestimmungen keinen umfassenden Informationsaustausch vor, sondern regeln lediglich die Moderation schul- und unterrichtsbezogener Informationen durch die Elternvertreter.
Etwas ausgewogener sind die Bestimmungen hinsichtlich der Erziehungs- und Bildungskooperation. Meistens wird den Elternvertretungen aufgetragen, Schule und Eltern bei der Erziehung und Bildung der Kinder zu unterstützen und ihre Zusammenarbeit zu fördern. Bei der Konkretisierung wird allerdings deutlich, dass im Grunde nur eine Kooperation bei der Verwirklichung der schulischen Bildungs- und Erziehungsziele gemeint ist, meistens bei der Verbesserung der äußeren Organisation von Schule und Unterricht und bei der Gestaltung des Schullebens.
Das Recht der Eltern auf Mitsprache und Mitbestimmung zu sichern und ihre Interessen auf den verschiedenen Ebenen zu vertreten, wird in allen Ländergesetzen als genuine Aufgabe der Elternvertretungen anerkannt.
Die Entwicklung der Elternschaft hingegen ist meistens nur am Rande berührt, etwa indem den Elternvertretungen aufgetragen wird, den Meinungsaustausch in der Elternschaft zu fördern und das Interesse und die Verantwortung der Eltern für die Erziehung und Bildung ihrer Kinder zu pflegen. Auch die Sorge um positive Beziehungen in der Elternschaft mag man hierher rechnen. Die bewusste und zielstrebige Entwicklung der Elternschaft zu einem leistungsfähigen Subsystem von Schule beeinhaltet aber weit mehr. In einigen Schulgesetzen wird zumindest die Bedeutung der verschiedener Ebenen der Elternvertretung erkannt. So tragen die Schulgesetze Hessens, Sachsens, Schleswig-Holsteins und von Rheinland-Pfalz, den Kreis- und Stadtelternbeiräten und Landeselternbeiräten auf, zusammenzuarbeiten und die Arbeit der Schulelternbeiräte zu beraten und zu unterstützen.[17] Der Entwicklung der Elternschaft kommt es auch zugute, wenn

17 § 115 (1), § 116 (10) HSchG 2017; §43 (2) (3) SchulG RP 2004; § 48 (2) SächsSchulG 2018; § 72 (1), § 74 (4) SchulG SH 2007

sich Elternvertretungen höherer Ebenen aus Elternvertretern niedrigerer Ebenen rekrutieren – sei es, dass sie sich aus solchen zusammensetzen oder aus solchen gewählt werden. Diese Regelung dürfte sich günstiger auf die Vernetzung innerhalb des Gesamtsystems „Elternschaft“ auswirken als die freie Wahl beliebiger Eltern oder gar die Berufung der Gremienmitglieder, wie sie bei Landeselternbeiräten in einer Reihe von Ländern üblich ist.

In einer Reihe von Bundesländern wird den Elternvertretungen auch ausdrücklich aufgetragen, sich an der Öffentlichkeitsarbeit der Schule zu beteiligen, indem sie sich um eine günstige öffentliche Wahrnehmung der Schule bemühen und ihre Anliegen öffentlich unterstützen.

Insgesamt sind die den Elternvertretungen vom Gesetzgeber zugedachten Aufgaben auf die Bildungs- und Erziehungsarbeit der Schule fokussiert. Elternvertreter sollen für sie die Akzeptanz und Unterstützung der Elternschaft erwirken und den darauf bezogenen Informationsaustausch moderieren. Die Bildungs- und Erziehungspraxis in den Familien und die häuslichen Lebensverhältnisse bleiben völlig außerhalb des Blickfeldes. Kaum erwähnt werden auch über die Mittlerrolle zwischen Eltern und Schule hinaus gehende Unterstützungs- und Beratungsleistungen der Elternvertreter für die Elternschaft. Das entspricht weitgehend dem Verständnis traditioneller Elternarbeit, nicht aber einer zeitgemäßen Schule-Eltern-Kooperation, die den Gesamtbereich der kindlichen Bildung und Erziehung umfasst.

Ebenen der Mitbestimmung

Mitbestimmung von Eltern kann auf unterschiedlichen Ebenen des Schulsystems erfolgen: auf der Klassen-, Schul-, Stadt- oder Bezirksebene sowie auf der Kreis- und Landesebene. Teilweise gibt es auch Elternvertretungen auf der Jahrgangs- oder Schulstufenebene oder für mehrere Schulen eines gemeinsamen Schulträgers. Auf Bundesebene unterstützt und koordiniert der aus Vertretern der Landeselternräte gebildete Bundeselternrat die Elternmitbestimmung in den Ländern. Er ist eine Arbeitsgemeinschaft der Landeselternräte. Die bayerischen Interessen nehmen anstelle des fehlenden bayerischen Landeselternrates schulartbezogene Elternverbände wahr. Die vertikale Ausdifferenzierung der Mitbestimmung ist ein Maß für ihre Qualität, denn das Fehlen von Mitbestimmungsmöglichkeiten auf einer oder mehreren Ebenen indiziert ein Defizit an funktionaler Differenzierung des sozialen Systems „Elternschaft“.

Versammlungen von Eltern auf Klassenebene – sog. „Klassenelternversammlungen“, im Alltagssprachgebrauch meist „Elternabende“ genannt[18] - gibt es in allen Bundesländern. Mit Rechten, die über den Erfahrungsaustausch, das Geben von Anregungen und die Wahl der Klassenelternvertreter hinausgehen, sind sie nur

18 Nur das Hamburger Schulgesetz nennt sie wirklich „Elternabende“: § 69 (1) HmbSG 1997.

in Nordrhein-Westfalen, Brandenburg und Baden-Württemberg ausgestattet. In Baden-Württemberg hat diese Versammlung als „Klassenpflegschaft" auch eine etwas andere Zusammensetzung: Neben den Erziehungsberechtigten gehören ihr auch die in der Klasse unterrichtenden Lehrkräfte als stimmberechtigte Mitglieder an. Vorsitzende der Klassenpflegschaften sind die Klassenelternvertreter, ihre Stellvertreter die jeweiligen Klassenlehrkräfte. Anders als in den übrigen Bundesländern sind in Bayern Klassenelternvertreter („Klassenelternsprecher") nur für Grund- und Haupt- bzw. Mittelschulen verpflichtend vorgesehen. In den übrigen Schularten ist ihre Wahl fakultativ.
Rheinland-Pfalz richtete für die Zusammenarbeit mit dem Landeselternbeirat im Bildungsministerium eigens eine Koordinationsstelle Elternarbeit ein. Im Saarland nahm im Herbst 2000 eine entsprechende Stelle beim Landesinstitut für Pädagogik und Medien ihre Arbeit auf. Schleswig-Holstein leistet sich gesonderte Landeselternbeiräte für Gemeinschaftsschulen, Gymnasien, Grundschulen und Förderzentren sowie für Berufliche Schulen. Nordrhein-Westfalen hingegen kennt überhaupt keine Elternvertretungen oberhalb der Schulebene, Bayern keine oberhalb der Verbund- bzw. Gemeindeebene. Allerdings kann in Bayern – wenn gewünscht – ein Landeselternrat aus dem Landesschulbeirat gebildet werden, dem neben Eltern und Lehrkräften auch Vertreter anderer gesellschaftlicher Gruppierungen angehören (Städtetag, Gemeindetag, Landkreistag, Wirtschaftsverbände, Gewerkschaften, Kirchen, Bauernverband, Hochschulen usw.). Auf Ebenen, für welche keine gesetzlichen Elterngremien vorgesehen sind, nehmen Eltern jedoch in der Regel ihre Mitspracherechte durch entsprechende Vereine und Verbände wahr.

Verschränkte Gremien
Welchen Einfluss Elternvertreter ausüben können, hängt außer von wirklichen Entscheidungsbefugnissen auch davon ab, in welchen Gremien sie auf den verschiedenen Ebenen vertreten sind. Im günstigeren Falle sind sie nicht nur in Elterngremien, sondern auch in weiteren Schulgremien vertreten – in Klassenkonferenzen, Lehrerkonferenzen und in Gremien der Schülermitverantwortung – und haben dort die Möglichkeit, zumindest beratend mitzuwirken. Im Gegenzug sind teilweise Vertreter der Lehrerschaft und der Schülerschaft Mitglieder in Elterngremien.
In allen Ländern gibt es ein Gremium auf Schulebene (Schulforum, Schulkonferenz, Gesamtkonferenz, Schulausschuss oder Schulvorstand), das sich paritätisch oder annähernd paritätisch aus Lehrkräften, Eltern und Schülerinnen und Schülern zusammensetzt. Hessen, Niedersachsen, Sachsen-Anhalt und Bremen verstehen im Unterschied zu den übrigen Ländern unter Parität nicht Drittelparität zwischen Lehrkräften, Eltern und Schülern, sondern das Gleichgewicht zwischen Lehrkräften einerseits und Schülern und Eltern andererseits. Das nordrhein-westfälische Schulgesetz sieht unterschiedliche Mehrheitsverhältnisse für die einzelnen

Schularten vor, darunter auch Drittelparität und Gleichverteilung zwischen Lehrer- und Eltern-Schüler-Seite.

Soweit Kreis- oder Bezirksschulbeiräte und Landesschulbeiräte vorgesehen sind, gehören ihnen neben Vertretern anderer gesellschaftlicher Gruppen und Institutionen sowohl Vertreter der Schule, der Elternschaft und der Schülerschaft an.

In Brandenburg, Berlin, Baden-Württemberg, Hessen, Niedersachsen, Rheinland-Pfalz und im Saarland sind Eltern auch in Lehrerkonferenzen auf Klassen- und Schulebene vertreten, in Mecklenburg-Vorpommern, Sachsen-Anhalt, Nordrhein-Westfalen, Schleswig-Holstein, Hamburg und Bremen nur auf Klassenebene. Bayern, Sachsen und Thüringen sehen überhaupt keine Präsenz von Elternvertretern in Lehrerkonferenzen vor.

In Gremien der Schülermitverantwortung sind Eltern nur in Berlin, Brandenburg und im Saarland vertreten. Häufiger als durch Eltern werden Schülervertretungen durch Lehrkräfte beraten und unterstützt.

Dass Vertreter anderer Gruppen (meist Lehrkräfte, seltener Schüler) Mitglieder in Elterngremien sind, findet man öfter auf Klassen- und Schulebene als auf regionaler und Landesebene.

In Berlin sind in den Elterngremien aller Ebenen auch Lehrkräfte und Schüler vertreten. Niedersachsen, Thüringen und Bremen sehen keine Anwesenheit von Lehrkräften oder Schülern in Elterngremien vor. Die übrigen Bundesländer sorgen zumindest auf Klassenebene, vereinzelt auch auf höheren Ebenen für die Teilnahme von Lehrkräften in Elterngremien, seltener auch für die Präsenz von Schülern.

Im Ganzen ist das Bild äußerst vielfältig. Wahrscheinlich ist die Präsenz von Vertretern anderer Gruppen in den Gremien besonders geeignet, Vertrauen zu schaffen und zu erhalten, und sie gewährleistet wohl auch am ehesten einen zuverlässigen und unkomplizierten Informationsaustausch als Grundlage effektiver Kooperation. Daneben gibt es natürlich auch andere Wege, einen solchen Informationsaustausch zu organisieren. Z. B. wird in mehreren Schulgesetzen eine regelmäßige Berichtspflicht von Gremien und Gremienvertretern für andere Gremien verfügt. Außerdem ist es ungeachtet rechtlicher Vorgaben immer möglich, dass ein Gremium Vertreter anderer Gruppen aus bestimmtem Anlass zu einzelnen Sitzungen einlädt. Auch informeller Informationsaustausch kann eine gesetzlich verfügte Verzahnung der Gremienarbeit ein Stück weit ersetzen. Und schließlich muss sich die Präsenz von Vertretern anderer Gruppen in manchen Gremien nicht zwingend positiv auswirken. Sie kann z. B. auch die Offenheit der Diskussion beeinträchtigen oder als Kontrolle empfunden werden. Im Einzelnen kommt es sehr darauf an, wie die rechtlichen Vorgaben umgesetzt werden. Der gesamte Komplex der Mitwirkung von Eltern und Schülern in Schule und Unterricht bedürfte dringend einmal einer gründlichen Untersuchung, um in der Vielfalt der möglichen und üblichen Verfahrensweisen und Praktiken die sinnvollsten und effektivsten zu identifizieren.

Umfang der Zuständigkeiten
Der Umfang der Zuständigkeiten der Elternvertretungen, d. h. der Umfang der Bereiche und die Zahl der Einzelfragen, in denen sie mitsprechen und mitentscheiden dürfen, variiert beträchtlich.
Die Schulelternbeiräte sind praktisch überall bloße Foren des Informations- und Meinungsaustausches. Sie haben den Anspruch, von der Schulleitung und den Lehrkräften zu allen allgemeinen Fragen des Schullebens und des Unterrichts informiert und gehört zu werden und können Auskünfte einfordern, Wünsche äußern und Anträge stellen. Allein in Hessen, Rheinland-Pfalz und in Schleswig-Holstein werden ihnen in einigen Fragen der inneren und äußeren Schulorganisation und der Organisation des Unterrichts, in Rheinland-Pfalz auch der Lehr- und Lernmittel und der Schulfinanzierung ausdrücklich einige besondere Zuständigkeiten eingeräumt, z. T. sogar Mitentscheidungsrechte.
Die Zuständigkeiten der Schulforen bzw. der Schulkonferenzen (oder wie auch immer das gruppenübergreifende Leitungsgremium genannt wird) sind in den einzelnen Bundesländern unterschiedlich weit gefasst. In allen Bundesländern ist dieses Gremium für Fragen der äußeren und inneren Schulorganisation, der Schulentwicklung, des Schullebens und außer in Bayern und Rheinland-Pfalz auch für Fragen der äußeren Unterrichtsorganisation zuständig. Überall komplett ausgespart bleiben der gesamte Bereich der methodischen Gestaltung des Unterrichts und die konkrete Leistungserhebung und -beurteilung. Hier wird ganz offensichtlich die pädagogische Verantwortung der Lehrkräfte und der sich daraus ableitende Ermessens- und Entscheidungsspielraum respektiert.
Aufs Ganze gesehen, kann man hinsichtlich des Umfangs der Zuständigkeiten drei Gruppen unterscheiden:

- Eine aus Baden-Württemberg, Berlin, Sachsen-Anhalt, Nordrhein-Westfalen und Schleswig-Holstein bestehende Gruppe mit breiten Zuständigkeiten, die sich auch auf allgemeinere Fragen der Leistungsüberprüfung und -beurteilung, auf Lehr- und Lernmittel und Schulbücher, die Kooperation mit der Elternschaft und der Schülerschaft, die Kontakte mit der Schulverwaltung, dem Schulträger und Bildungspolitikern und auf disziplinarische Maßnahmen erstrecken.
- Eine Gruppe mit mäßigen Zuständigkeiten, die aus Brandenburg, Hessen, Hamburg, Mecklenburg-Vorpommern und dem Saarland besteht.
- Eine Gruppe mit beschränkten Zuständigkeiten, welche Thüringen, Bremen, Sachsen, Bayern, Rheinland-Pfalz und Niedersachsen umfasst. In diesen Ländern wird die Bedeutung der Schulkonferenz bzw. des Schulforums dadurch noch zusätzlich beeinträchtigt, dass das Gremium fast nur beratende Befugnisse hat. Lediglich in Niedersachsen wirkt es etwas öfter bei Entscheidungen mit.

Befugnisse

Die den Elternvertretern und Elterngremien eingeräumten Befugnisse sind sehr vielfältig. Um unterschiedliche Grade der Verbindlichkeit auszudrücken, verwenden die Gesetzgeber eine breite Palette von Begriffen, die leicht darüber hinwegtäuschen, dass nahezu keine Entscheidungsrechte eingeräumt werden. So dürfen Elternvertreter beraten, Meinungen äußern, erörtern, haben Rechte informiert und gehört zu werden, Vorschläge einzubringen und Initiativen anzuregen usw. Auch die Schulelternbeiräte sind an Entscheidungen meistens nur über Vertreter beteiligt, die sie in die Schulkonferenzen bzw. Schulforen entsenden.

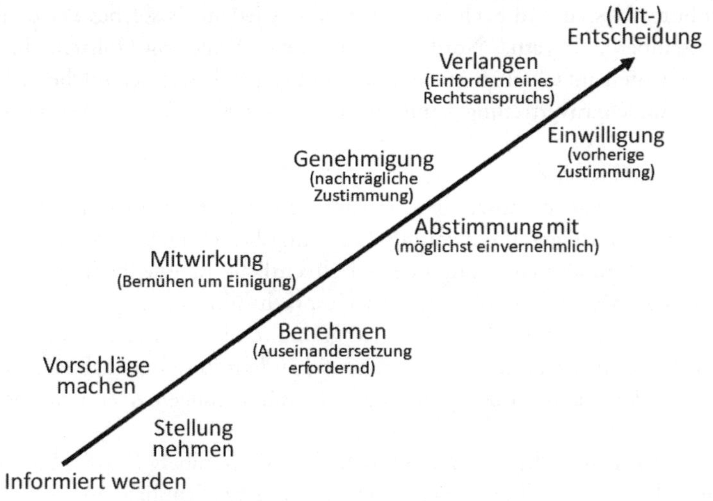

Abbildung 5: Befugnisse von Elternvertretern (Auswahl)

Die Schulforen bzw. Schulkonferenzen (oder wie auch immer sie heißen) sind in den meisten Bundesländern die einzigen Gremien, in denen Elternvertreter zusammen mit den Vertretern der Lehrerschaft und der Schülerschaft tatsächlich verbindliche Entscheidungen treffen. In Berlin, Nordrhein-Westfalen und Hamburg hat dieses Gremium sogar entscheidenden Einfluss auf die Besetzung der Schulleitung, und außer in Bayern, Hessen, Mecklenburg-Vorpommern, Rheinland-Pfalz und Schleswig-Holstein trifft es überall auch Entscheidungen über die Finanzen und die Verwendung der Haushaltsmittel. In Sachsen und Thüringen kann es dabei zumindest noch beratend mitwirken.

Ausstattung mit Ressourcen

Für die Effektivität, mit welcher Elternvertretungen ihre Rechte ausüben können, ist nicht zuletzt ihre Ausstattung mit Ressourcen – mit Räumen und Sachmitteln, mit Reisekosten – und die Gewährung von Sitzungsgeldern für Bezirks- und Landeselternvertreter sowie die Erstattung ihres Verdienstausfalls ausschlaggebend: Hamburg, Hessen, Berlin, Brandenburg, Mecklenburg-Vorpommern, Niedersachsen, Sachsen-Anhalt, Rheinland-Pfalz, Schleswig-Holstein und das Saarland haben eigens entsprechende Regelungen in die Schulgesetze aufgenommen. Es ist aber davon auszugehen, dass auch in den übrigen Ländern eine Kostenübernahme im Rahmen der Finanzierung des Sachaufwandes der Schulen und der zugeordneten Behörden erfolgt. Bemerkenswerte ist, dass die Mehrzahl der Bundesländer für die Landeselternvertretungen Geschäftsstellen eingerichtet hat. Inwieweit diese auch mit Bürokräften ausgestattet sind, ist nur in wenigen Fällen ersichtlich. In Brandenburg, Hessen und Sachsen-Anhalt gibt es jedenfalls solches Personal. Baden-Württemberg, Bayern, Nordrhein-Westfalen, Schleswig-Holstein und Hamburg verzichten auf Geschäftsstellen. Berlin hingegen leistet sich solche nicht nur für die Landeselternvertretung, sondern auch für die Kreiselternvertretungen.

Qualifizierungsmaßnahmen

Um ihr Mandat erfolgreich auszuüben, müssen Elternvertreter über eine Reihe von Kompetenzen verfügen, die nicht alle Erziehungsberechtigten von Haus aus mitbringen: eine Grundorientierung über schulrechtliche Rahmenbedingungen, Organisationskompetenz, Kompetenzen der Gesprächsführung u. v. a. m. Es bedarf also Qualifizierungsmaßnahmen für neu gewählte Elternvertreter und Fortbildungsangebote für erfahrenere. Die meisten Länderministerien haben dafür zusammen mit den Landeselternvertretungen Handreichungen oder Leitlinien erarbeitet:

- Ministerium für Kultus, Jugend und Sport Baden-Württemberg (2018): Elterninfo für gewählte Elternvertreterinnen und Elternvertreter. Schuljahr 2018/2019. Stuttgart.[19]
- Bayerisches Staatsministerium für Unterricht und Kultus (2013): Schule und Familie. Verantwortung gemeinsam wahrnehmen. Rechte und Aufgaben der Eltern und Elternvertretung in der Schule. München.[20]
  Bayerisches Staatsministerium für Unterricht und Kultus/Stiftung Bildungspakt Bayern (2014): Leitlinien zur Gestaltung der Bildungs- und Erziehungspartnerschaft von Schule und Elternhaus. München.[21]

---

19 https://docplayer.org/108266449-Elterninfo-fuer-gewaehlte-elternvertreterinnen-und-elternvertreter-schuljahr-2018-2019-ministerium-fuer-kultus-jugend-und-sport.html (25.09.2021)

20 https://www.km.bayern.de/epaper/Schule_und_Familie_2019 /files/assets/common/downloads/publication.pdf (25.09.2021)

21 https://bildungspakt-bayern.de/wp-content/uploads/2015/03/150205_Broschuere_Leitlinien_A5.pdf (25.09.2021)

- Senatorin für Bildung, Jugend und Familie (2017): Leitfaden für Elternvertreterinnen und Elternvertreter. Berlin.[22]
  Senatorin für Bildung, Jugend und Familie (2020): Leitfaden für Elternvertreterinnen und Elternvertreter an Oberstufenzentren. Berlin.[23]
- Ministerium für Bildung, Jugend und Sport des Landes Brandenburg (2019): Schüler und Eltern mit Wirkung. Ratgeber für Schüler- und Elternvertretungen. Potsdam.[24]
- ZentralElternBeirat Bremen (2018): ElternMitWirkung – Ein Leitfaden für Eltern und Elternvertreter. Bremen.[25]
- Behörde für Schul- und Berufsbildung in Hamburg (2019): Elternratgeber. Wir reden mit. Handbuch für die Mitwirkung in der Schule. Hamburg.[26]
- Hessisches Kultusministerium/Landeselternbeirat von Hessen (2017): Ratgeber für Eltern von Eltern. Mit Praxisbeispielen für die Arbeit als Elternvertreterin und Elternvertreter. 3. Aufl., Wiesbaden.[27]
- Landeselternrat Niedersachsen (2009): Leitfaden zur Elternarbeit in Niedersachsen. Elternarbeit an den niedersächsischen Schulen. Ein Leitfaden zur Elternmitwirkung. Hannover.[28]
- Ministerium für Schule und Weiterbildung des Landes Nordrhein-Westfalen (2011): Elternmitwirkung in der Schule. Düsseldorf.[29]
- Ministerium für Bildung, Wissenschaft, Weiterbildung und Kultur Rheinland-Pfalz (2015): Elternmitwirkung in Rheinland-Pfalz. Mainz.[30]
- Landeselternrat Sachsen/Staatsministerium für Kultus und Sport Sachsen (2010): Elternvertreter, was tun? Eine Handreichung für Elternvertreter an sächsischen Schulen. Dresden.[31]

---

22 https://www.berlin.de/sen/bildung/schule/gute-schule/mitwirkung-von-schuelern-und-eltern/ (25.09.2021)

23 https://www.berlin.de/sen/bildung/schule/gute-schule/mitwirkung-von-schuelern-und-eltern/ (25.09.2021)

24 https://mbjs.brandenburg.de/media_fast/6288/schueler_und_eltern_mit_wirkung.pdf (25.09.2021)

25 https://zeb.bildung.bremen.de/elternmitwirkung-14066 (25.09.2021)

26 https://www.hamburg.de/contentblob/4000394/5d398eb92814d715f3e2d97fb855833b/data/elternratgeber-dt-.pdf (25.09. 2021)

27 https://kultusministerium.hessen.de/sites/default/files/media/hkm/ratgeber_fur_eltern_von_eltern.pdf (25.09.2021)

28 file:///C:/Users/Dell/AppData/Local/Temp/2018_leitfaden_elternarbeit_Entwurf.pdf (25.09.2021)

29 https://www.schulministerium.nrw/sites/default/files/documents/Elternmitwirkung.pdf (25.09.2021)

30 https://bm.rlp.de/fileadmin/mbwwk/Publikationen/Bildung/Elternmitwirkung_in_RLP.pdf (25.09.2021)

31 https://publikationen.sachsen.de/bdb/artikel/12421/documents/13440 (25.09.2021)

- Landeselternrat Sachsen-Anhalt/Kultusministerium Sachsen-Anhalt (2008): Ein Wegweiser von Eltern für Eltern. Magdeburg.[32]
- IQ.SH Institut für Qualitätsentwicklung an Schulen Schleswig-Holstein (2020): Elternmitwirkung. Anregungen und Hinweise. Kiel.[33]
  IQ.SH Institut für Qualitätsentwicklung an Schulen Schleswig-Holstein (2004): Anregungen und Hinweise für die Gestaltung von Elternversammlungen. Kiel.[34]
- Landeselternvertretung Thüringen (2011): Eine starke Schule durch starke Eltern für starke Kinder. Eltern mit Wirkung! Erfurt.[35]
- Mecklenburg-Vorpommern und das Saarland stellen nur auf Websites einige Informationen für Elternvertreter zur Verfügung.[36]

Bayern geht noch einen etwas anderen Weg: Dort wurde von der dem Staatsministerium nahestehenden Stiftung Bildungspakt Bayern zusätzlich ein Internetportal[37] mit einleitenden Videoauftritten entwickelt, welches Eltern über die Funktion und die Arbeit von Elternvertretungen informieren und sie für die Übernahme eines Amtes interessieren will.

Gedrucktes Informationsmaterial hat nur einen begrenzten Wirkungsradius. Für eine erste Orientierung und eine grobe Übersicht mag es genügen. Für die Aneignung darüber hinaus gehender Kompetenzen, für das Wecken von Motivation und die Entwicklung von Fertigkeiten und Einstellungen aber braucht es persönliche Ansprache und unmittelbare Begegnungen in Vorträgen, Seminaren und Workshops. Am zuverlässigsten sorgen Länder für die erforderliche Fortbildung, wenn sie diese in den Schulgesetzen verankern, wie es in Bremen[38], Sachsen[39] und Rheinland-Pfalz[40] geschehen ist. Rheinland-Pfalz tat noch ein Übriges, indem es

---

32 https://www.sachsen-anhalt.de/fileadmin/Bibliothek/Politik_und_Verwaltung/MK/MK/Textdokumente/Publikationen/Bildung/wegweiser_eltern.pdf (25.09.2021)

33 https://publikationen.iqsh.de/informationen-eltern.html?file=files/Inhalte/PDF-Downloads/Publikationen/Elternmitwirkung.pdf&cid=628. (25.09.2021)

34 https://www.schulrecht-sh.com/download/eltern_8_4.pdf (25.09.2021)

35 https://www.lev-thueringen.de/wp-content/uploads/2007/11/Brosch%C3%BCre_Eltern.pdf (25.09.2021)

36 https://www.bildung-mv.de/eltern/elternmitwirkung/ (25.09.2021) sowie https://eltern-saarland.de/wp-content/uploads/2019/02/AktivDabeiBroschuere.pdf (25.09.2021)

37 https://elternmitwirkung.bayern/ (25.09.2021)

38 § 60 Abs. 3 BremSchulG: „Erziehungsberechtigten sollen durch Fortbildung die notwendigen Kenntnisse und Befähigungen für eine Mitarbeit in der Schule verschafft und gesichert werden." § 33 Abs. 4 S. 2 BremSchVwG: „Für alle Mitglieder der Schulkonferenz sind geeignete Fortbildungs- und Qualifizierungsmaßnahmen durch die Schule oder andere geeignete Fortbildungsträger mit Unterstützung der zuständigen Schulbehörden durchzuführen; die dafür erforderlichen Ressourcen sind nach Maßgabe des Haushalts und der Selbstbewirtschaftung der Schule bereitzustellen."

39 § 45 Abs. 2 S. 2 SchulG Sachsen: „Dazu werden Fortbildungen für Elternvertreter angeboten."

40 § 47 SchulG Rheinland-Pfalz: „Elternfortbildung wird zur Förderung der Zusammenarbeit von Eltern und Schule durchgeführt. Hierbei wirken der Landeselternbeirat und das fachlich zuständige Ministerium zusammen."

im Bildungsministerium eine Koordinationsstelle für Elternarbeit einrichtete, die zusammen mit dem Landeselternbeirat ein ausreichendes Fortbildungsangebot organisiert. Auch in Bundesländern, welche die Fortbildung für Elternvertreter nicht gesetzlich regelten, gibt es entsprechende Angebote durch besondere Organisationen und Projekte:

- Im Saarland wurde ähnlich wie in Rheinland-Pfalz eine Koordinierungsstelle geschaffen, welche zusammen mit der GesamtLandesElternvertretung Fortbildung für Elternvertreter organisiert. Allerdings ist sie dort beim Landesinstitut für Pädagogik und Medien angesiedelt.
- In Baden-Württemberg bietet die mit Landesmitteln geförderte und mit dem Landeselternbeirat verbundene gemeinnützige Elternstiftung[41] eine Vielzahl von weit über das gesamte Land verteilten Veranstaltungen an, die größtenteils von geschulten ehrenamtlichen Elternmentoren durchgeführt werden.
- In Sachsen führen 49 vom Staatsministerium eigens ausgebildete ehrenamtliche Elternmitwirkungsmoderatoren an jeder staatlichen Schule auf Verlangen Seminare für Elternvertreter durch.[42]
- Berlin hat die Koordination von Fortbildungsmaßnahmen für Elternvertreter im Ressort der Bildungssenatorin bei der Qualitätsbeauftragten für Schulen angesiedelt, die auf ihrer Website Vorträge, Seminare und Workshops anbietet.[43]
- In Hessen wurde 2001 durch eine Kooperationsvereinbarung zwischen dem Landeselternbeirat und dem Kultusministerium das Projekt elan „**e**ltern schu**l**en **a**ktive elter**n**“[44] gestartet, das seither für Elternvertretungen und Eltern Fortbildungsangebote organisiert.
- In der Regel führen auch die staatlichen Lehrerfortbildungsinstitute Veranstaltungen für Elternvertreter durch. Z. B. unterstützt in Schleswig-Holstein das Institut für Qualitätsentwicklung an Schulen Schleswig-Holstein (IQSH) die Arbeit von Elternvertretern und bietet ihnen Fortbildungen an.45 In Hamburg hält das Landesinstitut für Lehrerbildung und Schulentwicklung (LI) ein entsprechendes breit gefächertes Veranstaltungsangebot vor.46
- Außerdem engagiert sich eine große Zahl von Elternverbänden und gewerblichen Anbietern für die Fortbildung von Elternvertretern an Schulen und Kitas, oft auch mit staatlicher Unterstützung.

41 https://elternstiftung.de/ (26.09.2021)
42 https://elternmitwirkung-sachsen.de/ (26.09.2021)
43 https://www.berlin.de/sen/bildung/schule/gute-schule/mitwirkung-von-schuelern-und-eltern/ (26 09.2021)
44 https://kultusministerium.hessen.de/eltern/elternarbeit-centerpage/kooperationsprojekt-elan (26.09.2021)
45 https://www.schleswig-holstein.de/DE/Fachinhalte/E/eltern/elternmitwirkung.html (26.09.2021)
46 https://li.hamburg.de/fortbildung/ (26.09.2021)

Die Themen der Veranstaltungen reichen von Rechten und Pflichten von Eltern und Elternvertretern, gesetzlichen Grundlagen der Elternmitwirkung über Qualitätsmerkmale schulischer Elternarbeit, Hilfen zur Durchführung von Gremiensitzungen und Veranstaltungen für Eltern bis zu Kommunikation, Gesprächsführung, Konfliktbearbeitung und Moderationstechniken.
Auch im bayerischen Unterrichtsministerium war man sich bewusst, dass ein Internetportal wirkliche Qualifizierungsmaßnahmen für Elternvertreter nicht ersetzen kann. Um auch solche auf den Weg zu bringen, ging man aber viel anspruchsvoller vor: 2013 wurde in Art. 74 des Erziehungs- und Unterrichtsgesetzes der Passus eingefügt: „In einem schulspezifischen Konzept zur Erziehungspartnerschaft zwischen Schule und Erziehungsberechtigten erarbeitet die Schule die Ausgestaltung der Zusammenarbeit; hierbei kann von den Regelungen der Schulordnungen zur Zusammenarbeit der Schule mit den Erziehungsberechtigten abgewichen werden.“ (Abs. 1, Satz 2 Bayer. EUG) Dieses Konzept ist den vorgesetzten Dienststellen vorzulegen. Um die Schulen bei der Entwicklung und Umsetzung eines solchen Konzeptes zu unterstützen, wurde in mehrwöchigen Kursen eine große Zahl von Lehrkräften als Ansprechpartner für die Kooperation Elternhaus – Schule (KESCH) qualifiziert und mit Teilabordnungen an die Mittelbehörden der Schulverwaltung entsandt. Von dort aus beraten sie Schulleitungen, Lehrkräfte und Elternvertreter und bieten auch schulhausinterne Fortbildung an. Zusammen mit den „Leitlinien“[47] ist damit für Schulen und Lehrkräfte ein Rahmen geschaffen, der die Kooperation mit den Eltern und ihren Vertretern zugleich fordert und fördert.

Geschlechterparität und Minderheitenschutz
Die Einrichtungen der Elternmitwirkung sind nur in dem Maße demokratisch legitimiert, wie sie die Zusammensetzung der Elternschaft repräsentativ abbilden, Minderheitsrechte berücksichtigen und die Gleichberechtigung der Geschlechter respektieren. Die gesetzlichen Vorgaben tragen nur zum Teil dafür Sorge: Eine paritätische Vertretung von Frauen und Männern in den Gremien fordern lediglich Brandenburg und Rheinland-Pfalz. Nur Brandenburg, Hessen, Berlin, Nordrhein-Westfalen, Rheinland-Pfalz, Niedersachsen und das Saarland sichern eine ausreichende Repräsentanz von Eltern nichtdeutscher Herkunftskulturen in den Elternvertretungen gesetzlich ab. Und allein Bremen und Rheinland-Pfalz schreiben auch Minderheitsrechte für Eltern behinderter Kinder fest – angesichts der ansonsten ausgeprägten Bemühungen um Inklusion im Bildungswesen ein schwer zu verstehendes Defizit.

47 https://bildungspakt-bayern.de/wp-content/uploads/2015/03/150205_Broschuere_Leitlinien_A5.pdf (05.11.2021)

Zusammenfassung
Einen Vergleich der Rahmenbedingungen, welche durch die rechtlichen Vorgaben für die Elternmitwirkung an deutschen Schulen geschaffen wurden, kann man nur mit großen Vorbehalten durchführen: Sie sind in Brandenburg, Berlin, Hessen, Rheinland-Pfalz und im Saarland vergleichsweise günstig. In Baden-Württemberg, Hamburg, Niedersachsen, Sachsenanhalt, Schleswig-Holstein und Nordrhein-Westfalen sind sie akzeptabel. In Bremen, Bayern, Mecklenburg-Vorpommern, Sachsen und Thüringen hingegen besteht Entwicklungsbedarf, wobei Bayern die Installation besonderer „Ansprechpartner" für die Kooperation Schule-Elternhaus zugutegehalten werden muss.

Individuelle Elternmitwirkung
Die Schulgesetze der meisten Länder gehen erst gar nicht weiter auf die individuellen Mitwirkungs- und Mitbestimmungsrechte der Eltern ein und behandeln gleich die Einrichtungen der Elternvertretung. Allenfalls wird auf das im Grundgesetz und in der Landesverfassung verankerte Erziehungsrecht der Eltern verwiesen oder eine pauschale Formulierung darauf verwendet. So in Baden-Württemberg: „Die Eltern haben das Recht und die Pflicht, an der schulischen Erziehung mitzuwirken." (§ 55, Abs. 1, Satz 1 SchG Baden-Württemberg) Ähnlich in Bremen: „Die Erziehungsberechtigten sind … so weit wie möglich in die Gestaltung des Unterrichts und des weiteren Schullebens einzubeziehen." (§ 6, Satz 2 Brem SchulG) Allein das saarländische Schulmitbestimmungsgesetz widmet einen eigenen Paragrafen der „Unmittelbaren Beteiligung der Erziehungsberechtigten" (§ 36 SchumG). Der Mühe, die individuellen Mitwirkungs- und Mitbestimmungsrechte der Eltern genauer zu benennen, unterziehen sich nur die Schulgesetze Berlins und Mecklenburg-Vorpommerns. Sie führen vor allem ein Recht auf Information über das Schulsystem, mögliche Abschlüsse und Berechtigungen, Unterrichtsgestaltung, Leistungserhebung und -beurteilung und über die Lernfortschritte und Entwicklung des eigenen Kindes an. Das Berliner Schulgesetz gesteht Eltern außerdem das Recht zu, im Unterricht ihres Kindes zu hospitieren und Vorschläge zur Unterrichtsgestaltung zu machen sowie ein Recht auf Beratung bei Entwicklungsauffälligkeiten des Kindes und bei der Wahl des Bildungsganges.
Unbeschadet der mehr oder weniger ausführlichen Behandlung ihrer individuellen Rechte haben Eltern nach geltender Gesetzeslage in allen Ländern ein Recht auf Information über Lern- und Entwicklungsfortschritte ihres Kindes, über die Schulorganisation, Aufnahme- und Übertrittsverfahren, Abschlüsse und Berechtigungen und Lehrpläne sowie das Recht, Elternvertreterinnen und Elternvertreter zu wählen. Das Recht der Schulwahl für ihr Kind besitzen Eltern nur bedingt: Eltern von Grund- und Hauptschülern werden durch Sprengelverordnungen größtenteils daran gehindert zu bestimmen, welche Schule ihr Kind besuchen

soll. Und die Auswahl der Schulart, in welcher es auf der Sekundarstufe seine Bildung fortsetzen soll, wurde lange Zeit durch Leistungsanforderungen stark begrenzt. Erst in den letzten Jahren wird diesbezüglich der Elternwille stärker beachtet. Insgesamt sind die individuellen Mitbestimmungsrechte von Eltern eines Schulkindes in Deutschland weitaus beschränkter als die kollektiven Rechte der gewählten Elternvertreter. So nimmt es nicht wunder, dass Untersuchungen immer wieder ergaben, dass reichlich die Hälfte der Eltern unzufrieden mit ihren Einflussmöglichkeiten in der Schule ist.[48] Die asymmetrische Ausgestaltung der kollektiven und individuellen Mitwirkungsrechte von Eltern ist vor allen Dingen im Hinblick darauf problematisch, dass für den Schulerfolg die individuellen Mitbestimmungsrechte der Eltern sehr viel entscheidender sind als die kollektiven.[49]

7.2.3 Die Realität der Elternmitbestimmung

Kollektive Elternmitbestimmung

Die kollektive Mitwirkung von Eltern findet nicht nur in den durch den Rechtsrahmen vorgegebenen Gremien statt, sondern auch in einer Vielzahl von Elternverbänden auf Bundes- und Länderebene.[50] Auch die Verbände stellen ein reichhaltiges Informationsmaterial zur Verfügung und engagieren sich in der Qualifizierung von Elternvertretern. In der Durchsetzung von Elterninteressen sind sie häufig effektiver, weil sie flexibler und politisch unabhängiger agieren können als Elternvertretungen. Andererseits sind diese – vor allem solche auf der Ebene der Einzelschulen – der konkreten Alltagspraxis der schulischen Bildungs- und Erziehungsarbeit näher und können früher und differenzierter auf Probleme reagieren.

Die Praxis der kollektiven Elternmitwirkung durch die Elternvertretungen ist weithin durch eine ganze Reihe von Missverständnissen und Defiziten gekennzeichnet:

- Elternvertretungen sind häufig nicht repräsentativ für die Elternschaft, deren Mandat sie ausüben. Sie stehen immer noch im nicht unbegründeten Verdacht, hauptsächlich Interessen bildungsnäherer Schichten zu vertreten – ein Verdacht, den schon Schelsky äußerte (Mohrhart 1980, S. 15). Bildungsferne Erziehungsberechtigte und solche aus anderen Herkunftskulturen sind in Elterngremien stark unterrepräsentiert. 49% der Schüler, aber nur 28% der Elternvertreter an den von Kröner (2009) befragten Nürnberger Schulen hatten einen Migrationshintergrund.
- Es gibt zu wenig Kontakte zwischen Elternvertretern und mandatslosen Eltern. In unserer Repräsentativ-Befragung von 2004 zeigte sich, dass viele Eltern

48 Vgl. Rolff u. a. 1982, S. 4; Svecnik & Stanzel-Tischner 1995, S. 7; Infratest-Studie 2003, S. 14.

49 Krumm 1988, S. 616; Krumm 1996b, S. 271; Cotton & Wikelund 2000; Schwaiger & Neumann 2010, S. 129

50 Dokumentiert auf dem deutschen Bildungsserver: https://www.bildungsserver.de/Elternverbaende-Elternvertretungen-403-de.html (26.09.2021)

ihre Elternvertreter noch nicht einmal namentlich und Schulelternbeiräte im Durchschnitt nur 10% bis 25% der Eltern, die sie vertreten, persönlich kennen. Unter diesen Umständen können Eltern natürlich auch kaum das Vertrauen entwickeln, die Elternvertreter würden sich hinlänglich für ihre Interessen einsetzen. Ein Viertel der Eltern eines Nürnberger Schulentwicklungsprojektes[51] bezweifelte, dass ihr Schulelternbeirat das tut, und fast ein Drittel glaubt nicht, dass ihr Klassenelternsprecher sich für sie engagiert. Das deckt sich gut mit der Auskunft eines Viertels der Lehrkräfte unserer Repräsentativ-Befragung von 2004, Klassenelternsprecher würden sich nicht für Kinder anderer Eltern einsetzen.

- Elternvertreter der Schul- und Klassenebene pflegen zu wenig Kontakt und Informationsaustausch. In unserer Repräsentativ-Befragung von 2004 vernachlässigte fast ein Drittel der Schulelternbeiräte den regelmäßigen Austausch mit Klassenelternsprechern.
- Zu wenig Kontakt und Informationsaustausch gibt es auch zwischen Lehrkräften und Elternvertretern, vor allem Klassenelternsprechern. In unserer Repräsentativ-Befragung von 2004 informierte mehr als ein Drittel der Lehrkräfte die Klassenelternsprecher nicht regelmäßig. Aber auch ein Viertel der Klassensprecher hielt keinen regelmäßigen Kontakt zu Lehrkräften.
- Schließlich pflegen Elternvertreter auch selten regelmäßige Kontakte zu Schülervertretern. Solche Kontakte sind aber unverzichtbar, um die Bedürfnisse der Schülerinnen und Schüler aus erster Hand zu erfahren.
- Elternvertreter neigen dazu, Aufgaben selbst und alleine in Angriff zu nehmen statt zu delegieren. Das führt dazu, dass sie schnell überlastet und überfordert sind. Sinnvoller wäre es, wenn sie versuchen würden, Unterstützter - Aktiveltern, Elternmentoren, Bildungspaten, Bildungslotsen usw. – aus der Elternschaft zu gewinnen. Das würde sie nicht nur entlasten, sondern bei vielen Eltern auch die Hemmschwelle senken, sich für ein Vertretungsmandat zur Verfügung zu stellen. Denn die Aussicht, als Elternvertreter einen Kreis von Unterstützern an der Seite zu haben, ist eine andere als die Erwartung, dann meistens auf sich allein gestellt zu sein.
- Elternvertreter leisten häufig mehr Hilfe in der Schule als mandatslose Eltern. D. h. sie verstehen sich als „Supereltern" und möchten als solche ein positives Beispiel geben. Das ist zwar respektabel, aber die eigentlichen Aufgaben der Elternvertretung sind letztlich andere. Außerdem führt es oft dazu, dass die Gesamtelternschaft in Schulen besonders wenig Unterstützung anbietet, in welchen der Elternbeirat sich auf diese Art übermäßig engagiert (Sacher 2006a, S. 312). Schulleiter und Kollegien sollten sich mit allen Kräften bemühen, ihre

51 Schulentwicklungsprojekt KOLLUX 2005/2006

Elternvertreter auf die Arbeit mit ihrer Basis – der Klassen- und Schulelternschaft – auszurichten, statt im Übermaß Hilfsersuchen an sie heranzutragen.

- Oft sehen sich Elternvertreter mehr als Unterstützer der Schule denn als Interessenvertreter und Unterstützer der Eltern. Gemäß unserer Repräsentativ-Befragung von 2004 investieren Elternbeiräte wesentlich mehr Zeit und Energie in Kontakte mit der Schulleitung, mit dem Lehrerkollegium und mit Klassenelternsprechern als in Kontakte mit den mandatslosen Eltern. Während jeweils eine Mehrheit angibt, die Schulleitung bei vielerlei Organisationsaufgaben, bei der Vorbereitung von Aktivitäten des Schullebens und bei der Schulentwicklung zu unterstützen, berichten nur wenige, dass sie Veranstaltungen für Eltern organisieren, Gesprächstermine für Eltern anbieten und bei Konflikten zwischen Eltern und Lehrkräften vermitteln. Das ist durch die Aufgabenbeschreibungen der Elternvertretungen in den Schulgesetzen nicht unverschuldet und entspricht einer weit zurückreichenden Tradition.[52]

Es ist unter all diesen Umständen nicht verwunderlich, dass die kollektive Mitbestimmung derzeit kaum etwas zum Bildungserfolg der Kinder beiträgt.[53] Wie das zu ändern wäre, ist leicht zu erkennen:

- Für repräsentative Vertretung sorgen: Wo Eltern nichtdeutscher Herkunftskulturen oder anderer Minderheiten in den Elternvertretungen nicht ausreichend repräsentiert sind, kann man auch dann, wenn die Schulgesetze das nicht ausdrücklich fordern, entsprechende Personen als beratende Mitglieder berufen oder als Gäste einladen.
- Mit der Schule zusammen am Schul- und Bildungserfolg der Kinder arbeiten: Wenn sich die kollektive Mitbestimmung im Bildungserfolg der Schülerinnen und Schüler auszahlen soll, darf sie nicht nur eine Angelegenheit der „political correctness" in einer demokratischen Gesellschaft sein. Das Bestreben der Eltern, in schulischen Angelegenheiten mitzureden und mitzubestimmen, muss dem Ziel untergeordnet werden, gemeinsam mit den Lehr- und Fachkräften der Schule am Schul- und Bildungserfolg der Kinder zu arbeiten.
- Sich an die „Basis" rückkoppeln und die Elternschaft entwickeln: Elternvertreter sollten Kontakte zu den mandatslosen Eltern halten und intensivieren, indem sie z. B. ihre Telefonnummern und E-Mail-Adressen herausgeben, Sprechzeiten für sie anbieten, beim Elternsprechtag und bei schulischen Veranstaltungen präsent und ansprechbar sind. Um weitere Rückkoppelungen an die „Basis" herzustellen, sollten „Elternabende" als wirkliche Klassenelternversammlungen durchgeführt und nach Möglichkeit Gesprächskreise, Elterncafés, Elternstammtische, Kummerkästen und Ideenboxen und Befragungen organisiert werden, so dass sich möglichst viele Eltern in schulische Gestaltungs- und

52 Vgl. dazu Mohrhart 1980, S. 14 f., und Siekaup 1984, S. 42 f.

53 Krumm 1988; Krumm 1996; Krumm 1998; Krumm u. a. 1990; Cotton & Wikelund 2000

Entscheidungsprozesse einbringen und auf diese Weise von ihrem individuellen Mitwirkungsrecht Gebrauch machen.
- Sich auf eine Generalstabsrolle besinnen: Schulelternbeiräte sollten sich weniger als die eigentlichen „Macher", sondern eher als Generalstab der Schule-Eltern-Kooperation verstehen. D. h. sie sollten sich darauf konzentrieren, die Kooperation zusammen mit den Klassenelternvertretern zu organisieren, indem sie möglichst viele Eltern für eine Mitarbeit gewinnen und möglichst vielen Eltern Mitwirkungsmöglichkeiten erschließen.
- Sich der Schülerinteressen vergewissern: Um sicher zu gehen, dass sie nicht nur die Interessen der Elternschaft, sondern auch das Wohl der Schülerinnen und Schüler im Auge haben, dürfen Elternvertreter sich nicht nur auf Erzählungen der eigenen Kinder und ihrer Freunde verlassen. Sie müssen darüber hinaus einen regelmäßigen Erfahrungs- und Meinungsaustausch mit der Schülervertretung pflegen.
- Austausch zwischen Klassenelternvertretern und Klassenlehrkräften organisieren: Klassenelternvertreter sollten regelmäßigen Austausch mit den Klassenlehrkräften pflegen, sie zu Besprechungen einladen, um Auskünfte bitten, ggf. auch auf Berichten bestehen.

Auch die schulische Seite kann viel dazu beitragen, die Arbeit der Elternvertreter effizienter zu machen. Ihr wichtigster Beitrag besteht darin, den Elternvertretern ihre Verantwortung nahe zu bringen, in die Elternschaft hinein und für sie zu arbeiten sowie dafür Anregungen und Hilfestellungen zu geben, auch wenn dafür teilweise auf Hilfeleistungen der Elternvertreter für Schulleitung und Lehrkräfte verzichtet werden muss.

Außerdem kann die Arbeit von Elternvertretern unterstützt werden
- durch Ausstattung von Elternvertretern mit Ressourcen, auch wenn diese nicht gesetzlich vorgeschrieben ist,
- durch Organisation von Fortbildung für Elternvertreter,
- durch Unterstützung des Bestrebens, weitere Eltern als Unterstützer für besondere Aufgaben zu gewinnen und einen Kreis von Aktiveltern aufzubauen,
- durch Einrichten von Beiräten und Berufung beratender Mitglieder in Elterngremien,
- durch Partizipation von Elternvertretern an sozialen Netzen der Schulleitung („Machtteilung"!),
- durch Zuteilen einer besonderen Rubrik in der Schulzeitung und auf der Schul-Homepage.

Individuelle Elternmitbestimmung

Es ist schon schwer abzuschätzen, in welchem Ausmaß Eltern von ihrem Recht bewussten Gebrauch machen zu entscheiden, welche Schule ihr Kind besuchen und welchen Bildungsweg es durchlaufen soll, und zu welchen Anteilen sie einfach die entsprechenden Regularien und Mechanismen greifen lassen. Noch schwieriger ist zu erkennen, wie häufig und wie stark sie das Recht in Anspruch nehmen, über die schulische Erziehung und Bildung ihrer Kinder informiert zu werden und bei ihrer Gestaltung mitzuwirken. Die Schule kommt ihrer Informationspflicht zum Teil über Rundschreiben und öffentliche Bekanntmachungen sowie im Rahmen von besonderen Veranstaltungen für Eltern nach. Sehr vieles an Informationsaustausch und Mitwirkung vollzieht sich aber in Gesprächen zwischen einzelnen Eltern und Lehrkräften. Die in solchen Gesprächen thematisierten Inhalte geben Anlass zu der Vermutung, dass Eltern selten die Gelegenheit erhalten und nutzen, an der schulischen Erziehung und Bildung ihrer Kinder mitzuwirken: Ca. drei Fünftel der Eltern unserer Repräsentativ-Befragung von 2004 berichtete, es sei in solchen Gesprächen nie um Schulentwicklung und Unterrichtsgestaltung gegangen. Auch das Recht auf Schullaufbahnberatung wird nur unzureichend befolgt und geltend gemacht, denn nach Auskunft von zwei Fünfteln waren auch Schullaufbahnen nie Gesprächsthema (Sacher 2004, S. 82). In dem bayerischen Modellprojekt von 2006/2007 an elf Schulen berichtet knapp die Hälfte der fast 1400 befragten Eltern, Lehrkräfte würden nicht erwarten, dass Eltern in schulischen Angelegenheiten eigene Meinungen äußern. Dabei schien ein entsprechendes Interesse der Eltern durchaus vorzuliegen, denn nur ein reichliches Zehntel der Eltern war der Ansicht, dass Eltern sich aus schulischen Angelegenheiten heraushalten sollten.

Auch wenn es an aktuellen Daten fehlt, ist doch zu befürchten, dass die individuelle Mitbestimmung von Eltern an Schulen weithin wenig entwickelt ist. Dabei gibt es eine Vielzahl von Entscheidungen auf Schul-, Klassen- und Individualebene, an welchen man alle Eltern – nicht nur die Mandatsträger - beteiligen kann.

Auf der Schulebene können Eltern z. B. einbezogen werden in Entscheidungen über

- die Auswahl einer Partnerschule,
- die Organisation einer Mittagsbetreuung,
- Änderungen des Busfahrplans,
- den Pausenverkauf,
- die Anschaffung zusätzlicher Lernmittel,
- die Einführung von Schuluniformen,
- u. v. a m.

Auf der Klassenebene könnten Eltern von Lehrkräften und Klassenelternsprechern beteiligt werden an Entscheidungen über

- Ziele von Klassenfahrten,
- den in der Klasse zu verwendenden Taschenrechner,
- die Einführung neuer Lern- und Arbeitsformen (Wochenplanarbeit, Freiarbeit, Lernwerkstätten ...)
- das Anlegen von Lerntagebüchern,

– Anschaffungen für die Klassenbibliothek,
– u. v. a. m.

Zwar sind in den meisten Bundesländern Elterngremien und Elternvertreter in Schulforen, Schulkonferenzen, Schulausschüssen und Gesamtkonferenzen ohnehin mit vielen dieser Fragen befasst. Es wäre aber wünschenswert, dass sie sich häufiger ein Bild von den Meinungen ihrer „Elternbasis" machen würden.

Auch auf der Individualebene können Eltern vor allem im Zusammenhang von Einzelgesprächen zwischen Eltern und Lehrkräften viele Beteiligungs- und Mitentscheidungsmöglichkeiten angeboten werden, u. a. Mitentscheidungen

– bei disziplinarischen Maßnahmen (Umsetzen eines Schülers auf einen anderen Platz, Festlegen einer Frist für das Nacharbeiten von Versäumnissen usw.),
– bei der Auswahl von zusätzlichem Übungs- und Nachhilfematerial,
– beim Setzen von Prioritäten im Zusammenhang mit auszugleichenden Leistungsdefiziten
– u. v. a. m.

Die Beteiligung der Eltern an solchen Entscheidungen wird meistens zumindest ihre Akzeptanz erhöhen und manchmal unmittelbar in eine Kooperation zwischen Eltern und Lehrkräften münden.

In keinem Fall aber darf die Ausweitung individueller Mitentscheidungsmöglichkeiten für Eltern dazu führen, dass Mitbestimmungsmöglichkeiten von Schülerinnen und Schülern beschnitten werden, so dass im Extremfall Eltern, Lehrkräfte und Schulleitung über die Köpfe der Schüler hinweg alles festlegen. Vielmehr gilt: Je älter die Schüler werden, umso mehr müssen sie einbezogen werden, und die Mitentscheidung der Eltern muss schließlich in die Mitbestimmung der Schüler übergehen.

8 Weiterentwicklung des Subsystems „Elternschaft“

8.1 Schule als soziales System und ihre Subsysteme

Definiert man „System“ als „einen ganzheitlichen Zusammenhang von Teilen, deren Beziehung untereinander quantitativ intensiver und qualitativ produktiver sind als ihre Beziehung zu anderen Elementen“ (Willke 2006, S. 251), so ist Schule zweifellos ein soziales System: Der Erziehungs- und Bildungsauftrag stiftet einen ganzheitlichen Zusammenhang, und die wechselseitigen Beziehungen der Schülerinnen und Schüler, der Lehrkräfte und der Eltern konstituieren ein Sozialgebilde, das deutlich von seinem Umfeld abgegrenzt ist. Und dieses System „Schule“ besteht aus drei Subsystemen: der „Elternschaft“, der „Schülerschaft“ und der „Lehrerschaft“ bzw. dem „Kollegium“. Eine genauere Betrachtung zeigt, dass diese drei Subsysteme unterschiedlich ausdifferenziert und entwickelt sind:
Das am höchsten entwickelte Subsystem ist die „Lehrerschaft“ bzw. das „Kollegium“. Seine Zusammensetzung bleibt meistens über lange Zeit ziemlich stabil, so dass sich Abläufe einspielen, Erfahrungen ansammeln und Traditionen entwickeln können, aus denen oft eine eigene Schulkultur entsteht. Die im Vergleich mit den beiden anderen Subsystemen geringe Personalfluktuation bietet gute Chancen, die höheren Niveaus der Systementwicklung zu erreichen. Die zum Subsystem gehörenden Personen treffen regelmäßig und häufig (beinahe täglich) aufeinander und können vielfältige Beziehungen knüpfen und ausgiebig kommunizieren. Durch Rechtsvorschriften sind Handlungsziele (z. B. in den Lehrplänen), Abläufe und Kommunikationswege festgelegt sowie zahlreiche Funktionen und Rollen definiert, die auf verschiedene Personen und Referenzebenen verteilt sind.
Die „Schülerschaft“ hat ein geringeres Systemniveau: Zwar sind in der Regel alle Schülerinnen und Schüler täglich präsent (außer in der dualen Berufsschule) und haben damit ebenfalls gute Möglichkeiten, einander kennen zu lernen und Beziehungen zu knüpfen. Außerdem gibt es auch in der Schülerschaft amtlich verordnete Repräsentanten und Gremien, die schon eine gewisse funktionale Differenzierung und Rollenverteilung sichern: Klassensprecher, Klassensprecherversammlungen, Schülerrat, Schülersprecher und Schülerversammlungen. Dazu kommen an den meisten Schulen weitere Funktionen wie z. B. die Mitarbeit an der Schülerzeitung oder im Streitschlichter-Team, die Übernahme von Patenschaften für jüngere Mitschüler, das Organisieren von Arbeiten im Schulgarten usw. Allerdings ist die Kommunikation der Funktions- und Rollenträger und die Koordination ihrer Tätigkeiten oft noch verbesserungsbedürftig. Und vor allen Dingen wechselt die personelle Zusammensetzung der Schülerschaft innerhalb

eines Zeitraums von wenigen Jahren total, was die Entwicklung von Traditionen und die Weitergabe von Erfahrungen sehr erschwert.
Die „Elternschaft“ ist das am wenigsten entwickelte Subsystem der Schule. Sie ist eigentlich nur ein „Quasi-System“ (Willke 2006, S. 72–128): Die Eltern wohnen und leben außerhalb der Schule. Was sie eint und verbindet, ist lediglich der gemeinsame Schulbesuch ihrer Kinder. Insofern ist die Elternschaft einer Schule zunächst nur eine „virtuelle“ Größe. Sie kommt kaum jemals als ganze zusammen. Auch Schulelternversammlungen – wenn sie denn stattfinden – sowie Schulfeste und Schulfeiern werden nie von der gesamten Elternschaft besucht. So können auch immer nur Teile der Elternschaft miteinander in Kontakt kommen. Selbst Elternvertreter kennen nur verhältnismäßig wenige Eltern. Dementsprechend hat die Elternschaft einer Schule in der Regel nur eine wenig ausgeprägte Systemidentität („Corporate Identity“). Soweit es Beziehungen in der „Elternschaft“ gibt, entstehen sie hauptsächlich dadurch, dass die Kinder dieselbe Klasse oder Jahrgangsstufe besuchen, oder sie wurden aufgrund von Nachbarschaften, Bekanntenkreisen, Herkunftskulturen, Nationalitäten und religiöser Zugehörigkeit geknüpft. Je größer die Schule ist und je mehr Eltern infolgedessen der „Elternschaft“ angehören, je mehr Schülerjahrgänge und Zweige die Schule umfasst und je stärker das Kollegium nach dem Fachlehrersystem organisiert ist, umso weniger können Eltern Kontakte zu allen Lehrkräften ihrer Kinder und zu deren Mitschülern aufnehmen und umso schwieriger wird es für sie, ihre Anliegen persönlich einzubringen. In Gestalt der gesetzlich vorgeschriebenen Elternvertreter gibt es zwar Träger spezifischer Rollen. Aber eine darüber hinausgehende funktionale Differenzierung findet man nur selten. Dieses niedrige Entwicklungsniveau des Subsystems „Elternschaft“ ist vor allem eine Folge der hohen Instabilität ihrer personellen Zusammensetzung, die ebenso wie in der Schülerschaft innerhalb weniger Jahre fast vollständig ausgetauscht wird. (Nur Eltern ungleichaltriger Kinder, die nacheinander dieselbe Schule durchlaufen, haben eine längere Verweildauer.)
Insgesamt befindet sich die „Elternschaft“ somit gegenüber den anderen Subsystemen der Schule in einem erheblichen strategischen Nachteil. Ihre geringe systemische Ausdifferenzierung geht mit ungleichen Machtverhältnissen einher, beeinträchtigt ihre Handlungsfähigkeit und führt häufig zu Störungen und Konflikten, die eine fruchtbare Kooperation zwischen Schule und Eltern erschweren und letztlich die Effizienz und Effektivität des Gesamtsystems Schule beeinträchtigen. Kooperation zwischen Schule und Eltern, die nachhaltig erfolgreich sein will, muss deshalb auch daran arbeiten, das Systemnivau der „Elternschaft“ weiter zu entwickeln – eine Aufgabe, die nur selten gesehen und wahrgenommen wird.

8.2 Weiterentwicklung des Subsystems „Elternschaft“[1]

8.2.1 Die Elternvertretung als Subsystem der „Elternschaft“

Zunächst muss man sich vergegenwärtigen, dass das Subsystem „Elternschaft“ in der Elternvertretung wiederum ein Subsystem hat, und zwar eines, dem für die Weiterentwicklung der Elternschaft entscheidende Bedeutung zukommt. Die Kommunikation zwischen Elternvertretung und Elternschaft zu intensivieren, ist daher der erste Schritt zur Weiterentwicklung der Elternschaft. Gegenseitiges Kennenlernen, Aufbau von Vertrauen und Austausch grundlegender Informationen sind am ehesten in besonderen Veranstaltungen möglich. Nur notfalls – in Pandemiezeiten – kann man auf mediengestützte Formate ausweichen. Eine vielversprechende Möglichkeit besteht darin, dass Elternvertreter häufiger von ihrem Recht Gebrauch machen, in eigener Regie zu den sogen. Elternabenden (eigentlich „Klassenelternversammlungen“) einzuladen und sie ohne Beteiligung von Lehrkräften durchzuführen.

8.2.2 Stärkung der systemischen Grundfunktionen

Die Weiterentwicklung der Subsysteme Elternschaft und Elternvertretung kann sich an den Grundfunktionen sozialer Systeme[2] orientieren, die sie am Laufen und Leben erhalten:

„Adaption to the environment“
Ein soziales System muss auf Anforderungen der Umgebung reagieren und selbst mit Impulsen auf diese wirken. Dazu bedarf es der erforderlichen Ressourcen. Im Falle der Elternschaft und der Elternvertretung heißt das: Elternvertretungen sollten möglichst über ein Büro mit der notwendigen Ausstattung und entsprechenden Sachmitteln verfügen, Fahrt- und Reisekosten erstattet bekommen, um an Tagungen und Fortbildungen teilnehmen zu können, sowie auf Honorarmittel für die Organisation von Vorträge, Workshops und anderen Veranstaltungen zurückgreifen können. Es sollte ihnen ein Kreis unterstützender Eltern (Aktiveltern, Elternmentoren, Elternlotsen usw.) zur Seite stehen, an die sie Aufgaben delegieren können.
Die Elternschaft wird man kaum mit zusätzlichen Ressourcen versehen können. (In Einzelfällen können vielleicht staatliche oder anderweitige Unterstützungs-

1 Ein alternativer Weg zur Weiterentwicklung der „Elternschaft“ könnte sich an der Theorie und Praxis der Arbeit mit Gruppen orientieren. Hintergründe und praktische Anregungen findet man z. B. bei Bartscher 2021b im Kapitel 4.

2 Ich folge hier der Terminologie und Systematik von Parsons 1951. Zur neueren Diskussion vgl. Willke 2006, S. 72 – 128.

leistungen vermittelt werden.) Aber es ist darauf zu achten, dass sorgsam und umsichtig mit ihren Ressourcen umgegangen wird:

- mit ihren zeitlichen Ressourcen durch Terminangebote (z. B. Sprechzeiten von Elternvertretern, unkomplizierte Erreichbarkeit) und durch zeitliche Beanspruchungen, die mit ihrer Berufstätigkeit und Lebenssituation kompatibel sind,
- mit ihren finanziellen Ressourcen durch maßvolle Belastung mit Kosten für Arbeits- und Lernmittel und für Klassenfahrten und
- mit stillschweigend vorausgesetztem Bildungsniveau, das eine gewünschte häusliche Unterstützung der Kinder erst ermöglicht.

Elternvertreter und Elternschaft können über Kontakte mit Personen, Institutionen und Organisationen am Ort und in der Region Zugang zu weiteren Ressourcen (Beratung, Hilfeleistungen) erhalten. Es ist auch Aufgabe der Lehrerschaft, sie an bestehenden Kontakten teilhaben zu lassen und neue Kontakte zu vermitteln. Leider konkurriert das Subsystem Lehrerschaft manchmal sogar mit der Elternschaft und der Elternvertretung um vorhandene Ressourcen: Es werden Räume und Mittel vorenthalten und Hilfeleistungen erwartet und gefordert, die Eltern und Elternvertreter besser füreinander erbringen sollten.

„Goal-attainment“

Ein entwickeltes soziales System ist in der Lage, Prioritäten zu setzen und Ziele zu formulieren, sie aktiv zu verfolgen und zu kontrollieren, ob, wann und in welchem Umfang sie erreicht werden. Für Elternschaften und Elternvertretungen heißt das, dass sie nicht nur auf Anforderungen und Ereignisse in ihren Umgebungen – den Subsystemen Schülerschaft und Lehrerschaft – reagieren, sondern auch selbst längerfristige Ziele verfolgen (z. B. die Vereinbarung von Regeln für die Erledigung, Unterstützung und Kontrolle von Hausaufgaben, das Organisieren von Patenschaften zwischen einheimischen und zugewanderten Familien, das Verabreden eines regelmäßigen Erfahrungsaustausches zwischen Schüler- und Elternvertretung, das Planen und Durchführen von Elternbildungsveranstaltungen über Besonderheiten der Entwicklung in der Pubertät, das Einrichten einer Elternbibliothek usw.). In vielen Fällen wird das bedeuten, dass Arbeits- und Projektgruppen gebildet werden, die solche Ziele methodisch verfolgen und ihr Erreichen evaluieren. Wie dabei im Einzelnen vorzugehen ist, orientiert sich an Regeln und Prozeduren, die im Laufe der Zeit gefunden und fixiert werden.

„Integration“

Um sich zu erhalten, müssen Systeme immer wieder ihre Aktivitäten und ihre internen Beziehungen koordinieren und dafür Sorge tragen, dass ihre Subsysteme und Mitglieder als ein Ganzes zusammenwirken. Im Falle der Elternschaft und der Elternvertretung bedeutet dies, dass einzelne Funktionsträger und Arbeits- und Projektgruppen regelmäßig dem Plenum des Subsystems Bericht erstatten und sich seines Rückhalts versichern, dass neu hinzukommende Personen und Gremienvertreter willkommen geheißen, eingeführt und begleitet werden und dass man Cliquenbildungen und Exklusionstendenzen entgegenwirkt. Alle Maßnahmen zur Gemeinschaftsbildung und zur Etablierung einer Willkommenskultur gehören ebenso in diesen Zusammenhang wie alle Bemühungen, sogenannte schwererreichbare Eltern und Familien wieder zu gewinnen. Eltern und Elternvertreter können als Bezugspersonen für Familien in schwierigen Lebenslagen fungieren, sich als Dolmetscher und Mediatoren zur Verfügung stellen, Telefonketten und WhatsApp-Gruppen einrichten, Elterncafés, Elterntreffs, Kochkurse und Gesprächsrunden einrichten und vieles dergleichen mehr. Außerdem sollten regelmäßige Begegnungsmöglichkeiten zum Kennenlernen und zum Informationsaustausch zwischen Eltern und Elternvertretern sowie der Elternvertreter untereinander (Schulelternbeiräte und Klassenelternsprecher) geschaffen werden. Bei diesen Gelegenheiten können auch neue Mandatsträger Beratung und Unterstützung durch erfahrene Elternvertreter erhalten.

„Latency“ bzw. „latent pattern maintenance“

Jedes entwickelte soziale System hat grundlegende Wert- und Orientierungsmuster, welche das Handeln seiner Mitglieder motivieren und leiten. Häufig sind sie nicht explizit ausformuliert und kodifiziert, sondern sie haben sich über längere Zeit als allgemein anerkannte und stillschweigend vorausgesetzte Normen etabliert – als spezifische “Etikette“, als „Kultur“ oder als „Geist“ einer Institution oder Organisation. Um zu verhindern, dass es nicht im Laufe der Zeit zu einer Erosion dieser „latenten“ Wert- und Orientierungsmuster kommt, ist es immer wieder einmal erforderlich, sich kollektiv darauf zu besinnen. In der Elternschaft und in der Elternvertretung kann dies dadurch geschehen, dass man bei Meinungsverschiedenheiten und Konflikten auch einmal die Verfahren und Regeln diskutiert, nach denen man sie austrägt, dass man versucht, ein Leitbild für die Elternschaft und für die Elternvertretung zu entwickeln oder sich in das Leitbild der Schule einzubringen. Dazu gehört auch die periodische Besinnung auf das eigene Selbstverständnis: Was ist die Aufgabe von Eltern bei der Kooperation mit der Schule und den Lehrkräften? Wofür sind Elternvertretungen da? Ggf. kann die kritische Auseinandersetzung von Aufgaben- und Funktionszuschreibungen in amtlichen Bestimmungen ein fruchtbarer Einstieg in solche individuelle und kollektive Selbstreflexion sein. Auch die gelegentliche Erinnerung am Rande von Veranstaltungen und Zusammenkünften ist ein geeigneter Weg, grundlegende Wert- und Orientierungsmuster am Leben zu erhalten.

8.2.3 Umgang mit Komplexität[3]

Die Entwicklung von Quasisystemen zu wirklichen Systemen ist auch durch den sich verändernden Umgang mit Komplexität gekennzeichnet:

Personelle und soziale Komplexität

Mit der Größe eines sozialen Systems nimmt die Zahl der Kontaktmöglichkeiten zu, soziale Beziehungen werden vielfältiger und zahlreicher, Interaktionen und Kommunikationen erfolgen häufiger und das gesamte soziale Geschehen wird rasch unüberschaubar. So haben Eltern und Elternvertreter großer Schulen Schwierigkeiten, den Überblick zu behalten und angemessen zu agieren und zu reagieren. Soziale Systeme versuchen, dieser wachsenden personellen und sozialen Komplexität durch organisatorische Maßnahmen und durch Ausdifferenzierung von Rollen Herr zu werden. Die Subsysteme Schülerschaft und Lehrerschaft sind vielfach untergliedert in Jahrgansstufen, Klassen, Kurse, Fachschaften, Arbeitsgruppen usw. und haben eine ganze Reihe von Rollen definiert: Klassen- und Fachlehrkräfte, Stufenleiter, Fachleiter, Beratungslehrkräfte, Sozialarbeiter, Streitschlichter, Klassen- und Schulsprecher usw. In der Elternschaft gibt es lediglich im Subsystem Elternvertretung vordefinierte Rollen in Gestalt von Elternvertretern auf Klassen- und Schulebene. Weitere Differenzierungen und damit höhere Systemniveaus könnten durch Organisation von Kontakten und Kooperationen auf Jahrgangs- und Stufenebene, nach Schulzweigen sowie im Bedarfsfall nach Herkunftskulturen erreicht werden und durch die Verteilung von Rollen in der Elternvertretung, indem Mitglieder des Schulelternbeirats Zuständigkeiten übernehmen für unterschiedliche Altersstufen, für Öffentlichkeitsarbeit, für Kontakte zur Schulleitung oder zur Schülervertretung, für Beschaffung und Verwaltung von Ressourcen, für bestimmte Projekte und Arbeitsgemeinschaften usw.

Zeitliche Komplexität

Die Vielzahl und Vielfalt möglicher Verknüpfungsmöglichkeiten zwischen Personen und Rollen und daraus resultierender Handlungsmöglichkeiten wird noch einmal dadurch vermehrt, dass in sozialen Systemen Aktionen und Reaktionen durch die unterschiedlichsten Erfahrungen, Erinnerungen, Erwartungen, Hoffnungen und Befürchtungen der Mitglieder beeinflusst werden. Unter diesen Bedingungen verkommt die Kooperation zwischen Schule und Eltern leicht zu ziellosem Aktionismus. Um Kontinuität herzustellen und zu sichern, muss ein soziales System zeitliche Komplexität entwickeln, indem es Traditionen als eine Art kollektives Gedächtnis begründet und pflegt, an kollektiven Zukunftsperspektiven arbeitet und strukturierte Verfahren und geregelte Prozesse definiert. Das heißt Elternschaft und Elternvertretung sollten Erfahrungen systematisch

3 Nach Willke 2006, S. 72 – 128.

sammeln und auswerten, weiter vorgreifende Ziele formulieren und längerfristige Pläne machen sowie standardisierte Vorgehensweisen entwickeln, z. B. für den Umgang mit Wünschen, Beschwerden und Konflikten, die von der Elternschaft an die Elternvertretung herangetragen werden, für das Einbringen von Initiativen bei der Schulleitung, für die Organisation politischer Unterstützung usw. All dies muss nicht nur immer wieder diskutiert, sondern auch dokumentiert und bei Gelegenheit wieder in Erinnerung gebracht werden. Gerade angesichts der hohen Fluktuation in der Elternschaft und in der Elternvertretung kommt dem Aufbau zeitlicher Komplexität höchste Bedeutung zu.

Operative Komplexität
Die Kontrolle der personellen und sozialen Komplexität und die Entwicklung zeitlicher Komplexität ermöglicht schließlich auch in zunehmendem Maße operative Komplexität, d. h. die Fähigkeit, nicht nur auf Anforderungen und Aktionen der Systemumgebung (hier: der Subsysteme Schülerschaft und Lehrerschaft) zu reagieren, sondern auch eigene Initiativen zu entwickeln, sich neue Ziele zu setzen und zu verfolgen und dadurch partielle Autonomie zu erlangen.

Kognitive Komplexität
Entwickelte soziale System verfügen schließlich auch über kognitive Komplexität. D. h. sie zeichnen sich durch differenzierte Wahrnehmung, Beurteilung und Verarbeitung von Informationen aus. Für die Elternschaft und die Elternvertretung gibt es in der Auseinandersetzung mit Eltern unterschiedlicher Lebensverhältnisse, Herkunftskulturen und weltanschaulicher Orientierungen, in der Berücksichtigung und Umsetzung rechtlicher Vorgaben und politischer Verhältnisse sowie in der wechselseitigen Einschätzung von Vertretern der drei Subsysteme von Schule beständig Situationen, die es ermöglichen und erfordern, solche kognitive Komplexität weiter zu entwickeln.

8.2.4 Die Elternvertretung als treibende Kraft

Der Gesetzgeber verordnet dem schulischen Subsystem Elternschaft das Subsystem Elternvertretung mit definierten Rollen auf Schul- und Klassenebene. Das impliziert die Chance, die Elternvertretung zur treibenden Kraft für die Weiterentwicklung des Subsystems Elternschaft zu machen. Allerdings wird die Elternvertretung in dieser Richtung wenig bewirken, wenn sie sich auf die vorgeschriebenen Aufgaben beschränkt, gegenüber der Lehrerschaft die Interessen der Eltern und der Schülerinnen und Schüler wahrzunehmen und im Gegenzug bei der Elternschaft Akzeptanz für die berechtigten Intentionen und Aktionen der Lehrerschaft zu beschaffen. Außer diesen beiden Aufgaben hat die Elternvertretung aber noch drei weitere wahrzunehmen, wenn sie die Entwicklung der Elternschaft unterstützen will:

- Sie muss im Bilde bleiben über die aktuellen konkreten Interessen, Bedürfnisse und Probleme der Elternschaft und der Schülerschaft. Persönliche Eindrücke und Erfahrungen und solche aus einem engeren Bekanntenkreis sind sehr oft nicht repräsentativ.
- Sie muss Maßnahmen zur Weiterentwicklung des Subsystems Elternschaft ergreifen und unterstützen.
- Sie muss sich um die Weiterentwicklung des eigenen Subsystems Elternvertretung bemühen. Im Normalfall ist ein höheres Systemniveau der Elternvertretung die Voraussetzung dafür, auch das Subsystem Elternschaft voranzubringen.

Für die Weiterentwicklung des Subsystems Elternvertretung geben die in Kapitel 7, Abschnitt 7.2.2 der Beurteilung der kollektiven Elternmitwirkung zugrunde gelegten Kriterien wichtige Einzelziele vor. Demzufolge sollte die Elternvertretung – soweit es im gesetzlichen Rahmen möglich ist – bemüht sein,

- für Aufgaben Verantwortung zu übernehmen, die über eine bloße Zuarbeit für die Schulleitung und das Lehrerkollegium hinausgehen, vor allen Dingen Aufgaben, die ihre Wirkung in die Elternschaft hinein betreffen,
- auf verschiedenen Ebenen tätig zu sein – auf der Individual-, Klassen- und Schulebene, evtl. auch auf regionaler Ebene und auf Landesebene – und die Kommunikation und Kooperation zwischen diesen Ebenen zu fördern,
- in Lehrer- und Schülergremien mitzuarbeiten und mit ihnen zu kommunizieren sowie Lehrkräften und Schülerinnen und Schülern auch Einblick und Mitsprache in Elterngremien zu ermöglichen,
- die ihr vom Gesetzgeber eingeräumten Mitwirkungs- und Entscheidungsbefugnisse voll in Anspruch nehmen,
- die ihr zustehenden Ressourcen (Büroausstattung, Sachmittel, Reisekosten etc.) beanspruchen und dort, wo keine Rechtsansprüche bestehen, notwendige Ressourcen auf dem Verhandlungswege zu erlangen suchen und
- Möglichkeiten der Qualifizierung nutzen und einfordern.

Das Subsystem Lehrerschaft – insbesondere die Schulleitung – ist gut beraten, die Elternvertreter in ihren Bemühungen um Systementwicklung zu unterstützen. Im Idealfall werden ihre Anliegen in das Schulentwicklungskonzept der Schule integriert. Schließlich profitiert die gesamte Schule davon, wenn sich die Elternschaft von einem bloßen Quasisystem zu einem vollumfänglich handlungsfähigen System entwickelt.

9 Schülerinnen und Schüler als weitere Partner

9.1 Gründe für die Einbeziehung der Schülerinnen und Schüler

Die Verkürzung beginnt schon bei der Terminologie: Was in Deutschland „Elternarbeit" oder neuerdings „Bildungs- und Erziehungspartnerschaft zwischen Schule und Elternhaus" heißt, wird im englischsprachigen Ausland als „school and family partnership" oder „school, family and community partnership" bezeichnet.[1] In der „Familie" sind Schülerinnen und Schüler mitgedacht. In den deutschen Begriffen kommen sie nicht vor, was auch der gängigen Praxis der Kooperation zwischen Schule und Eltern entspricht. Dabei gibt es vier gewichtige Gründe, Schülerinnen und Schüler in die Zusammenarbeit einzubeziehen:

- Letztlich muss es immer um die Schülerinnen und Schüler, um ihre Leistungen und um ihre Persönlichkeitsentwicklung gehen. Eine Kooperation, die Eltern lediglich zahlreich zu entsprechenden Kontaktveranstaltungen in die Schule bringt und die Beziehung zwischen Schule und Eltern bloß sozial angenehm gestaltet, ohne dass sich dies auf den Schul- und Erziehungserfolg der Schüler auswirkt, bleibt im Vorfeld ihrer eigentlichen Aufgaben stecken.[2]
- Es widerspricht dem Ziel, mündige junge Menschen heranzuziehen, wenn Eltern und Lehrkräfte über die Schülerinnen und Schüler hinweg kooperieren – und sei es auch in bester Absicht. Kinder und Jugendliche sollten zunehmend befähigt werden, ihre Schulangelegenheiten selbst in die Hand zu nehmen. Das schließt ein, dass man ihnen das Recht einräumt und Gelegenheit gibt, bei Schule-Eltern-Kontakten gehört zu werden und ihre eigenen Sichtweisen, Erwartungen und Bedürfnisse einzubringen.
- Jedes Bemühen, die Kooperation zwischen Schule und Eltern zu optimieren, läuft Gefahr, nur „bildungsnahe" Schichten und Gruppen der Elternschaft zu erreichen und zu aktivieren und dadurch die Ungleichheit der Bildungschancen zu vergrößern. Eine wirksame Möglichkeit, dieser Gefahr zu begegnen, besteht darin, die Schülerinnen und Schüler einzubeziehen.
- Kooperation, welche Schülerinnen und Schüler übergeht, scheitert leicht an ihrer geringen Akzeptanz. Die Kinder und Jugendlichen fürchten dann, von ihren Lehrkräften und Eltern in den Klammergriff genommen zu werden, und finden vielfältige Wege, ihre Kooperation ins Leere laufen zu lassen oder zu sabotieren.

---

1 Vgl. z. B. PTA 1997; Simon & Epstein 2001; Decker & Decker 2003; Epstein u. a. 2009.

2 Edwards & Warin 1999, S. 6; Long 1986, S. 1

9.2 Schülerinnen und Schüler als Botschafter

Eigentlich stellt sich die Frage gar nicht, ob man Schülerinnen und Schüler einbeziehen will. Sie sind ohnehin schon immer maßgeblich an der Gestaltung der Beziehung zwischen Schule und Eltern beteiligt. Wie die schweizerische Erziehungswissenschaftlerin Cléopâtre Montandon (1993, S. 83 f.) zeigte, nehmen sie auf dreifache Weise Einfluss:

1. Schülerinnen und Schüler überbringen Botschaften ihrer Lehrkräfte und Eltern:
   - schriftliche Mitteilungen, die sie manchmal „verlieren" oder auszuhändigen „vergessen" oder mit klugem Kalkül in besonders günstigen Situationen übergeben und häufig zu ihrem Vorteil kommentieren und interpretieren,
   - mündliche Mitteilungen, von denen sie manches – absichtlich oder unabsichtlich – hervorheben, herunterspielen oder weglassen oder zu denen sie auch einiges hinzufügen – nicht immer aus egoistischen Motiven, sondern z. T. auch, um Lehrkräfte oder Eltern nicht bloßzustellen, ihnen Ärger zu ersparen, sie zu schonen usw.
2. Schülerinnen und Schüler berichten von ihrem Schulalltag, erzählen, wie es ihnen zuhause geht und charakterisieren dabei auch ihre Lehrkräfte und Eltern. Auch dabei sind sie meistens nicht objektiv, sondern übertreiben, verharmlosen und verschweigen.
3. Auch wenn Schülerinnen und Schüler nichts über ihre Schule und ihre Familie erzählen, sind sie in ihrem gesamten Erscheinungsbild und Verhalten leibhaftige Botschaften: Sie kommen müde, eingeschüchtert, besorgt, frustriert oder glücklich, zufrieden und aufgekratzt nach Hause, und sie betreten voller Elan und Optimismus oder deprimiert und schlecht gelaunt das Klassenzimmer, und Eltern und Lehrkräfte wissen ihre Schlüsse daraus zu ziehen.

Auf allen diesen Wegen beeinflussen Schülerinnen und Schüler massiv und nachhaltig im Guten wie im Bösen die Beziehung zwischen ihrer Schule und ihren Eltern. Es geht gar nicht darum, sie einzubeziehen, sondern ihre Beteiligung einzugestehen, offiziell zuzulassen und günstig zu gestalten.

9.3 Einstellungen von Schülerinnen und Schülern zur Kooperation von Schule und Eltern

Die Einstellungen von Schülerinnen und Schülern zur Kooperation ihrer Eltern und Lehrkräfte sind unterschiedlich. Die britischen Forscherinnen Edwards und Alldred (2000) entwickelten auf der Grundlage von Interviews mit 10- bis14jährigen Kindern eine hilfreiche Typologie. Sie unterschieden auf der Elternseite ausgeprägtes und fehlendes Engagement für die Schule und auf der Schülerseite eine aktive oder passive Einstellung dazu. So ergaben sich vier Typen:

Tabelle 17: Typen der Schülereinstellung zum Elternengagement

			Eltern	
			Starkes Engagement	Schwaches oder fehlendes Engagement
Schüler	Aktive Haltung	positiv	Typ 1a	Typ 3a
		negativ	Typ 1b	Typ 3b
	Passive Haltung		Typ 2	Typ 4

Typ 1: Starkes Elternengagement und aktive Schülerhaltung:
Kinder dieses Typs unterstützen oder hintertreiben das Engagement ihrer Eltern in ihrer Schule und für ihre Ausbildung.
Die positive Variante 1a sieht so aus, dass die Kinder ihren Eltern z. B. spontan von ihrem Schulalltag erzählen oder sie bitten, ihnen bei ihren schulischen Verpflichtungen – hauptsächlich bei ihren häuslichen Lernarbeiten – zu helfen. Ihr Motiv ist dabei seltener das Streben nach besserem Schulerfolg. Häufiger ziehen sie einfach Befriedigung daraus, von den Eltern begleitet zu werden und ein vertrauensvolles Verhältnis zu ihnen zu haben. Seltener kommt es vor, dass Kinder auch Hilfeleistungen ihrer Eltern in der Schule und ihre Mitarbeit im Unterricht oder in Elterngremien ausdrücklich befürworten.
Kinder der negativen Variante 1b sabotieren oder blockieren das schulische Engagement ihrer Eltern, indem sie Einladungen „verlieren", Kontakte mit Lehrkräften hintertreiben, Auskünfte verweigern, Hilfestellungen und Fürsprachen der Eltern ablehnen usw. Das zentrale Motiv solcher Kinder ist ihr Streben nach Autonomie. Sie möchten ihren Schulalltag gewissermaßen als Privatsphäre behandelt wissen, welche die Eltern nichts angeht. Die Widerstände dieser Schülerinnen und Schüler sind nicht unbedingt in einer Entfremdung von ihren Eltern begründet. Oft wollen sie ihren Eltern auch nur Ärger und Stress ersparen – z. B. indem sie ihnen schlechte Noten nicht mitteilen, Einladungen der Lehrkräfte zu Sprechstunden nicht übermitteln oder auch Anmeldungen zu kostspieligen Klassenreisen oder Exkursionen „verlieren", welche die finanziellen Möglichkeiten der Familie übersteigen.

Typ 2: Starkes Elternengagement und passive Schülerhaltung:
Diese Kinder nehmen das schulische Engagement ihrer Eltern zwar hin, aber es ist ihnen gleichgültig, ob die Eltern ihnen Hilfe anbieten oder Bücher kaufen, informelle Gespräche mit Lehrern führen usw., und sie erzählen von ihrem Schulalltag nur dann, wenn sie ausdrücklich danach gefragt werden. Mehrheitlich in der Mittelschicht findet man Kinder dieses Typs.

Typ 3: Schwaches oder fehlendes Elternengagement und aktive Schülerhaltung:
Auch dieser Typ hat eine positive und eine negative Variante. Er wird sowohl durch Kinder repräsentiert, die ihre an der Schule und an ihrem Lernen wenig interessierten Eltern zu mehr Engagement zu bewegen suchen (Variante 3a), als auch durch Kinder, welche ihre Eltern in ihrem schwachen Engagement ausdrücklich bestärken (Variante 3b). Variante 3a kommt häufiger bei Mädchen der Unterschicht, Variante 3b vor allem bei Jungen der Unterschicht vor.

Typ 4: Schwaches oder fehlendes Elternengagement und passive Schülerhaltung:
Kinder dieses Typs nehmen das Desinteresse ihrer Eltern hin und signalisieren oft auch noch Verständnis dafür, etwa indem sie darauf hinweisen, die Eltern hätten keine Zeit oder es läge ihnen einfach nicht, sich um Schulangelegenheiten zu kümmern.

Vier dieser sechs Typen und Varianten (die Typen 2 und 4 und die Varianten 1b und 3b) beeinflussen die Kooperation zwischen Schule und Eltern ungünstig. Um diese zu optimieren, muss man nicht nur die Beziehungen zwischen Eltern und Lehrkräften pflegen und das Engagement von Eltern für die Bildung ihrer Kinder stärken, sondern auch an den Einstellungen der Kinder zum Elternengagement arbeiten. Die Typologie von Edwards und Alldred hilft, problematische Einstellungen zu erkennen und gezielt anzugehen.

9.4 Akzeptanz der Kooperation durch Schülerinnen und Schüler

Daten der Begleituntersuchung zum bayerischen Modellprojekt „Vertrauen in Partnerschaft II" aus den Jahren 2006 und 2007, in welche ca. 1500 Schüler und ebenso viele Eltern aus elf Schulen (Grund- und Hauptschulen, Realschulen, Gymnasien, Förderzentren und eine Wirtschaftsschule) eingingen, ermöglichten differenziertere Analysen (im Einzelnen vgl. dazu Sacher 2008b):

- Mit steigender Jahrgangsstufe nimmt die Akzeptanz der Kooperation zwischen Schule und Eltern deutlich ab.
- Kinder und Jugendliche mit Migrationshorizont – hauptsächlich Mädchen aus dieser Gruppe – akzeptieren Kontakt und Kooperation zwischen Schule und Eltern stärker.
- Schülerinnen und Schüler aus „bildungsnahen" Familien stehen der Schule-Eltern-Kooperation reservierter gegenüber.
- Mädchen sind insgesamt aufgeschlossener für sie als Jungen.
- Schülerinnen und Schüler akzeptieren Hilfeleistungen und Anwesenheit von Eltern noch am ehesten am Rande des schulischen Geschehens, z. B. als Helfer bei Schulfesten und Schulfeiern und als Begleitpersonen bei Ausflügen und Wandertagen, und wenn Eltern nur gelegentlich erscheinen. Weniger ange-

nehm finden sie es, wenn Eltern sich regelmäßig und längerfristig in ihrem schulischen Umfeld aufhalten, z. B. bei der Mittags- und Nachmittagsbetreuung, bei der Beaufsichtigung von Hausaufgaben, als Begleitpersonen im Schulbus usw.
- Jüngere Kinder nehmen es in der Mehrzahl positiv wahr, wenn ihre Eltern sich für alles interessieren, was sie in der Schule tun. Zumindest bei den Jungen verkehrt sich diese Einstellung auf der Sekundarstufe ins Gegenteil.
- Sowohl Grundschüler als auch Sekundarschüler wünschen mehrheitlich nicht, dass ihre Lehrkräfte von ihren Eltern erfahren, was sie außerhalb der Schule und zuhause treiben.
- Schülerinnen und Schüler beider Schulstufen möchten mehrheitlich ihre Schulangelegenheiten mit ihren Lehrkräften alleine regeln.
- In beiden Schulstufen gibt es aber auch eine deutliche Mehrheit, die im Zweifelsfall nicht auf die Fürsprache der Eltern verzichten möchte: 82% der Grundschüler und immerhin noch 63% der Sekundarschüler stimmten dem Item zu „Wenn ich Probleme in der Schule habe, bin ich froh, wenn meine Eltern zu den Lehrern gehen."

Die teilweise mangelnde Akzeptanz der Schule-Eltern-Kooperation durch die-Schülerinnen und Schüler speist sich offensichtlich zu erheblichen Teilen aus ihrer Erfahrung, dass Eltern und Lehrkräfte hauptsächlich dann in Kontakt zueinander treten, wenn es Leistungs- oder Disziplinprobleme gibt. Dadurch hat die Schule-Eltern-Kooperation für viele etwas Bedrohliches an sich.

Besonders bemerkenswert ist das Autonomiestreben der Schülerinnen und Schüler, das sich einerseits darin zeigt, dass sie mehr Verantwortung übernehmen möchten, und andererseits die Respektierung einer Art Privatsphäre in der Schule und in der Familie und in ihrer Freizeit einfordern. In beiden Hinsichten gebietet das zwingend, sie als weitere Partner in die Kooperation zwischen ihren Eltern und Lehrkräften einzubeziehen.

9.5 Auswirkungen auf das Engagement der Eltern

Haltung und Einstellungen der Schülerinnen und Schüler haben erheblichen Einfluss darauf, in welchem Maße ihre Eltern für eine Kooperation mit ihrer Schule zu gewinnen sind. Die Kooperationsbereitschaft von Eltern hängt nach Walker et al. (2005, S. 88) grundsätzlich von drei Faktoren ab:
- von der Auffassung, welche sie von ihrer Elternrolle haben, also z. B. davon, ob sie sich überhaupt in einer Mitverantwortung für den Schulerfolg ihrer Kinder sehen und ob sie glauben, dazu etwas beitragen zu können,
- von ihren Lebensumständen und ihrer Biografie, d. h. von ihrem Bildungsniveau, ihren eigenen Schulerfahrungen, ihrer kulturellen Herkunft, ihrer Arbeitsbelastung, ihren Familienverhältnissen, der Verfügbarkeit von Verkehrsmitteln usw.

– von der vermeintlichen Erwünschtheit ihrer Kooperation seitens der Schule und seitens der Kinder.

In der Begleitforschung zu PISA 2018 war die Vermutung der Eltern, dass ihre Kinder ihre Kooperation mit der Schule nicht wünschten, eine der häufigsten Begründungen für ihr mangelndes Engagement – nach unpassenden Terminen, beruflichen Verpflichtungen, dem Glauben solches Engagement sei nicht wichtig und dem Fehlen von Betreuungsmöglichkeiten für andere Kinder (PISA 2018, III, S. 147ff.).

In dieses Bild fügt sich der Befund, dass in unserem bayerischen Modellprojekt von 2006/2007 an zehn der elf beteiligten Schulen nach einjährigen Bemühungen, die Kooperation zwischen Schule und Eltern zu verstärken, die Akzeptanz dieser Kooperation bei den Schülerinnen und Schülern signifikant abnahm. Zusammenarbeit von Eltern mit Lehrkräften und Hilfe von Eltern in der Schule wurden signifikant stärker abgelehnt, und die Befürchtungen der Schülerinnen und Schüler, durch Kontakte ihrer Eltern mit Lehrkräften unter Druck zu geraten, mehr zu lernen und sich besser zu verhalten, blieben unverändert im mittleren Bereich. An der elften Schule hingegen, die als einzige die Schülerinnen und Schüler in die Kooperation mit ihren Eltern einbezogen hatte, war es genau umgekehrt: Die Zusammenarbeit von Eltern mit Lehrkräften und Hilfe von Eltern in der Schule wurden signifikant positiver beurteilt, und die Befürchtungen der Schülerinnen und Schüler, durch Kontakte ihrer Eltern mit Lehrkräften unter Druck zu geraten, gingen signifikant zurück. (Vgl. im einzelnen Sacher 2008b.)

Kooperation zwischen Schule und Eltern, welche die Kinder und Jugendlichen übergeht, läuft also erhebliche Gefahr, an ihrer Ablehnung zu scheitern. Ihre Einbeziehung mag kein Garant für Erfolg sein, die Chancen für eine erfolgreiche Arbeit verbessert sie aber auf jeden Fall.

9.6 Gestaltungsvorschläge für die Einbeziehung von Schülerinnen und Schülern[3]

9.6.1 Selbstvertretung der Kinder und Jugendlichen als Ziel

Dass viele Kinder und Jugendlichen ihre Angelegenheiten in der Schule selbst vertreten wollen, mag aus der Perspektive von Lehrkräften und Eltern ein übertriebener Anspruch sein, gibt aber ein erstrebenswertes Ziel vor und ist auf jeden Fall zu respektieren und zu unterstützen. Eltern und Lehrkräfte sollten die Kinder und Jugendlichen ausdrücklich zu solcher Selbstvertretung anhalten und ihnen auch entsprechende Hilfestellungen geben. Vor allem müssten Lehrkräfte dazu eigene Schülersprechstunden einrichten, in denen Schülerinnen und Schüler in Ruhe vertrauliche Gespräche mit ihnen führen können.

3 In größerer Ausführlichkeit und mit weiteren Praxisbeispielen ausgeführt in Sacher 2009.

9.6.2 Nicht nur Kontakte aus negativem Anlass

Sehr wichtig ist, dass die Schüler-Eltern-Lehrer-Kontakte nicht nur aus negativem Anlass zustande kommen, sondern etwas ganz Alltägliches sind und ebenso gut auch der Verständigung über Lern- und Entwicklungsfortschritte dienen wie der Lösung von Problemen. Dies allein schon dürfte eine Blockadehaltung der Schülerinnen und Schüler weitgehend vermeiden helfen. Regelmäßige Dreier- und Vierergespräche zwischen ihnen, ihren Lehrkräften und ihren Eltern könnten z. B. in Form von Portfolio-Konferenzen stattfinden. (Vgl. dazu Sacher 2014b, S. 248 ff.) Damit wird auch die Überforderung der Kinder und Jugendlichen durch eine Situation vermieden, in der sie zugleich Gesprächspartner und Gesprächsgegenstand sein sollen (Blossing 2006, S. 35). Gesprächsgegenstand ist dann ihr Portfolio, und dieses bietet gute Möglichkeiten, auch Stärken zur Sprache zu bringen.

9.6.3 Väterarbeit

Die größeren Vorbehalte der Jungen gegen eine intensive Beziehung zwischen ihren Eltern und Lehrkräften können am besten durch verstärkte Väterarbeit überwunden werden: Durch das vermehrte Engagement ihrer Väter für die Schule und ihre Bildung wird den Jungen ein Abbau ihrer Widerstände nahe gelegt. Dabei muss unbedingt vermieden werden, dass sie den Eindruck bekommen, ihre Väter würden sich mit den Lehrkräften gegen sie verbünden. Statt dessen sollten sie erleben, dass ihre Väter sich gemeinsam mit ihnen und den Lehrkräften um ihre bestmögliche Unterstützung bemühen.
(Praktische Hinweise zur Gestaltung von Väterarbeit geben wir im folgenden Kapitel 10 im Abschnitt 10.2.)

9.6.4 Schülerinnen und Schüler als Informanten

In der Ausgangserhebung des Jahres 2006 zum bereits erwähnten Projekt „Vertrauen in Partnerschaft II“ glaubten 70 % der Grundschüler und 84 % der Sekundarschüler, ihre Eltern würden von ihnen sowieso alles erfahren, was sie über die Schule wissen müssen. Man wird darin nicht nur eine Schutzbehauptung sehen dürfen, sondern mindestens teilweise auch das Bestreben der Kinder und Jugendlichen, ihre Eltern von sich aus über das Schul- und Unterrichtsgeschehen zu informieren. Dieses Bestreben kann zum Anlass genommen werden, sie ihre Rolle als Informanten reflektieren zu lassen und gezielt weiter zu entwickeln.
Da Schülerinnen und Schülern (besonders in der Grundschule) oft überhaupt nicht klar ist, welche Informationen für die Eltern wichtig sind, sollten sie an Fallbeispielen lernen, zwischen bedeutsamen Informationen und bloßem Schul- und Klassenzimmerklatsch zu unterscheiden. Das Ergebnis kann ein gemeinsam erarbeiteter Gesprächsleitfaden für Eltern-Kind-Gespräche über die Schule sein.

Ebenso ist zu klären, welche Informationen über das außerschulische Leben der Kinder und ihre Familien in der Schule und Lehrkräften gegenüber zurückzuhalten und welche weiterzugeben sind.
Bewährt hat sich das Führen eines Schultagebuchs, in welches die Schülerinnen und Schüler regelmäßig eintragen, was sie den Eltern mitteilen möchten. Meistens ist es vorteilhaft, dabei ein vereinbartes, am besten mit der Klasse erstelltes Kriterienschema zu verwenden. Die Lehrkraft kann im Bedarfsfall Eintragungen der Kinder ergänzen. Die Eltern lesen das Schultagebuch regelmäßig gegen, bestätigen das durch ihre Unterschrift und tragen bei Bedarf ebenfalls Bemerkungen ein. Auf diese Weise wird das Schultagebuch zu einem Kommunikationsbuch, in welchem Eltern, Lehrkräfte und Schülerinnen und Schüler sich austauschen.
Eine andere Möglichkeit ist das Anlegen eines Familienportfolios. (Vgl. oben Kapitel 5, Abschnitt 5.6.2.) Als Pendant kann ein Schulportfolio zusammengestellt werden, in dem Fotos vom Klassenzimmer, vom Schulgebäude, von Klassenkameraden und von Lehrkräften mit entsprechenden Kommentaren, Berichte von herausragenden Ereignissen des Schuljahres, von Erlebnissen der einzelnen Kinder und weitere Beschreibungen und Ausführungen zum alltäglichen Schulleben enthalten sind.

9.6.5 Beteiligung von Schülerinnen und Schülern an Verträgen und Vereinbarungen

Es ist eine Selbstverständlichkeit, dass Schülerinnen und Schüler bei der Formulierung von Vereinbarungen und Verträgen mitwirken müssen, die sie betreffen. Schulverträge sollten nicht nur von Eltern bzw. Elternvertretern und Lehrkräften ausgehandelt werden, sondern es sind auch Klassen- und Schülersprecher zu beteiligen. Optimal wäre es, wenn Zwischen- und Endergebnisse in Klassen und in Schülervollversammlungen präsentiert und diskutiert würden.
Letztlich ist die gemeinsame Arbeit an Verträgen und Vereinbarungen sogar wichtiger als das schließlich zustande gekommene Ergebnis. Fertige Verträge und Vereinbarungen müssen in gewissen Zeitabständen immer wieder einmal durchdacht, diskutiert, evaluiert und ggf. geändert und weiterentwickelt werden – all dies möglichst zusammen mit Schülerinnen und Schülern.

9.6.6 Einbeziehung in Kontakte zwischen Eltern und Lehrkräften

Gemeinsame Elternabende
Eine Möglichkeit, Schülerinnen und Schüler in Kontakte zwischen ihren Eltern und Lehrkräften einzubeziehen, besteht darin, sie an Elternabenden teilnehmen zu lassen. Allein dass sie dabei sein und zuhören dürfen, bewirkt natürlich wenig. Gemeinsame Elternabende müssen so gestaltet werden, dass Eltern, Lehrkraft und

Schülerinnen und Schüler miteinander ins Gespräch kommen oder gemeinsam handeln.
Z. B. könnte man in kleinen Gruppen das Kommunikationsspiel „Schullaufbahn" spielen.[4] Oder man orientiert sich am Konzept der „Kosel-Abende" (Abende der Kooperation von Schülern, Eltern und Lehrern), die Otto Herz schon vor vier Jahrzehnten einführte, um Schülerinnen und Schüler, Eltern und Lehrkräfte zu motivieren, sich in die Rollen, Perspektiven und Bedürfnisse der jeweils anderen Seite hineinzuversetzen (Herz 1982).

Dreier- und Vierergespräche, Entwicklungsgespräche
An vielen Schulen nehmen an den Entwicklungsgesprächen, welche Eltern und Lehrkräfte mehrmals im Schuljahr über die Leistungs- und Verhaltensentwicklung der Kinder und Jugendlichen führen, auch diese selbst teil. Dadurch wird zusätzlich zur Lehrer- und Elternperspektive auch die Sichtweise der Schülerinnen und Schüler berücksichtigt. Im Idealfall erfahren sie Unterstützung sowohl von Lehrkräften als auch von Eltern. Außerdem hat dieses Gesprächsformat den Vorteil, dass alle Partner direkt miteinander kommunizieren und niemand seine Informationen aus zweiter Hand beziehen muss. Manchmal kann die Lehrkraft aus der Art und Weise, wie Eltern mit ihrem Kind reden, auch Rückschlüsse auf die Eltern-Kind-Beziehung ziehen.
Allerdings sind solche Gespräche auch mit einigen Gefahren verbunden, die man im Auge behalten muss: Die Schülerinnen und Schüler geraten leicht in die schwierige Doppelrolle, zugleich Gesprächspartner und – soweit über ihre Leistungen, ihr Lern-, Arbeits- und Sozialverhalten gesprochen wird – Gesprächsgegenstand zu sein (Blossing 2006, S. 35). Die Machtüberlegenheit und die größere Eloquenz der Erwachsenen lassen die teilnehmenden Schülerinnen und Schüler leicht in die Rolle bloßer Zuhörer geraten. Im ungünstigsten Falle entwickelt sich das Gespräch zu einem demütigenden Tribunal, in dem die Kinder und Jugendlichen von allen Erwachsenen Vorwürfe und Vorhaltungen bekommen. Falls sich die Eltern mit ihrem Kind solidarisieren und in seiner Gegenwart die Lehrkraft angreifen, kann deren Autorität untergraben werden, so wie die Autorität der Eltern beschädigt wird, wenn Lehrkräfte ihnen im Beisein des Kindes widersprechen. Die Dreizahl der Gesprächsteilnehmer (sofern es bei dieser bleibt) birgt generell ein Konfliktpotenzial, weil sie ungute Zweierkoalitionen begünstigt (Erwachsene gegen das Kind, Elternteil und Kind gegen die Lehrkraft, Lehrkraft und Kind gegen ein Elternteil).
Ob die Chancen eines gemeinsam mit Schülerinnen oder Schülern geführten Lerngesprächs genutzt und die Gefahren vermieden werden, hängt entscheidend von seiner Gestaltung ab[5]:

---

4 Vgl. oben Abschnitt 5.4.4, Beispiel 3. Für einige wenige Fragen müsste man allerdings alternative Formulierungen für die Schülerinnen und Schüler hinzufügen.

5 Felke 2006, bes. S. 26 ff. u. S. 29; Hecker 2004; Hennig & Ehinger 2003, S. 132 ff.

- Auch wenn prinzipiell viele gute Gründe für die Beteiligung der Kinder und Jugendlichen am Lerngespräch angeführt werden können, so ist eine solche doch nicht in jedem Falle günstig. Z. B. wenn beträchtliche Defizite und Versäumnisse der Schülerinnen und Schüler angesprochen oder den Eltern in deutlichen Worten kognitive Grenzen ihrer Kinder aufgezeigt werden müssen, ist davon abzuraten. Sinnvoll ist eine Beteiligung der Schülerinnen und Schüler eher dann, wenn über Fortschritte und anhaltend gute Entwicklungen berichtet werden kann und wenn Vereinbarungen zu treffen sind. Falls eine unmittelbare Teilnahme der Schülerinnen und Schüler an Gesprächen nicht möglich oder nicht sinnvoll ist, kann man sie indirekt beteiligen, indem man sie vor dem Gespräch wissen lässt, dass dieses stattfindet, wann es stattfindet, worum es gehen wird, und sie nachher informiert, worüber gesprochen wurde und zu welchem Ergebnis Eltern und Lehrkräfte kamen (Martinsen 1995, S. 63).
- Lerngespräche liegen häufig im zeitlichen Umfeld von Zeugnisterminen. Sie können ergänzend zu Zeugnissen oder – wo dies rechtlich zulässig ist – an ihrer Stelle geführt werden. Wenn Lerngespräche auf die eine oder andere Weise mit Zeugnissen verbunden sind, ist es ungünstig, sie auf Sprechstunden zu legen, da sie dann nur zum geringeren Teil zeitnah zur Zeugnisausgabe geführt werden können. Besser sind in diesem Fall gesonderte Einzeltermine. Bei deren Vergabe sollte man Eltern und Kindern aber trotzdem einen oder zwei Tage für das Überdenken und Verarbeiten des Zeugnisses lassen. Die Abwickelung von Lerngesprächen in geblockter Form im Rahmen von Elternsprechtagen oder „Zeugnisfesten“ erscheint rationell, kann aber leicht zu einer Art „Fließbandabfertigung“ entarten.
- Letztlich kommt es auf die Akzeptanz der Schülerinnen und Schüler an, wenn die Gespräche fruchtbar sein und positive Konsequenzen haben sollen. Deshalb müssen Lerngespräche auf sie fokussiert sein. Lehrkräfte und Eltern sollten mehr *mit* den Schülerinnen und Schülern als *über* sie sprechen. D. h. sie müssen möglichst direkt angesprochen werden, genügend Gelegenheit erhalten, sich ausführlich zu äußern und mindestens streckenweise die Möglichkeit haben, das Gespräch zu steuern.
- Um die Schülerinnen und Schüler nicht in eine passive Rolle geraten zu lassen und eine Verengung des Gesprächs auf Defizite zu vermeiden, kann ein Lerngespräch z. B. damit beginnen, dass sie ein Portfolio präsentieren. Auf diese Weise kann auch die für sie ungute Rollendoppelung vermieden werden, sowohl Gesprächsteilnehmer als auch Gesprächsgegenstand zu sein: Gesprächsgegenstand ist dann das Portfolio und nicht das Kind oder der Jugendliche selbst.
- Die Lehrkraft sollte ihre Aussagen möglichst auf konkretes Verhalten der Schülerinnen und Schüler beziehen und entsprechendes Material bereithalten: Schülerarbeiten und Lernzielkontrollen, Jahrgangsstufentests und Orientierungsarbeiten, Unterlagen der Schüler, Aufzeichnungen über Beobachtungen und

Anderes mehr. Etikettierungen und allgemeine Behauptungen und Bewertungen (Der Schüler ist „unaufmerksam", „gibt nicht sein Bestes" usw.) sind wenig hilfreich.

- Das Gespräch ist in allgemeinverständlicher Alltagssprache und in einer günstigen Umgebung zu führen. Die Lehrkraft hat dabei eine unparteiische Haltung einzunehmen, die sowohl die Interessen der Eltern als auch die der Kinder und Jugendlichen berücksichtigt. Den Schülerinnen und Schülern muss man evtl. einige elementare Gesprächstechniken vermitteln, z. B. Klagen und Beschwerden höflich vorzubringen, ohne Beschuldigungen damit zu verbinden, Fehlinterpretationen eigener Äußerungen durch Andere richtigzustellen, freundlich darum zu bitten, ausreden zu dürfen, sich auf die jeweiligen Adressaten einzustellen, zu erwartende Reaktionen vorwegzunehmen usw.
- Das Gespräch sollte konstruktiv auf die Zukunft ausgerichtet sein, statt sich in Probleme zu verbeißen. Es wird empfohlen, sich an die „1 zu 4 Regel" zu halten, wonach höchstens 20% der Gesprächszeit für die Beschreibung von Schwierigkeiten, aber mindestens 80% für das Finden von Lösungen zu verwenden sind.
- Die Gesprächsthemen sind sowohl den Eltern als auch den Schülerinnen und Schülern vorher mitzuteilen, damit sie sich darauf einstellen und sich vorbereiten können.
- Hennig & Ehinger (2003, S.36) schlagen folgende Gesichtspunkte für die Strukturierung des Gesprächs vor:
  - Sichtweisen:
    - ✓Persönlichkeit des Kindes,
    - ✓Sozialverhalten,
    - ✓Selbständigkeit,
    - ✓Lernzuwachs,
    - ✓Arbeitsverhalten,
    - ✓Schwerpunkte im Unterricht,
    - ✓sonstige Schwerpunkte;
  - Erwartungen:
    - ✓an das Kind,
    - ✓an Lehrkräfte,
    - ✓an Eltern;
  - Ziele.
- Beginnen sollte das Gespräch nach einer kurzen Begrüßung und einigen Informationen zum Ablauf möglichst mit Ausführungen der Schülerinnen und Schüler, damit sie ihre Erfahrungen und Anliegen unbeeinflusst von der Sicht der Eltern und der Lehrkraft vortragen können. Nachdem diese sich geäußert haben, sollten gemeinsam Perspektiven für die nächste Zeit entwickelt und abschließend in einer mündlichen oder schriftlichen Vereinbarung festgehalten werden.

– Damit alle diese Gesichtspunkte wirklich beachtet werden, müssen Eltern und Lehrkräfte durch Elternabende, Informations- und Fortbildungsveranstaltungen auf Gespräche mit Schülerinnen und Schülern vorbereitet werden.

9.6.7 Kooperation zwischen Schule und Eltern als Unterrichtsthema

Durch die Thematisierung der Kooperation zwischen Schule und Eltern sollen die Schülerinnen und Schüler Gelegenheit erhalten, ihre Meinungen und Einstellungen dazu zu äußern, ihre einschlägigen Erfahrungen zu berichten und im Gespräch mit Anderen zu reflektieren. Ein richtiges Verständnis dieser Kooperation und eine angemessene Einstellung dazu wird weniger durch die Lehrkraft „vermittelt" als durch die Auseinandersetzung mit Beiträgen von Mitschülerinnen und Mitschülern gewonnen. Kooperative Arbeitsformen und Gesprächsformen sind deshalb bevorzugte Methoden dieser Unterrichtseinheiten. Und anstatt die Kinder und Jugendlichen zu veranlassen, über ihre eigene schulische und familiäre Situation zu sprechen, geht man besser indirekt vor, indem man von Fallbeispielen ausgeht und darauf vertraut, dass die dadurch angestoßenen Reflexionsprozesse auch zu einem Überdenken eigener Meinungen und Einstellungen führen.

Erfahrungen von Schülerinnen und Schülern mit der Kooperation ihrer Eltern und Lehrkräfte

Ein Impuls, Schülererfahrungen mit der Kooperation ihrer Eltern und Lehrkräfte zu reflektieren, könnte die vergleichende Betrachtung zweier Cartoons von Herz (1982) und Ericsson & Larsen (2002) sein:

Abbildung 6: Elternabend als Drohkulisse (Herz 1982, S. 8 u. S. 18)

Abbildung 7: Kooperation der Eltern mit dem Lehrer als Sänfte (Ericsson & Larsen 2002, S. 92)

Zur Vertiefung der Auseinandersetzung mit dem Cartoon „Elternabend als Drohkulisse" kann auch die Schilderung eigener Kindheitserinnerungen von Otto Herz gelesen werden:

Beispiel 8: Kindheitserinnerungen an den Elternabend (Herz 1982, S. 9 u. 12 – 14)

„An dem Tag, an dem dann Elternabend war, kam ich spät nach Hause. Wenn meine Eltern nur noch an Aufbruch dachten, brauchte ich keine Sorgen zu haben, dass ich zu Schulangelegenheiten verhört wurde. Meine Mutter hetzte, weil sie abermals bemerkte, dass es mit dem Essen-Zubereiten und mit dem Abspülen viel zu lange gedauert hatte. Mein Vater wurde nervös, weil er das weiße Hemd und die Krawatte, die er so selten trug, nicht fand.

Waren meine Eltern aus dem Hause, war ich erleichtert und ging ins Bett. Sehr viel früher als sonst. Ich wollte schlafen. Ich wollte nicht wach sein, wenn meine Eltern zurückkamen. Aber ich konnte nicht schlafen. Ich schlief auch nicht, wenn es spät wurde. Und es wurde meistens spät. Denn das Wichtigste an diesen zwei oder drei Elternabenden im Jahr war ja – zumindest für meine Eltern – jener zweite, halboffizielle Teil, der sich an den ersten, den Teil der Lehrermitteilungen und der allgemeinen Problemerörterungen, anschloss. In diesem zweiten, halboffiziellen Teil standen die unsicheren Eltern einzeln beim Lehrer an und fragten: Wie steht es mit meinem Sohn? Wie steht es mit unserer Tochter?

[...] Ich wollte schlafen und konnte es nicht. Meine Phantasie war viel zu wach. Ich malte mir in lebhaftesten Bildern ans, was der Lehrer zur Zeit meinen Eltern über mich erzählen mochte. Mit allen Sinnen war ich im Klassenzimmer.

Je länger meine Eltern ausblieben, desto wacher und aufgeregter wurde ich. Ich konnte nur Böses ahnen. Wenn sie dann endlich kamen, lauschte ich, was sie tun würden. Es dauerte nicht lange, bis meine Mutter in mein Zimmer sah. Natürlich ‚schlief' ich. Ich lag in meinem Bett, den Kopf leicht von der Tür abgewandt, so dass das Licht nicht direkt auf mein Gesicht fallen konnte. Meine Lider waren geschlossen. Innerlich zählte ich ganz ruhig ‚eins – zwei – eins – zwei ...' Mein Atem sollte die Ruhe und Gleichmäßigkeit haben, die für einen Schlafenden kennzeichnend sind. ‚Nur jetzt nicht auch noch ein Gespräch anfangen müssen', dachte ich.
Manchmal hatten meine Eltern offenbar den Verdacht, dass ihr Sohn wohl doch nicht so tief und fest schlief. Vorsichtig fragten sie: ‚Otto, schläfst du? Bist du noch wach?' Sie fragten zurückhaltend, aber mehrfach. Und weil ich dachte, es sei verdächtig, wenn ich überhaupt keine Reaktion zeige, stöhnte ich wie im Halbschlaf vor mich hin: ‚Mmm, ja, ich schlafe.'
Meine Eltern fragten nicht länger weiter. Dem scheinbar so fest Schlafenden wünschten sie immer eine ‚Gute Nacht! Schlaf gut, Otto!'
War meine Zimmertür erst wieder zu, öffnete ich die Augen. Mein pochendes Herz beruhigte sich langsam. Die Anspannung entwich dem Körper. Ich war erleichtert, um das nächtliche Gespräch mit den Eltern über mein Schulschicksal herumgekommen zu sein, ein Gespräch, das von den Darstellungen des Lehrers auf dem Elternabend geprägt gewesen wäre. Klar, dass mir die Leviten gelesen würden, war nur aufgeschoben. Aber die Qual, die weiter weg ist, ist ja oft besser als die, die man im Moment aushalten müsste.
Jetzt konnte ich einschlafen.
Weil ich spät eingeschlafen war, wachte ich am anderen Morgen nicht wie üblich rechtzeitig von alleine auf. Es bedurfte des mehrfachen Rufens meiner Mutter: ‚Otto! Aufstehen! Allerhöchste Zeit!' Mein Vater war längst aus dem Haus. Er war schon lange bei der Arbeit.
Den Ruf zum Aufwachen verstand ich tatsächlich erst beim zweiten-, dritten-, viertenmal. Ich sauste aus dem Bett hoch.
‚Ja! Ja! Ich komme!' Ich war noch halb im Schlaf.
Meine Mutter verschwand in der Küche, um mir das Frühstück zu machen.
Kaum war ich wirklich wach und ganz bei Sinnen, war mir klar, dass ich gar nicht rechtzeitig beim Frühstück erscheinen durfte. Das Gespräch bei der Morgenmilch würde sonst ganz unvermeidlich auf das Thema des Elternabends kommen. Und dass mein Vater nicht dabei gewesen wäre, wäre gar nicht so gut gewesen. Vor allem meine Mutter nahm ja die Schule so ernst und die Aussagen der Lehrer so wichtig.
In jener bekannten Mischung von Schnelligkeit und absichtlicher Verzögerung zog ich mich an. In dem Augenblick, in dem ich das Haus schon hätte verlassen müssen, kam ich, kaum gewaschen und ‚verstruwwelt', in die Küche. Ein hastiger Schluck aus der Tasse, ein schneller Biss in das von Muttern vorbereitete Brot, schnell in den hingelegten Mantel, ein Strich durch das Haar, ein Griff nach der Schultasche, ich sauste aus dem Haus, begleitet von dem sorgenvollen ‚Beeil dich, komm nicht zu spät!' meiner Mutter.
Auch an diesem Morgen hatte ich mich wieder einmal den erwarteten elterlichen Vorhaltungen infolge der Ausführungen auf dem Elternabend mit Erfolg entzogen. Ich war zufrieden. Wieder war ich gerettet."

Einstellungen von Schülerinnen und Schülern zur Kooperation ihrer Eltern und Lehrkräfte

Mögliche Schülereinstellungen zur Kooperation ihrer Eltern und Lehrkräfte können anhand der oben im Abschnitt 9.3 beschriebenen sechs Typen von Edwards & Alldred (2000) diskutiert und reflektiert werden – am besten anhand konkreter Fallbeispiele zu den einzelnen Typen.

Beteiligung an Eltern-Lehrer-Gesprächen

Ein anderes wichtiges Thema ist die Beteiligung von Schülerinnen und Schülern an Eltern-Lehrer-Gesprächen. Hier geht es darum, ihnen den Sinn solcher Gespräche zu verdeutlichen und sie zu befähigen, die Chancen zu nutzen, die ihnen solche Gespräche bieten.

Als Einstieg für eine entsprechende Unterrichtseinheit kann das nachstehende Cartoon dienen (vgl. Abbildung 8) oder man geht von den Äußerungen ausländischer Schülerinnen und Schüler aus. (Vgl. Beispiele 9 und 10.)

Abbildung 8: Schüler ohne Stimme?

Beispiel 9: Rumänische Schüler über Dreiergespräche von Schülern, Eltern und Lehrern (Agabrian 2006)

„Ich möchte bei solchen Treffen [von Lehrern; W.S.] mit Eltern dabei sein, denn wenn ich etwas schlecht gemacht habe, werden meine Eltern mich bestrafen [...] Und weil dann mehr Leute sind, werden sie nicht so streng sein. [...] Ich könnte leichter glimpflich davonkommen."
„Ich denke, wenn die Schüler dabei wären, könnten die Lehrer nicht so über uns reden, wie sie es normalerweise tun."
„Ich bin nicht einverstanden mit solchen Treffen [von Eltern und Lehrern; W. S.], wenn die Schüler nicht dabei sind. Wenn wir dabei wären und unsere Meinung sagen würden [...] führte das dazu, dass die Lehrer unsere Sichtweise bedenken würden."
„Die meisten Probleme bereiten ältere Lehrer. Sie bringen es nicht fertig, sich die Meinungen der Schüler anzuhören. Sie denken, dass sie die Einzigen sind, die Recht haben."
„Ja, aber manche Eltern mögen es nicht, dass wir dabei sind. Der Klassenlehrer mag es auch nicht."

Beispiel 10: Englische Lehrer, Eltern und Schüler über Dreiergespräche von Schülern, Eltern und Lehrern (Beveridge 2005, S. 87 f.)

Die Vertreter der Schulen sind besorgt, dass die Gegenwart der Kinder ein freies Gespräch von Eltern und Lehrern behindern könnte.
Manche Eltern glauben, dass die Gegenwart der Kinder helfen könnte, ihre Lernfortschritte und ihre Bedürfnisse besser zu verstehen.
Andere Eltern fürchten, dass Dreiergespräche die Kinder überfordern und bloß Angst auslösen.
Die Schüler glauben, dass Eltern und Lehrkräfte in ihrer Gegenwart nicht ganz offen sprechen.
Manche Schüler berichten von ihrer Nervosität in solchen Gesprächen.
Häufig wünschen Schüler, bei Gesprächen ihrer Eltern mit den Lehrern unbedingt dabei zu sein, um sowohl die Sichtweise ihrer Eltern als auch die ihrer Lehrkräfte kennen zu lernen.
Die meisten Schüler möchten an solchen Gesprächen beteiligt werden, um sowohl über das Positive als auch über das Negative informiert zu sein, das über ihre Lernfortschritte gesagt wird.
Wörtliche Schüleräußerungen:

- „Schließlich bist du es, über den sie reden." (10jähriger Junge)
- „Es ist nicht dasselbe, wenn deine Mama es dir erzählt. Du solltest die vollständige Information vom Lehrer bekommen." (9jähriges Mädchen)
- „Die Mama erzählt mir nicht alle Einzelheiten – sie erzählt nur die guten Dinge, aber es können auch Sachen angesprochen worden sein, die schlecht sind, aber sie sagt mir davon nichts." (9jähriges Mädchen)
- „Du hast mehr davon, du fühlst dich beteiligt." (13jähriges Mädchen)

Anwesenheit von Schülerinnen und Schülern bei Elternabenden

Wenn beabsichtigt ist, Schülerinnen und Schüler an Elternabenden teilnehmen zu lassen, kann man ihnen zur Vorbereitung die Bedenken von Lehrkräften und Eltern vorlegen, welche Herz zusammengestellt hat. (Vgl. Beispiel 11.)

Beispiel 11: Bedenken von Eltern und Lehrern gegen gemeinsame Elternabende mit Schülern (Herz 1982, S. 80 ff.)

Die Kinder sind doch viel zu klein, um bei Elternabenden dabei zu sein.
Die Kinder interessieren sich doch gar nicht für die Fragen, die auf Elternabenden, besprochen werden.
Aber abends, wenn Elternabend ist, müssen Kinder doch ins Bett und schlafen.
Wenn meine Kinder dabei sind, muss ich doch ganz anders reden, da kann ich doch gar nicht sagen, was ich denke.
Die Eltern vieler Schüler kommen nicht zu Elternabenden, wenn Schüler anwesend sind. Dann führt das zu einer besonderen Bloßstellung der Mitschüler, deren Eltern nicht anwesend sind.
Schüler und Lehrer sind ohnehin immer zusammen; es muss doch auch mal möglich sein, dass sich Erwachsene untereinander unterhalten.
Wenn die Schüler und die Eltern und Lehrer da sind, wird doch eine Gruppe viel zu groß; und in großen Gruppen redet keiner mehr. Zumindest werden leicht die Eltern in den Hintergrund gedrängt, weil die Schüler und Lehrer ja aufeinander eingespielt sind.
Mit meinen Kindern führe ich ohnehin wegen der Schule einen ständigen „Grabenkrieg"; soll ich den wohl auch noch vor den anderen Eltern und den Lehrern vorführen?
Als Lehrer stehe ich schon allein den vielen Eltern gegenüber; wenn jetzt auch noch die Schüler dazukommen, bin ich völlig auf verlorenem Posten.

Hospitation von Eltern im Unterricht

Auch Unterrichtshospitationen von Eltern müssen mit den Schülerinnen und Schülern vor- und nachbereitet werden, um Ablehnung und Ängste zu vermeiden. Als Gesprächsanlass können Äußerungen rumänischer Schüler dienen (Beispiel 12).

Beispiel 12: Rumänische Schüler über hospitierende Eltern (Agabrian 2006)

Ich gehe ja auch nicht in ihre Arbeit. Darum sollen sie auch nicht in die Schule kommen. Es ist schon genug, wenn ich meine Eltern zu Hause habe. Warum sollen sie mir in der Schule auch noch auf die Nerven gehen. Sie sollen sich um ihre eigenen Angelegenheiten kümmern. Und das tue ich auch. Ich bin gehemmt, wenn sie da sind, und fühle mich nicht wohl. Ich möchte nicht, dass sie kommen und mir einen Kuss geben und mir sagen, dass meine Bank ein Saustall ist. Sie schimpfen mich aus vor meinen Klassenkameraden. Sie bringen mich ganz durcheinander. Ich erlaube ihnen nicht zu kommen. Dann bringen sie mich auch nicht durcheinander. Was in unserer Schule passiert, ist nicht interessant für meine Alten. Es gibt bereits Leute, die in die Schule kommen und helfen. Warum auch noch meine Eltern?

Meinungen der Klasse zur Elternbeteiligung

In höheren Jahrgängen kann man die Einstellungen der eigenen Klasse zur Kooperation ihrer Eltern und Lehrkräfte mit dem nachstehend abgedruckten Fragebogen (Tabelle 18) erheben. Ausgewählte Ergebnisse werden dann in einer entsprechenden Unterrichtseinheit präsentiert und mit der Klasse diskutiert.

Weitere Themen

Weitere mögliche Themen, die man möglichst anhand konkreter Fallbeispiele behandelt, könnten z. B. sein:

- Sollen Eltern in der Schule mithelfen?
- Erfahrungen und Meinungen der Schülerinnen und Schüler mit Schulvereinbarungen und Verhaltensverträgen.
- Wann soll man von den Eltern beim häuslichen Lernen Hilfe erbitten und wann nicht?
- Wie genau müssen Eltern wissen, wie sich ihr Kind in der Schule verhält und wie es ihm in der Schule geht? Was sollten Lehrkräfte nicht unbedingt ausplaudern?
- Wie genau müssen Lehrkräfte wissen, wie ihre Schülerinnen und Schüler zu Hause sind? Was geht sie nichts an?
- Welche Probleme können Schülerinnen und Schüler selbst mit ihren Lehrkräften regeln? Wann müssen sie ihre Eltern bitten, mit ihren Lehrkräften zu reden?

Tabelle 18: Schülerfragebogen zur Kooperation ihrer Eltern und Lehrkräfte

Wie sollte das Verhältnis zwischen Deinen Eltern und Deinen Lehrkräften sein?	ja	eher ja	eher nein	nein
1. Die Eltern sollten sich aus der Schule heraushalten.	4	3	2	1
2. Die Lehrkräfte sollten sich für meine Familie interessieren.	4	3	2	1
3. Eltern und Lehrkräfte sollten mir gemeinsam helfen, gute Schulleistungen zu erzielen.	4	3	2	1
4. Meine Lehrkräfte sollten meine Eltern genau über alles informieren, was in der Schule passiert.	4	3	2	1
5. Meine Eltern sollten meine Lehrkräfte genau darüber informieren, wie ich zuhause bin.	4	3	2	1
6. Ich wünsche mir, dass sich meine Eltern für alles interessieren, was ich in der Schule tue.	4	3	2	1
7. Ich finde es gut, wenn meine Eltern und Lehrkräfte engen Kontakt haben.	4	3	2	1
8. Ich finde es gut, wenn sich die Lehrkräfte nur dafür interessieren, wie ich in der Schule bin.	4	3	2	1
9. Was meine Eltern über die Schule wissen müssen, erfahren sie sowieso von mir.	4	3	2	1
10. Meine Lehrkräfte brauchen nicht alles zu wissen, was ich außerhalb der Schule tue.	4	3	2	1
11. Ich möchte meine Angelegenheiten in der Schule mit meinen Lehrkräften alleine regeln.	4	3	2	1
12. Wenn ich Probleme in der Schule habe, bin ich froh, wenn meine Eltern zu den Lehrkräften gehen.	4	3	2	1
Sollen Eltern in der Schule mithelfen?	ja	eher ja	eher nein	nein
13. bei Projekten der Schule	4	3	2	1
14. bei Wandertagen und Ausflügen	4	3	2	1
15. bei Schulfesten und Schulfeiern	4	3	2	1
16. bei der Mittagsbetreuung in der Schule	4	3	2	1
17. bei der Nachmittagsbetreuung in der Schule	4	3	2	1
18. bei der Beaufsichtigung von Hausaufgaben, die in der Schule gemacht werden können	4	3	2	1
19. als Begleitpersonen im Schulbus	4	3	2	1
Wenn meine Eltern und meine Lehrkräfte miteinander reden,	ja	eher ja	eher nein	nein
20. glaube ich, dass ich unter Druck gesetzt werde, mehr zu lernen.	4	3	2	1
21. glaube ich, dass ich unter Druck gesetzt werde, mich besser in der Schule zu verhalten.	4	3	2	1
22. glaube ich, dass meine Eltern bei den Lehrkräften ein Wort für mich einlegen.	4	3	2	1
23. glaube ich, dass sich die Lehrkräfte bei meinen Eltern über mich beklagen.	4	3	2	1
24. glaube ich, dass sie gemeinsam für mein Wohlergehen in der Schule sorgen.	4	3	2	1

9.6.8 Zusammenarbeit von Eltern- und Schülervertretern

Elternvertreter haben häufig nicht nur viel zu wenig Kontakt zu „normalen" Eltern ohne ein solches Vertretungsmandat. Sie tauschen sich in der Regel auch viel zu wenig mit der Schülervertretung aus. Aber ebenso wenig, wie sie alle Bedürfnisse und Sorgen der Elternschaft an ihrer Schule schon allein deshalb kennen, weil sie auch selbst Schülereltern sind, wissen sie über die Befindlichkeiten und Bedürfnisse aller Schülerinnen und Schüler Bescheid, nur weil sie selbst ein schulpflichtiges Kind an dieser Schule haben. Um die Bedürfnisse und Befindlichkeiten der Schülerinnen und Schüler kennen zu lernen, bedarf es auch regelmäßiger Kontakte zwischen Eltern- und Schülervertretern. Zwar sehen die Schulgesetze aller Bundesländer zumindest für die Sekundarstufe paritätisch durch Eltern, Lehrkräfte und Schüler besetzte Gremien (je nach Bundesland: „Schulforum", „Schulkonferenz" oder „Schulausschuss") vor. Für den offenen und ungezwungenen Erfahrungsaustausch zwischen Eltern- und Schülervertretern dürften sie meistens aber nur bedingt geeignet sein.

9.6.9 Vorstufen der Schülerbeteiligung

Oft wird man zunächst bescheidenere Wege der Schülerbeteiligung gehen müssen – z. B. in den Anfangsklassen oder auch dann, wenn die Entwicklung der Schule-Eltern-Kooperation sich noch in den Anfangsstadien befindet:

- Eine schlichte Form der Schülerbeteiligung ist schon, die Schülerinnen und Schüler vor Veranstaltungen für Eltern (Elternsprechtagen, Elternabenden, Vorträge und Informationsveranstaltungen) darüber zu informieren, was „auf dem Programm" steht, d. h., was zwischen ihren Eltern und Lehrkräften besprochen werden soll, und sie nachher darüber in Kenntnis zu setzen, was von ihren Eltern und Lehrkräften vereinbart wurde.
- Man kann die Schülerinnen und Schüler zunächst einfach einmal mitnehmen zu Elternveranstaltungen und Eltern-Lehrer-Gesprächen. Auf längere Sicht, sollte es zwar nicht dabei bleiben, aber es ist immerhin ein Anfang und ermöglicht den Kindern und Jugendlichen, sich mit der Situation vertraut zu machen.
- Wenn die Teilnahme aller Schülerinnen und Schüler nicht möglich oder sinnvoll ist, kann man es vielleicht doch einrichten, dass wenigstens die Klassensprecher oder dafür ausgewählte Schülerinnen und Schüler teilnehmen. Sie können dann der Klasse berichten und ggf. den Bericht der Lehrkraft ergänzen. Dazu müssen sie bei den Veranstaltungen noch nicht einmal aktiv hervortreten.

10 Kooperation auf der Sekundarstufe und bei der Berufs- und Studienorientierung

10.1 Kooperation zwischen Schule und Eltern auf der Sekundarstufe[1]

10.1.1 Bedeutung der Kooperation auf der Sekundarstufe

In den Sekundarschulen sind die Bedingungen für eine Kooperation zwischen Eltern und Lehrkräften in mehrfacher Hinsicht ungünstiger als in der Grundschule: Infolge des nun praktizierten Fachlehrersystems haben sowohl Eltern als auch Lehrkräfte eine Vielzahl von Ansprechpartnern, mit denen ein regelmäßiger Informationsaustausch kaum zu organisieren ist, von einer Kooperation mit ihnen ganz zu schweigen. Dazu kommt die Größe vieler Sekundarschulen, eine oft schwer zu überschauende Verflechtung von Zuständigkeiten (Klassenlehrkräfte, Fachlehrkräfte, Schulleiter, Stufenbetreuer, Fachbetreuer, Oberstufenbetreuer, Studienberater, Beratungslehrkräfte, Sozialarbeiter, Schulpsychologen, Berufseinstiegshelfer usw.) ihre größere Entfernung vom Wohnort vieler Eltern und deren Beanspruchung durch die Berufstätigkeit, der sie nach der Grundschulzeit ihrer Kinder häufig wieder verstärkt nachgehen.

Aus allen diesen Gründen beschränken viele Eltern und Lehrkräfte in den Sekundarschulen ihre Kooperation auf das Nötigste oder stellen sie ganz ein. Meistens rechtfertigen sie das zusätzlich mit dem Verweis auf das erstarkende Autonomiestreben der Jugendlichen. Dieses ist aber keineswegs mit einer pauschalen Ablehnung jeder Kooperation ihrer Eltern und Lehrkräfte verbunden: Unbestritten ist zwar, dass die meisten Schülerinnen und Schüler einem allzu engen Kontakten ihrer Eltern und Lehrkräfte kritisch bis ablehnend gegenüberstehen und den Informationsaustausch zwischen Schule und Eltern mit wachsendem Misstrauen verfolgen. Aber bemerkenswerte 70% der Sekundarschüler wünschen auch nicht, dass sich ihre Eltern ganz aus der Schule heraushalten, 66% sind froh, wenn ihre Eltern zu den Lehrkräften gehen, wenn sie Probleme in der Schule haben, und 83% wünschen, dass ihre Eltern und Lehrkräfte ihnen gemeinsam helfen, gute Leistungen zu erzielen (Sacher 2008b, S. 9).

Die Kooperation zwischen Schule und Eltern hat demnach auf der Sekundarstufe keineswegs an Bedeutung verloren. Forschungen belegen denn auch, dass sie immer noch in erheblichem Maße den Schulerfolg der Schülerinnen und Schüler beeinflusst, nach einigen Untersuchungen sogar stärker als in der Grundschule. (Vgl.

1 Vgl. zum Folgenden insbesondere Sacher 2012b.

z. B. Jeynes 2011, S. 114 f.) Natürlich muss die Kooperation auf der Sekundarstufe anders gestaltet werden und andere Schwerpunkte setzen als in der Grundschule.

10.1.2 Sekundarstufengerechte Kooperation

Eine entscheidende Verantwortung für den Erfolg der Schule-Eltern-Kooperation fällt auf der Sekundarstufe den Klassenlehrkräften zu. Sie sind die primären Ansprechpartner sowohl für Eltern als auch für in der Klasse unterrichtende Fachlehrkräfte. Sie sollten in der Lage sein, sowohl Eltern einen groben Überblick über die Leistungsentwicklung in den verschiedenen Fächern und das Verhalten ihrer Kinder in der Schule zu geben als auch Fachlehrkräfte über den familiären Hintergrund und die häusliche Umgebung der Schülerinnen und Schüler sowie über ihre Leistungsentwicklung und ihr Verhalten bei anderen Kolleginnen und Kollegen zu informieren. Das setzt allerdings voraus, dass sie von Eltern und Fachkolleginnen und -kollegen regelmäßig mit Informationen versorgt werden. Dazu dient der Austausch im Lehrerkollegium und in den Jahrgangsteams. Daneben werden aber auch eigene Dokumentationen und Erhebungen nötig sein, z. B. mit kleinen Formularen. (Vgl. unten Beispiel 13.)
Mehr noch als in der Grundschule sollte auf der Sekundarstufe das Hauptgewicht der Kooperation zwischen Schule und Eltern auf der Kooperation in den Familien liegen. Sie ist auch unter den Bedingungen des Fachlehrersystems ohne weiteres praktikabel und erfordert keine regelmäßigen Kontakte der Eltern mit allen Lehrkräften ihrer Kinder. Allerdings bleibt der Schule die anspruchsvolle Aufgabe, eine altersgerechte Kooperation in den Familien anzuregen und zu unterstützen. Da Berufswahl und Studium näher rücken, sollte der Schwerpunkt auf dem Austausch der Eltern und der Jugendlichen über ihre Erwartungen und Zukunftspläne liegen. Der autoritative Erziehungsstil nach Diana Baumrind (1991), welcher eines der drei wirksamsten Elemente einer förderlichen Schule-Eltern-Kooperation in den Familien ist (vgl. oben Kapitel 6, Abschnitt 6.2.3), kommt Jugendlichen, die einer direkten Beeinflussung nur noch schwer zugänglich sind, ohnehin entgegen.

10.2 Väterarbeit

10.2.1 Bedeutung von Väterengagement

Elternarbeit ist – wie in den meisten Staaten – auch in Deutschland de facto größtenteils Mütterarbeit. Väter kooperieren im Allgemeinen weniger mit der Schule ihrer Kinder. Dabei ist durch eine Vielzahl von Studien belegt, dass ihr Engagement – wo sie sich denn dazu aufraffen – sich durchaus in besseren Leistungen und einer günstigeren Entwicklung ihrer Kinder auszahlt.[2] Insbesondere die

2 Im Einzelnen vgl. Allen & Daly 2007, S. 1 ff.

Beispiel 13: Formular für Rückmeldung an Klassenleiter

(Staatl. Wirtschaftsschule Neuburg, Pestalozzistraße 2, 86633 Neuburg a. d. Donau)

Entwicklungsbericht für:

Klasse: Klassenleitung:

	Arbeitsverhalten				Sozialverhalten			Gespräch mit Eltern erwünscht (nur bei Bedarf ankreuzen)	Signum
Fach	in allen Bereichen in Ordnung (nur bei Bedarf ankreuzen)	zuverlässige Vorbereitung	Leistungsbereitschaft	Konzentration und Ausdauer	Verantwortungsbereitschaft	Kooperationsfähigkeit	Konfliktverhalten		
Mathematik									
Deutsch									
… …									
Platz für Anmerkungen									

Anstrengungsbereitschaft der Jungen kann stark verbessert werden, wenn ihre Väter durch ihr Engagement zum Ausdruck bringen, dass auch sie schulische Erfolge für wichtig erachten. So konnte denn auch Jeynes in seinen Metaanalysen zeigen, dass Jungen mehr vom Engagement ihrer Väter profitieren als von dem ihrer Mütter (Jeynes 2011, S. 107). Eine Studie der Universität von Illinois belegt, dass das Engagement des Vaters oder einer Vaterfigur noch einen zusätzlichen Beitrag zum Bildungserfolg von Jungen und Mädchen leistet, der über das hinausgeht, was das Engagement der Mutter bewirkt, und dass insbesondere Effekte ungünstiger familiärer Bedingungen durch das Engagement der Väter z. T. abgemildert werden können (McBride & Schoppe-Sullivan 2005).

10.2.2 Wege zur Förderung von Väterengagement

Folgende Maßnahmen erscheinen geeignet, Väter stärker in die Kooperation zwischen Schule und Eltern einzubinden[3]:

- Lehrkräfte sollten sich immer ausdrücklich auch an die Väter und männlichen Erziehungsberechtigten wenden. Das heißt konkret z. B. dass als Anrede nicht „Liebe Eltern“, sondern „Liebe Mütter und Väter“ verwendet wird und dass stets beide Eltern ermutigt werden, sich in der Schule einzubringen und sich für die schulische Ausbildung ihrer Kinder zu engagieren.
- Ein besonderes Problem sind Väter, die kein Sorgerecht haben. Wenn irgend möglich, sollte man ein Abkommen mit der sorgeberechtigten Mutter treffen, dass wenigstens in gewissen Zeitabständen und bei besonderen Anlässen auch diese Väter über die Leistungsfortschritte und die Entwicklung ihrer Kinder informiert werden. Nicht selten liegt auch bei diesen Vätern ein zusätzliches Unterstützungspotenzial, das im Interesse der Kinder aktiviert werden sollte.
- Bei Kontaktangeboten der Schule und der Lehrkräfte und bei schulischen Veranstaltungen sollten die zeitlichen Möglichkeiten der meist vollbeschäftigten Väter berücksichtigt werden. Oft legt sich nahe, Termine auf die Abende oder Wochenenden zu legen. Manche Lehrkräfte bieten auch Kontakte vor Schul- und Arbeitsbeginn an, z. B. werden Vater-Kind-Frühstücke veranstaltet, wo die Väter auf Freunde, Lehrkräfte und evtl. Schulleiter treffen und Gelegenheit zu informellen Gesprächen mit ihnen haben. Manchmal kann man mit örtlichen Arbeitgebern Absprachen treffen, die es Vätern ermöglichen, mehr Kontakt mit der Schule zu halten.
- Wenn Väter bei Schulfesten, Schulkonzerten und Theateraufführungen in der Schule erscheinen, das Kind bringen oder abholen usw., sollten Lehrkräfte möglichst die Gelegenheit nutzen, einen Gesprächskontakt herzustellen und sie zur Kooperation einzuladen.

3 Boldt u. a. 2006; Callison 2004, S. 25 ff.; Educational Government 1996; Textor 2005, S. 93 ff.

- Mindestens gelegentlich sollte man darauf bestehen, dass Eltern-Lehrer-Gespräche nicht nur mit den Müttern, sondern mit beiden Eltern geführt werden. Zu manchen Elternabenden und Workshops sollte man Väter ausdrücklich einladen. Evtl. sollte man sogar besondere Veranstaltungen für sie durchführen, z. B. über die Rolle des Vaters bei der Erziehung, über seine Bedeutung fürdie Entwicklung der Kinder, über gewaltfreie Konfliktlösungen oder über Bildungs- und Berufslaufbahnen.
- Sofern man von Eltern Hilfe für schulische Belange erbittet, sollten immer wieder einmal Hilfsersuchen ausdrücklich an Väter ergehen (z. B. für technische und handwerkliche Arbeiten). Einiges ist auch schon erreicht, wenn man wenigstens Großväter gewinnen kann, die gewöhnlich mehr Zeit haben.
- Sowohl Mütter als auch Väter kann man bitten, von ihren Berufen und Karrieren zu berichten oder besondere Fachkompetenzen in den regulären Unterricht, in freiwillige Arbeitsgemeinschaften oder in Sport- und Musikgruppen einzubringen oder Exkursionen zu ihren Betrieben zu vermitteln.
- Manchmal ist es möglich, informelle Männergruppen einzurichten – Skatrunden, Fußballgruppen oder sonstige sportliche Aktivitäten, Computerbastler, Musikgruppen usw. Besonders günstig wäre es, wenn solche Gruppen von Vätern organisiert und geleitet würden.
- Auch gemeinsame Veranstaltungen für die Väter und ihre Kinder haben sich bewährt – sportliche Veranstaltungen (evtl. auch Wettbewerbe von Vater-Kind-Teams), gemeinsame Wanderungen, Bastelabende usw.
- Hilfreich kann es auch sein, bei Sonderveranstaltungen (etwa bei thematischen Elternabenden) und in Beratungsgesprächen auf besondere Probleme der Jungen einzugehen, ohne diese negativ zu thematisieren (nicht „Leistungsverweigerung von Jungen“ oder „Verhaltensschwierigkeiten von Jungen in der Vorpubertät“, sondern „Wie auch Jungen Freude an der Leistung finden“ und „Die Schwierigkeit, immer ein starker Mann sein zu müssen“).

Das Schwergewicht von „Väterarbeit“ sollte aber auf der Kooperation der Väter in den Familien liegen, schon allein weil diese mit dem Alltag berufstätiger Väter leichter in Einklang zu bringen ist. Als wichtige Faktoren solcher Kooperation kristallisierten sich in entsprechenden Forschungen heraus (Schoppe-Sullivan et al. 2004):

- das Vorleben von Verantwortungsbewusstsein durch Väter,
- Liebe und körperliche Zuwendung von Vätern,
- Übernahme von Pflichten und Aktivitäten im Haushalt durch Väter,
- kognitive Anregung und Unterstützung durch Väter, z. B. durch Gespräche mit den Söhnen und Töchtern.

10.3 Eltern im Berufsorientierungsprozess ihrer Kinder[4]

10.3.1 Eltern als Berufswahlhelfer – überflüssig, unerwünscht und überfordert?

Eine Vielzahl von Akteuren bietet Jugendlichen Beratung und Hilfe bei der Berufsorientierung an: Universitäten und Hochschulen, Industrie- und Handelskammern, Handwerkskammern, Wirtschaftsverbände, der Arbeitskreis Schule & Wirtschaft, Ausbildungsoffensiven lokaler und regionaler Betriebe, Arbeitsagenturen, Berufsberater, Berufswahlhelfer und Berufseinstiegsbegleiter, eine große Zahl von Projekten, Netzwerken und Initiativen, z. B. die „Initiative Bildungsketten" oder die „Initiative Inklusion" und nicht zuletzt Schulen und Lehrkräfte. Das schon kaum mehr überschaubare Angebot vermittelt Eltern leicht den Eindruck, es sei völlig unnötig, dass auch sie sich noch an der Berufsorientierung ihrer Kinder beteiligen, zumal ihre Kenntnisse bezüglich aktueller Ausbildungs- und Studienmöglichkeiten bescheiden sind und ihr Rat von den pubertierenden Töchtern und Söhnen vielleicht nicht einmal gewünscht wird.
Eine Vielzahl von Studien zeigte aber, dass Eltern keineswegs überflüssige „Player" im Berufsorientierungsprozess ihrer Kinder sind, sondern ganz im Gegenteil immer noch den größten Einfluss auf die Berufswahl ihrer Kinder haben. Altersgenossen folgen erst auf dem zweiten Rang, Lehrkräfte, auf dem dritten und Berufsberater gewöhnlich auf dem vierten.[5] Selbst dann, wenn Eltern sich aus der Berufswahl ihrer Kinder heraushalten wollen, bleibt ihr Einfluss dominierend. [6]
Eine aktuelle Umfrage des Trendence-Instituts[7] ergab zudem, dass „63 % der Schüler*innen sagen, dass ihnen die Eltern bei der Berufs- und Studienwahl geholfen haben; deutlich mehr als Freunde, Lehrer*innen oder Berufsberater*innen" (Bundesagentur für Arbeit 2020, S. 6). Demnach kann bei der Mehrheit der Jugendlichen auch keine Rede sein von einer pubertären Blockadehaltung gegen den Rat und die Unterstützung ihrer Eltern.
Die Bedenken vieler Eltern, sie seien mit der Unterstützung der Berufsorientierung ihrer Kinder schlichtweg überfordert, sind hingegen nicht unberechtigt[8]: Eltern haben teilweise sehr traditionelle Vorstellungen vom Berufsleben und von

4 Vgl. auch Sacher 2011a.

5 Hoose u. Vorholt 1996; Schweikert 1999; Beinke 2002; Prager & Wieland 2005; Arbeitskreis Einstieg 2004; Puhlmann 2005; Hachmeister et al. 2007; Kuhnke & Reißig 2007; Neuenschwander u. a. 2007; Görtz-Brose & Hüser 2006; Reißig 2009; Walter 2010; Hentrich 2011; Puhlmann u. a. 2011; McDonald's Ausbildungsstudie 2013; Allensbach 2014

6 Knowles 1998; Marjoribanks 1997; Mau & Bikos 2000; Smith 1991; Wilson &Wilson 1992

7 Das Trendence Institut befragt im Schülerbarometer jährlich bundesweit repräsentativ über 20.000 Schüler*innen nach ihren Berufsplänen, Werten und Karrierepräferenzen.

8 Puhlmann 2005; forsa 2008; Walter 2010; Taylor, Harris & Taylor 2004; Perkins & Peterson 2005; Knowles 1998; Marjoribanks 1997; Mau & Bikos 2000; Smith 1991; Wilson & Wilson 1992; Allensbach 2014

Ausbildungsberufen, z. B. über angeblich typische Männer- und Frauenberufe. Die meisten kennen nur einen Bruchteil der 325 Ausbildungsberufe und 16412 Studiengänge. Drei Viertel der Eltern haben keine Vorstellung davon, welche Berufe es zukünftig geben wird. Viele Eltern wissen nicht, wie Bewerbungsverfahren und Vorstellungsgespräche gegenwärtig ablaufen.
Aber vielleicht ist ja der Beitrag, den Eltern zur Berufsorientierung ihrer Kinder leisten sollen und können, ein völlig anderer?
Die erfolgreiche Berufswahl hängt nach Erkenntnissen der Berufswissenschaften im Wesentlichen davon ab, dass Jugendliche zwei Prozesse erfolgreich durchlaufen[9]:

- die äußere Exploration der Berufswelt, d. h. die Erkundung der Berufsfelder und Berufe, der Ausbildungs- und Studienrichtungen, der jeweiligen Anforderungen, der Tätigkeitsmerkmale, der Aufstiegs- und Verdienstmöglichkeiten, der Zukunftsperspektiven usw.
- die innere Exploration bzw. die Selbsterkundung der eigenen Neigungen und Interessen, Stärken und Schwächen, der Wertorientierungen, der Berufswahlmotive, der mutmaßlichen eigenen Ausbildungsreife usw.

Die Möglichkeiten der Eltern, Hilfestellung bei der äußeren Exploration zu geben, sind begrenzt. Aber es gibt genug andere Player in der Berufsorientierung, denen sie diesen Bereich überlassen können. Benötigt wird die Unterstützung der Eltern vor allem bei der inneren Exploration. Niemand sonst ist den Jugendlichen lange Zeit so nah wie sie und kann sie bei ihrer Selbsterkundung so intensiv begleiten. Außerdem können Eltern wertvolle Unterstützung leisten bei der organisatorischen und emotionalen Begleitung der Orientierungsaktivitäten ihrer Kinder, indem sie darauf achten, dass Wichtiges nicht vergessen oder nicht zum richtigen Zeitpunkt unternommen wird, und indem sie helfen, Ängste zu überwinden, Enttäuschungen zu verkraften und Erfahrungen zu vertiefen.

10.3.2 Elternbildungsangebote für die Unterstützung der Berufsorientierung

Eltern sind nicht ohne weiteres in der Lage, ihre Kinder bei der Berufsorientierung zu unterstützen. Viele benötigen Anleitung und Unterstützung, damit sie es erfolgreich tun können. Das gilt auch dann, wenn sie hauptsächlich die innere Exploration ihrer Kinder begleiten wollen.
Elternbildungsangebote der Schule und anderer Institutionen und Organisationen für die Unterstützung der Berufsorientierung sollten folgende Schwerpunkte abdecken:

- Zunächst braucht es Arbeit an manchen Einstellungen der Eltern: Oft müssen sie für das Anliegen der Berufsorientierung und die Verantwortung, die sie dabei tragen, erst sensibilisiert werden. Auch einige verbreitete Fehlhaltungen sind abzubauen: die Neigung, Berufe auf die Kinder gewissermaßen zu „vererben“,

9 Neuenschwander 2007 u. Neuenschwander 2008

Vorstellungen von angeblich typischen Männer- und Frauenberufen, der Rückzug aus der Berufsentscheidung der Jugendlichen, der Glaube, ohnehin keinen Einfluss mehr auf ihre Entscheidungen zu haben usw.

- Häufig haben Eltern keinen Überblick über Beratungs- und Unterstützungsangebote für ihre Töchter und Söhne, die von anderen Playern gemacht werden. Angebote der Elternbildung sollten fehlende Informationen geben und dabei behilflich sein, Kontakte zu solchen Playern herzustellen und ihnen die Jugendlichen zuzuführen.
- Teilweise beherrschen Eltern keine Alternativen zur Methode der Belehrung und des direkten Ratschlags, die bei den Jugendlichen nicht mehr gut ankommt. Hier müssen Elternbildungsangebote an Beispielen in ein begleitendes Erziehungsverhalten einführen, das Anregungen und Denkanstöße gibt, Gespräche mit offenem Ausgang führt und indirekt über Fallbeispiele und spielerische Formen zu wirken sucht.
- Vor allen Dingen aber müssen Eltern Möglichkeiten aufgezeigt und Beispiele gegeben werden, wie sie konkret die Selbsterkundung ihrer Kinder begleiten und unterstützen können.

10.3.3 Hilfen zur organisatorischen und emotionalen Begleitung der Berufsorientierung

Als Hilfsmittel für die organisatorische Begleitung der Berufsorientierung sind der Gemeinsame Berufswahlfahrplan der Bundesagentur für Arbeit[10] und der mittlerweile in zwölf Bundesländern eingesetzte Berufswahlpass[11] verfügbar, die eine vollständige und termingerechte Abarbeitung aller wichtigen Orientierungs- und Entscheidungsschritte sicherstellen.

Der Berufswahlfahrplan ordnet einzelne Handlungsschritte und Aktivitäten des Sich-Informierens, Entscheidens, Bewerbens und ggf. Nachfassens über den Zeitraum der letzten beiden Pflichtschuljahre zu einer sinnvollen Gesamtstrategie und gibt detaillierte Hinweise bezüglich möglicher Hilfestellungen durch die Eltern.

Der Berufswahlpass enthält in einem ersten Teil Informationen über hilfreiche Angebote der Schule und anderer Institutionen und Organisationen zur Berufsorientierung und beschreibt in einem zweiten Teil detailliert die einzelnen Schritte des Weges zur Berufswahl. In einem dritten Teil werden erstellte Unterlagen und erworbene Bescheinigungen dokumentiert, und im vierten Teil sind wichtige Informationen und Unterlagen für Wohnungssuche, Umgang mit Geld, Abschluss von Versicherungen, Umgang mit Ämtern usw. enthalten.

---

10 https://planet-beruf.de/fileadmin/assets/PDF/PDF_Checklisten/berufswahlfahrplan.pdf (26.09.2021)

11 https://www.berufswahlpass.de/ (26.09.2021)

10.3.4 Wege und Beispiele zur Unterstützung jugendlicher Selbsterkundung

Die Selbsterkundung der Jugendlichen und die darauf bezogenen Gespräche mit Eltern oder anderen Erwachsenen können sich mit Gewinn auf folgende Schwerpunkte beziehen:

- Was ist mir wichtig im Leben? Gute Freunde haben? Gesundheit? Einen Beruf haben, der mich erfüllt, der mir Spaß macht? Familie? Einen sicheren Arbeitsplatz haben? Eine glückliche Partnerschaft? Finanzielle Unabhängigkeit? Sich selber treu sein, immer man selbst sein? Das Leben genießen, Spaß haben? Erfolg im Beruf? Eine gute, vielseitige Bildung? Meine Ideen und Vorstellungen vom Leben verwirklichen können? Meine Hobbys, meine Interessen? Zeit für mich selbst haben? Körperlich fit sein, viel Sport treiben? Eine eigene Wohnung, ein eigenes Haus haben? Gutes Aussehen? Viel reisen, etwas von der Welt sehen? Kinder haben? Frei sein, nicht zu viele Rücksichten nehmen zu müssen? Sich viel leisten können? Sozialer Aufstieg? Sich von anderen unterscheiden, seinen ganz individuellen Stil haben? Soziales Engagement?[12]
- Was erwarte ich von meinem Wunschberuf? Einen sicheren Arbeitsplatz? Möglichkeiten, eigene Ideen einzubringen? Genügend Freizeit neben der Berufstätigkeit? Möglichkeiten, etwas Nützliches für die Gesellschaft zu tun? Das Gefühl, anerkannt zu werden? Gute Aufstiegsmöglichkeiten? Ein hohes Einkommen? Viele Kontakte zu anderen Menschen? Die Möglichkeit, sich um andere zu kümmern? Das Gefühl, etwas zu leisten?[13]
- Für die Exploration der eigenen Fähigkeiten, Interessen, beruflichen Vorlieben und sozialen Kompetenzen bietet die Bundesagentur für Arbeit eine Reihe von Kurzvideos an, in denen erläutert wird, was unter Konfliktfähigkeit, mathematischem Verständnis, Sorgfalt, Belastbarkeit usw. zu verstehen ist.[14] Man kann auch den angebotenen Selbsttest „Check-U“[15] machen und die Ergebnisse dann mit eigenen Erfahrungen und Beobachtungen vergleichen. Ergänzende Testangebote gibt es im Internet in großer Zahl, u. a. auf den Websites der Arbeitsagenturen der meisten Bundesländer.[16] Die Ergebnisse solcher Tests sollten

---

12 In Anlehnung an die McDonalds Ausbildungsstudie 2013. Evtl. kann man auch über die in der Studie ermittelten Häufigkeiten diskutieren.

13 In Anlehnung an die Shell-Jugend-Studie 2015. Evtl. kann man auch über die in der Studie ermittelten Häufigkeiten diskutieren.

14 https://planet-beruf.de/schuelerinnen/video#c13055 (05.11.2021) und https://planet-beruf.de/schuelerinnen/video#c1304 (05.11.2021)

15 https://planet-beruf.de/schuelerinnen/was-will-ich-was-kann-ich/kennst-du-check-u/teste-deine-faehigkeiten-und-sozialen-kompetenzen (05.11.2021)

16 Z. B. in Bayern den Berufsorientierungstest: http://www.ausbildungsoffensive-bayern.de/bet/index.php? impressum=ok&zanpid=1337005780582272001 (05.11.2021) oder den Berufsweg-Test: https://guide.ausbildungsoffensive-bayern.de/#/careerpath/start (05.11.2021)

nicht als abschließende Wahrheit angesehen werden, sondern als Grundlage für anschließende Gespräche dienen.

- Ein wichtiges Thema ist auch die Ausbildungsreife der Jugendlichen. Diese könnten sich z. B. einer selbstkritischen Bestandsaufnahme anhand des von der Bundesagentur für Arbeit entwickelten Kriterienkatalogs für Ausbildungsreife (Bundesagentur 2009), besonders der dort angeführten psychologischen Merkmale des Arbeitsverhaltens und der Persönlichkeit (der sogen. „Schlüsselqualifikationen“ bzw. „Softskills“) unterziehen und mit ihren Eltern diskutieren, wie es um ihr Durchhaltevermögen und ihre Frustrationstoleranz, ihre Kommunikationsfähigkeit, Konfliktfähigkeit, Kritikfähigkeit, Leistungsbereitschaft, Selbstorganisation bzw. Selbstständigkeit, Sorgfalt, Teamfähigkeit, ihre Umgangsformen, ihr Verantwortungsbewusstsein und ihre Zuverlässigkeit bestellt ist. Für Eltern stehen Checklisten der Bundesagentur für Arbeit zur Verfügung, mit denen sie soziale Fähigkeiten[17], körperliche Verfassung[18], Denken und Kombinieren[19] und schulische Grundkenntnisse[20] ihrer Töchter und Söhne einschätzen können.

Häufig ist ein induktiver, eher spielerischer Einstieg in die Problematik günstig, z. B. die Untersuchung von Anforderungen in Stellenanzeigen und die darauf bezogene Reflexion über die eigenen Stärken und Schwächen.[21] Kompetenzprofile fiktiver Schülerinnen und Schüler, deren Eignung für mehrere ausgeschriebene Stellen erörtert werden soll, findet man im Lehrerteil der Website der Bundesagentur für Arbeit.[22] Ebenso wird dort eine Reihe von Fallbeispielen zum Thema Schlüsselqualifikationen angeboten, welche die Jugendlichen mit ihren Eltern diskutieren könnten.[23]

17 https://planet-beruf.de/fileadmin/assets/PDF/PDF_Checklisten/Erkundungstest_soziale_Faehigkeiten.pdf (05.11.2021)

18 https://planet-beruf.de/fileadmin/assets/PDF/PDF_Checklisten/Erkundungstest_koerperliche_Verfassung.pdf (05.11.2021)

19 https://planet-beruf.de/fileadmin/assets/PDF/PDF_Checklisten/Erkundungstest_Denken_und_Kombinieren.pdf (05.11.2021)

20 https://planet-beruf.de/fileadmin/assets/PDF/PDF_Checklisten/Erkundungstest_schulische_Grundkenntnisse.pdf (05.11.2021)

21 Hilfen für die Interpretation findet man auf dieser Website: https://www.stepstone.at/Karriere-Bewerbungstipps/stellenanzeigen-richtig-interpretieren (05.11.2021)

22 https://planet-beruf.de/fileadmin/assets/PDF/Einzelartikel/Lehrerheft_12_13/LH_1213_Unterrichtsidee_Von_der_Stellenanzeige_zum_Anschreiben.pdf (05.11.2021)

23 https://planet-beruf.de/fileadmin/assets/PDF/PDF_Checklisten/Rollenspiel_persoenliche_Staerken.pdf (05.11.2021)

10.3.5 Schulische Beiträge zur Einbeziehung von Eltern in die Berufsorientierung

Schulen können in entsprechenden Veranstaltungen viel dafür tun, den Austausch von Eltern mit ihren Töchtern und Söhnen über Fragen der Berufsorientierung in Gang zu bringen.
Sobald es in Gesprächen mit Eltern um Details von Ausbildungsmöglichkeiten und Studiengängen geht, stoßen Lehrkräfte schnell an ihre Grenzen und sollten dann besser auf andere Player im Bereich der Wirtschaft oder der Berufsberatung verweisen. Sie sollten aber in der Lage sein, Anregungen zur Unterstützung der Selbsterkundung der Schülerinnen und Schüler zu geben.
Situationen, in denen die Jugendlichen mit ihren Eltern über ihre Stärken, Schwächen, Interessen, Motive usw. ins Gespräch kommen, können z. B. kann am Rande eines thematisch einschlägigen Vortrags arrangiert werden, indem man einen Parcours mit Stellwänden zu einzelnen Schwerpunkten aufbaut (Stärken und Schwächen, Berufswahlmotive, Schlüsselqualifikationen, Ausbildungsreife usw.), der gemeinsam durchlaufen wird. Oder es gibt Stände mit verschiedenen Playern, die nicht nur über die Arbeitswelt und Ausbildungsmöglichkeiten informieren, sondern auch Hilfestellungen zur Selbsterkundung der jungen Menschen geben.
Ein überzeugendes Beispiel für einen Elternabend in einer siebten Jahrgangstufe, der Väter und Mütter und ihre Kinder gemeinsam mit dem Thema der Berufsorientierung befasst, entwickelte die Österreicherin Sabine Fritz:

Beispiel 14: Elternabend zur Berufsorientierung (Sabine Fritz[24])

- Begrüßung
- Vorstellung der Berufsorientierungsinhalte durch zwei Schüler/innen
- Spiel „Rate wer ich bin“:
  Eltern müssen aus anonymisierten Plakaten zum Thema „Meine Stärken und Schwächen“ dasjenige herausfinden, welches ihr Kind gestaltet hat. Es folgen Gespräche der Kinder mit ihren Eltern, woran diese das Plakat erkannt oder warum sie es nicht erkannt haben.
- Schülerpräsentationen: „Mein Steckbrief“
- Fragebogen „Meine charakterlichen, geistigen und körperlichen Fähigkeiten“:
  Eltern und ihre Töchter und Söhne füllen getrennt voneinander Fragebögen zu körperlichen, geistigen und charakterlichen Fähigkeiten des Kindes aus und vergleichen dann ihre Einschätzungen.
- Präsentation der Berufswünsche einige Schülerinnen und Schüler
- Rückmeldungen mit dem „Befindlichkeitsbarometer“

24 https://portal.ibobb.at/fileadmin/Berufsorientierung_und_Bildung/Aktuelles/Elternarbeit.pdf (05.11.2021)

10.3.6 Vernetzte Einbeziehung von Eltern in die Berufsorientierung

Die Einbeziehung von Eltern in die Berufsorientierung wird umso besser gelingen, je mehr sie in einem Netzwerk unterschiedlicher Ansprechpartner und Institutionen erfolgt. D. h. im unmittelbaren Umfeld der Jugendlichen sind neben den Eltern auch andere Verwandte und Bekannte zu beteiligen, in der Schule Lehrkräfte und anderes Fachpersonal mit Migrationshintergrund, die als Mediatoren bei Gesprächen mit Migranten eingesetzt werden können, sowie ehrenamtliche Eltern-Paten, Aktiv-Eltern oder Bildungslotsen, die sich der intensiven Betreuung und Beratung von Jugendlichen aus Familien in schwierigen Lebenslagen widmen. Erfolgversprechend ist auch die Kooperation mit Schulpsychologen, Erziehungsberatungsstellen, Sport- und Kulturvereinen, Jugendverbänden und Jugendzentren, Jugend- und Sozialämtern, Arbeitsagenturen, Betrieben und Einrichtungen der Wirtschaft. Bewährt haben sich auch informelle Elterntreffs, bei denen Informations- und Erfahrungsaustausch auf der Grundlage niederschwelliger Peer-to-Peer-Kontakte erfolgen kann, wie sie z. B. die Beratungs- und Koordinierungsstelle zur beruflichen Qualifizierung von jungen Migrantinnen und Migranten in Hamburg organisiert.[25]

25 https://docplayer.org/43343939-Newsletter-beratungs-und-koordinierungsstelle-zur-beruflichen-qualifizierung-von-jungen-migrantinnen-und-migranten.html (05.11.2021)

11 Kooperation mit Zugewanderten und Geflüchteten

11.1 Zugewanderte in Deutschland

11.1.1 Ungünstige Lebenslagen von Zugewanderten[1]

2020 hatte ein Viertel der Bevölkerung Deutschlands einen Migrationshintergrund. In Bremen, Hamburg, Hessen, Berlin, Baden-Württemberg und Nordrhein-Westfalen war es sogar ca. ein Drittel. Ein unverhältnismäßig großer Teil dieser Menschen befindet sich in prekären Lebenslagen:

- 7,5% bestreiten ihren Lebensunterhalt aus Arbeitslosengeld 1 oder Arbeitslosengeld 2 (Hartz IV) und 27,8% sind armutsgefährdet – gegenüber 2,5% und 15,9% der Mitbürger ohne Migrationshintergrund.
- „Mit 28,6 % ist das Armutsrisiko bei Menschen mit Migrationshintergrund mehr als doppelt so hoch wie in der Bevölkerung ohne Migrationshintergrund. Hier lag das Armutsrisiko bei 11,8 %" (Integrationsbericht 2019, S. 25).
- Besonders armutsgefährdet sind Familien in bildungsbezogener, finanzieller und sozialer Risikolage[2].
- „Kinder aus Familien mit Migrationshintergrund wachsen überproportional häufig mit einer oder mehreren Risikolagen auf. Von mindestens einer Risikolage sind 47% von ihnen betroffen, von allen drei Risikolagen 8%; die Vergleichswerte bei Kindern ohne Migrationshintergrund sind 17% respektive 2%" (Bildungsbericht 2020, S. 42).

11.1.2 Geringere Bildungsbeteiligung von Zugewanderten

Ursache und zugleich Folge der prekären Lebenslage vieler Migranten ist offensichtlich ihre Bildungsbeteiligung:

- Das beginnt schon mit der unterschiedlichen Inanspruchnahme von Angeboten im Vorschulalter: 2009 betrug die Betreuungsquote von Kindern unter drei Jahren mit Einwanderungsgeschichte 11,0%, bei gleichaltrigen Kindern ohne Migrationshintergrund 25%. Bis 2019 gelang zwar eine Verdoppelung der Quote – allerdings bei beiden Gruppen auf 21% und 42%. Bei den drei- bis

1 Wenn keine anderen Quellen angegeben sind, wird auf Daten des Mikrozensus, Stand 28.07.2020, zurückgegriffen. Vgl. https://www.destatis.de/DE/Themen/Gesellschaft-Umwelt/Bevoelkerung/Migration-Integration/_inhalt.html#sprg233648 (05.11.2021).

2 Von bildungsbezogener Risikolage spricht man, wenn Eltern weder eine abgeschlossene Berufsausbildung noch eine Hochschulzugangsberechtigung haben, von finanzieller Risikolage, wenn das Familieneinkommen unter 60% des Durchschnittsäquivalenzeinkommens liegt, von soziale Risikolage, wenn kein Elternteil arbeitet.

unter sechsjährigen Kindern sank die Quote von 2009 bis 2019 für Kinder von Migranten von 84% auf 81%, während sie für Kinder aus deutschstämmigen Familien von 96% auf 100% stieg“ (Bildungsbericht 2020, S. 88).
- „2017 hatten 15% der 15- bis 20-Jährigen mit familiärer Einwanderungsgeschichte keinen Schulabschluss (6% ohne familiäre Einwanderungsgeschichte), 26% einen Hauptschulabschluss (17% ohne familiäre Einwanderungsgeschichte), 40% mittlere Abschlüsse (49% ohne familiäre Einwanderungsgeschichte) und 19% Fachhochschulreife oder Abitur (28% ohne familiäre Einwanderungsgeschichte).“ (Integrationsbericht 2019[3])
- 34,8% der 25- bis 35-jährigen Migranten besitzen keine berufliche Ausbildung (gegenüber 9,4% der Gleichaltrigen aus der Restbevölkerung) (Mikrozensus 2020).

11.1.3 Schlechtere Schulleistungen der Kinder von Zugewanderten

Den Benachteiligungen der Kinder und Jugendlichen mit Migrationshintergrund schlagen sich in schlechteren Schulleistungen nieder:
- Im europäischen Vergleich liegen die Leistungen von 15-Jährigen mit Migrationshintergrund auch noch in den neueren PISA-Erhebungen sogar besonders weit unter denen der deutschstämmigen Altersgenossen (Bildungsbericht 2020, S. 139).
- In allen IGLU-Studien zur Lesekompetenz von Grundschulkindern schnitten Schülerinnen und Schüler mit Migrationshintergrund deutlich schlechter ab als ihre autochthon deutschen Mitschüler[4], und die Autoren der jüngsten deutschen Studie aus dem Jahr 2016 resümieren: „Die migrationsbezogenen Leistungsdisparitäten sind seit 2001 praktisch unverändert.“ (IGLU 2016, S. 232)
- Ein ähnliches Bild ergaben die TIMSS-Studien von 2007 bis 2019 hinsichtlich mathematischer und naturwissenschaftlicher Kompetenzen (TIMSS 2019, S. 301).

11.1.4 Offene Diskriminierung

Auch ein vergleichbarer sozioökonomischer Status schützt Migranten nicht vor Benachteiligungen. Darin zeigt sich ein harter Kern offener Diskriminierung:
- Bei deutschstämmigen Menschen nimmt die Armutsgefährdung mit steigendem Bildungsniveau rapide ab: Mit Hauptschulabschluss sind 15,7%, mit Abitur nur 8,0% armutsgefährdet. Aber die Armutsgefährdung von Migranten mit Abitur ist nur unwesentlich geringer (21,0%) als bei solchen mit Hauptschulabschluss

---

3 Zitat aus der Zusammenfassung auf der Website https://www.integrationsbeauftragte.de/ib-de/staatsministerin/integrationsbericht > Schulabschlüsse (05.11.2021).

4 Siegert 2008, S. 34–40; Stanat, Rauch & Segeritz 2010, S. 201.

(26,9%), und sie liegt auch noch deutlich über der Armutsgefährdung Deutschstämmiger mit Hauptschulabschluss (15,7%) (Integrationsbericht 2019, S. 26).
- Eine Studie der Universität Mannheim ergab, „dass Grundschulkinder mit familiärer Einwanderungsgeschichte im Fach Deutsch – bei gleicher Leistung – von angehenden Lehrkräften schlechter benotet werden als Kinder ohne familiäre Einwanderungsgeschichte.“[5]
- Selbst mit vergleichbaren Schulabschlüssen und Noten finden Jugendliche aus zugewanderten Familien seltener einen Ausbildungsplatz als autochthon deutsche Jugendliche (Stanat, Rauch & Segeritz 2010, S. 202).
- In allen Studien verbesserten sich zwar ungünstige Ergebnisse etwas, wenn man den sozioökonomischen Status und das Bildungsniveau der Eltern berücksichtigte. Gleichwohl blieb eine deutliche Differenz bestehen – ein deutliches Indiz für eine auf der anderen Herkunft beruhenden Diskriminierung.

11.2 Geflüchtete und Asylsuchende

Noch um Einiges problematischer ist die Situation von Geflüchteten und Asylsuchenden:
- Die meisten haben nur geringe deutsche Sprachkenntnisse.
- Viele sind in hohem Maß emotional verunsichert, manche psychisch krank oder sogar traumatisiert. Man schätzt, dass jedes fünfte Kind unter einer posttraumatischen Belastungsstörung leidet (Bundespsychotherapeutenkammer 2015, S. 7).
- Die meisten sind mehr oder weniger mittellos und müssen mit der Unterstützung des deutschen Staates zurechtkommen. Für viele war die Flucht mit einem sozialen Abstieg verbunden.
- Teilweise verfügen sie nur über geringe Schulbildung, manche sind sogar Analphabeten.
- Die meisten müssen in ihren Unterkünften zunächst sehr beengt wohnen.
- Bei manchen Kontakten mit Einheimischen erfahren sie Rassismus und Ausländerfeindlichkeit. Häufig sind Familien durch die Flucht auseinandergerissen.
- Viele waren im Herkunftsland Teil einer Großfamilie. Das nun erzwungene Leben in der Kernfamilie ist mit teilweise gravierenden Rollenveränderungen verbunden. Vor allem werden oft die traditionellen Geschlechterrollen neu definiert. Nicht selten kommt es zu einem „role reversal“ zwischen Eltern und Kindern: Da die Kinder bald besser Deutsch sprechen als ihre Eltern, müssen sie oft ungewohnte Verantwortung übernehmen und werden auf diese Weise zu Mediatoren der neuen Lebenswelt. Diese „Parentifizierung“ der Kinder ist für

5 Zitat aus der Zusammenfassung auf der Website https://www.integrationsbeauftragte.de/ib-de/staatsministerin/Integrationsbericht > Rubrik Diskriminierung an Schulen (05.11.2021).

ihre Eltern und auch für sie selbst nicht leicht zu verkraften. Die Eltern erleben die neue Rollenverteilung als Autoritätsverlust. Die Kinder leiden darunter, dass sie ihre Eltern nicht mehr auf gewohnte Weise als stark und kompetent, sondern als hilfsbedürftig erleben (Berthold 2014, S. 33).

11.3 Das Verhältnis von Zugewanderten zur Schule ihrer Kinder[6]

Die vielfältigen Benachteiligungen von Mitbürgern nichtdeutscher Herkunftskulturen lassen ein problembelastetes Verhältnis zu den Lehrkräften und Schulen ihrer Kinder erwarten. Ein solches ist jedoch nur teilweise zu beobachten.

11.3.1 Kontakte und Kommunikation

Kontakte mit der Schule werden in Migrantenfamilien besonders häufig von den Müttern wahrgenommen (Lanfranchi 2001). Für die Kooperation mit muslimischen Familien ist das ungünstig, da in diesen in aller Regel die Väter die Entscheidungsträger sind.

Eltern mit Migrationshintergrund bevorzugen kollektive und anonymere Formen des Kontaktes mit der Schule ihrer Kinder (Schwaiger & Neumann 2010, S. 120). Für dieses Kontaktverhalten dürfte vor allem die oft unzureichende Beherrschung der deutschen Sprache ursächlich sein, die es erschwert, ein Gespräch mit deutschen Partnern zu führen oder einem längeren Fachvortrag in deutscher Sprache zu folgen.

Etwas differenziertere Aufschlüsse erbrachte unsere bayerische Repräsentativbefragung von 2004: Wohl wegen mangelnder Sprachkompetenz schrieben Eltern mit Migrationshorizont kaum Briefe, tätigten seltener Telefonanrufe und begannen kaum jemals ein Gespräch bei zufälligen Begegnungen. Aber es war ihnen ebenso wichtig wie den deutschstämmigen Eltern, von Lehrkräften informiert zu werden. Auch bei Eltern mit Migrationshintergrund waren Kontakte überwiegend problemveranlasst, sogar in noch höherem Maße als bei den übrigen Eltern. Lehrkräfte informierten Migranten häufiger über ihre Leistungsanforderungen und über das Verhalten ihrer Kinder im Unterricht, und sie erkundigten sich bei solchen Eltern öfter nach den Freizeitinteressen und dem Medienkonsum der Kinder, nach ihrem sozialen Umfeld und nach der häuslichen Erziehung. Allerdings sprachen Lehrkräfte mit Migranteneltern auch seltener über Bildungswege als mit deutschstämmigen Eltern – und dies, obwohl Migranten meist nur unzureichende Kenntnisse vom deutschen Schulsystem haben.

6 Die folgenden Ausführungen, insbesondere soweit sie Bezug auf die Repräsentativ-Befragung von 2004 nehmen, gelten vor allem für muslimische und insbesondere für türkischstämmige Migranten.

11.3.2 Kooperationsbereitschaft

Migranten sind sich oft nicht im Klaren darüber, dass in Deutschland die Familie aktiv zur Schulbildung der Kinder beizutragen hat: In „vielen Schulsystemen der Herkunftsländer liegt die primäre Verantwortung für die Bildung bei den Schulen, weshalb die Distanz zwischen Elternhaus und Schule wesentlich größer ist als in Deutschland" (Leyendecker 2008, S. 95). Das verführt Migranten offenbar dazu, häufiger der Vorstellung einer Arbeitsteilung zwischen Schule und Eltern anzuhängen, welche die Verantwortung für das Lernen der Schule und die Verantwortung für die Erziehung den Eltern zuschreibt.

Dabei stehen der Kooperation zwischen Migranten und Lehrkräften ohnehin besondere Hindernisse entgegen: Teilweise orientieren sich Migranten an anderen Wertehierarchien als deutschstämmige Eltern. Traditionelle Werte wie Autorität und familiärer Zusammenhalt haben für sie oft einen höheren Stellenwert als Selbstverwirklichungs- und Freiheitswerte. Damit hängt häufig auch ein anderes Verständnis der Geschlechterrollen zusammen. Entscheidungsträger – auch in Angelegenheiten der Schulbildung – sind weniger die Mütter als die Väter, die aber kaum Beziehungen zur Schule unterhalten. Zudem sind manche Mütter wegen unzureichender Deutschkenntnisse nicht in der Lage, ihre Kinder bei den häuslichen Lernaufgaben zu unterstützen.

Ein großes Hindernis für die Kooperation mit der Schule wird oft im autoritären Erziehungsstil gesehen, der in Familien aus anderen Herkunftskulturen praktiziert wird. Allerdings deuten Forschungen auch darauf hin, dass eine autoritäre Erziehung die schulischen Leistungen nicht in allen kulturellen Gruppen beeinträchtigt, in manchen sich sogar positiv auswirkt (Dornbusch et al. 1987; Efionayi-Mäder u. a. 2008). Das ist vor allen Dingen dann der Fall, wenn die autoritären Erzieher ihre Entscheidungen begründen und mit größerer Erfahrung und Einsicht legitimieren, statt sich nur auf Tradition und Machtüberlegenheit zu stützen. Teilweise konnte in Migrantenfamilien auch eine ausgeprägte Laissez-Faire-Erziehung beobachtet werden, die mit exzessivem Medienkonsum der Kinder und wenig kindgerechter, manchmal geradezu chaotischer zeitlicher Strukturierung des Alltags und hilflosen Strafaktionen einhergeht. Manchmal fehlt es generell an Erziehungskompetenz. Zunehmend haben sich aber auch moderne Erziehungsvorstellungen mit starker Leistungsorientierung und sozialer Einfühlung in Migrantenfamilien durchgesetzt (Gaitanides 2006; Sechster Familienbericht 2000). Insgesamt ergibt sich aus den höchst unterschiedlichen Erziehungsvorstellungen ein dringender Bedarf an Elternbildungsmaßnahmen, von denen deutschstämmige Eltern ebenfalls profitieren würden, deren Erziehungspraxis auch nicht viel homogener ist.

Trotz aller Schwierigkeiten und Hindernisse waren in unserer Repräsentativ-Befragung von 2004 die Eltern mit Migrationshintergrund nur geringfügig weniger kooperationsbereit als deutschstämmige Eltern. Ebenso wie bei den Eltern ohne Migrationshintergrund war die weitaus überwiegende Mehrzahl von ihnen bereit, die Hausaufgaben ihrer Kinder zu überwachen, sich gemeinsam mit den Lehrkräften um hohe Lernanstrengungen und diszipliniertes Verhalten ihrer Kinder zu bemühen, Erziehungsmaßnahmen mit den Lehrkräften abzustimmen und Absprachen über zu vermittelnde Werte zu treffen. Diese Befunde werden durch andere Untersuchungen bestätigt: Dem Bildungsbericht 2012 zufolge unterstützen Migranten ihre Kinder nicht weniger beim Lernen als autochthon deutsche Eltern (Bildungsbericht 2012, S. 267) – ein Trend, der im Übrigen auch international beobachtet wurde.[7] Ob die Unterstützung immer auf angemessene Weise erfolgt, ist allerdings eine andere Frage..

11.3.3 Vermeintliche und tatsächliche Ausgrenzung

Migranteneltern fühlen sich stärker von der Schule alleingelassen (Hawighorst 2009) und von den übrigen Eltern und teilweise auch von den Lehrkräften ausgegrenzt:

- Im Modellprojekt „Vertrauen in Partnerschaft II" von 2006/2007 litten Migranteneltern mehr als andere darunter, dass viele Eltern sich nur für das Fortkommen ihres eigenen Kindes interessieren und engagieren.
- In unserer Repräsentativ-Befragung von 2004 berichteten Migranten häufiger als deutschstämmige Eltern, dass ihr Angebot, Klassenfahrten, Ausflüge, Exkursionen usw. zu begleiten, nicht angenommen wurde.
- Migranten fühlen sich gegenüber Lehrkräften unsicherer als Personen ohne Migrationshintergrund. Im Modellprojekt „Vertrauen in Partnerschaft II" von 2006/2007 fühlten sich 7% der deutschstämmigen, aber 23% der Migranteneltern bei Kontakten mit Lehrkräften als unbequeme Bittsteller.
- Auf die tatsächliche oder vermeintliche Ausgrenzung reagieren Migranten mindestens teilweise mit Misstrauen und Vorwärtsverteidigung: In unserer Repräsentativ-Befragung von 2004 brachten sie den Lehrkräften ihrer Kinder weniger Achtung und Vertrauen entgegen und beschritten sie schneller Beschwerdewege als Eltern ohne Migrationshintergrund.

11.3.4 Beteiligung an der Mitbestimmung

Migranten sind in Elternvertretungen stark unterrepräsentiert. 49% der Schüler, aber nur 28% der Elternvertreter an den von Kröner (2009) befragten Nürnberger Schulen hatten einen Migrationshintergrund. Auch die Daten unserer Repräsentativ-Befragung von 2004 ergaben, dass Migranten nur halb so oft Elterngremien angehören, wie es ihnen aufgrund des Schüleranteils eigentlich zustünde. Noch

7 Dauber & Epstein 1993; Keith & Keith 1993; Coleman & Churchill 1997; Lareau & Horvat 1999; Boethel 2003, S. 19 u. S. 34

nicht einmal die Hälfte aller Bundesländer sorgt durch entsprechende Rechtsvorschriften für eine angemessene Vertretung von Migranten in Elterngremien. (Vgl. oben Kapitel 7, Abschnitt 7.2.2.)
Bedauerlicher Weise zeigte sich in unserer Repräsentativ-Befragung von 2004, dass Elternvertreter mit Migrationshintergrund – wo es solche gab – nicht bekannter bei Migranteneltern waren als deutschstämmige Elternvertreter und auch nicht häufiger Kontakt mit ihnen aufnahmen. Ursächlich für diese Verhältnisse dürfte ein verbreitetes Rollenmissverständnis von Elternbeiräten und Klassenelternsprechern sein, die sich häufig mehr als Unterstützer der Schule und der Schulleitung denn als Vertreter der Eltern sehen. (Vgl. oben Kapitel 7, Abschnitt 7.2.3.)

11.3.5 Irritationen für Geflüchtete und Asylsuchende

Geflüchtete und Asylsuchende haben besondere Schwierigkeiten mit unserem Schulsystem und mit den deutschen Schulen:

- Viele Flüchtende und Asylsuchende streben hohe Schulabschlüsse für ihre Kinder an – allerdings häufig ohne die erforderliche Kenntnis des Schulsystems in Deutschland, so dass es leicht zu bitteren Enttäuschungen kommt.
- In vielen Herkunftsländern gestalten Schulen und Lehrkräfte die Bildungsarbeit in alleiniger Verantwortung, so dass es für Zugewanderte undenkbar ist, sich mit eigenen Vorschlägen einzubringen oder auch nur uneingeladen Kontakt mit der Schule aufzunehmen. Die sich daraus ergebende Zurückhaltung kann leicht als Desinteresse missdeutet werden.
- Manche Flüchtende und Asylsuchende hegen ein ausgeprägtes Misstrauen gegen staatliche Behörden und Einrichtungen, das auch ihr Verhältnis zur Schule als einer öffentlichen Einrichtung belasten kann.
- Geflüchtete und Asylsuchende empfinden die autonomieorientierte Erziehung in deutschen Schulen häufig als zu nachlässig und das Verhalten der Schülerinnen und Schüler als undiszipliniert, ungehörig und respektlos. Besonders wenn die eigenen Kinder dann auch zuhause selbstbewusster auftreten, kann es zu ernsten Konflikten kommen.
- Ungewohnt ist für Geflüchtete und Asylsuchende auch der säkulare Charakter der staatlichen deutschen Schule: Es bleibt für sie unverständlich, dass die Schule weltanschaulich neutral ist und deshalb auch islamische Werte nicht ausdrücklich unterstützt. Teilweise sehen sie darin eine Gefährdung der kulturellen Identität ihrer Kinder (Ibrahim 2012, S. 29; Humpage 2009, S. 75).
- Das Zurechtkommen ihrer Kinder in der multikulturellen und wertepluralistischen Umgebung ihres Schulalltags sehen manche Eltern schon als Indiz beginnender Entfremdung von ihrer Herkunftskultur (Ibrahim 2012, S. 159).

11.4 Handlungsansätze

11.4.1 Grundüberzeugungen der interkulturellen Kooperation[8]

Kooperation mit Eltern anderer Herkunftskulturen hat nur geringe Erfolgsaussichten, wenn Lehrkräfte nicht ungeachtet der Migrationsgeschichte und der Schichtzugehörigkeit der Familien ihr gesamtes Verhalten an fünf Grundüberzeugungen orientieren (Henderson et al. 2007, S. 28, 32 u. 36):

- Menschen aus anderen Kulturen sind keine typischen Vertreter einer homogenen Gruppe, sondern individuelle Persönlichkeiten.
- Sie sind ebenso wie wir Individuen mit Stärken und Schwächen und nicht in erster Linie Problemfälle.
- Unsere Arbeit mit ihnen muss darauf abzielen, ihnen zu einem eigenverantwortlichen Leben in dieser Gesellschaft zu verhelfen, nicht darauf, sie reibungslos an- und einzupassen. Nicht ihre Funktionsfähigkeit im bestehenden System, sondern ihre Verfügungsgewalt über sich selbst ist das Ziel. Es geht nicht darum, sie an- und einzupassen, ihnen einen Platz zuzuweisen, den wir für angemessen halten. Stattdessen ist es um ihr „Empowerment" zu tun, darum sie in den Stand zu setzen, ihr Leben in dieser Gesellschaft eigenverantwortlich zu gestalten
- Wir haben davon auszugehen, dass auch Eltern aus anderen Kulturen ihr Kind am besten kennen und es unterstützen wollen und können. Eltern aus anderen Herkunftskulturen praktizieren oft nicht weniger Engagement, aber ein andersartiges (Boethel 2003). Man darf vor allen Dingen nicht von ihrem geringeren schulbasierten Engagement auf ein geringeres heimbasiertes Engagement schließen. Sie halten häufig weniger Kontakt zur Schule und zu den Lehrkräften, aber sie bemühen sich nicht unbedingt auch zuhause weniger, das schulische Lernen ihrer Kinder zu unterstützen. (Vgl. oben Abschnitt 11.3.2.)
- Alle Eltern sind von den Lehrkräften als gleichwertige Partner zu behandeln. Unbeschadet dessen kann es partnerschaftliche Beziehungen geben, in welchen Lehrkräfte überwiegend die Aktiven und Gebenden und Eltern größtenteils die Passiven und Nehmenden sind. (Vgl. dazu Kapitel 2, Abschnitt 2.4.2.)

11.4.2 Intensivierung der Intragruppenbeziehungen in der Elternschaft

Deutsche Lehrkräfte bemühen sich im Großen und Ganzen nach Kräften um Kinder und Eltern mit Migrationshintergrund. Probleme bestehen eher zwischen Migranten und Eltern ohne Migrationshintergrund, zumal solchen der gebildeten Mittel- und Oberschicht. Deshalb muss ein Großteil der Bemühungen der Schule und der Elternvertreter sich darauf richten, die Beziehungen der Migranten zu

8 Vgl. dazu auch Sacher & Johannsen 2019, S. 141 f.

den übrigen Eltern der Klasse und der Schule zu verbessern und zu intensivieren. Es genügt nicht, nur einige besondere Maßnahmen für Migranten zu ergreifen. Die Kooperation zwischen Schule und Eltern muss als ganze interkulturell konzipiert und gestaltet werden.
Gemeinsam gefeierte Feste sowie kulturelle Veranstaltungen in der Schule (Schultheater, Schulkonzerte etc.) und in den Wohngebieten der Migranten mit spezifischen kulturellen Beiträgen der Migrantenfamilien können das Zusammenwachsen der Elternschaft befördern. Aber es sind nur erste Schritte, bei denen es nicht bleiben darf, wenn man nicht Gefahr laufen will, Migranten zu „exotisieren" statt sie zu integrieren (Schreiner 1996, S. 138). Letztlich muss es auch zu einer Auseinandersetzung mit ihrer aktuellen Situation in Deutschland kommen. Interkulturelle Schulcafés, informelle „Samstags-" oder „Sonntagstreffs", Familiennachmittage und gemeinsame Ausflüge und Exkursionen für Eltern und Familien mit und ohne Migrationshintergrund können zielführende Wege dafür sein. Neben der Schulleitung und dem Lehrerkollegium stehen auch Elternvertreter in der Verantwortung, an der Intensivierung der Intragruppenbeziehungen in der Elternschaft zu arbeiten.

11.4.3 Schülerinnen und Schüler als „key agents"

Kinder von Migranten, Geflüchteten und Asylsuchenden sprechen meistens besser Deutsch als ihre Eltern. Deshalb geraten sie oft in die Rolle von „key agents" bzw. Schlüsselfiguren für die Kommunikation und Kooperation zwischen Schule und Eltern. Um Kontakt mit ihren Eltern aufzunehmen und Informationen zu überbringen, kann man auf sie zurückgreifen. Bedenklicher ist es, sie in Gesprächen mit ihren eigenen Eltern als Dolmetscher einzusetzen. Abgesehen davon, dass sie vielleicht ungenau übersetzen, besteht dann immer eine gewisse Gefahr, dass sie dabei eigene Interessen verfolgen, z. B. selbst gut dastehen möchten, Einzelheiten übertreiben, Details unterschlagen usw. Zur Not kann man Schülerinnen und Schüler aus höheren Klassen, die aus demselben Kulturkreis kommen, hinzuziehen, wenn kein anerkannter Dolmetscher verfügbar ist.

11.4.4 Aufsuchende und aktivierende Arbeit

Statt nur abzuwarten, ob Migranten Kontaktmöglichkeiten wahrnehmen, und ggf. zu bedauern, dass sie es nur unzureichend tun, müssen Lehrkräfte die übliche „Komm-Struktur" der Beziehungen zwischen Schule und Eltern durch eine „Geh-Struktur" ersetzen, d. h. sie müssen die Initiative ergreifen und aktiv auf die Eltern zugehen durch persönliche Ansprache, durch Anrufe bei ihnen, durch an sie gerichtete individuelle Briefe, E-Mails, SMS, durch Präsenz an Plätzen (Kirchen, Moscheen, Nachbarschaftszentren, Restaurants, Cafés etc.) und bei Veranstaltungen (Kulturveranstaltungen, Sportveranstaltungen, Straßenfesten etc.)

in ihrem Stadtteil. Manche Lehrkräfte haben gute Erfahrungen damit gemacht, Sprechstunden an neutralen Orten im Stadtteil der Eltern anzubieten. Eine in Deutschland wenig praktizierte, aber sehr effektive Form des Aufsuchens ist der Hausbesuch. Erfolgreich ist oft aber auch schon eine an der Schwelle zur Wohnung persönlich ausgesprochene oder übergebene Einladung. Mit solchem Aufsuchen verlassen die Professionals gewissermaßen ihr eigenes Revier und betreten das Territorium der Eltern. Damit wird ein Kontakt auf gleicher Augenhöhe sehr erleichtert. Entscheidend ist, dass alle diese Kontaktinitiativen nicht nur problemveranlasst erfolgen.

Es genügt aber nicht, Eltern zu kontaktieren und zu informieren. Sie müssen darüber hinaus aktiv in die Bildungs- und Erziehungsarbeit der Schule eingebunden und angeleitet werden, ihre Kinder auch zuhause optimal zu fördern. (Im Einzelnen vgl. dazu Kapitel 6, Abschnitte 6.2.3 und 6.2.4.)

11.4.5 Familienzentrierte Arbeit

Nach Möglichkeit sollten über die Sorge- und Erziehungsberechtigten hinaus weitere Partner in die Kooperation der Schule mit den Familien eingebunden werden. Dies können Großeltern, ältere Geschwister, weitere Familienmitglieder, Nachbarn und Freunde sein, die unter Umständen – aus welchen Gründen auch immer – eher bereit und in der Lage sind, mit der Schule zusammenzuarbeiten. In türkischen Familien z. B. spielen häufig ältere Brüder und Schwestern eine wichtige Rolle bei der Erziehung ihrer jüngeren Geschwister. Um in Kontakt mit solchen weiteren Partnern zu kommen, sollte man sie zu Gesprächen und Veranstaltungen mit einladen, Projekte mit ganzen Familien durchführen und gemeinsame Exkursionen mit ihnen veranstalten.

Familienzentrierte Arbeit bedeutet auch, dass Lehr- und Fachkräfte nicht nur Ansprüche und Erwartungen der Schule an die Familien herantragen, sondern auch Interesse an ihrer gesamten Lebenssituation zeigen, auch an Bedürfnissen und Problemen, die außerhalb der schulischen Belange liegen (Wohnung, Arbeit, Krankheit usw.).

Von Vorteil ist es, wenn man für zugewanderte Eltern Bezugspersonen gewinnen kann, die ebenfalls einen Migrationshintergrund haben, im Idealfall solche aus derselben Herkunftskultur. Das können andere Eltern sein, aber auch Schulsozialarbeiterinnen, Elternmentoren, Stadtteilmütter, Elternlotsen oder Bildungspaten. Aufgabe solcher Bezugspersonen ist es, bei schulischen Veranstaltungen die Anwesenheit bestimmter Eltern oder Elterngruppen ausdrücklich positiv zu registrieren und sie zu begleiten und zu betreuen, ggf. auch im Falle ihrer Abwesenheit nachzufragen und nachzuhaken.

11.4.6 Betreuer für die Schülerinnen und Schüler

Hinter allen Schülerinnen und Schülern sollte eine erwachsene Person stehen, die ihr Wohlergehen in der Schule und ihre angemessene Förderung im Auge behält. Im Normalfall sind die eigenen Eltern solche Betreuer. Zugewanderten fällt es zumindest anfangs oft schwer, diese Rolle zu übernehmen – sei es aufgrund mangelnder Deutschkenntnisse oder infolge kultureller Distanz. Die Schule sollte dann versuchen, andere Betreuer zu gewinnen – Lehrkräfte, Elternvertreter, andere Eltern, Sozialarbeiterinnen oder Integrationslotsen. Im Idealfall sind Betreuerinnen und Betreuer nur für wenige Kinder und Jugendliche zuständig, damit wirklich eine persönliche Begleitung und Betreuung möglich ist

11.4.7 Netzwerkarbeit

Bei der Arbeit mit Migranten müssen sich Lehrkräfte häufig mit Einrichtungen der Erziehungshilfe, der Sozialhilfe, der Jugendfürsorge und Jugendhilfe, mit Arztpraxen, Wohlfahrtsverbänden, Arbeitsagenturen, Wirtschaftsverbänden, kirchlichen Einrichtungen, Kulturvereinen, Sportvereinen, Jugendgruppen usw. vernetzen, um auf die oft komplexen Problemlagen der Familien umfassend eingehen zu können.

Eltern in schwierigen Lebenslagen sollten auch ihrerseits in Netzwerke eingebunden werden. An der Schule kann man versuchen, Elternbetreuer, Aktiveltern, Bildungslotsen, Elternmentoren, „parent liaisons“, „home school worker“ (oder wie auch immer sie heißen mögen) aus der Elternschaft (auch unter den Migranten) zu gewinnen und zu schulen. Darüber hinaus ist oft die Vernetzung mit Nachbarschafts- und Stadtteilgruppen vorteilhaft.

12 Kooperation mit schwierigen Eltern[1]

12.1 Typen und Varianten schwieriger Eltern

Wie in anderen Personengruppen gibt es auch unter Eltern schwierige Menschen. Zum Teil sind sie schwierig wegen ihres Charakters, z. B. weil sie ängstlich, schüchtern, unaufrichtig, misstrauisch, unverschämt, aufdringlich, unzuverlässig usw. sind. Zum Teil macht sie auch eine besondere Lebenslage schwierig - prekäre Lebensverhältnisse, niedriges Bildungsniveau, zerfallende und zerrüttete Beziehungen, unsicherer Aufenthaltsstatus usw.

In der Literatur wird eine nahezu unabsehbare Vielzahl von Typen schwieriger Eltern genannt. Um hier den Überblick zu behalten und eine Grundlage für eine Bewertung zu haben, versuchen wir eine Systematisierung. Dieser kann man zunächst zwei Kriterien zugrunde legen:

- die Personengruppe, der gegenüber Eltern ein problematisches Verhalten zeigen: Eltern, Lehrkräfte oder ihre Kinder,
- aktives oder passives problematisches Verhalten.

In der einschlägigen Literatur und in vielen Lehrerzimmergesprächen gelten vor allem Eltern als schwierig, die Lehrkräften aktiv gegenübertreten, sie belästigen, kontrollieren, kritisieren und attackieren und respektlos, unbeherrscht und feindselig auftreten. Darüber wird gerne übersehen, dass auch das Verhalten von Eltern gegenüber anderen Personen zu Problemen führt, die sich auf die Bildungs- und Erziehungsarbeit der Schule nachteilig auswirken, und oft ist es sogar passives Verhalten, das die größten Schwierigkeiten bereitet. Mit wütenden und aggressiven Eltern z. B. kann man immerhin noch streiten und im günstigsten Fall vielleicht Kompromisse schließen. An sich entziehende Eltern, die abtauchen oder Kontakte verweigern, kommt man gar nicht mehr heran.

Durch weitere Ausdifferenzierungen der beiden Systematisierungskriterien und zwei Ergänzungen gelangen wir zu der in Tabelle 19 wiedergegebenen Systematik. Im Folgenden seien diese Typen und Varianten kurz erläutert:

12.1.1 Eltern mit falschem Beziehungsverständnis

Eltern mit falschem Beziehungsverständnis haben unangemessene Vorstellungen von der Beziehung zur Schule und zu den Lehrkräften ihrer Kinder. Im Einzelnen gehören dazu:

---

1 Zu dem gesamten Kapitel vgl. auch Sacher, W.; Berger, F.; Guerrini, F. (2019): Schule und Eltern – eine schwierige Partnerschaft. Wie Zusammenarbeit gelingt. Stuttgart: Kohlhammer.

Tabelle 19: Typen und Varianten „schwieriger“ Eltern

<table>
<tr><td>Auffassung vom Verhältnis zwischen Schule und Eltern-haus/Familie</td><td colspan="2">Nicht partnerschaftlich agierende Eltern:
– Parentokraten
– Delegierer
– Kolonisten und Schulsklaven
– Bevormunder</td></tr>
<tr><td>Auffassung von vorrangigen Zielen der Schule und des Unterrichts</td><td colspan="2">Eltern mit unangemessener Zielfixierung:
– Karrierefixierte
– Leistungsverweigerer</td></tr>
<tr><td></td><td>Aktive Ausprägung:</td><td>Passive Ausprägung:</td></tr>
<tr><td>Beziehung zu Lehrkräften</td><td>Konfrontative Eltern:
– wütende Eltern,
– aggressive und unverschämte Eltern,
Lästige Eltern:
– hartnäckige und uneinsichtige Eltern,
– defensive Eltern,
– nörgelnde, belehrende, besser-wisserische Eltern,
– aufdringliche Eltern,
– Wichtigtuer und Narzissten,
– Selbstoffenbarer,
– übermäßig besorgte Eltern,
– Kontroll-Freaks.</td><td>Sich Entziehende:
– eingeschränkt erreichbare Eltern:
• defizitorientierte Eltern,
• reagierende Eltern,
• Arbeitsteiler,
• Informationsverweigerer.
– schwer erreichbare Eltern Submarines“):
• gehemmte Eltern,
• frustrierte Eltern,
• desinteressierte Eltern bzw. Null-Bock-Eltern.
– Kontaktverweigerer</td></tr>
<tr><td>Beziehung zur Schulelternschaft</td><td>Störer der Schulgemeinschaft:
– Voreingenommene und Vorur-teilsbehaftete,
– Aufwiegler, Spaltpilze und Polari-sierer,
– Missionare, Ideologen, Kreuzritter
– Cliquenbilder,
– Postenjäger und Gremienhengste</td><td>Ausgegrenzte und sich ausgrenzende Eltern:
– Egomanen und Einzelkämpfer
– Drückeberger,
– Duckmäuser,
– Eltern mit Diversität.</td></tr>
<tr><td>Beziehung zu den Kindern</td><td>Ungünstig erziehende Eltern
– Autoritäre
– überbehütende Eltern, „Over-parents“, „Pädochonder“,
– „Helikopter-Eltern“, „Hovering parents“
– häusliche Lerncoaches und Lernbroker,
– „Hothouser“ und bildungs-panische Eltern,
– Prinzen-Eltern,
– Traumjäger.</td><td>Vernachlässigende Eltern:
– Erziehungsunwillige,
– Überforderte,
– Erziehungsunfähige.</td></tr>
</table>

- Parentokraten: Solche Eltern sehen sich allein in der Verantwortung für die Erziehung und Bildung ihrer Kinder und erstreben die totale Kontrolle über Schulleben und Unterricht (Brown 1990).
- Delegierer: Das sind Eltern, welche die Verantwortung für Schulleben und Unterricht ganz den Lehr- und Fachkräften überlassen und sich aus der Schule ihrer Kinder heraushalten – sei es aufgrund von Vertrauen oder Autoritätsgläubigkeit oder auch aus Desinteresse. Eine solche Haltung ist zwar bequem für Lehrkräfte, beeinträchtigt aber dennoch eine günstige Lern- und Verhaltensentwicklung der Schülerinnen und Schüler (Montandon 1993, S. 65).
- Kolonisten und Schulsklaven: Hier handelt es sich um Eltern, welche das gesamte außerschulische Leben ihrer Kinder nach den Vorstellungen und Anforderungen der Schule gestalten – sozusagen als ihre Außenstelle oder Kolonie.[2] Auch eine solche reine Ausführungsmentalität von Eltern ist suboptimal, denn Empfehlungen der Schule und der Lehrkräfte müssen natürlich immer entsprechend der konkreten Familiensituation modifiziert werden.
- Bevormunder: Das sind die vielen Eltern, welche ihre Kinder dadurch bevormunden, dass sie sie völlig aus ihren Kontakten und ihrer Kommunikation mit Lehrkräften heraushalten.

12.1.2 Eltern mit unangemessener Zielfixierung

Eltern mit unangemessener Zielfixierung verfolgen bei der Kooperation mit der Schule unangemessene Ziele. Als Varianten unterscheiden wir:

- Karrierefixierte: Eltern, die ausschließlich auf die bestmöglichen Noten und Abschlüsse für ihre Kinder fixiert sind und Maßnahmen zur Förderung der allgemeinen Entwicklung für Zeitverschwendung halten.
- Leistungsverweigerer: Eltern, die hauptsächlich die allgemeine Entwicklung der Kinder im Auge haben und die Schule als Schonraum betrachten, in dem diese ohne Leistungsdruck heranwachsen sollen, ohne schon mit Leistungsdenken und Konkurrenzdruck konfrontiert zu sein.

12.1.3 Konfrontative Eltern

Konfrontative Eltern sind solche, die Lehrkräfte hart angehen, also

- wütende Eltern bzw. „volcano parents" (Blum 2021) und
- aggressive und unverschämte Eltern bzw. „intimidators" (Tingley 2006, S. 61 ff.), die Lehrkräfte verbal oder tätlich angreifen, beleidigen, beschimpfen, ihnen mit rechtlichen Schritten drohen usw.

2 Edwards & Warin 1999, S. 8; Kühn 2005, S. 40

12.1.4 Lästige Eltern

Lästige Eltern kommen in zahlreichen Varianten vor, nämlich als

- hartnäckige und uneinsichtige Eltern (Grün 2007, S. 116) bzw. „persistant parents"[3], die unbeirrt entgegen allen Vernunftargumenten an einmal gefassten Ansichten festhalten,
- defensive Eltern[4] bzw. „child advocates" (Geddes 2014, S. 2), die stets eine Verteidigungshaltung einnehmen und alle Schuld für Probleme bei Anderen suchen,
- nörgelnde, belehrende und besserwisserische Eltern, die Lehr- und Fachkräften die Kompetenz absprechen und ihnen zeigen wollen, wie sie zu unterrichten und zu erziehen haben (Cerra & Jacoby o. J.),
- aufdringliche Eltern bzw. „overinvolved parents"[5], die bei jeder passenden und unpassenden Gelegenheit – oftmals nahezu täglich – den Kontakt mit der Lehrkraft suchen,
- Wichtigtuer und Narzissten (Grün 2007, S. 27 u. 32) bzw. „school groupies" (McEvan 2004, S. 18 f.), die sich und ihr Kind durch besonders häufige Kontakte in Szene setzen,
- Selbstoffenbarer (Grün 2007, S. 44), die ihre persönlichen Probleme und ihre Familienverhältnisse ungefragt in allen Details vor Lehrkräften ausbreiten,
- übermäßig besorgte Eltern (Grün 2007, S. 175), die aus Angst vor Leistungsproblemen und Fehlentwicklungen ihrer Kinder beständig bei Lehrkräften vorstellig werden und beruhigt werden müssen,
- Kontroll-Freaks – Eltern, die alles, aber auch alles über die Schule, den Unterricht und das Verhalten ihrer Kinder und ihrer Mitschüler wissen wollen. Dass Schüler und Lehrkräfte im Unterricht auch so etwas wie eine Privatsphäre haben, die Eltern nicht in allen Details zu kennen brauchen, wird von Kontroll-Freaks nicht respektiert. Manchmal gerieren sie sich als „Elternfunktionäre" (Kraus 2013, S. 21) und selbst ernannte Anwälte der Schulklasse[6].

12.1.5 Sich entziehende Eltern

Sich Entziehende Eltern lassen sich in drei Gruppen unterteilen:

- eingeschränkt erreichbare Eltern, im Einzelnen bestehend aus:
  - defizitorientierten Eltern, die Kontakt nur suchen, wenn es Probleme gibt,
  - reagierenden Eltern, die zwar reagieren, wenn sie von der Schule und von Lehrkräften kontaktiert werden, aber von sich aus keinen Kontakt suchen,

3 Cerra & Jacoby o. J.; Geddes 2014, S. 2
4 Schwartz o. J.; Grün 2007, S. 20 f. u. S. 83
5 Schwartz o. J.; Cerra & Jacoby o. J.
6 Whitaker & Fiore 2001, S. 137; Tingley 2006, S. 79

  - Arbeitsteilern, welche Erziehung als Angelegenheit der Eltern und Bildung als ausschließliche Aufgabe der Schule und der Lehrkräfte ansehen, infolgedessen keine Veranlassung erkennen, in einem der beiden Bereiche zu kooperieren,
  - Informationsverweigerern – Eltern, die durchaus normale oder sogar gute Kontakte zur Schule und zu den Lehrkräften ihrer Kinder unterhalten und an Informationen über Schule und Unterricht sowie über die Entwicklung und die Lernfortschritte ihrer Kinder interessiert sind, selbst aber keine Informationen über ihre Familie und über das außerschulische Leben ihrer Kinder geben, weil sie in solchen Informationsansprüchen der Schule und der Lehrkräfte einen Eingriff in ihre Privatsphäre sehen.
- schwer erreichbare Eltern bzw. „absent parents" oder „submarines" (Schwartz o. J.; Schwartz 2019), die keinen Kontakt zur Schule und zu den Lehrkräften ihrer Kinder halten, im Einzelnen:
  - gehemmte Eltern, die sich bei Kontakten mit Lehrkräften unsicher oder minderwertig fühlen, ihnen nicht zur Last fallen möchten oder es als anmaßend empfinden würden, von sich aus Kontakt aufzunehmen und ungefragt Informationen anzubieten,
  - frustrierte Eltern, die nach einer Reihe negativer Erfahrungen von den Lehrkräften und der Schule ihrer Kinder enttäuscht sind und nichts mehr von ihnen erwarten,
  - desinteressierte Eltern bzw. Null-Bock-Eltern (Kraus 2013, S. 14), die nicht bereit sind, sich für ihre Kinder und deren Schulbildung zu engagieren,
- Kontaktverweigerer – Eltern, die nicht nur keinen Kontakt zur Schule und den Lehrkräften ihrer Kinder halten und deren Kontaktversuche ignorieren, sondern sich diesen oftmals geradezu aggressiv widersetzen.

12.1.6 Störer der Schulgemeinschaft

Störer der Schulgemeinschaft sind Eltern, welche die Gemeinschaftsbildung gefährden. Varianten dieses Typs sind:

- *V*oreingenommene und Vorurteilsbehaftete – Menschen, welche Andere aufgrund ihrer kulturellen Herkunft oder ihrer sozialen Zugehörigkeit für minderwertig halten und ablehnen,
- Aufwiegler, Spaltpilze und Polarisierer – Eltern, die beständig Unruhe in der Elternschaft stiften, Gegensätze vertiefen und Konflikte schüren,
- Missionare, Ideologen, Kreuzritter bzw. "Crusaders" (Tingley 2006, S. 37 ff.), die ihre oftmals sehr einseitigen pädagogischen Auffassungen allgemein durchsetzen wollen,
- Cliquenbilder (Grün 2007, S. 17 ff.), die sich mit gleichartigen und gleichgesinnten Eltern zusammentun und sich zugleich von andersartigen und andersgesinnten Eltern abgrenzen,

- Postenjäger und „Gremienhengste“ (Kühn 2005, S. 40), die sich um Mandate als Elternvertreter und andere hervorgehobene Positionen bemühen, um sich selbst zu inszenieren.

12.1.7 Ausgegrenzte und sich selbst ausgrenzende Eltern

Ausgegrenzte und sich selbst Ausgrenzende Eltern sind solche, die von anderen Eltern gemieden werden oder sich selbst von ihnen fernhalten. Dazu zählen:
- Egomanen (Grün 2007, S. 22) und Einzelkämpfer, die sich nur um das Fortkommen ihres eigenen Kindes kümmern, an gemeinsamen Anliegen der Elternschaft und am Wohl anderer Kinder nicht interessiert sind und sogar dagegen agieren, wenn es dem eigenen Kinde nutzt,
- Drückeberger (Grün 2007, S. 26), die aus Bequemlichkeit nicht bereit sind, Aufgaben für die Allgemeinheit zu übernehmen,
- Duckmäuser – Eltern, die aus Sorge, es könnte dem Fortkommen des eigenen Kindes schaden, nicht wagen, ihre Meinung zu äußern und für Anliegen der Allgemeinheit einzutreten,
- Eltern mit Diversität, d. h. Angehörige von Gruppen, die aufgrund von Diversität (d. h. „Anderssein“ im Hinblick auf Alter, Geschlecht, Ethnizität bzw. Herkunft, physische Fähigkeiten, Religion und Weltanschauung, sexuelle Orientierung) ausgegrenzt werden oder sich selbst ausgrenzen.

12.1.8 Ungünstig erziehende Eltern

Ungünstig erziehende Eltern sind Eltern, deren Erziehungspraxis sich nachteilig auf die schulische Bildungs- und Erziehungsarbeit auswirkt. Zu diesem Typ gehören:
- autoritäre Eltern, die ihre Kinder zu striktem Gehorsam und zur bedingungslosen Anerkennung vorgegebener Normen und Werte erziehen, sie stark kontrollieren und bei Verstößen hart bestrafen,
- überbehütende Eltern bzw. „Overparents“ (Portnoy 2014), „overzealous parents,“ (Cerra & Jacoby) „Airbagparents“ und „Pädochonder“ (Kraus 2013, S. 11 u. S. 138), die aus Sorge um die unbeschädigte Entwicklung ihrer Kinder jede Herausforderung, jeden Misserfolg und jede Enttäuschung von ihren Kindern fernzuhalten suchen,
- „Helikopter-Eltern“[7] und „Hovering parents“[8] – Eltern, die beständig in der schulischen Umgebung ihrer Kinder herumschwirren, sie bemuttern und beaufsichtigen,
- häusliche Lerncoaches und Lernbroker, welche zu Hause die selbstgewählte Rolle von Hilfslehrern übernehmen oder andere Personen damit betrauen,

7 Portnoy 2014; Tingley 2006, S. 95 ff.; Kraus 2013, S. 11

8 Gruber & Gruber 2008; Portnoy 2014

- „Hothouser"[9] und bildungspanische Eltern[10], die ihre Kinder mit überzogenen Ansprüchen und einem Übermaß an zusätzlicher Förderung traktieren, entweder weil sie von ihrer Hochbegabung überzeugt sind oder weil sie einen sozialen Abstieg infolge verpasster Bildungschancen befürchten,
- Prinzen-Eltern[11], die ihr Kind für absolut einmalig und meistens auch für hochbegabt halten und keinerlei Schwächen an ihm einräumen wollen,
- Traumjäger, die sich mittels ihres Kindes eigene unerfüllte Lebensträume verwirklichen möchten.

12.1.9 Vernachlässigende Eltern

Vernachlässigende Eltern verzichten überhaupt darauf, ihre Kinder zu erziehen. Sie treten in drei Varianten auf:
- erziehungsunwillige Eltern, die aus Bequemlichkeit keine Erziehungsverantwortung übernehmen,
- überforderte Eltern, die infolge unterschiedlicher Belastungen (psychische Probleme, Arbeitsüberlastung, Beziehungsstress, Krankheit usw.) nicht in der Lage sind, ihre Kinder zu erziehen,
- erziehungsunfähige Eltern, denen infolge kognitiver Entwicklungsrückstände oder anderer Defizite Erziehungskompetenz schlichtweg fehlt.

12.2 „Schwierigkeit" als relative Größe

Oft wird behauptet, in bestimmten Bevölkerungsgruppen würden schwierige Eltern besonders häufig auftreten – vor allem in bildungsfernen Bevölkerungsgruppen und in solchen aus anderen Kulturkreisen und mit anderen Religionen. Solche Vermutungen werden leicht zu Voreingenommenheiten und Vorurteilen, durch welche allen jenen unauffälligen Eltern Unrecht geschieht, die es in diesen Bevölkerungsgruppen auch gibt. Außerdem entwickeln Eltern nicht deshalb problematische Verhaltensweisen, weil sie ein geringes Bildungsniveau haben oder aus Afrika kommen und Muslime sind, sondern weil sie sich in Lebenslagen befinden, in welchen sich vermutlich auch der Sozialcharakter von Angehörigen anderer Bevölkerungsgruppen nachteilig verändern würde. Im Übrigen kommen manche Typen und Varianten schwieriger Eltern – z. B. Helikoptereltern, Pädochonder und Hothouser – häufiger in der deutschen Mittelschicht vor.
Vor allem aber ist das Ausmaß, in dem Eltern als schwierig auffallen, abhängig von den Ansprüchen und Vorstellungen der Schule – davon, wie eng der Kontakt mit den Eltern gewünscht und welches Ausmaß und welche Art der Kooperation von

9 Grün 2007, S. 76 f.; Bainbridge 2020
10 Bude 2011; Kraus 2013, S. 27 ff. u. S. 197
11 Grün 2007, S. 21; Kraus 2013, S. 15

ihnen erwartet wird – sowie von der kommunikativen und sozialen Kompetenz der Lehrkräfte. Oft erleben unterschiedliche Lehrkräfte ein und dieselben Eltern entweder als schwierig oder als völlig normal.

12.3 Prävention von Schwierigkeiten

Man sollte alles versuchen, dass es erst gar nicht dazu kommt, dass sich Eltern zu „schwierigen" Partnern entwickeln, indem man Maßnahmen ergreift, welche die Kooperation zwischen Schule und Eltern stabilisieren und stärken und möglichen Rollenmissverständnissen der Eltern vorbeugen.

12.3.1 Arbeit an der Schule-Eltern-Kooperation

Die Schule-Eltern-Kooperation nach dem im zweiten Kapitel dargestellten Modell zu entwickeln, ist das Wichtigste, was im Zusammenhang von Präventionsarbeit getan werden kann. Ihre einzelnen Handlungsfelder haben ausgeprägte Affinitäten zu den verschiedenen Typen „schwieriger" Eltern:

- Eine entwickelte und funktionierende Schulgemeinschaft lässt es nicht dazu kommen, dass bestimmte Personen und Gruppen ausgegrenzt werden, sich selbst ausgrenzen oder sich entziehen. Eltern mit unangemessener Zielfixierung haben in der konstruktiven Auseinandersetzung mit anderen ein heilsames Korrektiv. Konfrontationen verlaufen in einer entwickelten Schulgemeinschaft weniger hart, und mit etwas Glück werden auch potenzielle Störenfriede eingebunden.
- Funktionierender Informationsaustausch gibt Einblick in belastende Lebenslagen der Familien, die schwieriges Elternverhalten bedingen. Respektvolle und offene Kommunikation hilft, Vertrauen aufzubauen und Konflikte zu vermeiden oder doch wenigstens zu entschärfen. Kommunikations- und Informationsregeln, welche festlegen, wann, worüber und wie oft kommuniziert wird, zeigen Eltern, was die Schule von ihnen erwartet und geben ihnen zugleich Sicherheit, mit welchen Informationen der Lehrkräfte sie zu welchen Zeitpunkten rechnen können.
- In einer funktionierenden Bildungs- und Erziehungskooperation werden Erziehungskompetenzen vermittelt und einseitige Erziehungsauffassungen korrigiert.
- Mitsprache- und Mitgestaltungsmöglichkeiten sowie die Übernahme von Rollen im Zusammenhang der funktionalen Differenzierung des Subsystems Elternschaft bieten Möglichkeiten, sich entziehenden, konfrontativen, störenden und ausgegrenzten Eltern Verantwortung zu übertragen und sie dadurch in die Gemeinschaft einzubinden.

12.3.2 Begleitung schwieriger Situationen im Schulalltag

Viele Eltern sind nicht generell „schwierig“, sondern zeigen problematische Verhaltensweisen vor allem in bestimmten Situationen. Oft es deshalb angemessener von schwierigen Situationen zu sprechen als von „schwierigen“ Eltern. Solche Situationen im Schulalltag sind u. a.[12]:

- Veränderungen in der Schul- und Unterrichtsorganisation:
  - Zeiten um den Schuleintritt und den Übertritt in andere Schulen, Schularten und Schulstufen: Nicht wenige Eltern haben dann Sorgen, ihr Kind könnte nicht mithalten oder es nicht schaffen.
  - Die Einführung neuer Unterrichtsmethoden und Unterrichtsmedien: Oft fürchten dann Eltern, Freiarbeit, Wochenplanarbeit, Projektarbeit, Portfolioarbeit, Notebookklassen, Whiteboards oder welche Innovationen auch immer, könnten den Lernerfolg ihres Kindes beeinträchtigen.
  - Neue Fächer im Lehrplan: Eltern können teilweise nicht abschätzen, was auf ihr Kind zukommt, ob es vielleicht überfordert wird oder ob seine moralische Entwicklung, etwa durch Sexualkunde, Schaden nimmt.
  - Kinder mit besonderem Förderbedarf in der Klasse (Inklusion, ADHS-Kinder etc.): Häufig sehen Eltern der übrigen Kinder deren Leistungsentwicklung gefährdet, weil die Lehrkraft angeblich den „Problemkindern“ zu viel Aufmerksamkeit widmen muss.

  Veränderungen in der Schul- und Unterrichtsorganisation sind unvermeidlich. Aber sie können vorbereitet und so gründlich von Informationen begleitet werden, dass sie weniger Ängste und Sorgen auslösen.
- Meinungsverschiedenheiten zwischen Eltern und Lehrkräften:
  - Schlechte Nachrichten, zumal wenn sie nicht persönlich, sondern schriftlich oder fernmündlich übermittelt werden,
  - Leistungsprobleme und Verhaltensschwierigkeiten der Kinder,
  - Unzufriedenheit der Eltern mit Leistungsbeurteilungen und Zeugnissen,
  - Unzufriedenheit mit Hausaufgaben,
  - Unzufriedenheit mit Strafen, welche über das Kind verhängt wurden.

  Meinungsverschiedenheiten führen oft zu Konfliktgesprächen. Aber ob Eltern in deren Verlauf aggressiv, wütend und unverschämt werden, hängt auch von der Gesprächsführung der Lehrkraft ab. (Vgl. dazu im Einzelnen Kapitel 5, Abschnitt 5.4.)
- für Eltern unangenehme Kommunikationssituationen:
  - Agieren vor einem Publikum (Austragen von Differenzen vor einer Öffentlichkeit, z. B. beim Elternabend),
  - Situationen, in denen man nicht ausreden kann oder nicht zu Wort kommt,
  - Situationen, in denen man sich minderwertig vorkommt,

12 Whitaker & Fiore 2001, S. 107 ff.; Zehnter 2015, S. 79 f.

- Situationen, in denen man offen oder verdeckt Schuldzuweisungen erhält,
- Situationen, in denen man (vielleicht sogar öffentlichen) Gesichtsverlust befürchten muss,
- Situationen in denen man nur gewinnen oder verlieren kann.

Unangenehme Kommunikationssituationen können von Lehrkräften mit etwas Einfühlungsvermögen und kommunikativer Kompetenz weitgehend vermieden werden. Z. B. muss man nicht auf einem ausdrücklichen Geständnis bestehen, jemand habe die Unwahrheit gesagt. Es genügt, wenn der wahre Sachverhalt festgestellt ist. Statt Wortmeldungen vor dem Plenum aufzurufen, die manche Eltern meiden, kann man andere Möglichkeiten der Meinungsäußerung organisieren: Gruppendiskussionen, Murmelgruppen, Kärtchenabfragen, Anfertigen von Postern usw.

Entscheidend ist, dass Lehrkräfte versuchen, sich schon im Vorfeld solcher Situationen in die Eltern hineinzuversetzen und ungünstige Wirkungen auf sie vorwegzunehmen. Möglichkeiten, diese zu vermeiden, sind dann in der Regel leicht zu finden.

12.4 Umgang mit schwierigen Eltern

Interventionen, mit welchen schwieriges Elternverhalten nachhaltig korrigiert werden kann, sind im Schulalltag kaum möglich. In vielen Fällen müssten Einstellungen von Eltern verändert werden. Einstellungsänderungen aber sind immer ein komplexes und langwieriges Unterfangen. Manchmal müsste man auch die Lebensverhältnisse ganzer Familien verändern. In der Praxis muss man sich meistens damit begnügen, zu einem gedeihlichen Umgang mit schwierigen Eltern zu finden, durch den nachteilige Auswirkungen auf andere Eltern und auf die Schülerinnen und Schüler weitgehend vermieden werden.

12.4.1 Positive Sicht auf schwierige Eltern

In vielen Fällen ist es hilfreich, die negative Sicht auf schwierige Eltern probeweise durch eine positive zu ersetzen. In den meisten problematischen Verhaltensweisen schwieriger Eltern steckt nämlich auch ein positiver Kern:

- Lästige Eltern kann man auch als beharrliche Eltern sehen, Drückeberger als bescheidene Eltern, unbeherrschte Eltern als temperamentvolle Eltern.
- Konfrontative Eltern suchen immerhin noch Kontakt zur Schule und zu Lehrkräften ihrer Kinder und haben Vorstellungen, wie das Verhältnis zwischen Schule und Eltern gestaltet werden soll. Nicht selten sind sie einfach fehlgeleitete und irrende Interessenvertreter ihrer Kinder, die es gut meinen, aber falsche Wege einschlagen und untaugliche Mittel wählen (Mendler 2006, S. 15).
- Eltern mit unangemessener Zielfixierung, Missionare und Ideologen haben immerhin eine Zielvorstellung hinsichtlich der Schulbildung ihrer Kinder, meist

sogar eine, die nicht völlig falsch ist, sondern nur übertrieben und einseitig, die man auf das rechte Maß zurückführen und ergänzen kann.

- Parentokraten wollen jedenfalls in der Schule mitentscheiden und evtl. auch mitarbeiten. Ihr Fehler ist nur, dass sie den eigenständigen Erziehungs- und Bildungsauftrag der Schule nicht genügend respektieren. Kolonisten bringen der Schule und den Lehrkräften ihrer Kinder viel Vertrauen entgegen, nehmen dies aber leider zum Anlass, sich eines Teils ihrer unveräußerlichen Erziehungsverantwortung zu entledigen.
- Übermäßig besorgte Eltern und Kontroll-Freaks kümmern sich jedenfalls um die schulische Bildung und Erziehung ihrer Kinder. Uneinsichtige, defensive und besserwisserische Eltern bilden sich immerhin eine Meinung, wie ihre Kinder gefördert werden sollten. Und aufdringliche Eltern, Wichtigtuer und Selbstoffenbarer halten zumindest Kontakt mit der Schule und den Lehrkräften ihrer Kinder.
- Sich entziehende Eltern sind teilweise auch solche, die Lehrkräften nicht lästig sein und ihre Autorität nicht in Frage stellen wollen, teilweise auch solche, die dem Bestreben ihrer (älteren) Kinder nachgeben, Eltern von der Einmischung in ihre Schulangelegenheiten abzuhalten. Und dass Kinder und Jugendliche diese selbständig regeln wollen, sollte man ja durchaus unterstützen.
- Ungünstig Erziehende bemühen sich jedenfalls, ihre Kinder zu erziehen und haben konkrete Vorstellungen, wie das geschehen soll: Autoritäre Eltern wollen ihren Kindern Zucht und Ordnung vermitteln. „Overparents", „Pädochonder" und „Helikopter-Eltern" machen sich im Übermaß Sorgen um ihre Kinder und möchten Schaden von ihnen abwenden. Lerncoaches, Lernbroker, „Hothouser" und bildungspanische Eltern wollen ihnen die bestmögliche Bildung vermitteln, Prinzeneltern lieben ihre Kinder – wenn auch abgöttisch – und Traumjäger möchten, dass sie es einmal besser haben als ihre Eltern.

Angesichts der vielfältigen Typen und Varianten schwieriger Eltern darf man bezweifeln, dass es überhaupt Eltern gibt, die nicht in der einen oder anderen Hinsicht „schwierig" sind. Eine Mutter brachte es am Ende eines Workshops über schwierige Eltern auf den Punkt: „Ich muss gestehen, von allen diesen Typen steckt auch in mir etwas drin." Auf die Mischung und auf die Dosierung kommt es an. Viele Auffassungen und Einstellungen sind zu akzeptieren, wenn Übertreibungen vermieden werden.

Diese Einsicht sollte helfen, auch schwierigen Eltern respektvoll und nachsichtig zu begegnen. Schon das allein wird den Umgang mit ihnen erleichtern. Wo immer sich die Möglichkeit dazu bietet, sollte man die positiven Intentionen ihres Verhaltens ausdrücklich anerkennen. Dann kann man vielleicht auch auf Übertreibungen und Verkürzungen zu sprechen kommen und gemeinsam konkrete Schritte entwickeln, wie das Verhalten der Eltern zielführender gestaltet werden kann, ohne dass sie ihre Intention aufgeben und einen Gesichtsverlust hinnehmen müssen.

12.4.2 Gesprächsführung

In der einschlägigen Literatur wird für den Umgang mit schwierigen Eltern vor allem eine professionelle Gesprächsführung vorgeschlagen, gewöhnlich mit einem Schwerpunkt auf Kritik-, Beschwerde- und Konfliktgesprächen. Ausführungen dazu finden sich oben in Kapitel 5, Abschnitt 5.4.
In manchen Fällen ist es ratsam, Kolleginnen oder Kollegen, Beratungslehrkräfte, Schulpsychologen oder auch Vertreter der Schulleitung zu einem Gespräch hinzuzuziehen. Ob betroffene Schülerinnen und Schüler am Gespräch teilnehmen sollen, muss von Fall zu Fall entschieden werden. Manchmal dient es der Entdramatisierung und Versachlichung. Aber Kinder und Jugendliche dürfen dadurch nicht in die unangenehme Lage gebracht werden, Partei für ihre Lehrkraft oder für einen Elternteil ergreifen zu müssen. In schwierigen Fällen tut man gut daran, sich vor dem Gespräch im Kollegenkreis zu beraten.
Gespräche sind aber nicht das Universalmittel, durch welches sich ein gedeihlicher Umgang mit allen Arten schwieriger Eltern erreichen lässt. Vor allem dann sind Gespräche nicht hilfreich, wenn das „schwierige“ Elternverhalten überhaupt keine akuten Probleme bewirkt, sondern die schulische Bildungsarbeit eher strukturell und indirekt behindert wie im Falle von Eltern, die einseitig erziehen, unangemessene Auffassungen vom Sinn der Schule und vom Verhältnis zwischen Schule und Eltern haben, die Schulgemeinschaft stören oder sich einfach von der Schule und den Lehrkräften ihrer Kinder fernhalten. In allen diesen Fällen bedarf es anderer Maßnahmen.

12.4.3 Verpflichtung auf gemeinsame Ziele

Auch schwierige Eltern können sich in der Regel mit Lehrkräften auf das gemeinsame Ziel verständigen, ihren Kindern die optimale Förderung zukommen zu lassen. Im günstigen Fall gibt es ein Leitbild der Schule, das man in Erinnerung bringen kann. Vielleicht bietet es sich an, mit Bezug auf dieses eine Erziehungsvereinbarung mit den Eltern abzuschließen (vgl. dazu oben Kapitel 6, Abschnitt 6.3), die dadurch ihren Sorgen und Ängsten Rechnung trägt, dass auch die Lehrkraft entsprechende Verpflichtungen eingeht, z. B. verspricht, übermäßig besorgte Eltern regelmäßig und engmaschig über alle wichtigen Schulangelegenheiten und Vorkommnisse im Unterricht zu informieren.

12.4.4 Delegieren an andere Partner

Um Eltern mit problematischen Beziehungen zur Schulelternschaft sollten sich Elternvertreter ebenso kümmern wie Lehrkräfte. Häufig ist es sogar aussichtsreicher, wenn Elternvertreter sie ansprechen und versuchen, Verhaltensänderungen bei ihnen zu erreichen oder – bei sich Entziehenden und Ausgegrenzten – sie besser zu integrieren. Auch bei anderen Typen schwieriger Eltern kann Delegieren an andere Partner das Mittel der Wahl sein. Das können andere Lehr- und Fachkräfte sein, die ebenfalls Probleme mit den betreffenden Eltern haben, aber leichter Zugang zu ihnen finden, Vertreter von sozialen Einrichtungen, religiösen Gemeinden usw., letztlich alle Netzwerkpartner der Schule. Schwierige Eltern sind ja in der Regel nicht für jeden Partner gleich schwierig, so dass es naheliegend ist, andere Personen und Institutionen ins Spiel zu bringen, wenn man selbst nicht mit ihnen weiterkommt.

12.4.5 Informationsveranstaltungen und Elternbildungsmaßahmen

Oft ist es ungünstig, Eltern direkt auf ein problematisches Verhalten anzusprechen. Ein erfolgversprechenderer Weg besteht darin, Informationsveranstaltungen und Elternbildungsmaßnahmen zu solchem Verhalten anzubieten. Diese sollten aber das problematische Verhalten nicht unmittelbar thematisieren, sondern es in einem größeren Kontext behandeln. Z. B. sind ungünstige Erziehungspraktiken im Rahmen einer Veranstaltung über unterschiedliche Erziehungsstile oder hinderliche Auffassungen vom Verhältnis zwischen Schule und Eltern im Zusammenhang einer Veranstaltung über Rechte und Pflichten von Eltern zu diskutieren, und die Positionen von Missionaren, Ideologen und Kreuzrittern könnten in einer Veranstaltung über moderne Unterrichtsmethoden relativiert werden.

12.4.6 Aufsuchen und Einbinden

Eltern, die sich entziehen, sind ein weitaus größeres Problem als provozierende, nervende und konfrontative Eltern. Denn diese engagieren sich wenigstens noch für ihre Kinder, während jene oft schon resigniert und mit ihrer Schule und ihren Lehrkräften abgeschlossen haben. Eine abwartend-passive Haltung der Lehrkräfte gegenüber sich entziehenden Eltern, mag sie auch mit viel Gesprächsbereitschaft und Gesprächskompetenz verbunden sein, ist völlig unzureichend. Sie führt meistens sogar dazu, dass solche Lehrkräfte die betreffenden Eltern noch nicht einmal als „schwierig“ empfinden. Stattdessen muss man im Sinne aufsuchender Arbeit aktiv auf solche Eltern zugehen, sie in Gruppenprozesse einbinden, sie mit Aufgaben betrauen und ihnen Verantwortung übertragen. (Am Beispiel der sogenannten „schwererreichbaren“ Eltern führen wir das im folgenden Abschnitt sogleich detaillierter aus.)

12.5 Umgang mit schwer erreichbaren Eltern[13]

Eine wachsende Zahl von Lehrkräften und Schulen hat erkannt, dass angesichts aktueller Herausforderungen für das Bildungswesen an der Kooperation mit den Eltern und Familien kein Weg vorbeiführt. „Nicht wenige Schulen nehmen denn auch große zusätzliche Arbeitsbelastungen auf sich, um sie für eine verstärkte Zusammenarbeit zu gewinnen. Häufig aber müssen sie angesichts des Problems kapitulieren, dass schon die Kontaktaufnahme gerade mit jenen Eltern und Familien am wenigsten gelingt, mit denen die Kooperation am dringendsten erforderlich ist. Haben also alle Bemühungen der Elternarbeit in solchen ‚schwererreichbaren' Eltern eine unüberwindliche Grenze?" (Sacher 2013a, S. 6)

12.5.1 Schwererreichbarkeit und Unerreichbarkeit

Zunächst müssen wir eine wichtige Einschränkung vornehmen: Schwer erreichbare Eltern sind nicht identisch mit unerreichbaren Eltern, die auch auf wiederholte schriftliche und mündliche Einladungen und Aufforderungen nicht reagieren, evtl. sogar die Herausgabe einer Telefonnummer verweigern, keinen erzieherischen Einfluss mehr auf ihre Kinder haben und nehmen wollen, nicht wissen und sich nicht darum kümmern, ob ihr Kind überhaupt zum Unterricht kommt, und denen letztlich deren Bildung und Entwicklung egal ist. Solche Fälle liegen schon im Bereich des Pathologischen und Asozialen, und ihre Bearbeitung ist nicht mehr eine Angelegenheit der Schule, sondern sie liegt in der Zuständigkeit anderer Einrichtungen – der Jugend- und Sozialämter, der Familienhilfe, medizinischer Stellen und Einrichtungen der Justiz. Es bleibt oft nur die Option, mit den Kindern und Jugendlichen alleine zu arbeiten, sie in Ganztagseinrichtungen unterzubringen und an Stelle der Eltern ersatzweise andere Mentoren oder Betreuer zu gewinnen. Zur Klientel der Schule-Eltern-Kooperation gehören nicht unerreichbare, sondern nur schwererreichbare Eltern, Eltern, die gewissermaßen „auf der Kippe" stehen, die im Begriffe sind, uns zu entgleiten, und mit denen der Kontakt abzubrechen droht. Allerdings darf die Diagnose der Unerreichbarkeit auch nicht übereilt vor einer gründlichen Analyse des konkreten Falles ausgesprochen werden.

12.5.2 Gefahren des Begriffes „Schwererreichbarkeit"

Der viel zu pauschale Begriff der Schwererreichbarkeit verhindert eine differenzierte Sicht auf die konkrete Problemlage. Er weist letztlich diesen Eltern die Schuld am fehlenden Kontakt zu, grenzt sie eher noch stärker aus, lenkt davon ab, nach den jeweiligen Kontaktbarrieren zu suchen und spielt die Verantwortung herunter, welche Lehrkräfte als Professionals auch für diese Eltern und ihre Kinder tragen. Als schwer erreichbar gelten oft vor allem bildungsferne Eltern und Eltern mit Migrationshintergrund. Genauer besehen, beruht diese Meinung mindestens teilwei-

13 Vgl. auch Sacher 2011c; Sacher 2012c; Sacher 2012d; Sacher 2013a.

se auf Vorurteilen: In unserer Repräsentativ-Befragung von 2004 waren zwar unter Migranten und Bildungsfernen etwas mehr schwererreichbare Eltern, aber solche fanden sich gar nicht so selten auch unter den Probanden mit höherer Bildung. Dass dies von Lehrkräften seltener beklagt wird, hat vermutlich mit ihrer selektiven Wahrnehmung zu tun. Anscheinend stört es sie kaum, wenn bildungsnahe Eltern wenig Kontakt zu ihnen unterhalten – sei es, weil sie glauben, auf ihren Rat und ihre Unterstützung verzichten zu können, sei es, weil sie ihn angesichts zufriedenstellender Leistungen ihrer Kinder für unnötig halten. Manchmal sind Lehrkräfte wohl auch dankbar, dass solche oft sehr selbstbewusst auftretende Eltern den Kontakt meiden. Bei alledem wird übersehen, dass auch die Kontaktabstinenz solcher Eltern jederzeit zu Problemen und Konflikten führen kann.

12.5.3 Manifeste und latente Schwererreichbarkeit

Nicht beachtet wird gewöhnlich auch, dass es neben manifester Schwererreichbarkeit, die sich in fehlenden Kontakten ausdrückt, auch eine latente Form der Schwererreichbarkeit gibt. Von dieser sprechen wir, wenn „Kontakte zwar bestehen, Eltern und Familien aber keinen wirklichen Nutzen daraus ziehen, sondern die Kontakte offensichtlich nur unterhalten, um nicht als desinteressiert zu gelten." (Sacher 2012d, S. 4). Das darf aber nicht darüber hinwegtäuschen, dass auch latent schwererreichbare Eltern für die Botschaften der Schule und der Lehrkräfte nicht mehr erreichbar sind. Sie haben sich gewissermaßen in die innere Emigration begeben, während die manifest schwererreichbaren in die äußere Emigration gegangen sind. Schulen und Lehrkräfte dürfen sich nicht damit begnügen, dass ihre Kontaktangebote häufig genutzt und schulische Veranstaltungen gut besucht werden. Eine Warnung kann ein Ergebnis unseres bayerischen Modellprojekts von 2006/2007 sein: Zwar gelang es, im Projektzeitraum den Anteil manifest schwererreichbarer Eltern[14] von 4,9% auf 2,4% signifikant zu senken. Zugleich stieg aber auch der Anteil latent schwererreichbarer Eltern[15] von 20,9% auf 25,1% signifikant an. Mit der häufigeren physischen Präsenz der Eltern war also noch nicht gesichert, dass sie auch von den Botschaften und Anliegen der Schule wirklich erreicht wurden.

12.5.4 Voraussetzungen für Kontakt und Kooperation

Statt Eltern und Elterngruppen Schwererreichbarkeit als Charaktereigenschaft zu unterstellen, sollte man sich fragen, was Eltern dazu bewegt, sich für die Bildung ihrer Kinder zu engagieren und mit ihrer Schule zusammenzuarbeiten. Nach Walker et al. (2005) sind es drei Faktoren:[16]

---

14 definiert als Eltern, die weder Elternabende, noch Sprechtage, noch Sprechstunden besuchen.

15 definiert als Eltern, die weder den Informationsaustausch mit der Schule, noch selbst gesuchte Kontakte mit den Lehrkräften, noch von den Lehrkräften hergestellte Kontakte nützlich fanden

16 Vgl. dazu auch Boethel 2003, S. 42; Bernitzke 2006, 36 f.; Haack 2007.

- Die Motivation der Eltern, Kontakt zu halten und zu kooperieren: Sie hängt hauptsächlich von ihrem kulturbedingten Verständnis der eigenen Elternrolle ab, vor allem davon, welche Verantwortung sie für die Bildung ihrer Kinder zu haben glauben und in welchem Maße sie annehmen, dazu wirklich etwas beitragen zu können (d. h. von ihrer Selbstwirksamkeitsüberzeugung).
- Die Erwünschtheit ihrer Kontakte und ihrer Kooperation: Eltern engagieren sich umso stärker für die Bildung ihrer Kinder, je mehr sie erleben, dass ihre Kinder und deren Lehrkräfte dieses Engagement wirklich wollen. Während Kinder die Akzeptanz oder Ablehnung eines solchen Engagements meistens offen bekunden, bringen Schule und Lehrkräfte die Erwünschtheit des Elternengagements oft nur indirekt zum Ausdruck. „Eine wenig attraktive Gestaltung von Eltern-Kontakten und schulischen Veranstaltungen, geringe Nachdrücklichkeit und unpersönlicher Charakter von Einladungen, geringe Mitwirkungs- und Mitbestimmungsmöglichkeiten für Eltern, allgemeine Appelle statt konkreter und praktikabler Hinweise der Lehrkräfte, wie Eltern ihre Kinder unterstützen können, geringe Erwartungen der Lehrkräfte hinsichtlich des Erfolges einer solchen Unterstützung, eilige Abfertigung von ratsuchenden Eltern durch Lehrkräfte und der allgemeine Eindruck, in der Schule nicht besonders willkommen zu sein – alles dies vermittelt Eltern das Gefühl, ihr Engagement für die Bildung ihrer Kinder sei eher nicht erwünscht.“ (Sacher 2013a, S. 7)
- Die Lebensumstände und die Lebensgeschichte der Eltern: „Bildungsniveau und Schulabschlüsse, Kompetenzen hinsichtlich des Unterrichtsstoffes und im Hinblick auf Hilfestellungen, die sie ihren Kindern beim Lernen geben können, mehr oder weniger gute Beherrschung der Landessprache und der Landessitten, frühere und aktuelle Erfahrungen mit der Schule, erlebte Diskriminierungen, Arbeitsbelastung, zu versorgende Kleinkinder, pflegebedürftige Angehörige, Verfügbarkeit oder Nichtverfügbarkeit von Verkehrsmitteln, Belastung durch finanzielle Probleme, Beziehungsprobleme, Alleinerziehung, Drogen-, Alkohol- oder Gewaltprobleme u. v. a. m. können das Engagement der Eltern erschweren oder erleichtern.“ (Sacher 2013a, S. 7)

Insgesamt kommt es bei alledem weniger auf die objektiven Verhältnisse als auf die subjektiven Überzeugungen der Eltern an, die auch auf verkürzten Wahrnehmungen und einseitigen Kausalattribuierungen beruhen können. Eltern neigen dazu, vor allem externale Bedingungen, die sich ihrem Einfluss entziehen, dafür verantwortlich zu machen, dass sie wenig Kontakt mit der Schule halten und nicht mit ihr kooperieren können – ihre Arbeitsbelastung, die daraus resultierende Zeitnot, nicht praktikable Ratschläge von Lehrkräften, abweisendes Verhalten anderer Eltern usw. So gelangen sie zu dem Eindruck, dass die Verantwortung letztlich bei anderen liegt – bei Lehrkräften, anderen Eltern, Arbeitgebern oder auch bei ihren Partnern. Und Lehrkräfte tendieren ihrerseits dazu, fehlende Kontakte und nicht stattfindende Kooperation hauptsächlich auf internale Bedingungen der Eltern und Lebenslagen zurückzuführen, die sie nicht beeinflussen können – auf einen Migrationshintergrund der Eltern, ihre prekäre Lebenslage, ihre geringe Bildung, ihr unzureichendes Verständnis der Erziehungsverantwortung und ihr Desinteresse an der Bildung der Kinder (Haack 2007, S. 53 f.).

12.5.5 Hindernisse für Kontakt und Kooperation

Den englischen Forscherinnen Harris & Goodall (2007) untersuchten, welche unterschiedlichen Hindernisse Eltern von der Schule ihrer Kinder fernhalten. Ob die ermittelten Häufigkeiten auch für deutsche Verhältnisse gelten, muss natürlich offen bleiben. Allemal bedenkenswert ist aber die Rangfolge der Hindernisse (Sacher 2013a, S. 8):

- „Am häufigsten (in Großbritannien in 30% der Fälle) ist ‚Schwererreichbarkeit' darauf zurückzuführen, dass Eltern schlechte Erfahrungen mit der Schule gemacht haben – seien es schlechte Erfahrungen in der eigenen Schul- und Ausbildungszeit oder aktuelle Erfahrungen mit der Schule ihres Kindes.
- Sehr oft (in 18% der Fälle) ist ‚Schwererreichbarkeit' in Kontakthindernissen begründet, die sich aus schwierigen Familiensituationen ergeben.
- Nicht selten (in 15% der Fälle) sehen sich Eltern mit unangemessenen Ansprüchen der Schule an ihre Kompetenzen konfrontiert.
- Teilweise (zu 13%) legen Lehrkräfte ein kontakterschwerendes Verhalten an den Tag, treten allzu überlegen, distanziert oder dominant auf, verteilen Schuldzuweisungen an die Eltern oder beschränken das Gespräch rigide auf Schul- und Lernfragen und zeigen dadurch ihr Desinteresse an den Familien.
- Manchmal (in 9% der Fälle) ist ‚Schwererreichbarkeit' der Eltern auch auf reservierte und ablehnende Einstellungen der Schüler zurückzuführen. Besonders ältere Schülerinnen und Schüler und solche aus der Unterschicht (Edwards & Alldred 2000, S. 450) hintertreiben den Kontakt zwischen ihren Eltern und Lehrkräften, weil sie ihre ‚Intimsphäre' in der Schule gewahrt wissen, Leistungs- und Verhaltensprobleme verbergen wollen oder sich aus irgendwelchen Gründen ihrer Eltern schämen.
- Auch manche Merkmale der Schule sind kontakterschwerend (in 7% der Fälle) – ihre Mittelschichtorientierung, unzureichender Informationsaustausch, in der Kernarbeitszeit der Eltern liegende Sprechstundenzeiten, ein hochdifferenziertes Fachlehrersystem mit zahlreichen Ansprechpartnern für die Eltern und eine unübersichtliche Verflechtung von Zuständigkeiten.
- Seltener (in 7% der Fälle) liegt ein ausgesprochenes Desinteresse der Eltern an der Schule vor. Gelegentlich (in 1% der Fälle) haben Eltern auch den Eindruck, dass die Schule nicht wirklich an Kontakten interessiert ist. Ein solcher Eindruck kann dadurch entstehen, dass man sich nicht intensiv um sie bemüht, sie z. B. nur halbherzig mit unpersönlichen Serienbriefen einlädt, statt sie persönlich anzusprechen oder anzurufen."

In unserer Repräsentativ-Befragung von 2004 und in der Ausgangserhebung zum Modellprojekt „Vertrauen in Partnerschaft II" von 2006/2007 hing (manifeste) Schwererreichbarkeit von Eltern damit zusammen,

- dass sie Kontakte mit Lehrkräften nicht als hilfreich und nützlich empfanden,
- dass sie häufiger die Erfahrung gemacht hatten, dass Lehrkräfte ihnen bei Gesprächen nicht aufmerksam zuhörten und ihre guten Absichten in Frage stellten,
- dass sie die Atmosphäre zwischen Schule und Eltern generell als schlecht empfanden und
- dass sie nur geringen Zusammenhalt in der Elternschaft der Schule erlebten.

Ein ausgesprochenes Desinteresse von Eltern an Kontakt und Kooperation kommt demnach weitaus seltener vor als gewöhnlich angenommen wird. Viele der genannten Hindernisse könnte die Schule ausräumen oder jedenfalls überwindbarer machen. In unserer Repräsentativ-Befragung von 2004 waren jedoch die meisten Lehrkräfte nicht besonders um (manifest) schwererreichbare Eltern bemüht: Sie schrieben ihnen zwar häufiger Briefe, E-Mails, SMSen. Aber sie riefen sie nicht häufiger an, boten ihnen nicht häufiger Gesprächstermine außerhalb der Sprechzeiten an, luden sie nicht häufiger ausdrücklich zu Gesprächen ein und sprachen sie nicht öfter persönlich bei zufälligen Begegnungen an als die übrigen Eltern.

12.5.6 Arbeit mit schwer erreichbaren Eltern

Ein Universalrezept für die Arbeit mit schwer erreichbaren Eltern gibt es nicht. Sie muss auf die Barrieren abgestimmt sein, die sie hindern, den Kontakt mit der Schule ihrer Kinder zu halten und zu pflegen. Deshalb muss man vor allem diese Barrieren herausfinden – durch Einzel- oder Gruppengespräche oder Erkundigungen im Umfeld dieser Eltern. Kennt man erst einmal die Barrieren, legen sich Maßnahmen häufig von selbst nahe.

Auch die nachstehenden Hinweise für die Arbeit mit schwer erreichbaren Eltern wird man abhängig von den konkreten Kontakthindernissen gewichten und auswählen.

Kontaktbereitschaft zeigen

Die Lehrkraft muss Eltern in einer offenen, respektvollen und akzeptierenden Haltung gegenübertreten und deutlich zeigen, dass es ihr wichtig ist, Kontakt mit ihnen aufzunehmen. Sie zeigt das auch bei zufälligen Begegnungen am Rande des regulären Schulbetriebs oder schulischer Veranstaltungen oder in Alltagssituationen außerhalb der Schule. Persönliche Ansprache mit dem Namen, Bemühen um verständliche Ausdrucksweise und Offenheit für Anregungen und Vorschläge der Eltern verstärken diesen Eindruck der Kontaktbereitschaft.

Aufklären

Manche Eltern benötigen vor allen Dingen Aufklärung über ihre Verantwortung für die Schulbildung ihrer Kinder. Vielen ist überhaupt nicht klar, in welchem Ausmaß sie von ihrer Mitwirkung abhängt, und viele glauben nicht, dass sie imstande sind, Wesentliches zu ihr beizutragen. In dieser Ausgangslage kommt es darauf an, deutlich zu machen, dass die Mitarbeit der Eltern nicht unbedingt bedeutet, sich an Hilfeleistungen in der Schule zu beteiligen, und auch nicht, in die Rolle eines häuslichen Hilfslehrers zu schlüpfen, sondern sich auf Bereiche der Erziehung und Förderung der Kinder erstreckt, die auch ohne höhere Bildung und ohne Beherrschung der deutschen Sprache zu bewältigen sind. (Vgl. dazu im Einzelnen Kapitel 6, Abschnitt 6.2.) Ziel dieser Aufklärungsarbeit ist es, Eltern die Einsicht zu vermitteln, dass Kontakt und Kooperation mit der Schule vor allen Dingen ihrem eigenen Kinde zugute kommt.

Kontakte erleichtern

Es ist Sorge dafür zu tragen, dass Termine für Kontakt- und Kooperationsangebote so gewählt werden, dass sie möglichst von allen Eltern wahrgenommen werden können. Auch Termine am Abend, an Wochenenden, vor Beginn der Arbeitszeit und vor dem Unterricht sollten möglich sein, wenn sie günstiger sind. Vielleicht wird man auch mit Arbeitgebern verhandeln, damit Eltern eine Kontaktmöglichkeit nutzen können. Sprechstundengespräche sollten auch außerhalb der festen Sprechzeiten möglich sein. Manchen Eltern erleichtert die Organisation einer Kinderbetreuung an der Schule oder die Organisation einer Fahrgemeinschaft den Besuch einer Schulveranstaltung oder die Nutzung eines Kontaktangebotes. Auf kontaktscheue Eltern geht man vielleicht schon im Vorfeld einer Veranstaltung zu und erinnert sie an den Termin oder bietet Hilfe an. Blieben Eltern fern, mit deren Teilnahme man rechnete, sollte man unaufdringlich nachfragen, was sie verhinderte. Generell ist zu empfehlen, Eltern, welche Veranstaltungen nicht besuchen (können), über Verlauf und Ergebnisse zu informieren, damit sie nicht den Eindruck bekommen, nicht mehr auf dem Laufenden zu sein, und deshalb dauerhaft fernbleiben.

Auf Eltern zugehen und sie aktivieren

Die Rede von schwer erreichbaren Eltern ist eigentlich eine Unwahrheit: Sie unterstellt, Schule und Lehrkräfte seien bemüht, diese Eltern zu erreichen, stießen dabei aber auf Schwierigkeiten und Hindernisse. In Wahrheit werden meistens nur Einladungen ausgesprochen und verschickt, denen diese Eltern nicht Folge leisten. Es wäre ehrlicher von nicht kommenden Eltern zu sprechen. „Niemand ist schwer erreichbar, es braucht nur mehr Aufwand, manche zu erreichen." (Brackertz 2007; Übersetzung des Autors) Eltern erreichen wollen, heißt sich auf sie zubewegen und zu ihnen hinzugehen (im Englischen "outreach"). Schon der Versuch, sie ans Telefon zu bekommen, hat mehr von dieser Bewegung, als das

Verschicken von Rundschreiben, Briefen und Emails. Präsenz an Plätzen, in Geschäftszentren und bei Kultur- und Sportveranstaltungen im Quartier der Eltern, das Angebot von Gesprächen in Restaurants oder Cafés der Nachbarschaft bis hin zur Übergabe einer Einladung an der Wohnungstür sind weitere Eskalationsstufen einer aufsuchenden Arbeit, um die es hier geht. Am Ende der Skala steht der Hausbesuch. (Vgl. Kapitel 5, Abschnitt 5.7.2.)
Eltern zu erreichen und mit ihnen in Kontakt zu kommen, kann nur ein Ziel auf halber Wegstrecke sein. Letztlich muss es darum gehen, sie als Kooperationspartner im Bemühen um die Bildung der Kinder zu gewinnen. Das wird am ehesten dann gelingen, wenn Schulen und Lehrkräfte ihnen präzise und wirklich erfüllbare Erwartungen und erreichbare Ziele kommunizieren und konkrete und praktikable Maßnahmen zur Förderung ihrer Kinder vorschlagen.

Familien einbinden
Wenn es nicht gelingt, mit Eltern in Kontakt zu kommen, kann man vielleicht Großeltern, erwachsene Geschwister oder andere Familienmitglieder oder Nachbarn und Freunde gewinnen, die sich um die schulischen Angelegenheiten eines Kindes kümmern. Großeltern z. B. haben mehr Zeit und oft auch eine entspanntere Sicht auf Schul- und Lernprobleme.

Integrieren
Eltern werden sich umso weniger von Kontakten mit der Schule ihrer Kinder fernhalten, je besser es gelingt, die Elternschaft zu einer Solidargemeinschaft zu entwickeln. Veranstaltungen zum gegenseitigen Kennenlernen von Eltern und zur Anbahnung von Freundschaften, gemeinsame Exkursionen zu kulturellen Einrichtungen, Bürgerzentren, Sportvereinen, Betreuungs- und Beratungseinrichtungen, Religionsgemeinschaften, Betrieben usw. können viel dazu beitragen. Vielleicht kann man schwer erreichbare Eltern zur Teilnahme an Gesprächsgruppen und Arbeitskreisen bewegen, wo ihre Präsenz einer unaufdringlichen sozialen Kontrolle unterliegt, oder man gewinnt Bezugspersonen (Bildungspaten, Elternmentoren, Elternbetreuer, Aktiveltern, Bildungslotsen, „Home school worker", „parent liaisons"), die sie begrüßen, begleiten und betreuen. (Vgl. oben Kapitel 11, Abschnitt 11.4.6.)
Soweit sich schwer erreichbare Eltern in schwierigen Lebenslagen befinden, ist es oft erforderlich, sie mit außerschulischen Partnern in Kontakt zu bringen, die entsprechende Hilfe leisten können: Einrichtungen der Erziehungshilfe, Sozialhilfe, Jugendfürsorge und Jugendhilfe, Arztpraxen, Wohlfahrtsverbände, Arbeitsagenturen, Wirtschaftsverbände, kirchliche Einrichtungen, Kulturvereine, Sportvereine, Jugendgruppen usw. In vielen Fällen sind Eltern erst dann in der Lage, sich um die schulischen Angelegenheiten ihrer Kinder zu kümmern, wenn ihre gravierenderen Lebensprobleme bearbeitet werden.

13 Kooperation mit Eltern unter Pandemiebedingungen

13.1 Unterricht in Pandemiezeiten

Die Verhältnisse während der Covid-19-Pandemie, besonders im Zusammenhang mit dem durch Schulschließungen erzwungenen Distanzlernen, offenbarten schonungslos, dass in Deutschland weder die Schulen noch die Familien mehrheitlich im digitalen Zeitalter angekommen sind. Weder die Schulen noch die Familien verfügen in ausreichendem Maße über die technische Ausstattung und die Bedienungskompetenzen, um digitale Lehr- und Lernwege effektiv nutzen zu können. Dabei ist es mit der technischen Ausstattung und den Bedienungskompetenzen noch nicht getan. Es ist noch nicht viel gewonnen, wenn Informationsmaterial und Arbeitsblätter elektronisch übermittelt werden, statt sie in Papierform per Post zuzusenden. Um die Chancen digitaler Medien zu nutzen, bedarf es auch der Kenntnis entsprechender didaktischer Konzepte. Über die erforderlichen mediendidaktischen Kompetenzen verfügen aber Lehrkräfte selbst an Schulen nur selten, die gut mit Informationstechnik ausgerüstet sind. Auch den meisten Eltern sind digitale Formen der Lehre nicht vertraut, ebenso wenig wie das den Kindern abverlangte selbständige Lernen. Dementsprechend tun sie sich schwer, es ausreichend zu unterstützen.

Wechselunterricht, der zugleich die Planung und Durchführung von Präsenz- und Fernunterricht erfordert, bringt für Lehrkräfte erhebliche Mehrbelastungen mit sich, ebenso die Versorgung einzelner Schülerinnen und Schüler, die sich in Quarantäne begeben müssen.

Auch Eltern sind häufig mit der Organisation des Familienalltags überfordert. Sofern sie selbst im Home-Office arbeiten, haben sie Schwierigkeiten, ihre eigene häusliche Berufstätigkeit und das Home-Learning ihrer Kinder (womöglich mehrerer!) in ein ausbalanciertes Verhältnis zu bringen. Eltern wiederum, die außer Haus arbeiten, stehen vor dem Problem, eine Aufsicht für die zuhause lernenden Kinder zu organisieren. Großeltern fallen ja meistens als besonders vulnerable Personen aus. Dazu kommen allgemeine Existenzängste und Sorgen um eine geordnete Schulbildung der Kinder. Nur wenige Eltern sind in dieser Situation in der Lage, ihre Kinder zu motivieren, wenn sie die Lust am digitalen Lernen verlieren. Über alle diese Aspekte der häuslichen Situation, in welcher sich der digitale Fernunterricht in Lockdown-Phasen oder in Quarantäne-Zeiten abspielen soll, sind die Schulen viel zu wenig informiert. Sie kennen auch weder das verfügbare technische Equipment noch die räumlichen Verhältnisse in der Familienwohnung. Maßlos übertriebener Datenschutz verhindert, dass eine auch nur halbwegs befriedigende Passung zwischen den digitalen Unterrichtsangeboten der Schule und den Lern- und Unterstützungsmöglichkeiten in der Familie hergestellt werden kann. Erschwerend kommt hinzu, dass viele Familien aus falschem Stolz nicht bereit sind, ihre Schwierigkeiten, das Home-Learning ihrer Kinder zu organisieren und zu unterstützen, offenzulegen.

Es ist nicht erstaunlich, dass unter den gegebenen Bedingungen ein geordneter Lernbetrieb nur mit großen Einschränkungen aufrechterhalten werden konnte:[1] Lediglich sechs bis sieben Prozent der Schülerinnen und Schüler erhielten täglich gemeinsamen Online-Unterricht, mehr als die Hälfte noch nicht einmal jede Woche. Insgesamt ist davon auszugehen, dass im Distanzunterricht „bei vielen Kindern und Jugendlichen derzeit wenig gezieltes Lernen stattfindet. Jedenfalls fällt interpersoneller Unterricht oder direktes Beibringen durch Lehrkräfte in der Zeit des Distanzlernens zumeist aus. Onlineunterricht mit Video ist während der Schulschließungen eher die Ausnahme als die Regel. Die übliche Form des Distanzunterrichts besteht darin, dass den Kindern und Jugendlichen klassische Aufgabenblätter zur Bearbeitung zur Verfügung gestellt werden. Wie effektiv dies ist und wie viele Schüler*innen sich tatsächlich ausgiebig mit den Aufgaben auseinandersetzen, ist derzeit unklar." (Wößmann 2021, S. 38)

Während sich die Kinder und Jugendlichen in normalen Zeiten durchschnittlich 7,4 Stunden pro Tag mit Schulangelegenheiten beschäftigten, halbierte sich diese Zeit während der Schulschließungen auf 3,6 Stunden. Andererseits nahm der Zeitraum zu, der mit Fernsehen, Computerspielen und dem Smartphone verbracht wurde. Er wuchs im Durchschnitt von 4,0 Stunden auf 5,2 Stunden täglich, bei Kindern mit unterdurchschnittlichen Noten sogar auf 6,3 Stunden. Nur wenige Schülerinnen und Schüler nutzen offenbar die Gelegenheit, mehr zu lesen, kreativen Tätigkeiten nachzugehen oder sich zu bewegen. Bei solchen Aktivitäten gab es nur unerhebliche Zunahmen.

13.2 Auswirkungen auf den Schul- und Lebenserfolg der Kinder und Jugendlichen[2]

Wie sich die Pandemiesituation im Allgemeinen und die Schulschließungen im Besonderen auf den Schulerfolg der Kinder und Jugendlichen auswirken, ist noch nicht absehbar. Anhaltspunkte kann aber die amerikanische Forschung zum „summer learning loss" bzw. „summer slide" liefern, d. h. zum Lernverlust, den Schülerinnen und Schüler während der in den USA teilweise zwei und drei Monate langen Sommerferien erleiden. Demnach büßen 52% von ihnen im Zeitraum von der ersten bis zur sechsten Klasse in fünf Sommerferien durchschnittlich 39%

1 Wößmann 2021a; Wößmann 2021b

2 Wenn nicht anders angegeben, sind die Daten in diesem Abschnitt entnommen aus: Wößmann 2020; Wößmann 2021a; Wößmann 2021b.

ihrer erworbenen Kenntnisse und Fertigkeiten in Literatur und Sprache ein. Der Schwund in Mathematik ist ähnlich groß.[3] Da die Dauer der Schulschließungen während der Corona-Pandemie den amerikanischen Ferienzeiten vergleichbar ist, sind ähnliche Kompetenzverluste bei den deutschen Schülerinnen und Schülern zu befürchten.

Eine niederländische Studie zeigte, dass achtwöchige Schulschließungen dazu führten, dass der dadurch verursachte Lernverlust ca. 20 Prozent betrug.

Schätzungen des Bildungsökonomen Ludger Wößmann zufolge bedingen Schulschließungen von der Dauer eines Drittel Schuljahres für den Einzelnen über das gesamte Berufsleben gerechnet einen Erwerbsverlust von drei Prozent. Für die gesamte Volkswirtschaft entsteht bis zum Ende des Jahrhunderts ein Wachstumsverlust von 2,5 Billionen Euro.

Darüber hinaus gibt es massive psychische und gesundheitliche Folgeschäden: Im zweiten Lockdown der Corona-Pandemie litt nahezu jedes dritte Kind unter psychischen Auffälligkeiten und der Anteil von Kindern mit geringer gesundheitlicher Lebensqualität stieg während der ersten Welle von 15 auf 40 Prozent.

Von allen diesen negativen Auswirkungen sind Kinder benachteiligter Bevölkerungsgruppen besonders betroffen, so dass die Schere der Bildungsungleichheit sich infolge der Pandemie immer weiter öffnet. „Distanz-Learning-Strategien verschieben die Verantwortung für das Lernen auf die Familien und machen den Lernerfolg zu einer Funktion des häuslichen Umfeldes und der Zeit, die Eltern in das Lernen ihrer Kinder investieren können." (OECD 2020, S. 14: Übersetzung des Autors)[4]

13.3 Kooperation zwischen Schule und Eltern in Pandemiezeiten

Die Pandemie zeigte deutlicher als je zuvor, in welchem Ausmaß der Bildungserfolg der Kinder und Jugendlichen davon abhängt, dass ihre Eltern und Lehrkräfte Hand in Hand arbeiten. Zugleich erschwerte sie durch massive Kontaktbeschränkungen die Kooperation in einer nie dagewesenen Weise. Spätestens jetzt muss allen Beteiligten klar sein: Die Kooperation zwischen Schule und Eltern muss neu gedacht und konzipiert werden, um in diesem Dilemma Aussicht auf Erfolg zu haben. Mit dem Ruf nach „digitaler Elternarbeit" warf das Bundesfamilienministerium eine griffige Formel in die Diskussion (Bundesministerium 2021, S. XII), deren inhaltliche Füllung allerdings noch aussteht. Ganz sicher genügt es nicht, persönliche Kontakte bei Sprechstunden, Sprechtagen und Elternabenden durch Videokontakte und Videokonferenzen zu ersetzen – ganz abgesehen davon, dass die technische Ausstattung dafür in den Schulen und Familien noch nicht in dem Maße vorhanden ist, dass sich das flächendeckend realisieren ließe. Zielführender

3 De La Rosa 2020; Atteberry & McEachin 2020
4 OECD 2020, S. 14.

ist es, eine Bestandsaufnahme der Handlungsmöglichkeiten und des Handlungsbedarfs entlang an den Elementen des in Kapitel 2 entwickelten Kooperationsmodells vorzunehmen.

13.3.1 Information und Kommunikation

Persönliche Kontakte sind in Pandemiezeiten zwar sehr erschwert, aber nicht völlig verunmöglicht. In besonders wichtigen Fällen sollte auf Zusammenkünfte unter Einhaltung aller Hygienevorschriften nicht verzichtet werden, z. B. um komplexere Probleme zu besprechen oder auch um ein Kennenlernen bei Erstkontakten zu ermöglichen. Ansonsten besteht keine Veranlassung, eine generelle Behinderung des Informationsaustausches zwischen Schule und Eltern zu beklagen. Alle Formen mediengestützter Kommunikation, angefangen von Briefen, Emails und Anrufen über Elternrundbriefe, Mitteilungshefte, Jahresberichte bis hin zu Homepages, Videokonferenzen (für Sprechstunden, Sprechtage, Elternabende oder Gremiensitzungen) und Internetforen stehen ja weiterhin zur Verfügung[5], und die Information durch Vorführungen, originale Gegenstände und authentische Situationen kann wenigstens teilweise durch mediengestützte Formate erfolgen, z. B. durch virtuelle Hausbesuche, Schulführungen[6] und Quartiersrundgänge. (Vgl. im Einzelnen Kapitel 5, Abschnitt 5.3.) Durch verstärkte Nutzung niederschwelliger und asynchroner Informations- und Kommunikationswege können vielleicht sogar Eltern einbezogen werden, die bisher als schwer erreichbar galten (Cohen et al. 2021, S. 316).

Einige Gefahren allerdings sind bei der Gestaltung der Kommunikation in Pandemiezeiten im Auge zu behalten:

- Mehr als sonst schon scheint sich häufig ein einseitiger Informationsfluss von der Schule und den Lehrkräften zu den Eltern und Familien zu etablieren: Die Beobachtung, dass der digitale Weg hauptsächlich zur Weiterleitung von Informationen und Anweisungen der Kitas und weniger zum Erfahrungsaustausch benutzt wird (Cohen et al. 2021, S. 329), dürfte auch für die Schulen gelten. Infolge dieser einseitigen Kommunikation haben die Schulen zu wenig Information über die häusliche Situation, in welcher sich der digitale Fernunterricht in Lockdown-Phasen oder in Quarantäne-Phasen abspielt. Sie wissen weder, welches technische Equipment verfügbar ist, noch kennen sie die räumlichen Verhältnisse und den sozialen Kontext in den Familien. Selbst im aktuellen amtlichen Familienbericht wird dieser Missstand beklagt: „Die Elternarbeit der Schulen ist zum Teil unzureichend, weil sie über zu wenig Informationen zur häuslichen Lernsituationen der Kinder verfügen. Durch die Covid-

5 Vgl. dazu auch Kapitel 5, Abschnitte 5.5.5, 5.5.6 u. 5.5.7.

6 Vgl. dazu auch Kapitel 5, Abschnitt 5.6.2.

19-Pandemie zeigen sich diese Defizite des Bildungssystems wie in einem Brennglas."(Bundesministerium für Familie 2021, S. 330) Dieser einseitigen Ausrichtung der Kommunikation, die noch dadurch begünstigt wird, dass viele Familien ihre Schwierigkeiten, das Home-Learning ihrer Kinder zu organisieren und zu unterstützen, aus falschem Stolz nicht offenlegen, ist durch leicht zugängliche Kommunikationsmöglichkeiten für die Eltern, durch Erkundigungen und Nachfragen sowie durch ausdrückliche Einladungen zu Rückmeldungen entgegenzuwirken.

- Eltern, die nicht mit modernen digitalen Medien ausgestattet sind und keinen Zugang zum Internet haben, muss man eine Nutzung an anderen Orten ermöglichen oder sie müssen auf herkömmlichen analogen Wegen (durch gedruckte Materialien, Postsendungen, Telefongespräche usw.) beteiligt werden.
- Auch in Pandemiezeiten gilt: Der unmittelbare persönliche Kontakt ist die unentbehrliche Grundlage aller erfolgreichen Kommunikation. Er kann durch andere Kontaktformen und moderne Kommunikationswege ergänzt, aber nur teilweise ersetzt werden, darf also keinesfalls völlig unterbleiben.

13.3.2 Willkommens- und Gemeinschaftskultur

Eine entwickelte Willkommens- und Gemeinschaftskultur bleibt auch in Pandemiezeiten die unverzichtbare Voraussetzung für eine intensive und offene Kommunikation und eine erfolgreiche Zusammenarbeit zwischen Schule und Eltern. Am günstigsten ist es natürlich, wenn eine solche Willkommens- und Gemeinschaftskultur schon vor der Pandemie bestand. Aber es ist keineswegs unmöglich, sie auch in Pandemiezeiten auf den Weg zu bringen und zu pflegen. Die oben beschriebenen Kommunikationsformen enthalten dafür genügend Möglichkeiten. Wenn es gelingt, mit ihnen für verlässliche Erreichbarkeit von Schulpersonal und Elternvertretern zu sorgen und eine Kommunikation zu organisieren, die von Achtung und Respekt geprägt ist und auch Rückmeldungen von Eltern an Lehrkräfte einschließt und ihre Anregungen aufgreift, dann werden dadurch wirksame Willkommenssignale gesendet. Außerdem wird eine Willkommens- und Gemeinschaftskultur auch durch Gedanken, Gefühle und Einstellungen der einzelnen Individuen und durch Berücksichtigung des kulturellen und religiösen Hintergrundes sowie der besonderen Lebens- und Einkommensverhältnisse der Familien geprägt (vgl. dazu Kapitel 4, Abschnitte 4.1 und 4.3. Insbesondere die intensive Unterstützung von Eltern, die Schwierigkeiten haben, ihre Berufstätigkeit mit der Betreuung des Distanzlernens ihrer Kinder in Einklang zu bringen oder die nicht über die erforderlichen technischen Ressourcen oder Kompetenzen im Umgang mit digitalen Medien verfügen, wird diesen ein Gefühl der Zugehörigkeit vermitteln.

13.3.3 Erziehungs- und Bildungskooperation

Bisher war oft nur mit dem Forschungsstand Vertrauten bewusst, dass die Kooperation in den Familien weitaus größeren Einfluss auf den Schulerfolg der Kinder und Jugendlichen hat als die Kooperation in der Schule. Erfahrungen mit der Pandemie machten diese Erkenntnis zum Allgemeingut. Dennoch müssen Eltern oft erst zur Unterstützung der schulischen Bildungsarbeit bewegt und zu einer wirklich förderlichen Haltung befähigt und Lehrkräfte motiviert werden, ihnen dabei helfend zur Seite zu stehen, statt sie nur mit Aufforderungen zu konfrontieren.
Nach Hoover-Dempsey & Sandler (1995) sind es vier Faktoren, von denen es abhängt, ob Eltern die Bildungsarbeit der Schule wirksam unterstützen:

- Zum einen kommt es auf die Ressourcen an, die in der Familie verfügbar sind: Bildungsniveau und Schulwissen, soziale Kultur, Erziehungsstil, zeitliche und finanzielle Ressourcen usw.
- Sodann ist ihr Verständnis von der Rolle entscheidend, welche Lehrkräften und Eltern bei der Bildung der Kinder zufällt. Eltern, welche allein Lehrkräfte dafür verantwortlich sehen, sind kaum zu einer häuslichen Lernunterstützung zu bewegen.
- Des Weiteren ist die Selbstwirksamkeitsüberzeugung der Eltern ausschlaggebend, d. h. das Ausmaß, in dem sie glauben, durch ihre Unterstützung wesentlich zum Bildungserfolg ihrer Kinder beitragen zu können.
- Und schließlich müssen Eltern über Informationen verfügen, auf welche Weise sie das Lernen ihrer Kinder wirksam unterstützen können, damit sie sich nicht vergeblich abmühen oder in bester Absicht sogar Schaden anrichten.

An den Ressourcen der Familien kann die Schule wenig ändern, aber sie kann sie berücksichtigen. In Pandemiezeiten kann sie vielleicht auch organisieren, dass Familien benötigte technische Ausstattung zur Verfügung gestellt wird. Die übrigen Faktoren sind Schwerpunkte von Maßnahmen und Veranstaltungen zur Elternbildung, wie sie im Kapitel 6 im Abschnitt 6.2.5 beschrieben wurden. Hinweise und Hilfestellungen für eine angemessene Unterstützung von Distanzlernen können sich weitgehend an den Prinzipien zielführender Hausaufgabenbetreuung orientieren. (Vgl. dazu Kapitel 6, Abschnitt 6.2.3.) Da Präsenzveranstaltungen nur eingeschränkt möglich sind, sollten Elternbildungsangebote analoger und digitaler Medien verstärkt bekannt gemacht und genutzt werden .
Da Mütter gewöhnlich stärker in die Begleitung von Distanzunterricht involviert sind als Väter (Villadsen et al. 2020; Neunter Familienbericht 2021, S. 389), sollte im Rahmen von Elternbildung auch ein Schwerpunkt auf „Väterarbeit" liegen (vgl. Kapitel 10, Abschnitt 10.2), um Väter über die technische Unterstützung hinaus auch in die inhaltliche Begleitung des häuslichen Lernens ihrer Kinder einzubinden.

Manche Eltern haben erhebliche Schwierigkeiten, ihre Berufstätigkeit außer Haus oder im Home-Office, die Unterstützung des Distanzunterrichts ihrer Kinder und ihre persönlichen Bedürfnisse zu koordinieren. In solchen Fällen sollten beratende und unterstützende Angebote der Familienhilfe oder vergleichbarer Institutionen und Organisationen vermittelt werden.

13.3.4 Mitsprache und Mitbestimmung der Eltern

Sowohl die kollektive als auch die individuelle Mitsprache und Mitbestimmung von Eltern kann auch in Pandemiezeiten problemlos realisiert werden, indem man moderne Informations- und Kommunikationstechniken nutzt. Abstimmungen in Elterngremien müssen ggf. schriftlich getätigt oder wiederholt werden. Elternvertreter sollten aber in Pandemiezeiten das Hauptgewicht ihrer Aktivitäten darauf legen, Kontakte und Kooperationen zwischen Eltern zu organisieren.

13.3.5 Entwicklung des Subsystems Elternschaft

Manche Probleme der Familien können dadurch entschärft werden, dass sie sich untereinander austauschen und gegenseitig beraten und unterstützen. Auch wo persönliche Treffen pandemiebedingt nicht möglich sind, kann über WhatsApp-Gruppen, Videokonferenzen, Chats und Foren Informationsaustausch erfolgen. Die Entwicklung des Systems „Elternschaft“ an der Schule ist deshalb ein Schwerpunkt „digitaler Elternarbeit“.

Literaturverzeichnis

Agabrian, M. (2006): Relationships Between School and Family: The Adolescents' Perspective. In: Forum Qualitative Social Research 8, 1, Art. 20. http://www.qualitative-research.net/index.php/fqs/article/view/209/461 (26.09.2021)

Allen, S. ; Daly, K. (2007): The Effects of Father Involvement: An Updated Research Summary of the Evidence. University of Guelph. https://www.fatherhood.gov/research-and-resources/effects-father-involvement-updated-researchsummary-evidence (26.09.2021)

Arbeitskreis Einstieg (2004): Berufswahl in Hamburg 2004. Eine Umfrage unter Hamburger Schülerinnen und Schülern. Hamburg. https://www.yumpu.com/de/document/view/3333611/berufswahl-in-hamburg-2004-eine-umfrage-unter-hamburger (26.09.2021)

Arbeitskreis Einstieg (2006): Berufswahl in Hamburg 2006. Eine Umfrage unter Hamburger Schülern und Schülerinnen. Hamburg. https://www.hamburg.de/contentblob/69016/468d311ac6dcb5cdccc1142d012d4903/data/hibb-berufswahl-hamburg.pdf (22.09.2021)

Atteberry, A.; McEachin, A. (2020): School's Out: The Role of Summers in Understanding Achievement Disparities. In: American Educational Research Journal July 8, 2020. https://journals.sagepub.com/stoken/default+domain/GBRTK2UCCZCUMP8IB6RN/full (26.09.2021)

Australian Government, Department of Education, Science and Training (2006): Parent Partnerships. Parent Involvement in the Later Years of Schooling. Melbourne. http://www.education.vic.gov.au/Documents/school/teachers/health/parentpartner.pdf (26.09.2021)

Autorengruppe Bildungsberichterstattung (Hrsg.) (2012): Bildung in Deutschland 2012. Ein indikatorengestützter Bericht mit einer Analyse zur kulturellen Bildung im Lebenslauf, Bielefeld. [Zitiert „Bildungsbericht 2012"]. https://www.bildungsbericht.de/de/bildungsberichte-seit-2006/bildungsbericht-2012 (26.09.2021)

Autorengruppe Bildungsberichterstattung (Hrsg.) (2020): Bildung in Deutschland 2020. Ein indikatorengestützter Bericht mit einer Analyse zu Bildung in einer digitalisierten Welt. Bielefeld: wbv Publikation. [Zitiert „Bildungsbericht 2020"].
https://www.bildungsbericht.de/de/bildungsberichte-seit-2006/bildungsbericht-2020/pdf-dateien-2020/bildungsbericht-2020-barrierefrei.pdf (26.09.2021)

Bach, D. (1982): Bericht über den Kursverlauf. In: Schweizerische Lehrerzeitung, 127, 5–6. S. 172–176.

Bainbridge, C. (2020): Should You Hothouse Your Child?. https://www.verywellfamily.com/hothouse-children-1449187 (27.09.2021)

Balli, S. J., Demo, D. H. & Wedman, J. F. (1998). Family involvement with children's homework: An intervention in the middle grades. Family Relations, 47(2), 149–157.

Bartnitzky, H. (1981): Elternmitarbeit im Unterricht - auch ein sozialer Lernprozess. In: Grundschule, 13, 4, S. 146–147.

Bartscher, M. (2018). „Haltung entwickeln!" Professionelle Beziehungsgestaltung in „Bildungs- und Erziehungspartnerschaften". Anregungen für die Arbeit mit Haltungskarten. (2. Aufl.) Heidelberg: GK Quest Akademie.

Bartscher, M. (2021): Bildungs- und Erziehungspartnerschaften in Schulen. Zusammenarbeit mit Eltern lebensweltorientiert planen und gestalten. Hannover: Klett | Kallmeyer. (a)

Bartscher, M. (2021): Bildungs- und Erziehungspartnerschaften in Schulen. Beziehungen motivierend gestalten und inspirierend kommunizieren. Hannover: Klett | Kallmeyer. (b)

Bartscher, M.; Boßhammer, H.; Kreter, G.; Schröder, B. (2010): Bildungs- und Erziehungspartnerschaft. Rahmenkonzeption für die konstruktive Zusammenarbeit mit Eltern in Ganztagsschulen. Der GanzTag in NRW, Jg. 6, 2010, Heft 18. Münster: Serviceagentur für ganztägig lernen Nordrhein-Westfalen.

Baumrind, D. (1991): Parenting Styles and Adolescent Development. In: Brooks-Gunn, J.; Lerner, R.; Peterson, A. C. (Hrsg.): The Encyclopedia of Adolescence. New York: Garland, pp. 746–758.

Bayerisches Staatsministerium/Stiftung Bildungspakt Bayern (2014): Leitlinien zur Gestaltung der Bildungs- und Erziehungspartnerschaft von Schule und Elternhaus. München. https://bildungspakt-bayern.de/wp-content/uploads/2015/03/150205_Broschuere_Leitlinien_A5.pdf (26.09.2021)

Die Beauftragte der Bundesregierung für Migration, Flüchtlinge und Integration (Hrsg.) (2019): Deutschland kann Integration: Potenziale fördern, Integration fordern, Zusammenhalt stärken. 12. Bericht der Beauftragten der Bundesregierung für Migration, Flüchtlinge und Integration. Berlin. [Zitiert „Integrationsbericht 2019"]. https://www.integrationsbeauftragte.de/resource/blob/1864184/1864564/478a6d7d9cd3fc2c18131ebfcfef3dac/12-integrationsbericht-data.pdf?download=1 (26.09.2021)

Beinke, L. (2002): Familie und Berufswahl. Bad Honnef: Bock.

Belatschek, A. (2006): Elternarbeit: Rechtsgrundlagen, Probleme, Konflikte und Verbesserungsvorschläge. Schriftliche Hausarbeit zur 1. Lehramtsprüfung. Erziehungswissenschaftliche Fakultät der Universität Erlangen-Nürnberg.

Bennett, S.; Kalish, N. (2006): The Case Against Homework. New York: Three Rivers Press.

Bergmann, C.; Eder, F.; Kainz, R; Stangl, W. (1980): Schüler – Eltern – Lehrer: Die Schule aus der Sicht der Betroffenen. Jahresbericht des BG3 Linz. Linz.

Bernitzke, F.; Schlegel, P. (2004): Das Handbuch der Elternarbeit. Troisdorf: Bildungsverlag EINS.

Bernitzke, F. (2006): Methoden der Elternarbeit. Expertise für das BLK-Verbundprojekt Lernen für den GanzTag. Speyer. https://docplayer.org/20006013-Blk-verbundprojekt-lernen-fuer-den-ganztag.html (26.09.2021)

Berthold, T. (2014): In erster Linie Kinder. Flüchtlingskinder in Deutschland. Köln: Deutsches Komitee für UNICEF e.V.

Betz, T. (2015): Das Ideal der Bildungs- und Erziehungspartnerschaft. Kritische Fragen an eine verstärkte Zusammenarbeit zwischen Kindertageseinrichtungen, Grundschulen und Familien. Expertise im Auftrag der Bertelsmann-Stiftung. Gütersloh: Verlag Bertelsmann Stiftung. http://www.bertelsmann-stiftung.de/fileadmin/files/BSt/Publikationen/GrauePublikationen/Studie_WB__Bildungs-_und_Erziehungspartnerschaft_2015.pdf (26.09.2021)

Betz, T.; Bischoff, S. ; Eunicke, N.; Kayser, L.; Zink, K. (2017): Partner auf Augenhöhe? Forschungsbefunde zur Zusammenarbeit von Familien, Kitas und Schulen mit Blick auf Bildungschancen. Gütersloh: Verlag Bertelsmann Stiftung.

Beveridge, S. (2005): Children, families and schools. Developing partnerships for inclusive education. London: Routledge Falmer.

Beyer, G. (2018): Auch Elternarbeit will gelernt sein. SEMINAR Lehrerbildung und Schule. BAK-Vierteljahresschrift, 2, S. 50–59.

Blossing, U. (2006): Von der Elterninformation zum individuellen Entwicklungsplan. In: Pädagogik, 58, 9, S. 34–39.

Blum, B. (2021): Volcano parents. https://www.youtube.com/watch?v=QCh0TDpYAZ4 (27.09.2021)

Blum-Frenz, C.; Müller, M. (2006): Eltern miteinander ins Gespräch bringen und zur Mitarbeit in der Schule anregen. In: SchulverwaltungSpezial 3, S. 10 f.

Böhm, I. (1992): Gemeinsam(e) Kräfte entdecken/Empowerment in der Frühförderung. In: Frühförderung interdisziplinär 1992, S. 170–178.

Bönsch, M. (2001): In der Familie fängt alles an. Zu einer Revitalisierung der Arbeit mit den Eltern. In: Förderschulmagazin, 23, 10, S. 5–10.

Boethel, M. (2003): Diversity and School, Family, and Community Connections. Southwest Educational Development Laboratory. Annual Synthesis 2003. Austin. http://www.sedl.org/connections/resources/diversity-synthesis.pdf (26.09.2021)

Boldt, U.; Herschelmann, M.; Grote, C. (2006): Väterarbeit in der Grundschule. In: Die Grundschulzeitschrift, 20, 194, S. 14–17.

Born, M. (2001): Weitere Impulse für die Erziehungspartnerschaft. In: Katholische Bildung, 102, 1, S. 4 – 13.

Boschbach, R. (2000): Engagierte Eltern unterstützen die Schule. In: Lernende Schule, 3 (2000) 10, S. 4 – 6.

Brackertz, N. (2007): Who is hard to reach and why? ISR Working Paper January 2007. https://www.yumpu.com/en/document/read/40768442/who-is-hard-to-reach-and-why-the-swinburne-institute-for-social- (26.09.2021)

Brown, P. (1990): The "third wave"; education and the ideology of parentocracy. In: British Journal of Sociology of Education, 11, 1, pp. 65 – 85.

Brune, M.; Grohmann, L.; Obbelode, J.; Ottensarend, U. (2006): Eltern als (Vertrags-)Partner. Erfahrungen mit Erziehungsvereinbarungen in der Schule. In: Pädagogik 58, 9, S. 16 – 20.

Bude, H. (2011): Bildungspanik. Was unsere Gesellschaft spaltet. München: Hanser.

Bundesagentur für Arbeit (2009): Nationaler Pakt für Ausbildung und Fachkräftenachwuchs – Kriterienkatalog für Ausbildungsreife. Nürnberg. https://www.arbeitsagentur.de/datei/dok_ba015275.pdf (27.09.2021)

Bundesagentur für Arbeit, SCHULEWIRTSCHAFT Deutschland, Bundesvereinigung der Deutschen Arbeitsgeberverbände (2020): Eltern ins Boot holen. Nürnberg. https://www.arbeitsagentur.de/datei/eltern-ins-boot-holen_ba146732.pdf (27.09.2021)

Bundesministerium für Familie, Senioren, Frauen und Jugend (2000): Familien ausländischer Herkunft in Deutschland. Leistungen, Belastungen, Herausforderungen. Sechster Familienbericht. Berlin. [Zitiert „Sechster Familienbericht"] https://www.bmfsfj.de/bmfsfj/service/publikationen/6-familienbericht-95596 (27.09.2021)

Bundesministerium für Familie, Senioren, Frauen und Jugend [BMFSFJ] (2021): Neunter Familienbericht. Eltern sein in Deutschland. Berlin. [Zitiert „Neunter Familienbericht"] https://www.bmfsfj.de/bmfsfj/service/publikationen/neunter-familienbericht-eltern-sein-in-deutschland–179394 (27.09.2021)

Bundespsychotherapeutenkammer (2015): BPtK-Standpunkt: Psychische Erkrankungen bei Flüchtlingen. Berlin. https://www.bptk.de/wp-content/uploads/2019/01/20150916_bptk_standpunkt_psychische_erkrankungen _fluechtlinge.pdf (27.09.2021)

Callison, W. L. (2004): Raising test scores using parent involvement. Lanham, Maryland: Scarecrow-Education.

Carter, S. (2002): The Impact of Parent/Family Involvement on Student Outcomes: An Annotated Bibliography of Research from the Past Decade. https://eric.ed.gov/?id=ED476296 (21.09.2021)

Catsambis, S. (2001): Expanding knowledge of parental involvement in children's secondary education: connections with high schools seniors' academic success, Social Psychology of Education, 5, pp. 149 – 177.

Cerra, C.; Jacoby, R. (o. J.): How to Solve Six Tough Parent Problems. http://www.scholastic.com/teachers/article/how-solve-six-tough-parent-problems (27.09.2021)

Christensen, S. L.; Sheridan, S. M. (2001): Schools and families: Creating essential connections for learning. New York: Guilford Press.

Cohen, F.; Oppermann, E.; Anders, Y. (2021): (Digitale) Elternzusammenarbeit in Kindertageseinrichtungen während der Corona-Pandemie. In: Zeitschrift für Erziehungswissenschaft, Vol. 24, S. 313–338.

Coleman, J. S. ; Campbell, E. Q.; Hobson, C. J.; Mc Partland, J.; Mood, A. M.; Weingeld, F. D.; York, R. L. (1966): Equality of educational opportunity. Washington: US Government Printing Office.

Coleman, M.; Churchill, S. (1997): Challenges for Family Involvement. In: Childhood Education, Spring, pp. 144 – 148.

Cooper, H. (2007): The Battle Over Homework. Thousand Oaks/Cf.: Corwin Press.

Cotton, K.; Wikelund, K. R. (2000): Parent Involvement in Education. Research You Can Use. Close Up #6. https://educationnorthwest.org/sites/default/files/parent-involvement-in-education.pdf (27.09.2021)

Cyprian, G.; Franger, G. (1995): Familie und Erziehung in Deutschland. Kritische Bestandsaufnahme der sozialwissenschaftlichen Forschung. Stuttgart u. Berlin: Kohlhammer (Bd. 177 der Schriftenreihe des Bundesministeriums für Familie, Senioren, Frauen und Jugend).

Dannhäuser, A. (1980): Kooperation zwischen Schule u. Elternhaus. In: Forum E, 2, S. 33–36.

Dauber, S. L.; Epstein, J. L, (1993): Parents' attitudes and practices of involvement in inner-city elementary and middle schools. In: N. F. Chavkin (Ed.): Families and schools in a pluralistic society. Albany, pp. 53–72.

Dave, R. H. (1963): The identification and measurement of environmental process variables that are related to educational achievement. Unpublished PhD dissertation, University of Chicago.

Decker, L. E.; Decker, V. A. (2003): Home, school, and community partnerships. Lanham, Maryland: Scarecrow Press.

De La Rosa, S. (2020): Study: More than half of students lost 39% of year‘s learning over summer. https://www.k12dive.com/news/study-more-than-half-of-students-lost-39-of-years-learning-over-summer/581365/ (27. 0. 2021)

Departement Bildung, Kultur und Sport/Kanton Aargau & Fachhochschule Nordwestschweiz (2016): Zusammenarbeit von Schule und Eltern. Orientierungsraster für die Schulentwicklung und Schulevaluation an den Volksschulen des Kantons Aargau. Aargau.

Desimone, L.; Finn-Stevenson, M.; Henrich, C. (2000). Whole school reform in a low-income African American community: The effects of the CoZi Model onteachers, parents, and students. Urban Education, 35(3), pp. 269–323.

Deutscher Bildungsrat (1973): Zur Reform von Organisation und Verwaltung im Bildungswesen. Stuttgart.

Domina, T. (2005): Leveling the Home Advantage: Assessing the Effectiveness of Parental Involvement in Elementary School. In: Sociology of Education, 78, 3, pp. 233–249.

Doppke, M.; Gisch, H. (2005): Elternarbeit. Fakten, Gründe, Praxistipps. München: Oldenbourg.

Dornbusch, S. M.; Ritter, P. L.; Leiderman P. H.; Roberts, D. F.; Fraleigh M. J. (1987): The Relation of Parenting Style to Adolescent School Performence. In: Child Development, 58(5), pp. 1244–1257.

du Bois-Reymond, M. (1977): Verkehrsformen zwischen Elternhaus und Schule. Frankfurt a. M.

Dubois, D. L.; Eitel, S. K.; Felner, R. D. (1994): Effects of family environment and parent-child relationships on school adjustment during the transition to early adolescence. Journal of Marriage and the Family, 56, pp. 405–414.

Duppel-Breth, U. (2003): Ein Blick in erfolgreiche „PISA-Länder“. Impressionen einer schulpolitischen Reise. In: Lehren und lernen, 29 (2003) 6, S. 14–31.

Dusolt, H. (2001): Elternarbeit. Ein Leitfaden für den Vor- und Grundschulbereich. Weinheim: Beltz.

Dyches, T. T.; Carter, N. J.; Prater, M. A. (2011): A Teachers Guide to Communicating with Parents. Boston: Pearson.

Eccles, J. S. (1992): School and family effects on the ontogeny of children's interests, self-perceptions, and activity choices. In J. E. Jacobs (Ed.): Developmental perspectives on motivation. Nebraska symposium on motivation. Lincoln, NE: University of Nebraska Press, pp. 145–208.

Eccles, J. S. (1994): Understanding women's educational and occupational choices. Psychology of Women Quarterly, 18, pp. 585–609.

Edwards, A.; Warin, J. (1999): Parental Involvement in raising the Achievement of Primary School Pupils: why bother? In: Oxford Review of Education, Vol. 25, No. 3, pp. 325–341.

Edwards, R.; Alldred, P. (2000): A Typology of Parental Involvement in Education Centring on Children and Young People: Negotiating Familiarisation, Institutionalisation and Individualisation. In: British Journal of Sociology of Education 21 (3), pp. 435–455.

Efionayi-Mäder, D.; Ermert Kaufmann, C.; Fibbi, R.; u. a. (2008): Familien – Erziehung – Bildung. Bern. (Im Auftrag der Eidgenössischen Koordinationskommission für Familienfragen EKFF) https://edudoc.ch/record/27999?ln=de (27.09.2021)

Ellinger, S. (2002): Lösungsorientierte Elternarbeit in der Ganztagsschule. In: Zeitschrift für Heilpädagogik, 53, 12, S. 486–493.

Elternmitarbeit – von Ja- und Nein-Sagern (2003). Innerer Dialog mit Urs Fritschi. In: Schulpraxis, 2/03, S. 18–20. [Zitiert "Elternmitarbeit 2003"]

Epstein, J. L. (1995): School, parent and community partnerships: Caring for he children we share. Phi Delta Kappan, 77, 9, pp. 701–712.

Epstein, J. L. (2005): Attainable Goals? The Spirit and Letter of the No Child Left Behind Act on Parental Involvement. In: Sociology of Education, 78, 2, pp. 179–182.

Epstein, J. L., and Associates (2009): School, family, and community partnerships. Your handbook for action. 3rd ed., Thousand Oaks, Calif.: Corwin Press.

Ericsson, K.; Larsen, G. (2002): Adults as resources and adults as burdens: the strategies of children in the age of school-home collaboration. In: Edwards, R. (Ed.): Children, Home and School: regulation, autonomy or connection. London: Routledge/Falmer, pp. 92–105.

Faires, J.; Nichols, W. D.; Rickelman, R. J. (2000): Effects of parental involvement in developing competent readers in first grade. Reading Psychology, 21, pp. 195–215.

Fan, X.; Chen, M. (2001): Parental Involvement and Students' Academic Achievement: A Meta-Analysis. In: Educational Psychology Review, Vol. 13, No. 1, pp. 1–22.

Fantuzzo, J.; Davis, G.; Ginsburg, M. (1995): Effects of parent involvement in isolation or in combination with peer tutoring on student self-concept and mathematics achievement. In: Journal of Educational Psychology, 87, pp. 272–281.

Fahlbusch, K. (2007): Empowerment. In: Deutscher Verein für öffentliche und private Fürsorge e. V. (Hrsg.): Fachlexikon der sozialen Arbeit. 6. Aufl. Baden-Baden. Nomos, S. 250–252.

Felke, I. (2006): Das Beurteilungsgespräch als ergänzende Form der Leistungsrückmeldung in der Grundschule am Beispiele der Grundschule Neunkirchen am Brand. Schriftliche Hausarbeit zur 1. Lehramtsprüfung. Erziehungswissenschaftliche Fakultät der Universität Erlangen-Nürnberg.

Fibbi, R.; Efionayi, D. (2008): Erziehungsfragen in Migrationsfamilien. In: Efionayi-Mäder, D.; Ermert-Kaufmann, C.; Fibbi, R. u. a. (2008): Familien – Erziehung – Bildung. Bern: Eidgenössische Koordinationsmission für Familienfragen (EKFF), S. 48–67. https://edudoc.ch/record/27999?ln=de (27.09.2021).

Fiegert, M. (2003): Lernverträge in der Schule - kritische Anmerkungen zu einem ‚alten Hut'. In: Pädagogische Rundschau, 57, 5, S. 543–557.

forsa (2008): Berufsorientierung an deutschen Schulen. Eine Befragung unter Lehrern, Eltern und Jugendlichen Durchgeführt von forsa, Gesellschaft für Sozialforschung und statistische Analysen mbH, im Auftrag der Familienmarke Rama. Mai 2008.

Füssel, H.-P. (2003): Verträge – eine neue Regelungsform im Schulrecht? In: Döbert, H..; von Kopp, B.; Martini, R.; Weiß, M. (Hrsg.): Bildung vor neuen Herausforderungen. Neuwied: Luchterhand, S. 70–76.

Gaitanides, S. (2006): Selbstorganisation von Eltern mit Migrationshintergrund und ihr Beitrag zur Integration. In: Migration und Soziale Arbeit 28. Jg., H.1, S. 27–36. https://repository.difu.de/jspui/handle/difu/268671 (27.09.2021)

Gaschke, S. (2001): Die Erziehungskatastrophe, Kinder brauchen starke Eltern, 5. Aufl., Stuttgart/München: Deutsche Verlagsanstalt.

Gattermann, B.; Schnurer, K. (2001): Zusammenarbeit als partnerschaftliche Kooperation. Praxisentwurf zur Elternarbeit im Primarbereich der Schule für Hörgeschädigte. In: Hörgeschädigte Kinder, 38, 3, S. 108–119, 122–129.

Geddes, C. (2014): Difficult Parents Make Me Feel Good: A Narrative on Reflective Teaching Practice. In: Simon Fraser University Educational Review 2014, pp. 1–9.

Gehmacher, E. (1979): Die Schule im Spannungsfeld von Schülern, Eltern und Lehrern. Wien: Österreichisches Bundesverlag.

George, R.; Kaplan, D. (1998): A structural model of parent and teacher influences on science attitudes of eighth graders: Evidence from NELS: 88, Science Education, 82, pp. 93–109.

Gerster, P.; Nürnberger, C. (2001): Der Erziehungsnotstand. Wie wir die Zukunft unserer Kinder retten. Berlin: Rowohlt.

Görtz-Brose, K.; Hüser, H. (2006): Zum Einfluss von Eltern auf das Berufswahlverhalten von Jugendlichen. In: Bley, N.; Rullmann, M. (Hrsg.): Übergang Schule und Beruf. Recklinghausen: Forschungsinstitut Arbeit, Bildung, Partizipation, S. 277–294.

Gordon, T. (1981): Familienkonferenz in der Praxis. Reinbek bei Hamburg: Rowohlt.

Gordon, T. (1993): Die neue Familienkonferenz. Kinder erziehen ohne zu strafen. Hamburg: Rowohlt.

Graue, M. E.; Clements, M. A.; Reynolds, A. J.; Niles, M. D. (2004): More than Teacher Directed or Child Initiated: Preschool Curriculum Type, Parent Involvement, and Children's Outcomes in the Child-Parent Centers. In: Education Policy Analysis Archives, Volume 12, Number 72, Dec. 2004. https://doi.org/10.14507/epaa.v12n72.2004 (04. 11. 2021).

Graue, M. E.; Weinstein, T.; Walberg, H. J. (1983): School-Based Home Instruction and Learning: A Quantitative Synthesis. In: The Journal of Educational Research. Vol. 76, July/August 1983, No.6, 351–360.

Greulich, F. (2003): Elternarbeit im britischen Familienzentrum „Pen Green Centre". In: Danner, Stefan (Hrsg.): Neue Formen der Zusammenarbeit von Kindergarten, Eltern und Grundschule. Leipzig: Hochschule für Technik, Wirtschaft und Kultur, S. 9–55.

Grolnick, W. S.; Benjet, C.; Kurowski, C. O.; Apostoleris, N. H. (1997): Predictors of parental involvement in children's schooling. In: Journal of Educational Psychology, 89(3), pp. 538–548.

Gruber, B.; Gruber, S. (2008): 10 Tips to for Teachers to Deal with Difficult Parents Effectively. Regular contributor to the Teachers Net Gazette, February 1, 2008. http://teachers.net/gazette/MAR08/gruber/ (27.09.2021)

Grün, L. (2007): Der Elternhasser. Die Antwort. Ein Lehrer schlägt zurück. Leverkusen: Skandalbuch.

Gürtler, H. (2000): Kontroversen am Elternabend. Wie Sie Diskussionen im Griff behalten. In: Kindergarten heute, 30 (2000) 10, S. 32–35.

Haack, M. K. (2007): Parents' and Teachers' Beliefs about Parental Involvement in Schooling. Dissertation Presented to the Faculty of The Graduate College at the University of Nebraska. Lincoln, Nebraska, May, 2007.

Hachmeister, C.-D.; Harde, M.; Langer, M. (2007): Einflussfaktoren der Studienentscheidung - Eine empirische Studie von CHE und EINSTIEG. Arbeitspapier Nr. 95. Gütersloh: Centrum für Hochschulentwicklung.

Hampton, F.; Mumford, D. A.; Bond, L. (1998): Parent Involvement in Inner-City Schools. The Project FAST Extended Family Approach to Success. In: Urban Education 33 (3), pp. 410–428.

Harris, A.; Goodall, J. (2007): Engaging Parents in Raising Achievement. Do Parents Know They Matter? University of Warwick. http://dera.ioe.ac.uk/6639/1/DCSF-RW004.pdf (27.09.2021)

Hattie, John A. (2003): Teachers Make a Difference. What is the research evidence? Australian Council for Educational Research, October 2003. https://research.acer.edu.au/cgi/viewcontent.cgi?article=1003&context=research_conference_2003 (27.09.2021)

Hattie, John A. (2013): Lernen sichtbar machen. Überarbeitete deutschsprachige Ausgabe von „Visible learning", besorgt von Wolfgang Beywl und Klaus Zierer. Baltmannsweiler: Schneider Hohengehren.

Hawighorst, B. (2009): Perspektiven von Einwandererfamilien. In: Gomolla, M.; Fürstenau, S. (Hrsg.): Migration und schulischer Wandel: Elternbeteiligung. Wiesbaden: VS Verlag für Sozialwissenschaften, S. 51–67.

Hecker, U. (2004): Vater, Mutter, Schule, Kind.... In: Bartnitzky, H.; Speck-Hamdan, A. (Hrsg.): Leistungen der Kinder wahrnehmen - würdigen - fördern. Frankfurt am Main, S. 144–159.

Heckmann, F. (2012): Willkommenskultur was ist das, und wie kann sie entstehen und entwickelt werden? efms paper 2012–7. Bamberg. http://www.efms.uni-bamberg.de/pdf/efms%20paper%202012_7.pdf (27.09.2021)

Henderson, A. T.; Johnson, V.; Mapp, K. L.; Davies, D. (2007): Beyond the Bake Sale: The Essential Guide to Family/School Partnerships. New York: The New Press.

Hendricks, R. (2004): Elternhaus und Schule – Chancen und Notwendigkeiten der Zusammenarbeit. In: Spindler, D. (Hrsg.): Elternhaus und Schule. Beiträge zur Eröffnung der 1. Eltern-Universität am 01.10.2004 in der Universität Oldenburg. Oldenburg, S. 15–36.

Hennig, C.; Ehinger, W. (2003): Das Elterngespräch in der Schule. Von der Konfrontation zur Kooperation. 2. überarb. Aufl. Donauwörth.

Hentrich, K. (2011): Einflussfaktoren auf die Berufswahlentscheidung Jugendlicher an der ersten Schwelle. Eine theoretische und empirische Analyse. Magdeburger Schriften zur Berufs- und Wirtschaftspädagogik, Heft 1, Jg. 2011. Otto-von-Guericke-Universität Magdeburg.

Herz, O. (1982): Schulkonflikte lösbar machen. Kooperation von Schülern, Eltern, Lehrern. Reinbek bei Hamburg: Rowohlt.

Herz, B.; Puhr, K.; Ricking, H. (Hrsg.) (2004): Problem Schulabsentismus. Wege zurück in die Schule. Bad Heilbrunn: Klinkhardt.

Hewison, J.; Tizard, J. (1980): Parental involvement and reading attainment. British Journal of Educational Psychology, 50, pp. 209–215.

Hickman, G.; Greenwood, G.; Miller, D. (1995): High school parent involvement, relationships with achievement, grade level, SES, and gender. In: Journal of Research and Development in Education, 28(3), pp. 125–134.

Hill, N. E.; Tyson, D. F. (2009): Parental Involvement in Middle School (2009): A Meta-Analytic Assessment of the Strategies That Promote Achievement. In: Developmental Psychology, Vol. 45, No. 3, pp. 740–763.

Hösl-Kulike, C. (1993): Schule aus Elternsicht. Fallstudien über das Verständnis von Schule und die Kooperation mit ihr. Frankfurt a. Main.

Hoose, D.; Vorholt, D. (1996): Sicher sind wir wichtig – irgendwie!? Hamburg: Senatsamt für Gleichstellung.

Ho Sui-Chu, E.; Willms, J. D. (1996): Effects of parental involvement on eighthgrade achievement. Sociology of Education, 69 (2), pp. 126–141.

Hoover-Dempsey, K.; Sandler, H. (1995): Parental involvement in children‘s education: Why does it make a difference? In: Teachers College Record 97 (2), pp. 310–331.

Hoover-Dempsey, K.; Sandler, H. (1997): Why do parents become involved in their children's education? In: Review of Educational Research, 67(1), pp. 3–42.

Hoover-Dempsey, K.; Battiato, A.; Walker, J.; Reed, R.; DeJong, J.; Jones, K. (2001): Parental involvement in homework. In: Educational Psychologist, 36. Jg., H.3, pp. 195–209

Hoover-Dempsey, K; Walker, M.; Sandler, H.; Whetsel, D.; Green, C.; Wilkens, A.; Closson, K. (2005): Why do parents become involved? Research findings and implications. In: The Elementary School Journal, 106, (2), pp. 105–130.

Humpage, L. (2009): A ‚culturally unsafe‘ space? The Somali experience of Christchurch secondary schools. New Zealand Geographer, 65(1), pp. 73–82.

Hurrelmann, K. (2007): Deutschlands Jugend will wieder etwas erreichen, in: Welt am Sonntag vom 15.07.2007. http://www.welt.de/wams_print/article1027744/Deutschlands-Jugend-will-wieder-etwas-erreichen.html (27.09.2021)

Hußmann, A.; Wendt, H.; Bos, W.; Bremerich-Vos, A.; Kasper, D.; Lankes, E.; McElvany, N.; Stubbe, T.; Valtin, R. (Hrsg.) (2017): IGLU. Lesekompetenzen von Grundschulkindern in Deutschland im internationalen Vergleich. Münster: Waxman. [Zitiert „IGLU 2016"]

Ibrahim, H. H. (2012): From Warzone to Godzone: Towards a new Model of Communication and collaboration Between schools and Refugee families. A thesis submitted in partial fulfilment of the requirements for the Degree of Doctor of Philosophy in Education in the University of Canterbury.

Infratest Sozialforschung (2003): Schule aus der Sicht von Eltern. München. https://silo.tips/download/schule-aus-der-sicht-von-eltern (27.09.2021)

Institut für Demoskopie Allensbach (2014): Schule und dann? Herausforderungen bei der Berufsorientierung von Schülern in Deutschland. Im Auftrag der Vodafone Stiftung Deutschland. Mit einem Kommentar von Klaus Hurrelmann. Düsseldorf: Vodafone Stiftung Deutschland. [Zitiert: „Allensbach 2014“]

Izzo, C.V.; Weissberg, R.P.; Kasprow, W.J.; Fendrich, M. (1999). A longitudinal assessment of teacher perceptions of parent involvement in children's education and school performance. American Journal of Community Psychology, 27, pp. 817–839.

Jäger-Flor, D.; Jäger, R. S. (2010): Bildungsbarometer zur Kooperation Elternhaus-Schule 4/2009. Ergebnisse, Bewertungen und Perspektiven. Koblenz-Landau: zepf. https://www.researchgate.net/publication/281086747_Bildungsbarometer_zur_Kooperation_Elternhaus-Schule_Ergebnisse_Bewertungen_und_Perspektiven#pff (22.09.2021)

Jäger, R. S. ; Stuck, A.; Jäger-Flor, D.; Riebel, J. (2010): Hausaufgaben. Die andere Seite der Medaille: die Sicht der Eltern. In: Empirische Pädagogik 24 (1), S. 55–77.

Jencks, Chr. (1972): Inequality: A reassessment of the effect of family and schools in America. New York: Basic Books.

Jeynes, W. H. (2005): A Meta-Analysis of the Relation of Parental Involvement to Urban Elementary School Student Acacemic Achievement. In: Urban Education, Vol. 40, No. 3, pp. 237–269.

Jeynes, W. H. (2007): The Relationship between Parental Involvement and Urban Secondary School Student Academic Achievement. In: Urban Education, Vol. 42, No. 1, pp. 82–110.

Jeynes, W. J. (2011): Parental Involvement and academic success. New York & London: Rouledge.

Jowett, S.; Baginsky, M.; MacNeil, M. (1991): Building bridges. Parental involvement in schools. Windsor.

Kanders, M.; Rösner, E.; Rolff, H.-G. (1996): Das Bild der Schule aus der Sicht von Schülern und Lehrern. Ergebnisse zweier IFS-Repräsentativbefragungen. In: Jahrbuch der Schulentwicklung 1996, 9, S. 57–113

Keck, R. W. (1996): Elternhaus und Schule - Garanten einer Erziehungskontinuität. In: Pädagogische Welt, 50, 12, S. 513–518.

Keith, P.; Lichtman, M. (1994): Does parental involvement influence the academic achievement of Mexican-American eighth graders? Results from the National Education Longitudinal Study. School Psychology Quarterly, 9 (4), pp. 256–272.

Keith, P.; Keith, T. (1993): Does Parental Involvement Influence the Academic Achievement of American Middle School Youth? In: Smit, F., et al. (Hrsg.): Parental involvement in education. Nijmegen: Institute for Applied Social Sciences, pp. 205–209.

Keith, T.; Keith, P.; Troutman, G.; Bickley, P.; Trivette, P.; Singh, K. (1993): Does parental involvement affect eighth-grade student achievement? Structural analysis of national data. School Psychology Review, vol. 22, no. 3, pp. 474–496.

Kiesner, J. W. (1997): The effects of a parental homework monitoring intervention on school engagement of high risk middle school students. (Doctoral dissertation, University of Oregon, 1997). Dissertation Abstracts International, 58, 0980.

Kipp, B.; Tripp, F. (2011): Elternseminar „Kommunikation zwischen Schule und Elternhaus verbessern“. In: Sozialpädagogisches Fortbildungsinstitut Berlin-Brandenburg (2011): Dokumentation der zweiten schulartübergreifenden Tandem-Tridem-Fachtagung am 14. Nov. 2011. Berlin: Senatsverwaltung für Bildung, Jugend und Wissenschaft, S. 60 f.

Kirschner, G. (1981): Elternmitarbeit im Unterricht (EMU) als Einstieg in aktive Zusammenarbeit zwischen Eltern und Lehrer. In: Eltern, Kinder und Erzieher, 12, S. 16–25.

Knapp, R. (2001): Elternarbeit in der Grundschule. Grundlagen. Elternberatung und -seminare. Berlin: Cornelsen.

Knowles, S. (1998): “Effects of the components of parent involvement on children's educational and occupational aspirations.” Unpublished doctoral dissertation, Alfred University, Alfred, New York.

Korte, J. (2004): Elternarbeit mit Elternbriefen. Donauwörth: Auer. (a)

Korte, J. (2004): Mit den Eltern an einem Strang ziehen. Mehr Schulerfolg durch gezielte Elternarbeit. Donauwörth: Auer. (b)

Kowalczyk, W. (Hrsg.) (2005): Lehrkräfte kooperieren mit Eltern. Das Lernen unterstützen, die Erziehung ernst nehmen. Kissing: Weka Media.

Kraus, J. (2013): Helikopter-Eltern. Schluss mit Förderwahn und Verwöhnung. 2. Aufl. Hamburg: Rohwolt.

Kröner, S. (2009): Expertise: Elternvertreter mit Migrationshintergrund. Abschlussbericht. Nürnberg: Bundesamt für Migration und Flüchtlinge. https://silo.tips/download/expertise-elternvertreter-mit-migrationshintergrund-an-schulen (27.09.2021)

Krumm, V. (1988): Wie offen ist die öffentliche Schule? In: Zeitschrift für Pädagogik, 34, 5, S. 601–619.

Krumm, V. (1996): Über die Vernachlässigung der Eltern durch Lehrer und Erziehungswissenschaft. Plädoyer für eine veränderte Rolle der Lehrer bei der Erziehung der Kinder. Aus: Die Institutionalisierung von Lehren und Lernen. Weinheim: Beltz (Zeitschrift für Pädagogik, Beiheft. 34), S. 119–137. (a)

Krumm, V. (1996): Schulleistung – auch eine Leistung der Eltern. Die heimliche und die offene Zusammenarbeit von Eltern und Lehrer und wie sie verbessert werden kann. In: Specht, W.; Thonhauser, J. (Hrsg.): Schulqualität. Innsbruck: StudienVerlag, S. 256–290. (b)

Krumm, V. (1998): Elternhaus und Schule. In: Rost, D. H. (Hrsg.): Handwörterbuch Pädagogische Psychologie. Weinheim: Beltz, S. 81–85.

Krumm, V. (2000): „Erziehungsverträge mit Eltern" oder „Verhaltensverträge mit Schülern"? Zur Diskussion über einen Vorschlag der Unterrichtsministerin. In: Erziehung und Unterricht 150, 1, S. 151–172. (a)

Krumm, V. (2000): Wie Schüler, Eltern und Lehrer sich gegenseitig erleben und miteinander umgehen. In: Buchegger, R.; Schattovits. H. (Hrsg.): 7. Interdisziplinäres Symposium „Familienforschung - Familie, Schule und Generationen" in Strobl 1998. Wien: Österreichisches Institut für Familienforschung, S. 19–30. (b)
https://www.oif.ac.at/fileadmin/user_upload/p_oif/Materialien/mat_07_strobl_1998.pdf (27.09.2021)

Krumm, V. (2003): Erziehungsverträge – ein Blick über die Grenzen. Erweiterte Fassung eines Vortrags auf der Tagung „Verträge verbinden – Bildungs- und Erziehungsverträge in der Schule. Bedingungen, Möglichkeiten, Beispiele" des ‚Bündnisses für Erziehung' im Ministerium für Schule, Wissenschaft und Forschung des Landes Nordrhein-Westfalen am 4.12.2002. (a)
http://www.ziehen-eltern.de/texte/Krumm.pdf (27.09.2021)

Krumm, V. (2003): Vereinbaren statt anordnen. Merkmale, Bedingungen und Chancen von Vereinbarungen als Basis der Zusammenarbeit zwischen Lehrern, Eltern und Schülern. Vortrag auf der Jahrestagung des Bundeselternrates in Hersfeld 2003. Salzburg: Institut für Erziehungswissenschaft der Universität Salzburg. (b)

Krumm, V. (2006): Hilfreich und doch vernachlässigt: Verhaltensverträge. In: SchulVerwaltung spezial, Nr. 3, S. 40–42.

Krumm, V.; Astleitner, H.; Haider, G.; Moosbrugger, M. (1990): Lehrer-Eltern-Kooperation in Österreich und den USA. In: Empirische Forschung für die pädagogische Praxis. Weingarten: Pädagogische Hochschule, S. 43–59.

Kühn, L. (2005): Das Lehrerhasserbuch. Eine Mutter rechnet ab. München: Knaur.

Kuhnke, R.; Reißig, B. (2007): Leipziger Mittelschülerinnen und Mittelschüler auf dem Weg von der Schule in die Berufsausbildung. Halle: Deutsches Jugendinstitut.

Lachnit, P.; Kretzschmar, A. (2005): Praxishandbuch Zusammenarbeit mit Eltern. Teil 2. Erfolgreich Veranstaltungen und Aktionen mit Eltern gestalten. Bonn: VNR Verlag.

Lanfranchi, A. (2001): Schulerfolg durch Kooperation zwischen Migrationseltern und Schule. In: S. Rüegg (Hrsg.): Elternmitarbeit in der Schule. Erwartungen, Probleme, Chancen. Bern: Haupt, S. 23–34.

Lara, L.; Saracostti, M. (2019): Effect of Parental Involvement on Children's Academic Achievement in Chile. In: Frontiers in Psychology 10:1464, pp. 1–4. https://www.frontiersin.org/article/10.3389/fpsyg.2019.01464 (27.09.2021)

Lareau, A; Horvat, E. M. (1999): Moments of Social Inclusion and Exclusion: Race, Class, and Cultural Capital in Family-School Relationships. In: Sociology of Education, 72(1), pp. 37–53.

Leyendecker, B. (2008): Frühkindliche Bildung von Kindern aus zugewanderten Familien – die Bedeutung der Eltern. In: Bade, K.; Bommes, M. (Hrsg.): Nachholende Integrationspolitik – Problemfelder und Forschungsfragen. IMIS- Beiträge 34, Osnabrück, S. 91–102.

Lipowsky, F. (2007): Hausaufgaben: auf die Qualität kommt es an! Ein Überblick über den Forschungsstand. In: Lernende Schule 39, S. 7–9.

Long, R. (1986): Developing parental involvement in primary schools. London: Macmillan.

Lueg, C. (1996): Elternmitarbeit im Unterricht. Baltmannsweiler: Schneider.

Lueg, C. (1999): Elternmitarbeit im Unterricht der Grundschule. In: Katholische Bildung, 100, 12, S. 511–516.

Marjoribanks, K. (1997): "Family contexts, immediate settings, and adolescents' aspirations." Journal of Applied Developmental Psychology, 18, pp. 119–132.

Martinsen, S. (1995): Im Umgang mit Eltern. Professionell und sozialkompetent handeln. In: Grundschulmagazin Jg. 10 (1995), 9, S. 61–68.

Masuth, S. (2004): Elternarbeit an einer bayerischen Grundschule – Eindrücke und Wünsche in der Wahrnehmung der Eltern. Schriftliche Hausarbeit zur 1. Lehramtsprüfung. Erziehungswissenschaftliche Fakultät der Universität Erlangen-Nürnberg.

Mattingly, D.; Prislin, R.; McKenzie, T.; Rodriguez, J.; Kayzar, B. (2002): Evaluating evaluations: The case of parent involvement programs. Review of Educational Research, 72 (4), pp. 549–576.

Mau, W. C.; Bikos, L. H. (2000): Educational and vocational aspirations of minority and female students: A longitudinal study. In: Journal of Counseling and Development, 78, pp. 186–194.

McBride, B.; Schoppe-Sullivan, S.; Ho, M. (2005). The Mediating Role of Father Involvement on Student Achievement. In: Journal of Applied Developmental Psychology 26 (2), pp. 201–216.

McDonald's Deutschland Inc.; Institut für Demoskopie Allensbach; Klaus Hurrelmann (Hrsg.) (2013): Die McDonalD's Ausbildungsstudie 2013. Pragmatisch. Glücklich: AZUBIS zwischen Couch und Karriere. Eine Repräsentativbefragung junger Menschen im Alter von 15 bis unter 25 Jahren. [Zitiert „McDonalds Ausbildungsstudie 2013"]. https://karriere.mcdonalds.de/docroot/jobboerse-mcd-career-blossom/assets/documents/McD_Ausbildungsstudie_2013.pdf (27.09.2021)

McEvan, E. (2004): How to Deal With Parents Who Are Angry, Troubled, Afraid, or Just Plain Crazy. Thousand Oaks, Cf.: Corwin Press.

McNeal, R.B. (1999): Parental involvement as social capital: Differential effectiveness on science achievement, truancy, and dropping out, Social Forces, 78 (1), pp. 117–144.

Melzer, W. (Hrsg.) (1985): Eltern – Schüler – Lehrer. Zur Elternpartizipation an Schulen. Weinheim u. a.

Melzer, W.; Hannich, K.; Olunczek, B. (1996): Schulische Elternpartizipation in Ost- und Westdeutschland. Dresden, Technische Universität.

Mittländer, S. (2006): Elternarbeit: Rechtsgrundlagen, Schwierigkeiten, Konflikte und Verbesserungsvorschläge. Schriftliche Hausarbeit zur 1. Lehramtsprüfung. Erziehungswissenschaftliche Fakultät der Universität Erlangen-Nürnberg.

Mohsene, L. (2019): The Emotional Impact of Absent Parents on Children. Facts and Fiction. https://psiloveyou.xyz/the-emotional-impact-of-absent-parents-on-children-cb013bcbad99 (27.09.2021)

Montandon, C. (1993): Parent-teacher Relations in Genevian Primary Schools: The Roots of Misunderstanding. In: Smit, F.; van Esch, W./Walberg, H.J.: (Hrsg.): Parental Involvement in Education. Nijmegen: Institute for Applied Social Science, pp. 59–66.

Moon, T.; Callahan, C. M. (2001): Curricular modifications, family outreach, and a mentoring program: Impacts on achievement and gifted identification in high-risk primary students. Journal for the Education of the Gifted, 24(4), pp. 305–321.

Morgan, V.; Fraser, G.; Dunn, S. ; Cairns, E. (1992): Parental involvement in education. How do parents want to become involved? - In: Educational studies, 18, 1, pp. 11–20.

Mohrhart, D. (1980): Elternmitwirkung, Mitverwaltung oder Miterziehung? In: Aus Politik und Zeitgeschichte. Beilage zur Wochenzeitung „Das Parlament" 47, S. 3–22.

Mulle, M. (2005): Elternmitwirkung in der deutschsprachigen Schweiz. Eine Übersicht. 2. Aufl. Zürich.

Neubauer, E.; Krumm, V.; Astleitner, H. (1989): Die Kooperation von Eltern und Lehrern im Lichte empirischer Untersuchungen. Projektbericht aus dem Institut für Erziehungswissenschaften der Universität Salzburg. Salzburg.

Neuenschwander, M. (2007): Wie Schule und Familie die Berufswahl beeinflussen. Ausgewählte Ergebnisse des FASE-B-Projekts. In: Panorama 4/2007, S. 29–31.

Neuenschwander, M. (2008): Elternunterstützung im Berufswahlprozess. In: Läge, D.; Hirschi, A. (Hrsg.): Berufliche Übergänge: Psychologische Grundlagen der Berufs-, Studien- und Laufbahnberatung. Zürich: LIT-Verlag, S. 135–154.

Neuenschwander, M. (2009): Schule und Familie. Aufwachsen in einer heterogenen Umwelt. In: Grunder, H.; Gut, U. (Hrsg.): Zum Umgang mit Heterogenität in der Schule. Bd. I. Baltmannsweiler: Schneider Verlag Hohengehren, S. 148–168.

Neuenschwander, M. (2010): Ist die Schule wirkungslos? Nein, aber es geht nicht ohne Eltern. In: Bildung Schweiz 1/2010, S. 24 f.

Neuenschwander, M.; Balmer, T.; Gasser, A.; Goltz, S. ; Hirt, U.; Ryser, H.; Wartenweiler, H.: (2004): Forschung und Entwicklung. Eltern, Lehrpersonen und Schülerleistungen. Schlussbericht. Bern. Institut für Lehrer- und Lehrerinnenbildung.

Neuenschwander, M.; Vida, M.; Garrett, J.; Eccles, J. S. (2007): Parents' expectations and students' achievement in two western nations. In: International Journal of Behavioral Development 31 (6), pp. 594–602.

Neuffer, M.; Ollmann, R. (2000): Der Hausbesuch. Hausbesuche bei Gefährdung und Vernachlässigung von Kindern: Rechtsrahmen und fachlich-methodisches Vorgehen. In: Sozialmagazin, 25, 9, S. 12–25.

Nischak, A.; Koch-Burmeister, W. (2005): Hausbesuche? Pro und Contra. In: Pädagogik, 57, 3, S. 50–51.

Nye, C., Turner, H.; Schwartz, J. (2006): Approaches to Parent Involvement for Improving the Academic Performance of Elementary School Age Children. In: Campbell Systematic Reviews, Vol. 2, Issue 1, 2006, pp. 1–49.

OECD Organisation for Economic Cooperation and Development (2001): Lernen für das Leben. Erste Ergebnisse der internationalen Schulleistungsstudie PISA 2000. Paris: OECD. https://www.oecd-ilibrary.org/education/lernen-fur-das-leben_9789264595903-de (27.09.2021)

OECD Organisation für wirtschaftliche Zusammenarbeit und Entwicklung (2007): PISA™ 2006 - Schulleistungen im internationalen Vergleich. Naturwissenschaftliche Kompetenzen für die Welt von morgen. Paris: OECD. https://www.oecd.org/pisa/39728657.pdf (27.09.2021)

OECD Organisation for Economic Cooperation and Development (2010): PISA 2009. Results: Overcoming Social Background. Equity in Learning Opportunities and Outcomes. Volume II. Paris: OECD. [Zitiert: „PISA 2009"]. https://www.oecd.org/pisa/pisaproducts/pisa2009resultsovercomingsocialbackgroundequityinlearningopportunitiesandoutcomesvolumeii.htm (27.09.2021)

OECD Organisation for Economic Cooperation and Development (2019): PISA 2018 Results: What School Life Means For Students' Lives. Volume III. Paris: OECD. [Zitiert: „PISA 2018"] https://www.oecd.org/publications/pisa-2018-results-volume-iii-acd78851-en.htm (27.09.2021)

OECD Organisation for Economic Cooperation and Development (2020): Philanthropy and Education - Education Giving in the Midst of COVID-19. Paris: OECD Development Centre. https://www.oecd.org/dev/NetFWD_Covid-EDU_Study.pdf (27.09.2021)

Okpala, C; Okpala, A.; Smith, F. (2001): Parental involvement, instructional expenditures, family socioeconomic attributes, and student achievement. In: The Journal of Educational Research, 95 (2), pp. 110–115.

Ollmann, R. (2001): Rechtsfragen im Zusammenhang mit einem Hausbesuch. In: Zentralblatt für Jugendrecht, 88, 1, S. 1–7.

Olsen, G.; Fuller, M. (Hrsg.) (2003): Home-school relations. Working successfully with parents and families. 2. ed. New York.: Allyn & Bacon.

Parsons, T. (1951): The Social System. London: Routledge.

Peisker, M. (1983): Unericht mit Eltern. In: Lehrer-Journal, 51, 12, S. 481–484.

Perkins, D. & Peterson, C. (2005): Supporting young people's career transition choices: the role of parents. Fitzroy Vic., Australia. http://citeseerx.ist.psu.edu/viewdoc/download?doi=10.1.1.504.3724&rep=rep1&type=pdf (27.09.2021)

Pesch, L.; Sommerfeld, V. (2003): Wie Sie unzufriedene Eltern gewinnen. Acht Schritte des Beschwerdegesprächs. In: Klein & groß 4/03, S. 12–13.

Pfitzner, M. (2007): Beratung und Profession. Beratung als professionelle Aufgabe von Lehrern. In: Apel, H.; Sacher, W. (Hrsg.): Studienbuch Schulpädagogik. 3. Aufl. Bad Heilbrunn: Klinkhardt, S. 377–403.

Pieroth, B. (2004): Art. 6, Kapitel II. Elternrecht (Abs. 2,3); Art. 7, Kapitel I. Staatliche Schulaufsicht (Abs. 1); Kapitel II. Religionsunterricht (Abs. 2,3). In: Jarass, H.; Pieroth, B.: Grundgesetz für die Bundesrepublik Deutschland. Kommentar. München, S. 264–270, 280–287.

Plowden Report (1967): Children and their Primary Schools. London: Central Advisory Council for Education. Vol. 1 and 2. http://www.educationengland.org.uk/documents/plowden/ (21.09.2021)

Portnoy, D. (2014): Pebbles in our Sandals: Difficult Parents in the Jewish Day School Setting. In: HAYIDION. The RAVSAK Journal.
http://ravsak.org/pebbles-our-sandals-difficult-parents-jewish-day-school-setting (21.09.2021)

Prager, J.; Wieland, C. (2005): Jugend und Beruf. Repräsentativumfrage zur Selbstwahrnehmung der Jugend in Deutschland. Gütersloh: Bertelsmann.

PTA National Parent Teacher Association (1997): National Standards for Parent/Family Involvement Programs. Chicago IL: National PTA. [Zitiert: „PTA 1997“]
https://eric.ed.gov/?id=ED405405 (21.09.2021)

PTA Parent Teacher Association (2007): National Standards for Family-School Partnerships. Chicago [Zitiert „PTA 2007“]. https://www.pta.org/home/run-your-pta/National-Standards-for-Family-School-Partnerships (21.09.2021

PTA Parent Teacher Association (2008): National Standards for Family-School Partnerships Assessment Guide. Chicago [Zitiert „PTA 2008“]. https://www.pta.org/docs/default-source/files/programs/national-standards-for-family-school-partnerships/national_standards_assessment_guide.pdf (21.09.2021)

PTA Parent Teacher Association (2009): PTA National Standards for Family-School Partnerships: An Implementation Guide. https://www.pta.org/home/run-your-pta/National-Standards-for-Family-School-Partnerships (21.09.2021)

Puhlmann, A. (2005): Die Rolle der Eltern bei der Berufswahl ihrer Kinder. Berlin: Bundesinstitut für Berufsbildung.

Puhlmann, A.; Gutschow, K.; Rieck, A.; u. a. (2011): Berufsorientierung junger Frauen im Wandel. Abschlussbericht. Bonn: Bundesinstitut für Berufsbildung.

Rabenstein, R. (1996): Lernen kann auch Spaß machen! Einstieg, Aktivierung, Reflexion: Themen bearbeiten in Gruppen. 5. überarb. Aufl., Münster: Ökotopia-Verlag.

Rampillon, U. (1983): Fremdsprachenunterricht und Elternarbeit. In: Praxis des neusprachlichen Unterrichts, 30, 3, S. 280–289.

Reichgeld, M. (2001): Elternabend - gemeinsam geht es besser. München: Oldenbourg Schulbuchverlag.
Reißig, B. (2009): Der Übergang von der Schule in den Beruf - eine (zu) hohe Hürde? In: Friedrich-Ebert-Stiftung (Hrsg.): Wege in den Arbeitsmarkt für Jugendliche mit schlechteren Startchancen. Berlin: Friedrich-Ebert-Stiftung, Forum Politik und Gesellschaft, S. 8–11. http://library.fes.de/pdf-files/do/06735.pdf (21.09.2021)
Rillero, P.; Helgeson, S. (1995): An evaluation of the use of hands-on science homework assignments by sixth grade students and their parents. Paper presented at the annual meeting of the National Association for Research in Science Teaching, San Francisco, CA.
Rodick, J.; Henggeler, S. (1980): The short-term and long-term amelioration of academic and motivational deficiencies among low-achieving inner-city adolescents. In: Child Development, 51, 1126–1132.
Rolff, H.-G.; Klemm, K.; Tillmann, K. J. (1982) (Hrsg.): Jahrbuch der Schulentwicklung, Bd.2. Weinheim: Beltz, S. 13–47.
Roth, R. (1999): Elternmitarbeit intensivieren. In: Grundschule, 31, 3, S. 57–59.
Rubenstein, M. C.; Wodatch, J. K. (2000): Stepping up to the challenge: Case studies of educational improvement and Title I in secondary schools. Washington, DC: U.S. Department of Education. https://www.amazon.com/Stepping-challenge-educational-improvement-secondary/dp/B0006RIDM4 (27.09.2021)
Sacher, W. (2004): Elternarbeit in den bayerischen Schulen. Repräsentativ-Befragung zur Elternarbeit im Sommer 2004. Nürnberg: Lehrstuhl für Schulpädagogik. (SUN Schulpädagogische Untersuchungen Nürnberg, Nr. 23)
Sacher, W. (2005): Erfolgreiche und misslingende Elternarbeit. Ursachen und Handlungsmöglichkeiten. Erarbeitet auf der Grundlage der Repräsentativbefragung an bayerischen Schulen im Sommer 2004. Nürnberg: Lehrstuhl für Schulpädagogik. (SUN Schulpädagogische Untersuchungen Nürnberg, Nr. 24)
Sacher, W. (2006): Elternhaus und Schule: Bedingungsfaktoren ihres Verhältnisses, aufgezeigt an der bayerischen Studie vom Sommer 2004. In: Bildung und Erziehung 59 (3), S. 302–322. (a)
Sacher, W. (2006): Einflüsse der Sozialschicht und des Migrationsstatus auf das Verhältnis zwischen Elternhaus und Schule. Nürnberg: Lehrstuhl für Schulpädagogik. (SUN Schulpädagogische Untersuchungen Nürnberg, Nr. 26) (b)
Sacher, W. (2007): Bericht der Begleituntersuchung zum Projekt „Vertrauen in Partnerschaft" für den Projektzeitraum vom Sommer 2006 bis zum Sommer 2007. Nürnberg: Lehrstuhl für Schulpädagogik. (Unveröffentlichtes Typoskript).
Sacher, W. (2008): Elternarbeit. Gestaltungsmöglichkeiten und Grundlagen für alle Schularten. Bad Heilbrunn: Klinkhardt. (a)
Sacher, W. (2008): Schüler als vernachlässigte Partner der Elternarbeit. Nürnberg: Lehrstuhl für Schulpädagogik. (SUN Schulpädagogische Untersuchungen Nürnberg Nr. 29) (b)
Sacher, W. (2009): Elternarbeit schülerorientiert. Grundlagen und Praxismodelle. Für die Jahrgänge 1 bis 4. Berlin: Cornelsen.
Sacher, W. (2011): Eltern im Berufsorientierungsprozess ihrer Kinder und ihre Einbindung durch Elternarbeit. In: Projektträger im DLR e. V. (Redaktion): Eltern, Schule und Berufsorientierung. Berufsbezogene Elternarbeit. Bielefeld: Bertelsmann, S. 9–22.
Sacher, W. (2011): Elternarbeit: Fehlt es am gegenseitigen Respekt? In: b&w Bildung und Wissenschaft. Zeitschrift der Gewerkschaft Erziehung und Wissenschaft Baden-Württemberg, Jg. 65, Heft 10/2011, S. 14–18. (b)
Sacher, W. (2011): „Schwererreichbare" Eltern – Kontaktbarrieren und Zugänge. In: Lernchancen Jg. 14, 83, S. 36–39. (c)
Sacher, W. (2011): Interkulturelle Elternarbeit – Ziele, Aufgaben, Handlungsansätze. In: Honal, W.; Graf, D.; Knoll, F. (Hrsg.): Handbuch der Schulberatung 38, August 2011, 4.1.6. München: Olzog-Verlag. (d)

Sacher, W. (2012): Arbeit mit Elternvertretern. In: schulmanagement. Die Fachzeitschrift für Schul- und Unterrichtsentwicklung. Jg. 43, 12, S. 27–29. (a)

Sacher, W. (2012): Elternarbeit auf der Sekundarstufe. In: schulmagazin 5–10, 11/2012, S. 11–14. (b)

Sacher, W. (2012): Schule: Elternarbeit mit schwer erreichbaren Eltern. In: Stange, W.; Krüger, R.; Henschel, A.; Schmitt, C.: Erziehungs- und Bildungspartnerschaften. Elternarbeit in Kooperation von Schule, Kita, Jugendhilfe und Familie. Wiesbaden: Springer VS, S. 297–303. (c)

Sacher, W. (2012): An manche Eltern und Familien kommt man einfach nicht heran... Vorurteile, Kontaktbarrieren und Zugänge bei sogenannter Schwererreichbarkeit. In: AJS-Informationen. Analysen, Materialien, Arbeitshilfen zum Jugendschutz, 1/2012, S. 4–8. (d)

Sacher, W. (2013): „Schwererreichbarkeit" – eine unüberwindliche Grenze der Elternarbeit? In: Pädagogik 5/2013, Beltz-Verlag, S. 6–11. (a)

Sacher, W. (2013): Elternarbeit als Erziehungs- und Bildungspartnerschaft. In: schulmanagement 44, 4/2014, S. 34–37. (b)

Sacher, W. (2013): Erfolgsbedingungen der Erziehungs- und Bildungspartnerschaft zwischen Schule und Elternhaus. In: Schulblatt des Kantons Thurgau, Jg. 55, 3/2013, S. 4–6. (c)

Sacher, W. (2014): Elternarbeit als Erziehungs- und Bildungspartnerschaft. Bad Heilbrunn: Klinkhardt. (a)

Sacher, W. (2014): Leistungen entwickeln, überprüfen und beurteilen. Bewährte und neue Wege für die Primar- und Sekundarstufe. 6., überarb. u. erw. Aufl. Bad Heilbrunn: Klinkhardt. (b)

Sacher, W.; Berger, F.; Guerrini, F. (2019): Schule und Eltern – eine schwierige Partnerschaft. Wie Zusammenarbeit gelingt. Stuttgart: Kohlhammer.

Sacher, W.; Johannsen, J. (2019): Kultursensible Elternarbeit. In: Ziehm, J.; Cornelli, B.; Menzel, B.; Goßmann, M. (Hrsg.): Schule migrationssensibel gestalten. Impulse für die Praxis. Weinheim, Basel: Beltz, S. 137–157.

Sacher, W. (2020): Kooperation zwischen Schule und Elternhaus als Schlüssel zum Schulerfolg. In: Schule im Blickpunkt. Informationen des Landeselternbeirats Baden-Württemberg, 54. Jg., Heft 3, Februar 2020, S. 5–9.

Schlein, H. J. (2004): Zauberwort Kommunikation. Anregungen zur Zusammenarbeit mit Eltern. In: Schul-Management, 35, 4, S. 11–13.

Schmitt-Kammler, A. (2003): Art. 6. Kapitel B. Das Elternrecht (Abs. 2); Art. 7. Kapitel A. Kompetenzverteilung. Kapitel C. Die staatliche Schulaufsicht (Abs. 1). In: Sachs, M. (Hrsg.): Grundgesetz. Kommentar. 3. Aufl., München, S. 381–394, 401–417.

Schoppe-Sullivan, S.; McBridge, B.; Ringo Ho, M. (2004): Unidimensional versus Multidimensional Perspectives on Father Involvement. In: Fathering: A Journal of Theory, Research, and Practice 2, S. 147–164.

Schreiner, M. (1996): Zusammenarbeit mit ausländischen Eltern. In: Schulverwaltung. Ausgabe Bayern, 19, 4, S. 138–140.

Schwaiger, M.; Neumann, U. (2010): Regionale Bildungsgemeinschaften. Gutachten zur interkulturellen Elternbeteiligung der RAA. Hamburg: Universität Hamburg, Fakultät für Erziehungswissenschaft, Psychologie und Bewegungswissenschaft.
https://docplayer.org/33406734-Regionale-bildungsgemeinschaften-gutachten-zur-interkulturellen-elternbeteiligung-der-raa.html (27.09.2021)

Schwartz, M. (2019): How Parenting Styles Affect Kids: Snowplow vs. Submarine.
https://www.teenlife.com/blog/how-parenting-styles-affect-kids/ (27.09.2021)

Schwartz, N. (o. J.): How Teachers Can Work With 5 Difficult Types of Parents. https://teach.com/blog/how-teachers-can-work-with-5-different-parent-personality-types/ (27.09.2021)

Schweikert, K. (1999): Aus einem Holz? Lehrlinge in Deutschland. BIBB Bundesinstitut für Berufsbildung. Berichte zur beruflichen Bildung 232. Bielefeld: Bertelsmann.

Schwippert, K.; Kasper, D.; Köller, O.; McElvany, N.; Selter, C.; Steffensky, M.; Wendt, H. (Hrsg.) (2019): TIMSS 2019. Mathematische und naturwissenschaftliche Kompetenzen von Grundschulkindern in Deutschland im internationalen Vergleich. Münster: Waxmann. [Zitiert „TIMSS 2019"]

Sekretariat der ständigen Konferenz der Kultusminister der Länder in der Bundesrepublik Deutschland (2003): Erziehung als Auftrag von Elternhaus und Schule. Informationen über die Zusammenarbeit von Eltern und Schule. Beschluss der Kultusministerkonferenz v. 04.12.2003 [Zitiert: „KMK 2003"] http://www.kmk.org/fileadmin/veroeffentlichungen_beschluesse/2003/2003_12_04-Elternhaus-Schule.pdf (27.09.2021)

Shaver, A.; Walls, R. (1998): Effect of Title I parent involvement on student reading and mathematics achievement. Journal of Research & Development in Education, 31(2), pp. 90–97.

Shell Deutschland Holding GmbH (2015): Jugend 2015. Eine pragmatische Generation im Aufbruch. Frankfurt a. M.: Fischer. [Zitiert „Shell Jugendstudie 2015"]

Shumow, L.; Miller, J. (2001): Parents' at-home and at-school academic involvement with young adolescents. Journal of Early Adolescence, 21(1), pp. 68–91.

Siegert, M. (2008): Schulische Bildung von Migranten in Deutschland. Working Paper 13 der Forschungsgruppe des Bundesamtes für Migration und Flüchtlinge. Nürnberg. http://www.bamf.de/SharedDocs/Anlagen/DE/Publikationen/WorkingPapers/wp13-schulische-bildung.pdf?__blob=publicationFile (27.09.2021)

Siekaup, W. (1984): Alltagsarbeit der Elternbeiräte. In: Schul-Management, 15, 4, S. 42–44.

Simon, B. (2000): Predictors of high school and family partnerships and the influence of partnerships on student success. Unpublished doctoral dissertation, Johns Hopkins University.

Simon, B. (2001): Family involvement in high school: Predictors and effects. NASSP Bulletin, 85 (627), pp. 8–19.

Simon, B.; Epstein, J. (2001): School, family, and community partnerships. In: Hiatt-Michael, D. (Ed.): Promising practices for family involvement in schools. Greenwich, Conn.: Information Age Publishing, pp. 1–84.

Singh, K.; Bickley, P.; Keith, T.; Keith, P.; Trivette, P., and Anderson, E. (1995): The effects of four components of parental involvement on eighthgrade student achievement: structural analysis of NELS-88 data. School Psychology Review, 24, 2, pp. 299–317.

Siraj-Blatchford, I.; Sylva, K., Muttock, S. ; Gilden, R., and Bell, D. (2002): Researching effective pedagogy in the early years (Research report RR356). Institute of Education, University of London. http://citeseerx.ist.psu.edu/viewdoc/download?doi=10.1.1.120.5351&rep=rep1&type=pdf (27.09.2021)

Smit, F.; van Esch, W. (1993): Parents in schools and school governing boards in the Netherlands. In: Smit, F.; van Esch, W.; Walberg, H. W. (Hrsg.); Instituut voor Toegepaste Sociale Wetenschappen (Nijmegen): Parental involvement in education. Nijmegen, pp. 67–74.

Smith, T. E. (1991). "Agreement of adolescent educational expectations with perceived maternal and paternal educational goals." In: Youth and Society, 23, pp. 155–174.

Smrekar, C.; Guthrie, J. W.; Owens, D. E.; Sims, P. G. (2001): March towards excellence: School success and minority student achievement in Department of Defense schools. A Report to the National Education Goals Panel. Peabody Center for Education Policy, Peabody College. Nashville/TN: Vanderbilt University: https://govinfo.library.unt.edu/negp/reports/DoDFinal921.pdf (27.09.2021)

Sodoge, A.; Eckert, A. (2004): Kooperation mit Eltern in der Sonderschule - Ergebnisse einer Befragung von Eltern und Sonderschullehrern. In: Zeitschrift für Heilpädagogik, 55, 10, S. 453–461.

Sommer, M. (2013): Pragmatisch glücklich: AZUBIS zwischen Couch und Karriere. Die McDonald's Ausbildungsstudie 2013. Eine Repräsentativbefragung junger Menschen im Alter von 15 bis unter 25 Jahren. Düsseldorf. [Zititiert: „Mc Donalds Ausbildungsstudie"]

Sonnenberger, F. (1984): Studien zur Verwirklichung der allgemeinen Schulpflicht in Oberbayern, 1802–1850. In: Kriss-Rettenbeck, L.; Liedtke, M. (Hrsg.): Regionale Schulentwicklung im 19. und 20. Jahrhundert. Bad Heilbrunn, S. 45–63.

Spera, C. (2005): A Review of the Relationship Among Parenting Practices, Parenting Styles, and Adolescent School Achievement. In: Educational Psychology Review, Vol. 17, No. 2, June 2005, pp. 125–146.

Stanat, P.; Rauch, D.; Segeritz, M. (2010): Schülerinnen und Schüler mit Migrationshintergrund. In: Klieme, E.; Artelt, C.; Hartig, J.; Jude, N.; Köller, O.; Prenzel, M.; Schneider, W.; Stanat, P. (Hrsg.) (2010): PISA 2009. Bilanz nach einem Jahrzehnt . Münster : Waxmann, S. 200–230.

Stange, W. (2012): Erziehungs- und Bildungspartnerschaften – Grundlagen, Strukturen, Begründungen. In: Stange, W.; Krüger, R.; Henschel, A.; Schmitt, C. (Hrsg.): Erziehungs- und Bildungspartnerschaften. Grundlagen und Strukturen von Elternarbeit. Wiesbaden: Springer VS, S. 12–39.

Starkey, P.; Klein, A. (2000): Fostering parental support for children's mathematical development: An intervention with Head Start families. Early Education and Development, 11(5), pp. 659–680.

Svecnik, E.; Stanzel-Tischler, E. (1995): Zur Evaluation der Schulversuche „Neue Mittelschule - Schulverbund Graz-West" und „Realschule" in der Steiermark. Ergebnisse der Zwischenuntersuchung der SchülerInnen der ersten Versuchskohorte gegen Ende des Schuljahres 1992/93 (6. Schulstufe) Graz: ZSE, Abteilung II.

Tamayo, L. (1992): Hispanic parent monitoring of seventh grade mathematics homework assignments and relationship with achievement and self-esteem. (Doctoral dissertation, University of Massachusetts, 1992). Dissertation Abstracts International, 53, 1805.

Taylor, J., Harris, M., Taylor, S. (2004): "Parents have their say about their college-age children's career decisions". From the Winter 2004 Journal. Reprinted from JobWeb (www.jobweb.com) with permission of the National Association of Colleges and Employers. https://www.hampshire.edu/sites/default/files/shared_files/Parents_Have_Their_Say.pdf (27.09.2021)

Tegtmeyer, G. (1983): Eltern(mit)arbeit. Impulse zur Intensivierung der Elternarbeit im schulischen Alltag. Braunschweig: Westermann.

Tett, L. (2004): Parents and school communities in Japan and Scotland. Contrasts in policy and practice in primary schools. In: International Journal of Lifelong Education, 3, pp. 259–273.

Textor, M. (2005): Elternarbeit im Kindergarten. Ziele, Formen, Methoden. Norderstedt: Books on Demand.

Thiele, G. (1913): Süverns Unterrichtsgesetzentwurf von 1819. Leipzig.

Tietze, W.; Becker-Stoll, F.; Bensel, J.; Eckhard, A.; Haug-Schnabel, G.; Kalicki, B.; Keller, H.; Leyendecker, B. (Hrsg.) (2013): Nationale Untersuchung zur Bildung, Betreuung und Erziehung in der frühen Kindheit. Weimar und Berlin: Varlag das Netz. (zitiert: „NUBBEK 2013")

Tietze, W.; Rossbach, H. G.; Grenner, K. (2005): Kinder von 4 bis 8 Jahren. Zur Qualität der Erziehung und Bildung in Kindergarten, Grundschule und Familie. Weinheim, Basel: Beltz.

Tingley, S. (2006): How to Handle Difficult Parents. A Teacher's Suvival Guide. Fort Collins, Colorado: Cottonwood Press.

Tizard, J.; Schofield, W.; Hewison, J. (1982): Collaboration between teachers and parents in assistisch children`s reading. British Journal of Educational Psychology, 52, pp. 1–15.

Topor, D.; Keane, S.; Shelton, D.; Calkins, S. (2010): Parent involvement and student academic performance: A multiple mediational analysis. In: Journal of Prevention & Intervention in the Community 2010, 38 (3), pp. 183–197.
https://www.ncbi.nlm.nih.gov/pmc/articles/PMC3020099/pdf/nihms-262106.pdf (27.09.2021)

Trivette, P.; Anderson, E. (1995): The effects of four components of parental involvement on eighth grade student achievement. School Psychology Review, 24 (2), pp. 299–317.

Trusty, J. (1999): Effects of eight-grade parental involvement on late adolescents' educational experiences. In: Journal of Research and Development in Education, 32(4), pp. 224–233.

Tschöpe-Scheffler, S. (2004): Kann man Erziehen lernen? Elternkurse im Vergleich. In: Aktion Jugendschutz. Landesarbeitsstelle Baden-Württemberg (Hrsg.): Von wegen Privatsache. Erziehungspartnerschaft zwischen Familie und Gesellschaft. Stuttgart: Aktion Jugendschutz Baden-Württemberg, S. 113–126.

Tschöpe-Scheffler, S. (2005): Unterstützungsangebote zur Stärkung der elterlichen Erziehungsverantwortung oder: starke Eltern haben starke Kinder. In: ZSE/Zeitschrift für Soziologie der Erziehung und Sozialisation, 25, 3, S. 248–262.

Tschöpe-Scheffler, S. (2006): Stärkung der elterlichen Erziehungsverantwortung durch Angebote der Elternbildung. In: Bauer, P.; Brunner, E. J. (Hrsg.): Elternpädagogik. Von der Elternarbeit zur Erziehungspartnerschaft. Freiburg i. Breisgau: Lambertus, S. 174–192.

Van Voorhis, F. L. (2001): Interactive science homework: An experiment in home and school connection. NASSP Bulletin, 85(627), pp. 20–32.

Van Voorhis, F. L. (2003): Interactive homework in middle school: Effects on family involvement and science achievement. Journal of Educational Research, 96, pp. 323–338.

Villadsen, A.; Conti, G.; Fitzsimons, E. (2020): Parental involvement in home schooling and developmental play during lockdown - Initial findings from the COVID-19 Survey in Five National Longitudinal Studies. London: UCL Centre for Longitudinal Studies.

Vodafone Stiftung Deutschland (Hrsg.) (2013): Qualitätsmerkmale schulischer Elternarbeit. Ein Kompass für die partnerschaftliche Zusammenarbeit von Schule und Elternhaus. Düsseldorf: Vodafone Stiftung Deutschland. https://www.vodafone-stiftung.de/wp-content/uploads/2019/06/vfst_qm_elternarbeit_web.pdf (27.09.2021)

Vogelsberger, M. (2006): Mit Eltern, Gruppen und Teams erfolgreich arbeiten. Weinheim: Beltz.

Walker, J. M. T.; Wilkins, A. S.; Dallaire, J. R.; Sandler, H. M.; Hoover-Dempsey, K. V. (2005): Parental Involvement: Model Revision through Scale Development. In: The Elementary School Journal, Volume 106, Number 2, pp. 85–104.

Walter, B. (2010): Die berufliche Orientierung junger Menschen. Untersuchungen zur Verantwortung von Gesellschaft und Pädagogik. Frankfurt a. M. u. a.: Peter Lang.

Wang, M.; Oates, J.; Weishew, N. (1995): Effective school responses to student diversity in inner-city schools: A coordinated approach. Education and Urban Society, 27(4), pp. 484–503.

Weisbach, C.-R. (2003): Professionelle Gesprächsführung. Ein praxisnahes Lese- und Übungsbuch. 6. Aufl., München: Deutscher Taschenbuch Verlag.

Werf, G. van der, et al. (2001): Improving parental involvement in primary education in Indonesia. Implementation, effects and costs. - In: School effectiveness and school improvement, 12 (2001) 4, pp. 447–466.

Wherry, J. (2003): Selected Parent Involvement Research. A summary of selected research. Fairfax Station, VA: The Parent Institute.

Whitaker, T.; Fiore, D. J (2001): Dealing With Difficult Parents and With Parents in Difficult Situations. New York, London: Routledge.

White, K. R., Taylor, M. J. & Moss, V. (1992): Does research support claims about the benefits of involving parents in early intervention programs? Review of Educational Research, 62, pp. 91–125.

Wicht, G.; Melzer, W. (1983): Eltern in der Schule - Eltern im Unterricht. Aurich: Gemeinnützige Gesellschaft Gesamtschule e.V. Heft 1/83.

Wignanek, G. (2001): Erziehungsverträge. Ein Plädoyer. In: Schulverwaltung. Ausgabe Nordrhein-Westfalen, 12, 4, S. 119–122.

Wild, E. (2003): Einbeziehung des Elternhauses durch Lehrer: Art, Ausmaß und Bedingungen der Elternpartizipation aus der Sicht von Gymnasiallehrern. In: Zeitschrift für Pädagogik, 49, 4, S. 513–533.

Wild, E. (2004): Häusliches Lernen – Forschungsdesiderate und Forschungsperspektiven. In: Zeitschrift für Erziehungswissenschaft 2004, Beiheft 3-04, S. 37–64.

Wild, E.; Remy, K. (2002): Quantität und Qualität der elterlichen Hausaufgabenbetreuung von Drittklässlern in Mathematik. In: Bildungsqualität von Schule: Schulische und außerschulische Bedingungen mathematischer, naturwissenschaftlicher und überfachlicher Kompetenzen. Weinheim, S. 276–290.

Willke, H. (2006): Systemtheorie I: Grundlagen. Eine Einführung in die Grundprobleme der Theorie sozialer Systeme. 7., überarb. Aufl., Stuttgart: Lucius & Lucius.

Wilson, P.; Wilson, J. (1992): Environmental influences on adolescent educational aspirations: A logistic transform model." In: Youth & Society, 24, pp. 52–70.

Winkler, M. (2001): Rechtliche Grundlagen der Mitarbeit von Eltern im Unterricht. In: Recht der Jugend und des Bildungswesens 49/3, S. 388–399.

Wippermann, K.; Wippermann, C.; Kirchner, A. (2013): Eltern – Lehrer – Schulerfolg. Wahrnehmungen und Erfahrungen im Schulalltag von Eltern und Lehrern. Stuttgart: Lucius & Lucius.

Wischer, B., Katenbrink, N. (2017). „Drum prüfe auch, wer sich nur temporär bindet?" In: Killus, D., Paseka, A., Schütz, P, Walther, U., Wischer, B. (Hrsg.): Eltern. Friedrich Jahresheft XXXV. Velber: Friedrich-Verlag. S. 7–9.

Wößmann, L. (2020): Folgekosten ausbleibenden Lernens: Was wir über die Corona-bedingten Schulschließungen aus der Forschung lernen können. In: ifo Schnelldienst 73 (6), S. 38–44.

Wößmann, L. (2021): Lernverluste kosten Deutschland 1,5 Prozent der Wirtschaftskraft. Wirtschaftswoche 15.01.2021. (a)
https://www.wiwo.de/my/politik/deutschland/kosten-der-schulschliessungen-lernverluste-kosten-deutschland-1-5-prozent-der-wirtschaftskraft/26797268.html (27.09.2021)

Wößmann, L. (2021): Bildungsverluste durch Corona: Wie lassen sie sich aufholen? In: Wirtschaftsdienst. Zeitschrift für Wirtschaftspolitik. 101. Jg., Heft 3, S. 150–151. (b)
https://www.wirtschaftsdienst.eu/inhalt/jahr/2021/heft/3/beitrag/bildungsverluste-durch-corona-wie-lassen-sie-sich-aufholen.html (27.09.2021)

Zehnter, M.-C. (2015): Wie nehmen Lehrkräfte die Zusammenarbeit mit „schwierigen Eltern" wahr? Schriftliche Hausarbeit für die erste Staatsprüfung für ein Lehramt an Grundschulen an der Julius-Maximilians-Universität Würzburg.

Zellman, G.; and Waterman, J. (1998): Understanding the impact of parent school involvement on children's educational outcome. In: The Journal of Educational Research, 91 (6), pp. 370–380.

Sachregister